TOURISM
INFORMATION
TECHNOLOGY
3rd Edition

旅游信息技术

第三版

[澳] 彼埃尔·本肯多夫
Pierre J. Benckendorff

[美] 向 征
Xiang Zheng

[美] 保琳·谢尔顿
Pauline J. Sheldon

著

刘改芳　李燕燕　[美] 向　征

等译

复旦大学出版社

序

联合国世界旅游组织(United Nations World Tourism Organization, UNWTO)在每年的9月27日都要庆祝世界旅游日,以此增强全球对旅游所发挥的重要作用及其社会、文化、政治和经济等总体价值的认识。每一年,官方的庆祝会都会提到一些社会上最关键的重大问题,强调旅游为促进实现可持续发展目标(Sustainable Development Goals,SDG)的巨大潜能。2018年世界旅游日的主题是"旅游数字化发展",肯定了信息交流技术的加速发展和它对旅游及旅游业的颠覆性影响。这个可作为本书新版发行的一个最佳的背景。

确实,旅游和旅游业一直处在技术创新的前沿。当前的趋势表明:技术进步不断转变的不仅是我们设计、提供和交付旅游产品和服务的方式,还有整个旅游产业本身。例如,近年来平台经济产生了颠覆性的力量,数字"配对"平台为一整套社会经济活动提供了便利,爱彼迎(Airbnb)和优步(Uber)等公司成为行业中的重要参与者。随着越来越多有数字化意识的消费者接纳点对点的住宿和交通,把它们作为对传统酒店和出租车服务的一种可行性选择,平台经济继续在这个领域改变着竞争的格局。另一个值得注意的技术趋势是旅游和旅游服务中人工智能的整合,范围从用于需求预测和收益管理的机器学习应用,到聊天机器人和提供有形服务机器人的实现,使其和顾客的各种服务触点实现自动化。当人机交互开始在服务接触中成为主流时,就迫使我们对服务质量和旅游的整体体验进行重新定义。其他颠覆性的技术包括移动集成(如移动通讯、移动支付),环境智能(如传感器、物联网)和融入科技(如虚拟现实、增强现实和混合现实),这些技术可以深刻地改变旅游者的互动方式、体验场所和旅游景点。

旅游技术创新应用和影响的例子凸显了旅游发展各个层面数字化战略

的重要性。旅游目的地和旅游公司将会继续保持与数字化计划同步，为未来的旅游者提供高质量的数字化体验，也保证自己处于竞争的优势地位。作为产业未来的引领者，为了对数字化解决方案的实施做出战略决策，今天学习旅游管理的学生们需要全面地了解相关的技术创新和它在旅游发展、市场营销和管理中的作用。此外，随着IT与旅游经营变得越来越密不可分，技术管理将成为旅游业雇主们急需的核心资质和技能要求之一。最后，培养学生们成为全面发展和负责任的社会成员，了解与颠覆性技术相关的社会挑战，如隐私、安全和伦理，也是非常重要的，确保形成可持续的数字化社会，指导旅游发展的方向。为了达到这个目标，对旅游管理教学课程来说，将IT中的各个主体编入教学大纲是至关重要的，本书为这一门课提供了适宜的阅读材料。

本书提供了全面的视角，以期介绍IT过去是如何在旅游和旅游业中得到应用，今后应该如何进一步被应用，以及与IT应用相关联带来的挑战和影响。新版的内容作了很大的修改，反映了与旅游产业相关的技术创新中最新的进展，也用最新的旅游和IT跨学科研究成果作为支撑。所有章节中收录的案例研究，都可作为解决现实世界管理问题的相关技术办法，读者可以更容易地把握全书的内容关联体系。这本书不仅可以作为旅游服务管理专业师生的课程参考书，也适用于负责设计和实施数字化战略的旅游从业人员用来开发拓展型的数字化基础设施，增强客户的数字化体验和提高经营管理效能。向本书的作者彼埃尔·本肯多夫（Pierre Benckendorff），向征（Xiang Zheng）和保琳·谢尔顿（Pauline Sheldon）作出的重要贡献表示祝贺！

Iis Tussyadiah
英国萨里大学

前言

旅游和IT是世界上最大、最具活力的两个产业,它们正在单独或共同地改变社会的运作方式。这两个迷人行业的交集是这本书的重点,它是为旅游和酒店的学生和行业专业人士设计的。我们试图通过这本书来实现两个目标。第一个目标是让读者了解IT和旅游发展的概念和理论。第二个目标是使用现实世界的例子和案例研究来拓展行业相关性。

当在2013年写下这本书的第二版时,我们很快就意识到这些内容需要完全重写。自1997年第一版出版以来,世界发生了巨大的变化。很少有行业经历了我们在计算和IT方面所看到的深刻而快速的变化。互联网实现的全球互联,智能手机和平板电脑等移动技术,无线和宽带通信,更快、更小、更强大的硬件,以及更智能和无处不在的系统,这些在1997年几乎不存在。今天,它们推动了如此多的经济活动,对旅游业、社会和环境的影响如此深远,可以说这本书的第三版早该出版了。

在准备第三版的时候,我们再次对四年来如此快的变化速度感到惊讶。第二版中提出的一些创新公司和案例并没有像我们预期的那样成功。一些公司退出了,有些想法被搁置了,还有一些被更大的竞争对手收购了,又或是市场根本就没有准备好接受这一切。随着新技术的创新,旅行者的期望和行为发生了快速的变化。游客的出行交通方式,他们如何找到和预订它们,他们如何从一个地方到达到另一个地方,以及他们在旅行时的体验类型,都在不断变化。旅游目的地和企业也改变了运营方式和技术采用策略,以不断地追求其市场竞争力。

第三版遵循了上一个版本成功的结构和格式,加入了更新、扩展的内容、新的行业洞察、研究见解和案例研究。现有章节结构中包含的新主题有:增强现实和虚拟现实、人工智能、机器人、智慧目的地、技术体验、颠覆性创新、协作经济、可持续众包、在线声誉管理、无人驾驶汽车和大数据方面的进展。这本书为旅游业中使用和管理IT的复杂性提供了符合时代的更新。更新版考察了IT在旅游行业所有领域的应用，包括航空公司、旅游中介机构、住宿、餐饮服务、目的地、景点、节事和娱乐活动。每一章都包括研究成果、关键模型和概念、研究和行业洞察、案例研究、关键术语、问题讨论、参考文献和有用网站链接。我们还为教师开发了一组PowerPoint幻灯片和其他资源。

用像纸张这样过时的媒介来写IT总是有风险的。快速的变化和创新将继续改变旅游体验和旅游业。我们提供了许多概念框架和例子来帮助您了解旅行者、旅游组织和目的地是如何使用技术的，但当您读到这本书的时候，一些链接、二维码、例子和应用程序已经无关紧要了。当然，我们希望您会喜欢阅读和使用这本书。毫无疑问，在未来的几年里，IT和旅游业的变化速度将会加快，这意味着不断更新您对旅游和IT的知识和理解是必要的。

三位作者都为旅游IT领域带来了不同但互补的视角和知识。然而，一本书封面上作者的名字并不能说明整个故事。事实上，这需要很多人来写一本书。这本书的第三版为期12个月涉及很多人。我们要感谢亚历山德拉·莱恩斯伯里（Alexandra Lainsbury）、塔比莎·杰伊（Tabitha Jay）和CABI的团队，在我们完成这个项目时，他们给予了莫大的支持和耐心。昆士兰大学的邓瑞奇（Ruiqi Deng）提供了宝贵的行政支持。我们还要感谢詹姆斯·怀特（James Whyte），是他的慷慨贡献使作者之间面对面的合作成为可能。

彼埃尔·本肯多夫

澳大利亚昆士兰大学

向征

美国弗吉尼亚理工大学

保琳·谢尔顿

美国夏威夷大学

目 录

序 1
前言 1
图目录 1
表目录 1

第1章 旅游业与信息技术概述 1
学习目标 1
引言 1
1.1 旅游业：信息密集型产业 2
1.1.1 旅游业的特点 3
1.1.2 IT在旅游业中的应用 5
1.1.3 信息类型 7
1.2 IT的发展演变 10
1.2.1 计算机 10
1.2.2 网络体系和互联网 11
1.2.3 普适技术 12
1.2.4 对旅游业的启示 13
1.3 战略思考和信息技术 13
1.4 本书框架 17
本章小结 19
关键术语 19
问题讨论 19
案例研究：洲际酒店集团 20

第2章 数字旅游图景 ········ 22
学习目标 ········ 22
引言 ········ 22
2.1 数字旅游生态系统 ········ 23
2.1.1 数字技术环境 ········ 23
2.1.2 数字实体与社区 ········ 25
2.1.3 数字生态系统的功能 ········ 26
2.2 数字图景中的创新和变化 ········ 28
2.2.1 创新和技术变革 ········ 29
2.2.2 技术采用 ········ 32
2.2.3 技术创新的战略对策 ········ 34
2.3 理解数字游客 ········ 35
2.3.1 影响技术采用的因素 ········ 35
2.3.2 旅行中的技术使用 ········ 38
2.3.3 理解数字化游客的方法 ········ 40
本章小结 ········ 42
关键术语 ········ 43
问题讨论 ········ 43
案例研究：爱彼迎 ········ 44

第3章 旅游中介与信息技术 ········ 46
学习目标 ········ 46
引言 ········ 46
3.1 旅游分销系统 ········ 47
3.1.1 传统旅游分销系统 ········ 47
3.1.2 数字旅游分销系统 ········ 49
3.2 GDS ········ 51
3.2.1 预订系统的发展 ········ 52
3.2.2 GDS 的功能 ········ 56
3.2.3 IT 基础设施 ········ 57
3.2.4 连接和接口 ········ 58
3.2.5 GDS 的未来 ········ 60

3.3 旅行社 ………………………………………………… 65
3.4 传统旅游零售商 ……………………………………… 66
　　3.4.1 前台系统 ………………………………………… 66
　　3.4.2 后台系统 ………………………………………… 67
　　3.4.3 传统旅游零售商的未来 ………………………… 68
3.5 旅游管理公司 ………………………………………… 72
3.6 在线中介 ……………………………………………… 73
　　3.6.1 在线中介的类型 ………………………………… 73
　　3.6.2 IT 创新 …………………………………………… 75
　　3.6.3 在线中介的未来 ………………………………… 76
3.7 渠道和声誉管理 ……………………………………… 78
本章小结 …………………………………………………… 79
关键术语 …………………………………………………… 80
问题讨论 …………………………………………………… 80
案例研究：Sabre 控股公司 ……………………………… 81

第4章 互联网与游客 ………………………………… 84

学习目标 …………………………………………………… 84
引言 ………………………………………………………… 84
4.1 互联网的历史和演变 ………………………………… 85
4.2 内网和外网 …………………………………………… 88
4.3 万维网 ………………………………………………… 89
4.4 域、协议和语言 ……………………………………… 90
　　4.4.1 域 ………………………………………………… 90
　　4.4.2 协议 ……………………………………………… 91
　　4.4.3 在线编程语言 …………………………………… 91
4.5 互联网在旅游中的应用 ……………………………… 92
　　4.5.1 旅游网站的功能 ………………………………… 92
　　4.5.2 旅游网站的类型 ………………………………… 94
4.6 在线信息搜索 ………………………………………… 95
　　4.6.1 在线信息搜索行为 ……………………………… 95
　　4.6.2 搜索引擎 ………………………………………… 96

4.6.3 智能助手和在线推荐系统 ………………………… 100
4.7 数字营销传播 ………………………… 100
4.8 设计和维护旅游网站 ………………………… 102
　　4.8.1 规划 ………………………… 104
　　4.8.2 设计 ………………………… 104
　　4.8.3 交付 ………………………… 106
　　4.8.4 管理 ………………………… 107
　　4.8.5 评估 ………………………… 109
本章小结 ………………………… 109
关键术语 ………………………… 109
问题讨论 ………………………… 110
案例研究：Roadtrippers ………………………… 111

第5章 社交媒体与旅游 ………………………… 113

学习目标 ………………………… 113
引言 ………………………… 113
5.1 了解社交媒体 ………………………… 114
　　5.1.1 社交媒体概况 ………………………… 114
　　5.1.2 社交媒体功能 ………………………… 117
　　5.1.3 电子口碑 ………………………… 119
5.2 旅游中的社交媒体平台 ………………………… 123
　　5.2.1 社交网站 ………………………… 123
　　5.2.2 维基、博客和产品评论 ………………………… 126
　　5.2.3 论坛 ………………………… 129
　　5.2.4 媒体共享 ………………………… 130
　　5.2.5 众包 ………………………… 131
　　5.2.6 虚拟世界 ………………………… 132
　　5.2.7 旅游播客 ………………………… 132
5.3 社交媒体的战略应用 ………………………… 133
　　5.3.1 营销和销售 ………………………… 134
　　5.3.2 市场情报 ………………………… 136
　　5.3.3 客户服务 ………………………… 136

5.3.4　声誉管理 ………………………………… 137
　　　5.3.5　招聘与合伙 ……………………………… 138
本章小结 ……………………………………………… 138
关键术语 ……………………………………………… 138
问题讨论 ……………………………………………… 139
案例研究：微信 ……………………………………… 140

第6章　移动与信息技术 …………………………… 143
学习目标 ……………………………………………… 143
引言 …………………………………………………… 143
6.1　移动技术生态 …………………………………… 145
6.2　移动设备 ………………………………………… 147
　　　6.2.1　全球定位导航设备 ……………………… 147
　　　6.2.2　数码相机 ………………………………… 148
　　　6.2.3　智能手机与平板电脑 …………………… 149
　　　6.2.4　可穿戴设备 ……………………………… 149
6.3　移动信号和传感器 ……………………………… 150
　　　6.3.1　感知技术 ………………………………… 151
　　　6.3.2　信令技术 ………………………………… 151
6.4　移动操作系统和手机应用 ……………………… 154
6.5　移动设备在旅游中的功能 ……………………… 154
　　　6.5.1　通知 ……………………………………… 155
　　　6.5.2　情境化 …………………………………… 159
　　　6.5.3　个性化 …………………………………… 160
　　　6.5.4　社交化 …………………………………… 162
　　　6.5.5　管理 ……………………………………… 164
　　　6.5.6　翻译 ……………………………………… 165
　　　6.5.7　购买 ……………………………………… 166
　　　6.5.8　娱乐 ……………………………………… 166
　　　6.5.9　游戏化 …………………………………… 167
　　　6.5.10　回顾 …………………………………… 169
6.6　挑战与机会 ……………………………………… 169

本章小结 ·· 170
关键术语 ·· 170
问题讨论 ·· 171
案例研究：旅游追踪 ································ 172

第7章 航空与信息技术 ···························· 174

学习目标 ·· 174
引言 ·· 174
7.1 航空公司 ···································· 175
7.1.1 航空公司的IT应用 ······················ 176
7.1.2 机票预订系统 ···························· 178
7.1.3 决策支持系统 ···························· 180
7.1.4 市场营销和客户关系管理 ·················· 184
7.1.5 离港系统 ································ 186
7.1.6 飞行中技术 ······························ 188
7.2 机场 ·· 190
7.2.1 旅客流程 ································ 191
7.2.2 行李和货物处理 ·························· 197
7.2.3 空中交通管制 ···························· 198
7.2.4 环境管理系统 ···························· 199
本章小结 ·· 199
关键术语 ·· 200
问题讨论 ·· 201
案例研究：国际航空电讯协会（SITA） ················ 202

第8章 水陆交通与信息技术 ························ 204

学习目标 ·· 204
引言 ·· 204
8.1 智能交通系统 ································ 205
8.1.1 公共智能交通系统 ························ 206
8.1.2 智能交通系统的组成部分 ·················· 206
8.1.3 车辆技术 ································ 211

8.1.4　车队管理系统 ··· 212
　8.2　汽车租赁公司与信息技术 ··· 213
　　　8.2.1　预订系统 ··· 213
　　　8.2.2　车辆库存控制 ··· 214
　　　8.2.3　共享汽车 ··· 214
　　　8.2.4　出租车和拼车 ··· 215
　8.3　铁路运输与信息技术 ··· 216
　8.4　水面交通与信息技术 ··· 217
　8.5　综合公共交通系统 ··· 220
　本章小结 ··· 221
　关键术语 ··· 221
　问题讨论 ··· 222
　案例研究：苏黎世的交通系统 ··· 222

第9章　酒店信息系统 ··· 225
　学习目标 ··· 225
　引言 ··· 225
　9.1　酒店业信息技术系统 ··· 226
　　　9.1.1　酒店管理系统 ··· 227
　　　9.1.2　酒店网页与智能手机应用程序 ··························· 232
　　　9.1.3　线上酒店预订 ··· 233
　　　9.1.4　客户关系管理 ··· 236
　　　9.1.5　客房设施管理 ··· 237
　　　9.1.6　酒店通信系统 ··· 240
　　　9.1.7　能源管理系统 ··· 242
　　　9.1.8　智能化客房 ··· 242
　　　9.1.9　系统接口 ··· 243
　9.2　餐饮业信息技术应用 ··· 246
　　　9.2.1　销售终端 ··· 246
　　　9.2.2　餐饮管理系统 ··· 247
　　　9.2.3　营销与客户关系 ······································· 248
　9.3　酒店业信息技术战略管理 ··· 249

本章小结 ·· 251
关键术语 ·· 252
问题讨论 ·· 253
案例研究：雅高酒店 ·· 253

第10章 基于技术的游客体验 ·· 255

学习目标 ·· 255
引言 ··· 255
10.1 吸引游客 ··· 256
10.1.1 游客信息 ··· 256
10.1.2 销售和分销 ·· 257
10.2 创造体验 ··· 258
10.2.1 技术作为"赋能者" ··· 260
10.2.2 技术作为"创造者" ··· 261
10.2.3 技术作为"吸引物" ··· 261
10.2.4 技术作为"增强器" ··· 262
10.2.5 技术作为"保护者" ··· 263
10.2.6 技术作为"教育者" ··· 263
10.2.7 技术作为"替代者" ··· 267
10.2.8 技术作为"促进者" ··· 267
10.2.9 技术作为"记忆者" ··· 267
10.2.10 技术作为"破坏者" ······································· 268
10.3 管理游客 ··· 269
10.3.1 准入 ··· 269
10.3.2 定位 ··· 270
10.3.3 辅助购买 ·· 270
10.3.4 拥挤及排队管理 ··· 271
10.3.5 商业智能与关系管理 ····································· 273
10.3.6 安全保障 ·· 274

本章小结 ·· 275
关键术语 ·· 275
问题讨论 ·· 276

案例研究：利用 IT 在迪士尼创造魔力 ………………………………… 276

第 11 章 目的地管理与智慧目的地 …………………………………… 279

学习目标 ………………………………………………………………… 279

引言 ……………………………………………………………………… 279

11.1 目的地和数字旅游生态系统 …………………………………… 280

11.2 目的地管理系统 ………………………………………………… 280

  11.2.1 目的地管理系统的维度 …………………………… 282

  11.2.2 目的地管理系统组织 ……………………………… 285

  11.2.3 目的地管理系统的管理 …………………………… 286

11.3 从目的地管理系统到智慧旅游目的地 ………………………… 287

11.4 目的地研究 ……………………………………………………… 290

  11.4.1 旅游统计数据收集与分析 ………………………… 290

  11.4.2 基于大数据的旅游分析 …………………………… 294

11.5 危机与风险管理 ………………………………………………… 294

11.6 利益相关者管理和学习型目的地 ……………………………… 296

本章小结 ………………………………………………………………… 299

关键术语 ………………………………………………………………… 300

问题讨论 ………………………………………………………………… 300

案例研究：智慧目的地维也纳 ………………………………………… 300

第 12 章 可持续旅游与信息技术 ……………………………………… 303

学习目标 ………………………………………………………………… 303

引言 ……………………………………………………………………… 303

12.1 环境可持续与 IT ………………………………………………… 307

  12.1.1 资源利用率 ………………………………………… 307

  12.1.2 环境纯净度和生态完整性 ………………………… 309

  12.1.3 生物多样性 ………………………………………… 312

  12.1.4 虚拟替代旅行体验 ………………………………… 314

12.2 社会文化可持续与 IT …………………………………………… 316

  12.2.1 社会公平与社区福祉 ……………………………… 316

  12.2.2 本地参与 …………………………………………… 319

　　　　12.2.3　东道社区的文化丰富性 …………………………………… 320
　　12.3　经济可持续与 IT ………………………………………………… 322
　　　　12.3.1　经济活力和地方繁荣 …………………………………… 323
　　　　12.3.2　就业质量和能力建设 …………………………………… 326
　本章小结 ……………………………………………………………… 327
　关键术语 ……………………………………………………………… 327
　问题讨论 ……………………………………………………………… 328
　案例研究：ICONEM 公司 …………………………………………… 328

第13章　IT 与旅游业的未来 ………………………………………… 330

　学习目标 ……………………………………………………………… 330
　引言 …………………………………………………………………… 330
　13.1　技术使用的良性循环 …………………………………………… 332
　13.2　旅游 IT 的发展趋势 …………………………………………… 333
　　　　13.2.1　趋势一：无处不在的人工智能 ………………………… 334
　　　　13.2.2　趋势二：信息碎片化 …………………………………… 335
　　　　13.2.3　趋势三：数字弹性 ……………………………………… 336
　　　　13.2.4　趋势四：用技术讲故事 ………………………………… 336
　　　　13.2.5　趋势五：技术武装下的智慧游客 ……………………… 337
　　　　13.2.6　趋势六：大数据和分析 ………………………………… 337
　　　　13.2.7　趋势七：智能机器 ……………………………………… 338
　　　　13.2.8　趋势八：材料技术 ……………………………………… 339
　　　　13.2.9　趋势九：开放系统 ……………………………………… 339
　　　　13.2.10　趋势十：融合 ………………………………………… 340
　本章小结 ……………………………………………………………… 341
　关键术语 ……………………………………………………………… 341
　问题讨论 ……………………………………………………………… 341

参考文献 ……………………………………………………………… 343

后记 …………………………………………………………………… 376

图目录

图 1.1　IT 对不同产业生产和市场营销的影响 …… 14
图 1.2　章节概览 …… 17
图 2.1　数字旅游生态系统 …… 27
图 2.2　IT 创新浪潮 …… 29
图 2.3　互联网的重要发展 …… 31
图 2.4　加德纳技术成熟度曲线 …… 34
图 3.1　传统旅游分销系统 …… 48
图 3.2　数字旅游分销系统 …… 49
图 3.3　美国航空公司广告(约 20 世纪 40 年代) …… 52
图 3.4　主要的 GDS 的演变 …… 54
图 3.5　传统的 GDS"绿屏"命令行显示界面 …… 59
图 3.6　Sabre Red 图形工作区 …… 59
图 3.7　GDS 接口 …… 60
图 4.1　世界互联网用户占比 …… 88
图 4.2　互联网、内网和外网构型 …… 88
图 4.3　谷歌搜索"纽约"结果页 …… 97
图 4.4　谷歌搜索"纽约酒店"结果页 …… 99
图 4.5　使用搜索引擎制定旅游计划的通用框架 …… 99
图 5.1　社交媒体的分类 …… 115
图 5.2　社交媒体概览 …… 116
图 5.3　社交媒体的七个功能块 …… 118
图 5.4　电子口碑类型 …… 121
图 5.5　影响电子口碑的沟通因素 …… 121

图 5.6	社交媒体战略框架	134
图 6.1	移动技术生态	146
图 6.2	不同移动发信技术的一般范围	153
图 6.3	以移动为中介的虚拟体验类型	157
图 6.4	夏威夷火山国家公园的二维码解说案例	158
图 7.1	航空公司使用的关键 IT	177
图 7.2	旅客旅程的各个阶段	191
图 7.3	国际机场地理围栏示例	192
图 8.1	ITS 系统	207
图 9.1	The DHISCO 连接平台	229
图 9.2	酒店客房电子分销渠道	235
图 9.3	电子门锁系统的硬件配置	238
图 9.4	人工电话交换机	240
图 9.5	数字交换机系统示例	241
图 9.6	酒店管理系统接口	244
图 9.7	餐饮 IT 应用系统	247
图 10.1	技术支持体验层次理论	259
图 10.2	iVenture 目的地卡示例	273
图 11.1	DMS 的连接	285
图 11.2	智慧旅游的组成部分	289
图 12.1	可持续旅游的十二个目标	306
图 12.2	用 Cyber Tracker 的土著人	313
图 12.3	虚拟现实设备	315
图 12.4	决定中小型企业使用 IT 的推动和拉动因素	324
图 13.1	技术使用在旅游中的良性循环	332

表目录

表 1.1　旅游服务和体验的特点 …………………………………………… 3
表 1.2　旅游信息渠道类型 ………………………………………………… 9
表 2.1　高技术和高接触旅行者的市场细分 ……………………………… 37
表 2.2　理解数字消费者的定量和定性方法 ……………………………… 41
表 3.1　主要的 GDS 概况 ………………………………………………… 55
表 3.2　GDS 的主要功能 ………………………………………………… 56
表 3.3　GDS 的辅助功能 ………………………………………………… 57
表 3.4　GDS 的 SWOT 分析 ……………………………………………… 61
表 3.5　GDS 拥有的 IT 解决方案 ………………………………………… 62
表 3.6　传统旅游中介的 SWOT 分析 …………………………………… 69
表 3.7　在线旅游中介的 SWOT 分析 …………………………………… 77
表 4.1　互联网技术的发展 ………………………………………………… 85
表 4.2　互联网上的顶级域名 ……………………………………………… 91
表 4.3　旅游供应商网站的功能 …………………………………………… 93
表 4.4　不同类型的旅游电子商务 ………………………………………… 94
表 4.5　旅游网站的类型 …………………………………………………… 94
表 4.6　成功旅游网站的要素 ……………………………………………… 103
表 4.7　8P 在网站设计中的应用 ………………………………………… 107
表 5.1　西方和中国流行的社交媒体平台 ………………………………… 117
表 5.2　旅游播客示例 ……………………………………………………… 133
表 5.3　不同媒体在旅游活动中的战略性应用 …………………………… 135
表 6.1　旅游中移动设备的主要功能 ……………………………………… 155
表 6.2　移动应用的游客信息需要 ………………………………………… 156

表 6.3	情境数据的 TILES 模型	159
表 6.4	移动社交媒体应用	162
表 7.1	航空公司使用的预订代码示例	179
表 8.1	路线指引的移动应用程序示例	211
表 9.1	内部自建 PMS 与云 PMS 的区别	245
表 10.1	技术和旅游体验的共同创造	260
表 10.2	解说 IT 应用的机遇和挑战	266
表 10.3	技术作为"促进者"的作用	267
表 11.1	DMS 的维度	283
表 11.2	从电子旅游向智慧旅游的技术转变	290
表 11.3	目的地危机和灾难的知识管理	295
表 11.4	学习型目的地的分类	298
表 12.1	IT 在可持续旅游中的应用	305
表 12.2	有关环保的移动应用程序	310

第 1 章　旅游业与信息技术概述

 学习目标

- 明确信息技术中的关键术语和概念；
- 描述信息技术的发展演变；
- 识别与旅游业相关的信息技术类型；
- 解释旅游业和信息技术的融合；
- 评价信息技术在旅游组织和目的地中的战略应用。

引言

世界正经历着有史以来最剧烈的社会变化。界限日渐消失,国家、社会、民众、组织以各种各样的方式联系着,并且比以往更为密切。国际贸易协定、全球商业活动、通讯网络、个人及教育旅行的增长,正在将我们的这个星球前所未有地联结在一起。世界上两个最大且发展最快的产业——旅游业和IT产业,加强了这些联系并提供了根本性的支持。

旅游业在今天把人们联系在一起——这在几十年前是绝不可能办到的——并且还对一些国家和地区的经济作出了巨大贡献。2016年,国际入境人数达12.4亿人次,旅游收入1.22万亿美元,解决了世界范围内10%的就业(世界旅游组织,2017)。2015年,旅游业收入占全球国内生产总值的9.8%,占世界服务出口量的6.1%(世界旅游组织,2016)。除经济学外旅游业也在其他方面表现强劲,它对文化和社会的改变,对环境和生态系统的影响,对气候变化的作用(包括气候对它的影响),都是必须要关注的重要问题。旅游业在社群之间和社群内部形成日益密切的联系,是社会影响最重要的现象之一。IT 大大增强了这一现象。

相较而言,IT 产业即使不是更胜一筹,至少也同样重要和强大。我们生活在一个由笔记本电脑、智能手机、数码相机、平板电脑、云赋能数字平台和物联网(Internet of Things, IoT)组成的数字化世界。信息技术(information technology, IT)被定义为"运用电脑和通讯设备在数据存储、提取、传输和处理方面的技术"(Daintith, 2012)。在商业情境下,IT 也被看作是信息系统。"信息系统(information systerm)是人们构建起来的硬件、软件和电子通讯网络的组合系统,通常在组织场景中用于收集、创建和分配有用数据"(Calacich & Schneider, 2014, p. 19)。

2017 年,世界范围内用于 IT 的支出预计为 3.5 万亿美元,是旅游支出的 3 倍(Loten, 2017)。IT 飞速发展着,在全球建立数百万的电子接口,以各种新的方式将民众、商业团体、各个产业、地区和国际社会联系在一起,极大地改变了企业、客户和政府部门的运营方式。据估计,2017 年全世界有 84 亿台互联设备,预计 2020 年将会增加到 204 亿台,远远超过世界人口总数(van der Meulen, 2017)。旅行和旅游业是 IT 的重度用户,一些遍布全球最大的电信网络传输着旅游信息,因此,IT 为促进旅游业发展提供信息支撑(Dutta & Bilbao-Osorio, 2012)。

本书汇集了这两大行业以及行业间协同融合的内容。书中描述了不同旅游部门是如何受 IT 影响,以及它们是怎样将 IT 应用到运营中的。同时也深入探讨了旅游者在旅游体验的各个阶段使用 IT 的情况(Loten, 2017)。本章为基础篇章,剖析了 IT 行业的性质、概念、历史演变及影响旅游业中 IT 采用和创新的因素,介绍了旅游业作为信息密集型产业的特点,讨论了旅游信息的各种类型,解释了旅游业与 IT 的协同作用,探讨了两大行业相互联系、相互支持的方式,有关组织内部信息和 IT 的战略应用也在本章的讨论范围之内。

1.1 旅游业:信息密集型产业

旅游业因信息而蓬勃发展。单就产业规模来讲,旅游业需要处理和用于交流的信息非常庞大。每个人开始旅行时,必须要交换大量的信息和资讯,如行程、时间安排、支付信息、目的地和产品信息、乘客信息等;但旅游业还具有其他一些独有特点,这就产生了旅游者使用 IT 应用程序的需求。本节首先介绍旅游信息,然后讨论旅游业作为信息密集型产业的特点。

1.1.1 旅游业的特点

"产品(product)"在旅游业中经常被用来指代住宿、交通吸引物甚至目的地,但旅游业也可被描述为一种服务(service)。有时该旅游产品也被称为是一种体验(experience)。派恩(Pine)和吉摩尔(Gilmore)主张产品是生产出来的,服务是提供给对方的,体验是可以展示的(Pine & Gilmore,1999);而且体验通常是通过旅游者、旅游组织和场景的互动来实现价值共创(Prahalad & Ramaswamy,2004)。大多数政府机构往往认为,旅游业是服务行业的一部分而不属于生产部门。这些术语经常互换使用,了解一些服务和体验的特点以及它们与商品生产的区别是很重要的。

旅游业区别于其他产品、服务和体验的一些特点,使其成为信息密集型产业,在于它的异质性(heterogeneity)、无形性(intangibility)、不可存储性(perishability)和不可分割性(inseparability)。产业的全球化(global)规模和旅游业作为服务业的事实也促成了信息的密集(见表 1.1)。下面讨论一下每个特点。

表 1.1 旅游服务和体验的特点

特点	描述
异质性	旅游产品和服务无法做到标准化,而且差异很大。
无形性	购买服务之前无法对服务进行体验、触摸、感觉和抽样检验。
不可存储性	没有售出的酒店客房、飞机座位和旅游行程无法储存,供日后销售。
不可分割性	生产伴随消费同时发生,提供服务和产品的同时也在消费服务和产品。
全球性	旅游业包括大规模的国际人员流动。

一个典型的旅行是复杂的并由多个部分组成,因此从本质上来说是异质性的(heterogeneous)。美国标准行业分类体系划分出至少 35 个为旅游

者服务的产业部门(Gee et al., 1994)。要研究和计划一个旅行,旅行者必须要和一些私有部门组织和公共部门机构打交道。这些组织、机构和消费者之间协调与合作,对共同创造"旅行"异质性体验是必要的。这就要求通过高效、准确和及时的信息流将多面向的旅行组合在一起。信息和IT给不同的产业部门之间创造无缝旅游体验提供了关键的连接纽带。如果这些连接断裂或速度太慢,信息不能及时传递,产业就不能实现最佳运转。旅行越复杂、越国际化,所需要的信息就越多。

无形性(intangibility)是旅游业信息密集化的第二个特点。潜在消费者经常在购买度假产品或商务旅行前,无法看到、触摸或感知。实际上,他们需要有关目的地或体验的详细信息以代替有形性的缺失。这些信息可以通过不同的媒介予以呈现。过去以小册子的传统形式发放的旅游和目的地信息,现在变得越来越电子化了。丰富且沉浸式的电子内容诸如网站、图片、视频和虚拟现实可以让游客在购买旅行之前"尝试"体验。旅游业无形的特点将IT和旅游业结合在一起,创新营销使其变得更加有形化。信息也有助于降低与旅游相关的风险。社交媒体可以让旅行计划者通过论坛、博客和评论等渠道来学习其他游客的经验。尽管具备这些优势,但值得注意的是,一些游客仍然喜欢出发前对旅行所知甚少带来的挑战。

旅游业信息密集化的第三个因素是它的不可存储性(perishability)。如果某次航班的座位没有售完,那么该航班的该座位就再也不能出售了。与其说座位不再售订,不如说是因其获得的收入就消失了。这几乎对旅游业中的所有产品(如住宿、景区、旅程、交通)都适用,都源于旅游产品的时效性。IT可以在库存监管和动态价格调整方面提供帮助,使得承载量、入住率和到访率实现最大化。旅游业的一些计算机预订系统(computer reservation systems, CRS)使用收益管理系统来应对产品不易存储所带来的挑战。互联网预订引擎和智能手机应用程序也能帮助供应商在"最后一分钟"交易丧失前对其进行促销和分销。

旅游消费与体验产生是不可分割的(inseparable)。与可以购买并带回家的商品不同,服务提供者和旅游者之间会因体验的同步生成而产生互动。例如,酒店客人在酒店住宿消费的过程,同时也是服务供给商生产服务的过程。在确保旅游体验共生共创、优质高效方面,信息发挥着越来越重要的作用(Schertler, 1994)。管理者面对的最大挑战之一是如何提高服务和知识工作者的生产力(Drucker, 1990)。过去在服务业中人们对自动化是排斥的，原因是误认为这样会使得顾客体验质量下降。但是随着生活方式和优先级的改变，时间成为一种重要的商品。这就导致形成了本质不同的服务期待，速度和个性化变得越来越重要。IT越来越多地应用于个性化体验和高效体验，无论客人是从酒店结账退房还是航班预订变更。

就其本质而言，旅游业是世界上全球化程度最高的产业之一，这一特点是旅游业的核心并进一步促成信息密集化。和国内旅行相比，国际旅行产生大量信息，国际游客需要了解边境管控信息，诸如签证和护照规定、海关条例、出入境关税规定、货币管控和免疫接种要求的卫生法规等。此外，他们还需要其他主题的信息，如文化活动、驾驶规则和语言翻译等。旅行的本质和旅游者的特点也影响对信息的需求，例如，从法国到秘鲁的游客可能要比从纽约去旧金山旅游的游客有更多的信息需求。休闲游客和商务旅游者都在不断扩大他们的视野，旅游越来越全球化，同样都需要各类信息。这种地理上的分散就要求全球的数据通讯网络把各个国家、旅游组织和旅游者联系在一起。没有IT，旅游业就不能在国际层面上有效地发挥作用。

总而言之，信息是旅游业的命脉。IT在旅游业中的应用对旅游业的发展和成功至关重要。下一节将对IT在旅游业中的主要应用做简要总结。

1.1.2 IT在旅游业中的应用

IT的应用改变了整个旅游业。研究表明，IT正在影响所有旅游组织与客户联系交往的方式，以及它们在竞争、战略规划、产品附加值、成本节省和经营流程简化方面的方式（Buhalis & Law, 2008）。旅游业不同部门采用IT的步调快慢也有不同。

早在20世纪50年代，随着计算机预订系统的应用，航空部门已经成为开创性地大量使用IT的用户。这些预订系统不断发展，整合了除航班预订外的所有类型的旅游预订，后来就成为全球分销系统（global distribution systems，GDS）。预订行程时它们是旅游中介商使用的主要工具。今天它们仍然非常重要，但需要适应新的技术、软件环境和移动应用程序。在第3章中将详细讨论这方面内容。航空公司也是收益管理系统应用方面的领先者，通过给航空座位战略定价以获取收益最大化。IT促进了需要复杂数据库技术和大量数据的飞行常旅计划的发展。航空公司联盟如One World和Star Allianc基本实现了各个系统之间的联通性和互操性。机场还引入了自助登机终端设备，既是航空公司寻求降低人工成本，又提升了顾客乘机速度。自动呼叫中心也在努力降低人工成本。运用互联网来预订航班,通过IT让游客使用智能手机来领取登机牌、更新航班状态以及实现其他功能等,已变得很普及并降低了纸张的消耗。第7章和第8章中将探讨航空公司、机场和其他交通部门是如何运用IT的。

以旅行社和旅行批发商为代表的旅游中介(intermediaries)深受技术的影响,甚至已到了生死攸关的程度。实际上,一些这样的中介机构已退出了市场,因为互联网和其他技术已取代了它们。这些旅游中间商不得不适应互联网造成的"去中介化",因为消费者上网也可以获取相同甚至更多的信息。一些中间商则在特定的目的地或旅游产品上实现了专门化,如邮轮;或者通过大宗购买力获得更便宜的价格。第3章中将对数字时代出现的一些新型中介进行探讨。

通常,酒店住宿业在采纳技术方面表现得不是特别主动,但是现在也有许多专门化系统来支持它们的运营。酒店管理系统可以处理所有有关客人、房间、账单、客房和客户记录等业务。酒店预订系统是联系客户的关键纽带,它们可以为单体酒店服务,也可以为连锁或营销集团中的多家酒店提供设计。电子锁系统、数字房卡、客房自动化、语音指令技术、能源管理系统、虚拟管家和自助登记入住终端变得很常见,尤其是在商务酒店。许多酒店现在提供一种无缝对接、完全自动化的体验,客人甚至不需要和现实中的人说话就可以完成他们的整个住店过程。餐厅主要使用的IT为销售终端系统、菜单管理系统和餐厅管理系统。在第9章中将会对这部分内容进行介绍。

旅游业中的其他部门,包括景区、娱乐和会议等,都有专门化的IT系统。这些将在第10章中介绍。在所有这些类型的旅游组织中,互联网使其发生了显著的变化。IT尤其对中小型企业(small & medium enterprises,SME)帮助很大,这些中小型企业在全球旅游业中占很大比例。自从有了互联网,这些小型组织就获得了市场力量,现在它们能够像大型跨国公司那样进入远程国际市场。然而,中小型企业(SME)在应用这些信息系统过程中仍会面对相当多的挑战。在第12章中将会进行探讨。

旅游目的地(destinations)在将IT融入其市场营销和管理战略方面发现很大价值。IT将不同的目的地部门与不同的利益相关者联系在一起,并以多种新型方式如互联网、社交媒体、全球定位系统(global positioning systems,GPS)和地理信息系统(geographic information systems,GIS)的移动技术与旅游者连接起来。IT 也对目的地不同供应商的能量产生杠杆效应,意味着大型垄断组织不能再像过去那样控制和支配整个目的地。这些重要内容将放在第 11 章进行讨论。

旅游者自身也从 IT 的发展中获益良多。尤其是,社交媒体和移动技术提供了有关目的地、旅游组织和经验等无处不在的信息访问。在第 5 章、第 6 章和第 10 章中将对此进行讨论。

1.1.3 信息类型

使用 IT 获益最多的组织,是那些认识到信息和数据是重要资产,必须与其他如土地、人力和资金等经济资源一起细加管理的组织。信息被认为是第四大资源,各类组织必须要将信息和其他三大资源整合起来实现利润最大化,并给旅游者提供最优质的服务。

然而,信息与其他三类资源在许多方面又是不同的(Cleverland,1985)。首先,信息不会因使用而减少或耗尽。相反,它会因使用而扩大。当一个旅游者给另一个旅游者提供关于最喜欢的酒店、博物馆或海滩的信息时,信息是被复制的而不是被提供者丢失。根据信息的本质和信息接收者的差异,信息的扩散既可以创造机会,也可以产生威胁。真实信息的扩展有助于增强组织或目的地的意识地位。主观信息的传播产生积极或消极的影响,主要取决于人们对信息提供者的看法。当然,消极的看法具有破坏性,而积极感知则能够进一步提升组织的地位。

其次,信息和 IT 实际上可以作为土地、人力和资金其他三大资源的替代物。当这三类资源供应短缺或价格昂贵时,IT 的创新利用可以为各类组织和消费者创造价值。远程办公就是使用 IT 替代土地的一个例子,因为组织中的工作人员远程办公不需要在售价昂贵的街区租赁或购买高价的土地。IT 也在一些方面被用来代替人力。在重复性、低水平的旅游工作中,IT 可以减少工作中所需的人工数量。在更高层次的经营中,IT 可以依靠决策支持系统、专家系统和其他人工智能的应用增强人力资源。对等网络(如爱彼迎)就证明了,没有在酒店客房基础设施上重资本投入的情况下如何为组织和消费者创造更大价值。

信息区别于其他三类资源的第三个特点是存在泄露风险。这可能导致安全问题,就需要有制度和体系来防止安全和隐私被侵犯。信息是一种非常珍贵的资源,因此必须要确保它的安全。必须妥善使用密码和相关规定来保证旅游者的信息受到保护。例如，酒店不能将客人的房间号码随意告诉他人，航空公司也不能发布某个特定航班上乘客的个人信息。旅游业获取并存储大量的个人信息，在使用这些信息时必须确保能够保护隐私和防范欺诈。

以上就是信息区分于其他资源的三个特点，还有许多其他内容在克利夫兰(Cleveland, 1985)的书中也有所讨论。但一切都归于事实，所有的公司都必须仔细核实信息，将它看作一种重要的资源。对在这个信息密集化产业中工作的管理者来说，最大化利用信息的竞争优势是一个重大的挑战。在战略层面上正确地应用IT有助于增加一些旅游组织成功的机会，本书中将会对此进行阐述。

旅游信息除了数量庞大之外，还具有种类各异的特点。拿剧院做类比，信息是由不同的演员制作而成，用以满足广大观众的需要。这些演员和他们的信息需求包括以下内容。

- 旅游者(travelers)：有关目的地、交通、活动、设施、可用性、价格、边境管制、地理和气候的信息。
- 中介(intermediaries)：有关市场消费趋势；目的地、交通、活动、设施、可获得性、价格、边境管制、地理和气候；其他分支部门、供应商和竞争者的信息。
- 供应商(supplies)：有关公司、消费者行为、中介和竞争者的信息。
- 目的地(destinations)：有关行业趋势、旅游流动规模和性质、市场营销、影响、政策、规划和开发的信息。

信息可以是静态的(static)也可以是动态的。信息可以在旅行前、旅行中、旅行后被旅游者使用、生成和分享。信息也可以由私有部门、公共部门或旅游者来生成。不同类型的旅游信息可能需要不同类型的IT来处理和分配。

静态信息和动态信息

一些旅游信息不会频繁更改，因此是相对静态的。其他信息经常发生变动，是极富动态的。长时间可能发生变化但短期内不会变化的静态旅游信息有：产品详情、交通路线、标识和方位信息等。静态信息(static information)可以通过手册、标牌、指南、印刷纸媒、电视以及其他线下媒介发布和获取。然而，大量旅游信息是动态的，需要数字化格式来不断地进行更新和快速传输，例如产品供应、日程安排、票价和费率、旅游评论、天气状况、滑雪坡的降雪量或海滩的冲浪条件等。动态信息（dynamic information）每天、每周、每月和每个季节都在变化。使这类信息发挥作用的信息系统通常都是在线、实时的系统，它们具有捕捉变化的能力。充足的资源和人员是任何一个动态信息系统中必不可少的组成部分，他们能够确保信息得以不断地且精确地更新。

旅行阶段

旅游者在不同时间不同地点都需要信息。计划旅行阶段的行前信息，游客可能是在家中或是在前一个目的地时就在获取。旅行规划阶段中不同时期所需的信息类型取决于旅游者的类型。例如，冒险型或冲动型旅游者对行前信息所需甚少或者不需要；而不愿冒险的旅游者和那些需要长时间规划的人则需要行前信息，不管是静态的还是动态的信息。通常，旅游者在抵达目的地之前会留很多事情需要后续决策，这种对实地信息的需求在移动技术和智慧目的地中催生出新的应用。旅游者在返回家后，也要用到静态和动态的信息。游后信息的动态使用随着社交媒体和其他图片、视频分享平台数量的激增而变得越来越多。表格1.2显示了不同旅行阶段的不同动态和静态信息。

表 1.2 旅游信息渠道类型

旅行阶段	静态的信息	动态的信息
行前	宣传册、指南、传真、照片、视频、网站信息	电话、电子邮件、网站、社交媒体、互联网预订引擎、GDS
在途	宣传册、指南、标牌、地图、信息亭、酒店的电视频道、移动应用程序	电话、传真、电子邮件、网站、社交媒体、移动应用程序
游后	宣传册、指南、照片、视频	博客、社交媒体、照片和视频分享、评论

信息提供者

一些旅游信息是由公共部门提供的，这对于目的地来说比较普遍；而一些由私有部门提供的信息则更具体地针对某个产品或品牌。然而，当公共旅游机构为满足大众需求针对特定景区或住宿发布信息时，公共部门也可以提供具体的产品信息。并且，一些私有部门也可以提供更多的关于目的地的综合信息。他们在做广告宣传时会这样做，以吸引消费者来购买他们的产品。其他的例子还有旅游批发商和酒店礼宾服务台,他们通过提供目的地的综合信息来提升消费者的体验。

公共部门的信息来源于地区、国家或州级的旅游政府机构。他们往往提供更为客观公正的公共和私有旅游设施的信息。如果作者与产品没有利益关联的话,第三方网站或指南中包含的信息可能相对客观公正;而私有公司提供的信息往往针对他们的个别产品表现得更具体、更利于促销。

当万维网(world wide web)最早开发出来的时候,它的一些旅游内容是由目的地营销组织、政府管理部门和商业企业等公共或私有机构创建的。网络早期阶段现在通常指的是 Web 1.0 时代。不像今天的万维网(WWW),早期的网站提供的是有限的交互。网站管理员负责更新网站,用户可以浏览内容但不能为内容做些什么。21 世纪的前十年,社交媒体的发展引发在线平台的大量激增,出现了用户生成内容(user generated content,UGC),这个发展阶段被称作 Web 2.0 时代。其特点是第三方产生的信息飞速扩散,第三方往往是消费者而不是旅游体验的生产商,维基网、博客、社交网络平台、简易信息聚合(really simple syndication,RSS)、媒体分享网站和虚拟世界的发展将其变为可能。旅游业拥抱 Web 2.0 时代,维基 travel、猫途鹰(TripAdvisor)、Yelp 和 Urbanspoon 等都对旅游行为产生了重要影响。现有 IT 的优势正朝向新的阶段发展,信息正不断地被人工智能机器生产,并且更加情境化和个性化。

1.2 IT 的发展演变

相比较其他产业,IT 的发展演变非常迅速。事实上,Intel 曾发布过很著名的论断:如果航空业在价格和性能方面与计算机行业发展一样快的话,今天从纽约飞到巴黎的航班票价大约 1 分钱,而且不到 1 秒钟就能到达(Jordan,2012)。互联网、智能手机、全球定位系统(GPS)、笔记本电脑和数码相机的运行速度和成本已与半世纪前的运行慢、造价高、占地大的计算机大相径庭了。几十年来许多革新促成了 IT 应用的大爆发,有关这些发展的详细讨论会贯穿全书始末。

1.2.1 计算机

第一台商用计算机(UNIVACI)于 1951 年面世。之后不久,IBM 研发出世界上最早的量产计算机 IBM650。这种大型计算机使用磁带、磁鼓、真空管和打孔卡作为输入装置，大多用于科研。航空业最先将这些大型机器投入商业使用，使其在早期航空预订系统的发展中发挥了重要作用。

贝尔实验室发明的晶体管(transistor)以其体积更小、运算速度更快、功能更强大的优势，最终促成了第二代计算机的发展。1958年，两个各自独立工作的工程师发明了集成电路(integrated circuit)，或称计算机芯片，这又为1965年第三代计算机的发展作出了贡献，生产出的计算机体积更小、运算速度更快且更适用于商业。许多商业组织如酒店、旅行社和其他旅游企业都使用第三代计算机来开展生产经营。

1970年，Intel 公司发明了微处理器(microprocessor)用于微型计算机(microcomputers)。主要的商用型微型计算机包括 Apple II 和 IBM PC。更便宜的价格，配以新的存储媒介、操作系统(如 MS-DOS)和鼠标等输入装置，这对于不懂编程的普通用户来说变得更方便和易于操作。20世纪80年代早期，苹果公司和微软公司采用了基于 Windows 技术的点击式图形用户界面(graphical user interfaces，GUI)，使用户和计算机的交互更加简捷。20世纪70年代末80年代初开发的文字处理、电子表格、桌面排版系统和数据库管理软件等已成为旅游行业常见的应用工具。

不断的创新使得计算机外形越来越小巧、功能越来越强大。1965年，Intel 公司的联合创始人戈登·摩尔(Gordon Moore)根据经验观察指出，计算机里电路芯片上集成的电路数量每两年大概增加一倍。这个被称为摩尔定律(Moore's Law)，在其后50多年的时间里证明是很准确的，它同样适用于数码相机中处理器的速度、记忆、传感器、数据存储容量、数据传输和像素数量和大小的增加。一些主要的技术创新发生在20世纪七八十年代。1985年以来，硬件的增量变化与摩尔定律一致，取得了长足的进步，相似的增量变化也在软件更新上得到显现。然而，主要的进步还是体现在网络技术和移动技术方面，后续章节将有所讨论。

1.2.2 网络体系和互联网

IT 的下一波浪潮与电子计算的一些发展交叠在一起。当 IBM、苹果和微软正在为数字革命奠定基础的时候，一些组织已经在思考把计算机连接起来使用网络的潜在可能了。1970年，科幻作家亚瑟·克拉克(Arthur C. Clarke)在《流行科学》杂志中作了如下预言：

想象你的办公室有个控制台,兼容电话、电视机、复印机、小型电子计算机的特征。将信号接入同步卫星系统,这个控制台就可以让你触手可得世界上的各种信息。通过按下一些数字,你就能核查账单、获得一些历史事件的数据或听到你想听的任何题材的讲座;或者你也可以和世界各地的任何一群人召开电子会议,讲话的同时还可以互相看见。

12 年后,当美国国防部高级研究项目管理局(Advanced Research Projects Agency,ARPA)和美国一些大学的网络连接起来创建起互联网(Internet)——各种网络联成的一个大网络时,亚瑟·克拉克的预言成为现实。20 世纪 80 年代中期,互联网快速扩展到欧洲和澳大利亚,80 年代末 90 年代初到了亚洲。互联网使得包括电子邮件、万维网和云计算在内的一系列网络服务得以实现。互联网和社交媒体在旅游业中的发展历史及其作用将在第 4 章和第 5 章中详细介绍。

1.2.3 普适技术

与旅游业相关的最新 IT 浪潮是移动设备和普适计算(ubiquitous computing)的兴起。这一领域的许多技术发展与互联网发展同时发生。因此,许多 IT 创新也利用了这两个领域的进步。移动设备的历史包含大量并行技术的发展,这些技术汇聚起来创造出今天使用的设备,包括手机(mobile phones)、掌上电脑(personal digital assistants,PDA)、笔记本电脑、数码相机和音乐播放器等。20 世纪 90 年代早期,电子产品和电池的微型化使得口袋大小的便携式设备成为可能,从而引发了掌上电脑新产品类型的出现。这些外观小巧、便于携带的计算机可以让用户阅读文本、发送邮件、安排日程、存储文档和联络他人。

手机和掌上电脑的发展具有非常重大的意义,因为 1994 年这两项技术的融合催生了第一台智能手机(smartphone)——IBM 公司的西蒙(Simon)。随之而来的是手机制造商、计算机生产商和电子产品公司之间的激烈竞争,最终于 2007 年迎来首台大众智能手机——Apple iPhone 的成功面世。移动设备和应用程序的大量涌现对旅游业和游客来说都产生了许多新的益处。位置感知移动设备对游客信息、市场营销、市场定位和阐释都产生了影响。智能手表和智能眼镜等普适(或便携式)设备的创新在旅游业中不断得到应用。我们会在第 6 章对移动技术的这些发展和作用进行详细评述。

1.2.4 对旅游业的启示

在关于 IT 发展的历史中,很明显主要发展趋势包括 IT 的融合(convergence)和与各平台间日益增强的交互操作(interoperability)。计算机技术的微型化和普适性与互联网的连通性创造了功能性的新高,旅游业也从中获益。光纤和无线通讯技术取得的进步使得被生产和消耗的信息量呈现指数级增长。我们将继续生活在一个现实和虚拟混合在一起的世界,光、供热和制冷、冰箱、洗衣机、汽车等日常物体和设施连接起来,共同组成物联网(IoT)。人工智能(artificial intelligence)和专家系统(expert systems)现在也用来支持完成过去由人来做的任务和决策。社交媒体(Facebook、Twitter 等)也以新的不同方式将游客和各种组织联系起来,从而改变了社会运行模式。

超连通性加上商业和旅行的全球化,所产生的结果意义深远。技术创新造成了"时空崩塌"(collapse of space and time, space-time collapse),因为时间和空间不再限制我们的联系和工作。我们可以在任何时间、任何地点工作。IT 和互联网随时把我们和任何想要联系的人连接起来。例如,一个坐在英国希斯罗机场的旅行者,可以在他的智能手机上预订檀香山的一家酒店,并且几秒内就能收到确认信息。在全球各地,使用智能手机、平板电脑或笔记本电脑与他人通过视频进行商务会面(如销售会议)或休闲活动(家庭团聚),现在已经很常见了。面对面的交流可能越来越少,反而显得弥足珍贵。出行次数也可能会因视频会议的使用而减少,这意味着旅游业必须足够警醒和保持创新以适应这一趋势。例如,美国的一家商务旅游社——罗森布鲁森旅行社(2003 年卖给美国捷运),就在其产品供应中加入电话会议,这样客户就可以在面对面会议与电话会议之间进行比较和选择。如果选定电话会议,罗森布鲁森公司就会将其作为产品线的一部分加以组织和销售。

1.3 战略思考和信息技术

战略性地思考 IT 应用在当今这个充满竞争的世界中是至关重要的。IT 的多种应用方式为组织的战略方向和创新提供支持。一些 IT 应用会影响商品和服务的生产,一些则对市场营销有更大的影响。卡什等人(Cash et al., 1992)构建了一个模型来阐释不同的产业是如何使用 IT 来改进它们的生产和营销的。模型使用了二乘二矩阵,横轴代表 IT 对市场营销活动的影响,纵轴反映 IT 对产品和服务生产的影响。模型的作者们在矩阵中加入了一些特定的产业,参见图 1.1。

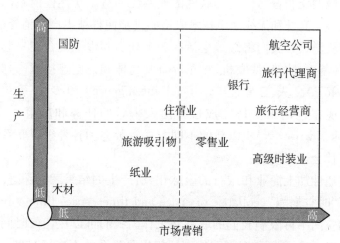

图 1.1　IT 对不同产业生产和市场营销的影响

模型表明,沿横轴坐标上排布的产业往往是:a. 产品选择是复杂的;b. 快速确认客户决策是必要的;c. 客户品味和定价不稳定的产业。纵轴上标位比较高的产业往往都具备这些条件:a. 产品依赖技术;b. 产品需要较长的设计过程;c. 通过自动化可以节省时间和成本。如图中所示,国防硬件在对生产影响方面处于高位,在市场营销影响方面则很低,因为这类产品往往科技含量高,不需要做太多的市场营销。然而,高级时装业则在市场营销影响方面处于高位,对生产的影响则属于中度。

对不同旅游行业以及 IT 在其市场营销和生产中应用的分析,可以相对于其他行业在矩阵中的位置对其进行定位。放置于矩阵中的旅游行业有航空公司、旅行代理商、旅游经营商、住宿业和旅游吸引物。大多数行业都处于矩阵的右侧,因为 IT 广泛地应用于旅游商品的市场营销中。不同的旅游行业从高到低排布于生产纵轴上,因为行业不同,IT 对其影响会有所差异。

航空公司在生产和市场营销的两个数轴上都处于最高位,在卡什(1992)的原始矩阵中也是如此。GDS、飞行常旅数据库和收益管理系统都被航空公司普遍应用于它们的产品营销中。IT 也有效地应用于生产活动中,如飞机的设计、运行和养护以及行李的运送。其他交通行业如火车和汽车租赁在市场营销横轴上的位置不太高,但是在生产纵轴上的高度是相等的,因为它们不断地引进新的技术以提供更好的交通服务。

旅行代理商、旅游经营商和其他旅游中介商也许是所有旅游行业中信息最密集的部门。它们主要和信息打交道,没有自己的有形实物产品。产品选择是很复杂的过程,经常需要作出快速决策和确认,客户的品位和价位选择也是多变的,所以它们处于横轴市场营销的高位。因为这些行业的产品和服务是提供信息,所以对生产活动也有很大的影响。

住宿业在两个轴上的位置都很高,但没有航空公司那么高。包括住店客人历史记录在内的计算机预订系统有助于酒店的市场营销,但是IT对酒店生产的影响则较低。过去,传统酒店不像航空公司那样能很容易地接纳技术,但这种状况正在慢慢改变。越来越多的住宿业主正在安装酒店管理系统、电子门禁系统、能源管理系统和采用客房技术来使得它们的运营更高效。因此,酒店业随着时间的发展,正朝着矩阵的右边继续向前、向高位移动。具体可参阅本章末尾的案例"洲际酒店集团(Intercontinental Hotels Group's,IHG)出于战略目的对IT的应用"。

吸引物板块很难在矩阵中定位,因为有些景区在生产中会密集地应用技术,如主题公园;而其他景区却几乎不用,如自然景区。因此,该行业在矩阵中的生产纵轴上处于中间位置,在市场营销横轴上也是一样。

IT的战略管理是旅游组织竞争中一个必要的组成部分。在解决操作问题时如果缺乏系统的方法,那它就不会给组织带来最大化利益(Poon,1993)。首先,最高层管理必须保证,通过提供足够的资源并建立公司架构来最大化支持IT的实施。首席信息官(chief information officer,CIO)、IT总监和创新经理已逐渐成为各类组织中常见的职位,他们不会将数据处理部经理的职位放在组织结构图中较低的位置上,而是优先考虑信息功能的发挥。当IT被赋予如此高的关注并获得各种资源时,它的力量就真正得到了实现。员工能够接受到适当的系统操作培训也是非常关键的,这可以使IT带来的收益得到充分的发挥。对新技术不断评估以准确把握组织战略方向也是很有必要的。这应该包括组织中所有员工的意见,他们可被邀请提供关于当前系统的反馈。建议哪怕在现金流吃紧的情况下,也要投资购买IT以保持系统不断更新,防止组织落伍。

企业战略性地应用IT有多种方式。一些IT的战略应用会在后续章节中进一步阐述，其中包括：

- 管理价值链(managing value chains)。价值链是为目的地、中介商、供应商或游客创造和构建价值的行为或系列活动。这可以通过产品和服务的设计或供应链管理来实现。IT应用可以通过改变信息和分销渠道来影响价值链，使它们变得更开放和透明，进而产生更多的收益。例如，新的资讯科技发展在过去的20多年里对旅游分销系统产生了重大影响。

- 管理知识(managing knowledge)。信息和数据资源的专业管理是取得成功的必要条件。旅游业中的知识管理(knowledge management)系统涉及对计算机的复杂应用，用来生成供决策使用的信息，计算机技术在该领域有着巨大的发展潜力。数据库管理系统能够储存和处理数百万个客户记录、账户、产品评价等，可形成对战略性决策的指导性认识。大数据(big data)这个术语就与此相关，它们是巨量的数据集，组织可以通过特殊的软件系统从中挖掘信息；它们也可以回答诸如"谁是我们的高价值客户"或"什么是我们的新兴市场"等问题来协助组织的战略推进。

- 市场营销和竞争优势(marketing and competitive advantage)。IT应用在销售和营销领域提供了强大的竞争优势。电子分销渠道、社交媒体平台和其他革新技术的使用将供应商和各类新型市场连接在一起。在其他运营领域，组织可以成为技术的早期使用者，为自己赢得竞争优势。例如，酒店安装自助入住终端、航空公司提供移动登机牌，或目的地使用的全球定位系统以引导游客到访关键站点。

- 服务供给和客户关系管理(service delivery and customer relationship management)。因为旅游体验的独特性，了解旅游者的需求、需要和期望就成了有效服务供给的重要组成部分。客户关系管理系统(customer relationship management，CRM)是一种商业理念，它以顾客为中心，努力与他们建立一种有意义的关系，这可以借助大规模、覆盖整个组织的数据库（包括顾客及他们的购买习惯和需求的数据）得以最有效的实现，进而帮助旅游供应商通过理解客户的需求、提供更卓越的客户服务来建立与客户的关系。

- 战略倾听(strategic listening)。组织成功的部分原因建立在倾听员工、客户、供应商和竞争对手的基础上，这提供了对组织如何战略性变革和前进的更深入理解，也可以提供更多共享的意义和目标。IT是一个非常好的倾听工具。在不可能总是面对面会见的情况下，通过电话会议、智能手机或平板电脑以及其他方式,也可以做到倾听。社交媒体提供了获取市场情报的新途径,通过监管博客和其他线上媒体,可以更好地了解客户和竞争对手。

1.4 本书框架

为了给读者一个清晰的架构,这本书被分为五个主要部分,如图 1.2 所示。第一部分是"了解旅游信息技术",包括前两章。第 1 章通过向读者介绍 IT 的基本概念和旅游信息系统的独特性,为本书的其余章节奠定了基础。

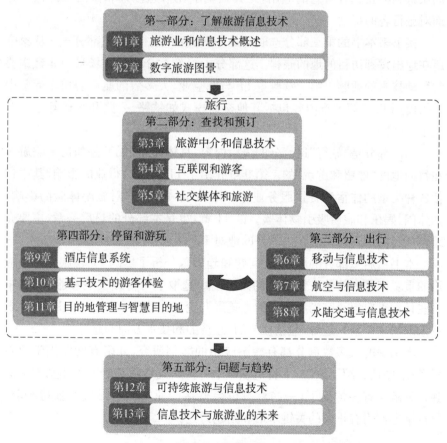

图 1.2 章节概览

第 2 章标题为"数字旅游图景",论述数字技术的范围及其对旅游业的影响,此外,还描述了数字消费者获取旅游信息的模型。

本书的第二大块是关于"旅行"的内容,其构成了这本教材的主体。在这部分我们研究了技术是如何被应用的,以及对旅游体验的消费前、中、后阶段的影响(Gretzel et al., 2006)。第二部分标题为"查找和预订",研究旅游者是如何搜寻信息和预订行程的。第 3 章的内容涵盖了旅游分销过程和当今存在的各类旅游中介,以及它们是如何受 IT 影响的。第 4 章讨论了互联网以及旅游者使用互联网来提高他们旅行质量的几种方式,也涵盖了对互联网上有影响力的各类旅游组织的介绍。第 5 章是关于社交媒体以及不同旅游利益相关者对它的应用,尤其强调了在信息搜索和做出预订选择方面对旅行者的帮助。

接下来本书的第三部分选取的是一次典型"旅行"组成部分——从家庭所在地出发到访目的地的旅程。这部分中第 6 章介绍旅游场景中非常重要的移动技术的话题。第 7 章侧重 IT 与航空业,大多数的航空公司在运营中积极使用 IT。第 8 章内容包括其他交通模式如铁路、公路和水运等运输对 IT 的应用。

第四部分是"旅行"这部分的最后内容,具体介绍了 IT 是如何影响游客在目的地的"停留和游玩"的。第 9 章介绍了 IT 对酒店行业的影响,其中包括各种类型的住宿和餐饮服务业务。第 10 章介绍 IT 对旅游体验的影响,如休闲、娱乐和旅游吸引物体验。第 11 章,也是本部分的最后一章,主要介绍包括目的地管理系统在内的目的地对 IT 的应用等相关内容。

本书最后一部分的题目是"问题和趋势",分析了影响 IT 在旅游业中应用的重要问题和趋势。该部分的第 12 章,选取了可持续发展和旅游 IT 中一些日益重要但研究尚属阙如的主题展开论述。第 13 章研究了 IT 和旅游业未来的一些新兴趋势,包括社会的、经济的和技术方面的趋势。

本书中的大多数章节都有旅游应用的案例研究,并附有问题供学习者思考;书中还介绍了旅游 IT 特定领域中一些研究者在其研究工作基础上的独特见解。有些情况下,一些章节也会概括产业实践中形成的独特经验。每章结尾都附有重要的关键术语和问题讨论。

本章小结

本章给读者介绍了IT的基本背景,几个世纪以来它的发展、演变以及目前所处的地位,也勾勒出计算机硬件和软件的一些基本信息框架,让读者了解了这一重要现象的范围。本章还描述了组织如何应用技术的不同模式,解释了旅游业的独特性、特点和规模,及使其成为IT最大使用者的原因。同时本章也探讨了技术能够战略性应用于旅游业中的一些方式。本章结尾以一个概览图讲解了本书的内容框架。

关键术语

人工智能 artificial intelligence (AI),大数据 big data,融合 convergence,目的地 destination,动态信息 dynamic information,体验 experience,专家系统 expert system,异质性 heterogeneity,信息系统 information systems,信息技术 information technology (IT),不可分割性 inseparability,无形性 intangibility,集成电路 integrated circuit,中介 intermediary,因特网 Internet,物联网 Internet of Things(IoT),交互操作 interoperability,知识管理 knowledge management,微型计算机 microcomputer,微处理器 microprocessor,手机 mobile phones,摩尔定律 Moore's Law,不可存储性 perishability,掌上电脑 personal digital assistant (PDA),产品 product,服务 service,智能手机 smartphone,时空崩塌 space-time collapse,静态信息 static information,战略倾听 strategic listening,供应商 supplier,传感器 transistor,旅游者 traveler,普适计算 ubiquitous computing,Web 1.0 Web 1.0,Web 2.0 Web 2.0,万维网 World Wide Web(WWW)。

问题讨论

1. 你认为促成现有IT的三个最重要的发明是什么?举例说明。
2. 为什么说旅游业是信息密集型产业?请举例阐释。
3. 动态旅游信息和静态旅游信息的区别是什么?请分别举例。

4. 酒店经理问你为什么她应该将更多的技术运用到她的酒店中,你会如何回答以启发酒店投资?

5. 在你们当地找出一家你认为以特别有创造性的方式使用技术的旅游组织,它符合本章末尾讨论的哪一种战略应用?

6. 基于前文各个章节中的图表,你最期待学习本教材中的哪一部分?为什么?

案例研究

洲际酒店集团

酒店经常因为不像其他产业那样战略性地使用IT而受到诟病,全球最大的酒店连锁——洲际酒店集团却是个例外。该集团在IT的战略应用方面不惜投入重金。集团旗下共拥有7家大型国际酒店连锁品牌,包括皇冠假日酒店(Crowne Plaza)、假日酒店(Holiday Inn)和洲际酒店(Inter Continental Hotels)等,共有4 503家酒店和656 661间客房。集团为了获得竞争优势,非常重视IT的战略性应用。

洲际酒店集团(IHG)任命有首席信息官(CIO),并每年花费2亿美元用于IT创新,大约占集团收益的1.2%。集团一直依靠IT寻求创新,信奉"顾客为上帝",并将此信条作为所有公司战略创新的核心。酒店公司还指定了其中一家酒店为试点——佐治亚州的亚特兰大皇冠假日酒店(The Atlanta Crowne Plaza Hotel),该酒店拥有一个庞大的数据库,存储有2亿多份客户档案。当与酒店其他系统整合时,系统可以分析客户的行为、趋势和偏好。这项技术与大多数酒店采用的技术相比更为先进,可以更快捷地处理客人的请求,原因就在于洲际酒店集团已经研发出自己的搜索技术BOSS,很快会和谷歌集成,将提供全球定位支持和语音搜索服务。在酒店大堂,客人可以上线浏览航空公司的航班时刻表,使用触屏版个人电脑(PC)来查找航班和当地的休闲设施信息。

洲际酒店集团也在移动技术领域进行了战略创新。通过手机预订的客房数量增长了4倍,因此适用于苹果手机和安卓系统的应用程序应运而生。通过这些程序,客人可以查房态、预订、登记入住,甚至退房。

另一个战略计划涉及礼宾部员工。他们使用平板电脑(iPad)为客人提供信息，这就解放了自己，不用总待在工作台前，而是可以在酒店的不同地方和客人自由互动。洲际酒店集团目前正在开发的应用程序是，礼宾部可以创建酒店所在地的观光行程安排，并把它发送到客人的手机端。

洲际酒店集团也努力在云计算方面实现战略创新来改进酒店的经营。公司正在建设一个叫 Camelot 的私有云环境，将它的核心客户关系管理系统通过行业标准从大型主机转移到 Camelot 上。集团的忠诚计划、对当前客人行为信息和历史记录的分析，以及给散客推送促销资料的系统都在 Camelot 上运行，集团也将它用于收益管理，客房收入管理最终依此来确定房价。集团还使用公共云基础设施进行应用程序的开发和测试，并负责让全世界范围内的客户都能看到网站的内容。同时，它还对移到云平台的关键专有系统(如客房预订软件)进行评估。

（节选自：Babcock，C.（2011）Four companies getting real results from cloud computing. Information Week，15 January.）

研究问题

1. 对手机预订量迅速增长的原因作出评价分析。未来手机会给酒店带来哪些机遇？

2. 把洲际酒店集团的应用程序下载到你的智能手机并评价它的特点，再选择另一家竞争连锁酒店的应用程序与之比较。你还能补充哪些特点？

3. 解释云平台是如何帮助洲际酒店集团来运营的。与将所有系统都储存在局域网的计算机硬件相比，云计算的好处有哪些？

4. 访问洲际酒店集团网站并浏览其战略，对 IT 是如何支持其战略愿景作出你的评价。集团通过技术创新支持战略发展还有哪些方式？比较另外两家大型连锁酒店的 IT 战略，你认为哪一家最具创新性，为什么？

第2章　数字旅游图景

 **学习目标**

- 描述数字旅游图景的一般概念；
- 从数字旅游生态系统的视角解释和评价 IT 在旅游业中的组成和作用；
- 分析数字旅游图景创新与技术变革的驱动力；
- 定义并提供颠覆性创新的例子；
- 运用行为学的观点来解释旅游者如何在旅游环境中使用和应对 IT；
- 解释 IT 在旅游者决策过程中的作用。

引言

第 1 章为理解旅游与 IT 的演变和联系提供了基础，并提出了一个基于旅游体验过程的框架。虽然许多关于旅游业和技术的文献与研究都集中在商业应用和 IT 的战略用途上(Pearce, 2011)，但从技术层面了解旅游业以及了旅游者如何与之互动依然是很重要的。本章的目的是从三个学科的角度考察所谓的数字旅游图景，从而为后面几章的讨论奠定基础。

我们首先应用数字旅游生态系统(digital tourism ecosystem)的概念，分析各种实体和技术的作用，以及它们在旅游与旅游环境中的功能。其次，我们运用经济学和社会学的模型解释旅游业的技术变革和创新。这些模型有助于我们理解影响 IT 创新传播的因素，以及它们在宏观环境（macro-environment）层面上的革命性力量。我们还探讨了组织如何在中观环境（meso-environment）的战略层面上应对创新周期。然后我们转向心理学和消费者行为，理解旅行者和 IT 之间的关系。这种方法有助于我们理解为什么有些旅行者热衷于采用和使用新技术，而另一些人则在整个旅游消费过程中避免使用新技术。我们还考虑了技术如何影响旅游决策、信息共享以及旅游体验的共同创造和转化。这些模型帮助我们理解微观环境（micro-environment）以及个体特征、反应和行为如何推动技术的采纳和使用。研究这些方法的一个关键好处是，每种方法都有助于我们理解不断变化和改变旅游体验的动态数字景观。

2.1 数字旅游生态系统

我们可以从生物生态系统中汲取灵感，了解 IT 在旅游业中的作用。这似乎令人感到意外，在讨论技术时，生态系统的概念提供了一个有用的类比，可以理解旅游业中 IT 的不同方面。一个生态系统（ecosystem）是活的有机体之间以及这些有机体与其环境之间相互作用的网络（Tansley，1935）。生态系统的一个重要特征是生物在相互作用和物理环境的作用下发生变化和适应，从而导致进化。

根据世界经济论坛（2007）的资料，数字生态系统（digital ecosystem）由在 IT、电信、媒体和娱乐业领域趋同的用户、公司和政府组成。这个概念描述了关键实体与支持这些交互的技术之间的技术中介的交互。我们可以把这个概念应用于旅游业。因此，数字旅游生态系统（digital tourism ecosystem）是由诸如旅行者、供应商、中介（intermediaries）、政府和社区等生命实体之间的相互作用，以及设备、连接、内容和接触点的非生物技术环境组成的。数字旅游生态系统的概念可以应用于旅游业的特定领域、特定目的地或全球旅游现象。在下面的小节中，我们首先描述数字技术环境，其次是"生活"在其中并相互作用的数字实体和社区环境，然后是这些实体在支持旅行过程中的功能。

2.1.1 数字技术环境

技术环境使实体通过由数字设备（devices）提供的连接（connections）和

接触点(touch points)获得内容(content)。可以用以下内容来阐述这四个要素。

- 设备(devices)。设备可以理解为有着特殊目的的硬件和软件包,如台式电脑或移动电话。近年来,通过将传统的由不同设备(如通信、媒体和娱乐)执行的多种功能集成到一个单元中,数字设备的融合已成为一种趋势。例如,消费者可以收听广播,在笔记本电脑或平板电脑上观看视频,也可以使用智能电视上网。智能手机和智能手表也代表了类似的技术融合。所有这些设备都为旅行者提供了获取旅行信息的途径。

- 连接(connections)。信息在使用各种连接的设备之间移动。设备被连接起来形成信息网络,如互联网。允许各种系统(systems)和设备相互通信的协议和标准是网络连通性的重要技术基础。数字广播、宽带和无线连接是最常见的,但近场通信(near field communication,NFC)和蓝牙等无线技术在促进非接触式交易和信息交换方面有了重大发展。一些旅游目的地在市中心和旅游景点提供免费无线网络(WiFi),方便游客通过社交媒体分享旅游体验。全球定位系统(GPS)卫星网络为导航和基于位置的应用提供连接。4G网络等电信基础设施的进步导致了无处不在的连接。在我们的家庭、工作和休闲环境中,有越来越多的物体通过有线或无线方式连接到互联网上,形成了所谓的"物联网"。

- 内容(content)。从高质量的纪录片和旅游节目到社交媒体网站上的用户生成内容(UGC),不同的媒体都在传递着有关旅行体验的信息。旅游体验依赖文本、彩色图片、音频和视频等丰富的内容来传达目的地或度假地的属性。在互联网发展的早期,当带宽受到限制时,在"丰富和可及"信息之间存在一种权衡。如今,无线、高速互联网无处不在,极其丰富的预先录制的高清视频、直播甚至虚拟现实体验等内容都可以提供给信息用户。服务提供者的重要考虑因素包括信息质量、可信度和说服力。通过收集用户信息并根据个人需求和偏好定制内容,人们对个性化信息交付一直很感兴趣。行程规划、推荐系统和智能代理都有助于支持行程规划和决策。内容和信息不仅服务于数字生态系统中的实用需求,而且还通过促进享受、娱乐、社交和学习服务于其他需求。传统上,与旅行有关的信息主要由行业内的商业和非商业实体提供。随着所谓的 web 2.0 和社交媒体的出现,世界上任何人都可以为旅游业的数字领域作出贡献。近年来,随着机器学习和人工智能(AI)的发展,人们习惯于使用计算机算法从互联网上提取信息,以生成新内容(Jervell，2014)，这引起了人们对在线信息准确性、真实性和可信度的担忧。

● 接触点(touch points)。接触点为实体提供相互接触以及实体与技术系统相连的接口。传统的接触点包括面对面和电话通信。因特网提供了一套新的接触点，包括万维网(WWW)、文件传输和基于各种通信协议的电子邮件。Web 2.0，如简易信息聚合(really simple syndication，RSS)、播客、标签/社交书签和众多的社交网络工具，已经创造了许多新的互动和交流模式，使用户能够贡献信息和进行协作。除了台式电脑之外，智能手机和平板电脑的创新还为消费者创建了一系列应用程序，以便与服务提供商及其社交圈实时互动。语音识别技术的最新进展允许用户通过与位于家庭、工作场所或车辆中的智能手机、计算机或智能设备通话来搜索信息。例如苹果的Siri、谷歌助理和亚马逊的Alexa。上下文感知语义搜索技术的发展，即算法和信息体系结构，允许用户根据搜索查询的真实含义查找信息，而不是简单的模式匹配，为实体与接触点交互创造了新的方式。最近，Fitbit Charge 2和迪斯尼魔法腕带(MagicBand)等可穿戴技术开拓了新的互动渠道，并为服务商提供了与客户接触的新机会。

2.1.2 数字实体与社区

随着数字技术环境多样而持续的演变，在这个环境中的实体也变得多样化，相互依存，并不断变化。这些数字实体既代表了供给方(即旅游产业)和需求方(即旅行者和游客)，也包含了各类促进、规范和支持供应商和最终用户间互动和交易的众多机构、组织和企业(Werthner & Klein，1999)。此外，通过接入互联网等数字网络，这些实体可以很容易地形成具有共同需求、目标和兴趣的子网络或社区。从数字生态系统的角度来看，这些生命实体可以扮演许多角色(Arina，2009)。

● 催化者(catalyzers)。通过支持进化和发挥生态系统功能，来增加实体的生存机会。政府和非政府机构，如目的地管理组织(destination management organizations，DMO)，通过开展研究、审核专利、制定法规和许可审批来鼓励竞争和创新，发挥催化作用。这些实体通常代表旅游目的地利益相关者或特定行业部门(如航空、住宿、景区)的利益。催化者推动了操作性、开放系统和通用标准的发展，使实体能够设计出增加系统多样性的产品。

- 控制者（dictators）。控制者旨在拥有或控制生态系统的绝大部分。一些全球分销系统（global distribution systems，GDS）能够控制机票和酒店房间的库存，就是这个角色的典型例子。谷歌等科技公司也可以通过控制特定的信息活动（如信息搜索）在市场上发挥主导作用。
- 挤奶工（milkers）。他们从生态系统中获取的价值比他们所做的贡献更多。典型的例子是在线旅行社（online travel agents，OTA），酒店房价存在隐秘折扣。
- 利基玩家（niche players）。利基玩家提供专业服务和专业技能，使其区别于生态系统中的其他角色。猫途鹰就是一个例子，它提供了一个论坛，以社交知识的形式创建和分享旅游体验。爱彼迎和优步等点对点（peer-to-peer，P2P）平台的创新，建立了将未开发的供应与市场需求联系起来的新方式。

进一步类比生态系统，可以说，随着技术环境的变化，一些实体进入了之前由他人所占据的细分市场。典型的例子如谷歌 Flights 和谷歌 Hotel Finder。它们所提供的服务已经有如 Kayak 这样的其他专业旅游元搜索引擎（metsearch engines）提供过。现有实体凭借技术优势，也可能发展和填充到新的细分市场中。或者也会像一些新开发的旅游智能手机应用那样，新的实体可能被创造出来填补细分市场。一些实体也会共存于互利关系之中，双方彼此依存。比如，OTA 与元搜索引擎的关系就是这种互利关系。

离开了旅行者，数字生态系统就没有存在的意义。通过大范围的数字社区（digital community），旅行者在为其他旅行者创建内容方面发挥了重要作用。数字社区通过在线连接，交流和分享知识，实现了内容的交换（World Economic Forum，2007）。很多社区建立了自己独特的文化，很多人不为经济回报而贡献着自己的时间，包括旅行者和当地人。在类似猫途鹰或 LonelyPlanet 这类论坛上，他们自愿提供与当地相关的建议。还有其他一些社区，如谷歌 City Expert 和 Localeur 也是此类推荐平台。这些社区都可以看作社交媒体的一部分，在第 5 章中将有更加全面的介绍。

2.1.3 数字生态系统的功能

旅游者的信息需求是数字旅游生态系统的核心。因此，为了满足旅客的需求，数字旅游生态系统中的实体可以服务于不同的功能。一般来说，旅行过程可以分解为三个阶段，包括旅行前、旅行途中和游览中，以及旅行后。

在这些阶段中,旅行者对信息有着不同的需求。例如,在旅行前阶段,旅行者通常需要信息来确定要访问的目的地,然后需要信息来购买旅行产品(如机票和住宿)。在途中和目的地,旅行者需要信息来作出现场决定(如寻找一家餐厅享受美好时光。重要的是,旅游者的信息需求并不局限于旅游消费阶段,而是热衷于记录、反思和分享旅游体验,这可能导致旅游后信息活动的广泛性。图2.1概述了数字旅游生态系统中主要实体和技术在整个旅游过程中支持和满足旅行者信息需求的能力。

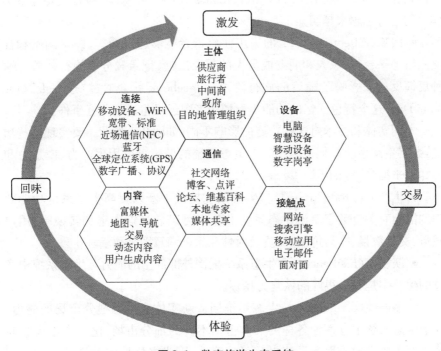

图 2.1　数字旅游生态系统

- 激发(inspiration)。数字生态系统以各种形式提供信息,如文本内容、图片和视频,这些信息可以告知和启发旅行者。由于旅游产品的体验性,旅行者通常需要专门满足他们需求的信息。虽然高质量的信息和丰富的内容是必不可少的,但讲故事可以传达更强有力的信息,在决策和旅行计划过程中启发旅行者(Gretzel,2006)。搜索引擎、DMO网站和社交媒体在这一旅游阶段发挥着重要作用。
- 交易(transaction)。旅行中介、GDS、互联网预定引擎(Internet

booking engines)、支付网关(payment gateways)都在旅游者购买时支持着旅行交易。对于一直寻求"好价钱"的旅行者来说,市场竞争和价格透明为创造经济价值打下了坚实的基础。安全性、隐私性、实时性都是实现此功能需要注意的重要问题。

- 体验(experience)。各实体利用技术支持和加强旅行期间的旅游体验(见第 10 章)。目的地、供应商和中介机构提供的基于位置的服务、移动应用程序和现场技术,在信息和体验交付方面发挥着重要作用。在旅行的这一阶段,通过 Facebook、微信、Twitter、Instagram 和 Snapchat 等社交媒体分享体验的趋势也越来越明显。
- 回味(reflection)。IT 的进步使旅行者能够通过博客、评论网站和社交网络等平台,与家人和朋友或更大的受众反馈、记录和分享旅行体验。这种反馈反过来影响了随后的旅行阶段。Facebook 就会通过"这一天"(On This Day)这个特色回忆的功能提醒使用者曾经发生过的美好事件。

不同实体和技术对这些功能的影响不同,如图 2.1 所示。要实现这些功能,数字生态系统必须是健康的。生态系统的健康可以用生产力、恢复力和多样性来衡量(Iansiti & Levien, 2004)。

- 生产力(productivity),与生态系统提供创新以提高生态系统功能效率的能力有关。数字旅游生态系统的效率可以通过点击率和转换率、用户数量、交易数量、交易价值、交货及时性和旅客满意度来测量。
- 恢复力(resilience),指生态系统抵御外部冲击的能力。生态系统中实体的生存率是一个很好的恢复力指标。
- 多样性(diversity),是生态系统创造新实体或生态细分市场的能力。一个生态系统中有各种各样的实体占据不同的细分市场,比一个由少数几个大型实体主导的生态系统更具可持续性,因为多样性同时推动生产力和恢复力。

从生态系统的角度来看,数字旅游图景的创新和变化导致实体和技术的更大多样性,使系统更具生产力和恢复力。

2.2 数字图景中的创新和变化

当今的数字旅游图景是由改变了我们社会结构的技术变革和创新所塑造的。本节首先介绍技术变革,特别是互联网的最新发展,以及互联网如何推动旅游业的发展。然后,我们应用社会经济理论来理解技术创新如何在社会层面上扩散,以及简要讨论组织如何对创新作出战略应对。

2.2.1 创新和技术变革

我们可以把技术创新理解为一系列的浪潮,这些浪潮的发生贯穿在旧技术被新技术取代的过程中。奥地利著名经济学家约瑟夫·熊彼特(Joseph Schumpeter,1934)认为,创新、创业和技术变革是经济增长的核心。创新不仅可以改善产品、服务和流程,而且还可以打乱企业甚至整个经济生态,带来新的机遇和挑战。熊彼特观察到,经济体在技术创新的基础上,遵循不同的波动或周期,由高增长和相对缓慢增长的交替周期组成。根据这一观察,技术创新理论(technological innovation theory)认为,基本创新引发技术革命,进而创造领先的工业或商业部门(或浪潮)。在 IT 的语境中,这些周期可以可视化为六个浪潮,如图 2.2 所示。在过去的两个世纪里,我们看到了机械、蒸汽动力、电力、电子、互联网以及最近的人工智能和生化工程这些技术变革的浪潮,它们改变了我们的社会。这些创新产生了四大经济革命,首先是欧洲的工业革命。

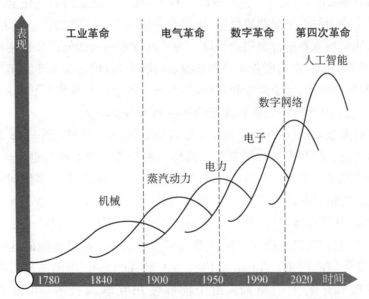

图 2.2　IT 创新浪潮(基于 Schumpeer, 1934; Perez, 2002)

每一波浪潮都遵循创新扩散理论所描述的 S 曲线生命周期(Perez，2002)。每一个连续的浪潮都越来越高，越来越短，这表明随着每一个波的出现，采用率越来越快，离峰值越来越近，性能提高也越来越明显。例如，智能手机和移动应用的采用速度远远超过了早先互联网、电视、电力和蒸汽动力交通等技术的采用。这就产生了一种感觉，即技术变革正在加速并变得更加明显。

技术变革带来用户实践、市场、文化、供应商网络、生产能力、政策和法规以及基础设施的变革。当重大创新发生时，各种行为体、实践和规则在相互作用下稳定了社会技术体制，锁定特定的技术并防止变化(Geels，2002)。然而，来自技术发展的压力可能会打开机会之窗，使利基创新得以突破并改变体制。机会之窗可能改变主导态度和价值观或重大破坏性事件。一旦利基创新成为新体制的一部分，它们可能反过来影响更广泛的技术领域。互联网是一个很好的例子，它开始是一项利基创新，但很快被其他应用所采用。

自 1995 年商业化以来，互联网通过提供一个支持技术创新和新商业模式的平台，改变了我们的社会，影响了价值创造、价值交换和价值分配的所有过程(Castells，2011)。它之所以具有革命性，不仅是因为它在全球范围内提供了全天候的信息获取渠道，还因为它能够支持新颖的社会经济结构，从而带来前所未有的价值创造手段。为了解技术创新如何创造社会技术体制，以及它们如何影响商业世界和旅游业，我们可以使用图 2.3 突出显示在三个领域(即技术、电子商务和旅游业)内发生的事件和基于互联网的技术，它们在过去 20 年中的发展和演变(Xiang et al.，2015)。

在技术领域，互联网已经发生了巨大的变化，从 HTML 到 Web 2.0，支持丰富的交互性和内容协同制作。其他一些显著的技术创新也相继出现，进一步改变了信息搜索和通信方式。在过去的 20 年里，有许多创新重新定义了我们的信息存储和搜索能力，以及与数字世界互动的新方式，其中包括搜索引擎、社交媒体，以及最近开发的语音搜索、图像搜索和语义搜索等界面的出现，它们在信息搜索领域日益占据主导地位。技术环境的这些变化导致业务领域的创新。Amazon、Facebook 和 YouTube 等网站从根本上改变了零售和广告业的格局。由于能够使用互联网技术，出现亿客行(Expedia)、普利斯林(Priceline)和猫途鹰等网站，旅游和旅游领域发生了巨大变化，为消费者和供应商创造了新的利益。

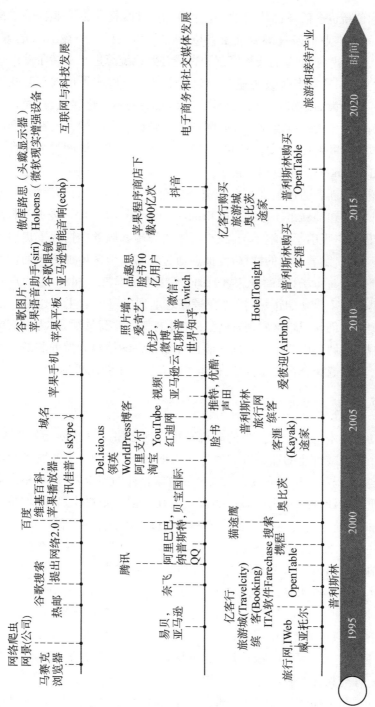

图 2.3 互联网的重要发展（来自 Xiang et al., 2015）

技术创新也会破坏已建立的供应商的稳定性,扰乱旅游业。第二次世界大战后,航空业的发展导致北美和欧洲之间跨大西洋班轮旅行的减少。20世纪90年代,航空业的放松管制和在线订票系统等进步支持了新廉价航空公司的发展,这对老牌旗舰航空公司的主导地位构成了挑战。互联网本身就是一个巨大的颠覆者,导致旅游分销领域的去中介化和退役,而社交媒体给了消费者更大的话语权。互联网技术的融合也导致像爱彼迎这样的网站点对点服务的发展(见案例研究)。所有这些发展都是被称为颠覆性创新(disruptive innovation)过程的例子。

颠覆性创新者通过瞄准那些被大型老牌公司忽视的低端市场,或通过创建一个不存在的新市场来立足(Christensen et al., 2015)。爱彼迎打乱了酒店业,因为它吸引了低端市场,在没有酒店设施和服务的情况下提供低成本住宿。然而,随着时间的推移,爱彼迎通过在富裕地区增加更好的住宿条件和瞄准高收益市场(如商务旅客)而向高端市场发展。同时,也为点对点住宿创造了一个全新的市场,因为在爱彼迎上列出房产的主人也是它的客户。颠覆性的创新很难被发现,而且往往被老牌运营商忽视,因为它们最初并不被视为威胁。以技术为基础的颠覆性创新将继续对旅游业和酒店业产生影响。这给老牌公司带来挑战,但也给企业家带来新的机遇。

2.2.2 技术采用

成功的技术往往会在恰当的时机利用机遇之窗。一些创新是激进的,导致一个组织或行业的业务方式发生巨大的飞跃。例如,当消费者开始在线预订自己的旅行时,互联网大大减少了对旅行社的需求,而旅行中介业务不得不重新设计以应对这一激进的创新。其他创新则更小、更具增量。例如,继低成本航空公司的创新之后,在线预订航空旅行进展甚微。

有些创新之所以失败,是因为它们是在时代到来之前或是在获得社会认可之前创造出来的。例如,智能手机和平板电脑的广泛使用表明,Apple Newton(1993年推出)应该是非常成功的。然而,由于当时电池的可靠性较差,手写识别和无线通信等技术仍在发展中,结果该产品五年后就停产了。相比之下,仅仅十年后,iPod touch、iPhone和iPad就成为Apple巨大的成功案例,因为它们利用了融合技术。可见,技术变革取决于宏观环境中政治、经济、社会和技术因素的综合作用。

有许多源于社会学和经济学的宏观理论有助于我们理解社会对新技术

创新的采用,其中创新扩散理论(diffusion of innovations theory)(Rogers,1962)是理解创新如何渗透社会知名度最高和应用最广泛的概念框架之一。根据这一理论,影响新技术传播的主要因素有四个:创新、传播渠道、时间和社会系统。一旦创新被广泛采用并达到临界质量,它将可以自我维持。创新扩散理论认为个人以不同的速度采用新的创新。在社会层面上,先后有五组采纳者:

- 创新者(innovators)。他们率先采用新技术,渴望尝试新的想法,并愿意承担可能失败的技术类风险。
- 早期采用者(early adopters)。他们是拥护创新但不像创新者那样痴迷的意见领袖。
- 早期大众(early majority)。他们不是领导者,而是倾向于在普通人之前采用新的创新。他们倾向于承担较少的风险,并且在决定采用之前彻底研究一项新的创新。
- 后期大众(late majority)。只有在多数人尝试过后才能采用创新。采纳行为可能是出于经济需要或社会压力的结果。
- 滞后者(laggards)。由于对变革持怀疑态度,因此是最后采用创新的传统主义者。

创新扩散的周期包括初始创新阶段,然后是快速增长和成熟阶段(Perez,2002)。创新的扩散在不同的文化和领域以不同的方式表现出来,并且高度受采用者类型和创新决策过程的影响。在旅游和IT领域,创新传播理论可以应用于旅游组织和个人旅行者对技术的采用(如将社交媒体用于营销的目的或一般互联网营销)。

加德纳炒作周期(Gartner hype cycle)提供了另一个可以从宏观层面理解技术创新的周期模型。炒作周期是由加德纳公司在1995年开发的,目的是直观展示各种技术的演进(生命周期)和社会采用率。炒作周期的一种形式如图2.4所示。根据此模型,许多技术经历了初始开发的周期,随后出现了过高的期望(炒作),幻灭,复苏和生产。新的创新往往会附有一定的炒作,因此对它们的收益寄予很高的期望。随之而来的是幻灭感和使用率的下降,因为技术应用可能不是从战略上驱动或没有达到预期。如果技术能够在此阶段幸存下来,那么随着人们适应更现实的期望,可能会有一段时期的使用增长。大部分采用者在此周期的最后阶段开始进入。在炒作周期中可以看到创新扩散模型的前三类采用者。

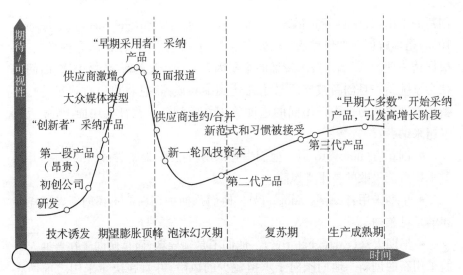

图 2.4 加德纳技术成熟度曲线(引自 Tarkovskiy, 2013)

加德纳咨询公司每年通过在曲线上绘制各类技术来更新该周期。该模型具有直观的吸引力,但由于它虽具有确定性但缺乏客观性和科学严谨性而受到批评,因为创新的成功或失败可能取决于技术本身以及广泛的其他背景因素。尽管如此,该模型还是成为定位各种技术的有价值的参考框架。

2.2.3 技术创新的战略对策

我们讨论的模型评估了新兴技术是否会继续发展以及它们是否将占据主导地位。了解宏观环境的趋势和周期可以有助于了解中观环境的变化和反应。对于旅游组织而言,对技术在周期中位置的理解可能会影响其有关采用时间的战略决策。惠勒(Wheeler, 2002)提出了一套流程,该流程使组织可以从战略上评估技术创新周期。首先,通过扫描环境以识别与公司相关的新兴技术或支撑技术;其次,将这些技术与机会进行匹配,比如更好地为客户提供服务,降低成本或是增强数据管理;再次,为促进公司成长执行创新,选择正确的制度并确保收益的实现;最后,所有用户对新技术进行评估,以检查其有效性。

IT 对旅游业产生了深远的影响,从支持战术决策(如节省成本和提高效率)到在新产品/服务开发、战略差异和定位以及核心竞争力的发展中发挥至关重要的作用,从而实现其竞争优势(Connolly & Olsen, 2001;Yuan et al.,2003)。但是,技术不是任何企业的灵丹妙药,有时采用特定技术可能会导致"生产力悖论"(Brynjolfsson,1993)。例如,"一窝蜂现象"(bandwagon phenomenon)的概念可用于解释仅由竞争对手正在使用新技术,而自身没有认真分析其战略相关性就采用这种新技术的情况(Hashim et al.,2014)。而这种盲目采用很少能够成功。正如我们在第1章中讨论的那样,仔细分析新技术如何赋予其战略竞争优势至关重要。

2.3 理解数字游客

在微观层面上,了解旅行者如何与数字旅游图景互动非常有用。一方面,如果新技术进入市场的时间安排不及时或不能满足消费者的感知需求,它们就会失败。另一方面,新兴市场或行为的改变可以为技术创新创造机会。在以下各节中,我们研究与技术采用和使用有关的三个重要因素。

- 影响技术采用的因素(factors influencing technology use and acceptance)。在旅行环境中对技术使用的情感和认知反应,会依据个人特征(如人口统计、出行特征、态度、看法、动机和经验)而有所不同。
- 旅行中的技术使用(use of technology in the travel process)。指IT对信息搜索行为、决策和旅行计划、信息共享以及旅游体验的共创和转化的影响。
- 理解数字游客的方法(methods for understanding the digital tourist)。可以使用多种基于定量和定性的方法与技术理解数字游客。

2.3.1 影响技术采用的因素

技术接受度是旅行者使用技术的意愿。可以从消费者行为文献中找到对采用技术的一般理解。在这些文献中,学者们从心理学的角度对理论进行了调整,如理性行为理论(theory of reasoned action,TRA;Fishbein & Ajzen,1975)和计划行为理论(theory of planned behavior,TPB;Ajzen,1991)。计划行为理论解释信仰和态度如何影响一个人使用技术的意图。然而,最广泛使用的理论之一是技术接受模型(technology acceptance model,TAM),它提出"感知有用性"和"感知易用性"会影响一个人是否有意使用技术(Davis,1989)。但是,旅行是一种独特情境,旅行者的态度、看法和对技术的反应因人口、心理及旅行特征而异。人口统计信息

(demographics)包括性别、年龄、收入和受教育程度等属性。由于男性和女性处理信息的方式不同,因此出现了技术使用方面的性别差异。女性在进行旅行决策时会更加详尽地搜索信息,并会咨询各种媒体和信息渠道(Kim et al.,2007)。女性在搜索旅行信息时也会更积极地使用社交网络和移动设备(Okazaki & Hirose,2009)。

年龄也是一个重要的变量,但重点通常放在时代群体上(Bonn et al.,2000;Beldona,2005;Kim et al.,2015)。时代群体是"在同一时期内出生,并在其成年或成年后经历过类似外部事件的一群人(即青春期末和成年初期)"(Noble & Schewe,2003)。这些相似的经历会影响个人一生的行为和价值观。由于这些共同的经历,每一代人都有不同的世界观(Mannheim,1952)。通过通信、媒体和娱乐技术,每个后续时代群体都会显得更加轻松自在。例如,"Y一代"的成员已被描述为新技术的早期采用者(Benckendorff et al.,2010)。与年龄有关的另一个人口统计学模型是家庭生命周期(family life cycle,FLC,Lansing & Kish,1957)。旅行者可分为单身、夫妻、无子女家庭、有子女家庭、退休和孤寡等。这些区别非常重要,因为家庭生活周期会影响住宿时间、旅行支出和活动。相应的结果就是用于支持这些差异的技术可能会有所不同(Brown & Venkatesh,2005)。

旅行特征(trip characteristics)也会影响技术的使用。出行目的会影响技术和信息的选择,如休闲和商务旅行者往往具有不同的需求(Lo et al.,2002)。不论是国内旅行还是国际旅行都可能影响技术的使用,因为国际旅行者访问通信网络通常会花费更多。旅行时间也可能会影响技术的使用,因为沟通需求和行程计划工具会随着停留时间的增加而增加。最后,旅行团的组成会影响旅行者对互联网、移动应用程序和社交媒体的使用(Luo et al.,2004)。过去的旅行经历也会影响信息源的选择,进而影响采用何种新技术。例如,一位对特定目的地非常了解的有经验的旅行者不太可能使用旨在宣传该目的地的网站,而是主要关注住宿和活动的信息。相反,前往陌生目的地的旅行者可能会在社交媒体上寻求电子口碑(electronic word-of-mouth,e-WOM),以获得对具体旅游目的地的个人体验。

心理统计学(psychographics)在预测行为方面可能比人口统计学更为准确。态度和感知等心理特征对于确定个人对技术的响应方式很重要。研究表明,某些人在工作或教育环境中使用计算机时会感到焦虑(Hackbarth et al,2003;Wilfong,2006)。计算机焦虑(computer anxiety)是一种心理因素,可以衡量个人"对当前或将来使用计算机感到不安、担忧或恐惧"的程度(Igbaria & Parasuraman,1989)。计算机焦虑与对计算机的态度、行为意图和表现密切相关(Fagan et al.,2003;Vician,Davis,2003;Wilfong,2006),也与计算机恐惧症(computer phobia)和技术恐惧症(technophobia)等有关。由于这些忧虑,旅行者可能会避免使用面向技术的工具,即使它们优于传统选择。恐惧技术的旅行者可能会寻找游客中心、指南和小册子,而不是使用移动应用来计划其活动并在没有技术帮助的情况下选择旅行体验。

奈斯比特(Naisbitt,1982)在观察到人们对不同技术的反应不同之后创造了"高科技/高接触"(high-tech/high-touch)一词。有些人喜欢新技术的新颖性,并喜欢高科技(high-tech)旅行体验,包括创造体验的技术。相反,一些旅行者通过更个性化的互动来寻求高接触(high-touch)体验。虽然高科技可以带来高接触体验,但从技术中"拔出"的需求却导致人们渴望进行更多的个人互动。而高科技和高触感的区别具有直觉上的吸引力,过于简单化。本肯多夫(Benckendorff et al.,2005)开发并测试了基于游客旅游体验和日常生活中对技术偏好的细分模型。该模型把旅行者市场分为四个部分,如表2.1所示。

表2.1 高技术和高接触旅行者的市场细分

		日常生活	
		高技术	高接触
旅行	高技术	溢出者	机会寻求者
	高接触	补偿者	勒德份子

溢出者(spillovers)在工作和家庭中都使用技术,并在旅行体验中也寻求技术体验的加入。补偿者(compensators)是日常生活中经常使用技术的用户。他们通过在旅行时避免使用技术来弥补缺乏高触感的体验。机会寻求者(opportunity seekers)不是技术的重度用户。他们在旅行时寻求高科技体验也许是因为他们有创新精神。勒德份子(luddites)在日常生活中以及度假时都避免使用技术。"Luddite"一词来自英国19世纪的一群纺织工人,他们抗议采用新机器。在一个名为内德·路德(Ned Ludd)的工人的启发下,该组织进行了几次骚乱,摧毁了纺织架和其他机器。旅行的相关组织必须

在高科技创新和高接触的互动之间取得适当的平衡。如果他们严重依赖技术来创造前期体验，就可能会疏远勒德份子和补偿者。服务于高接触客户的旅游公司不应忽视技术，而是应该利用技术增强体验的传递(Benckendorff et al.，2005)。

相关例子有客户数据库、访客历史记录系统、财务系统和安全系统等。实际上，一些旅游供应商可以通过提供无技术区域，规避与现代世界"始终相连"的压力，这样可以更多获得勒德份子和补偿者的青睐(Pearce & Gretzel，2012)。

2.3.2 旅行中的技术使用

旅行是一个复杂的过程。旅行者使用IT支撑旅行前和现场的决策，共同创造和转化体验(Gretzel et al.，2006)。根据海德(Hyde，2008)的说法，出行前的决策过程可以分为三个不同的阶段。

- 信息搜索(information search)。许多研究者都研究了旅行者以技术为媒介的信息搜索行为(Jang，2004；Luo et al.，2004；Ho & Liu，2005；Xiang and Gretzel，2010)。了解数字渠道如何影响目的地的形象和选择，可以帮助供应商和目的地设计出更具吸引力的内容(Jacobsen & Munar，2012)。线上和线下信息搜索过程有所不同，影响旅行者对这些信息源选择的因素也有所不同(Ho et al.，2012)。在线信息搜索过程将在第4章中详细介绍。

- 旅行计划(trip planning)。在旅行计划阶段，旅行者使用媒体来比较备选方案并综合考虑旅行的各个方面。尽管对于复杂的旅行会显得费时费力，但在线工具对旅行者大有帮助。除了社交网络可以帮助制订旅行计划，还有其他一些在线辅助制订旅行计划的工具，如Inspirock、Travefy、Routeperfect。通过研究旅行者如何使用互联网和社交媒体计划旅行，我们可以更好地理解旅行的动态(Pan & Fesenmaier，2006；Fotis et al.，2012)。

- 购买(purchasing)。在购买阶段，旅行者确定行程，并通过多种渠道完成预订过程。虽然一些旅行者使用数字渠道搜索信息，但他们仍然会使用传统渠道进行购买。在此阶段，我们将考虑影响消费者对数字渠道偏好的个人特征和外部因素，还可以研究数字信息的质量和显示方式对旅行者购买意愿的影响。

当旅客到达目的地后就会产生次级决策的需要，比如要找吃饭的地方，要游览或者到周边看看。这些决策的信息来源有小册子、地图、指南和酒店礼宾等传统信息，也有如移动设备和应用程序之类的数字技术。它们在目的地现场决策中发挥着越来越重要的作用。位置和场景感知的应用程序以及增强现实在未来的现场决策中可能会发挥更大的作用，有关这方面的内容将在第 6 章和第 10 章中进行更详细的探讨。

技术创造的体验是通过旅行者与技术的交互而共同创造和转化的。例如，在无线互联网之前的时代，游客经常必须找到网吧才能访问网络，以便与家人和朋友保持联系，这本身构成了旅游体验的重要组成部分。但如今，借助智能手机和许多其他 IT 设备，游客可以持续保持联系，几乎能够在世界的任何地方分享他们的体验。但也有人认为技术并不一定能够增强旅游体验（Pearce & Gretzel，2012；Paris et al.，2014）。

我们可以研究旅行者的行为以及他们与技术的交互方式、技术可用性以及它是否满足了旅行者动机。令人印象深刻的技术会通过视觉、声音、触觉、嗅觉和味觉来唤醒感官加强体验。例如，澳大利亚阿德莱德国家葡萄酒中心应用技术能够让游客欣赏到不同品种葡萄的颜色和气味。访客通过使用触摸屏，可以将不同品种的葡萄混合在一起制成混合葡萄酒。然后，再由虚拟裁判进行"判断"。还配有互动会话的全息图，游客可以提出有关酿酒过程的问题。以技术为媒介的体验所带来的结果不容小觑。而在旅游景点中，技术的目的是满足游客的娱乐和教育需求。在酒店中，技术可满足客人需求。目的地和组织的另一个动机是增加旅行者停留时间和花费。在第 10 章里我们将更详细地讨论技术在体验共创中的作用。

由于 Web 2.0 的发展，旅行者可以通过用户生成内容，更轻松地共享有关旅行的信息。这种用户生成的内容（UGC）被称为电子口碑（eWOM），可以在维基、博客、评论、照片和视频共享网站以及社交网络上找到。我们非常想知道数字游客是如何和为何创建在线社区并共享信息的，而且这些用户生成的内容是如何影响阅读这些信息的读者的。例如，旅行者是如何受到猫途鹰上负面评论的影响的？他们的反应是否取决于这些评论者特征？是否有影响读者的特定信息特征？读者的特征重要吗？评论者和读者对酒店经理发布的回复有何反应？这些问题的答案对旅游组织的管理和营销都有影响。互联网深远、动态和易变的性质为捕获、分析、解释用户的在线共享信息提供了新的方式（Litvin et al.，2008）。我们将在第 5 章探讨其中一些话题。

> **研究见解：了解消费者理论中的技术接受**
>
> 技术接受模型（TAM）提出，"感知有用性"和"感知易用性"会影响一个人是否会使用技术（Davis，1989）。在旅行环境中，感知有用性（perceived usefulness）是旅行者认为某种技术会增强他们的体验程度。感知易用性（perceived ease of use）是旅行者认为使用某种技术的容易程度。通常，人的感知会受社会因素、技术焦虑、可玩性和自信心的影响。最初的技术接受模型已扩展为研究旅行者对网站、预订系统、在线社区、社交网络、智能手机和移动应用程序的接受程度（Luo et al.，2007；Kim et al，2008；Bader et al.，2012）。尽管此模型具有吸引力，但由于过于简单和确定而忽略了决策和行动的基本决定因素，模型以及扩展版本常常受到批评（Bagozzi，2007）。
>
> 技术接受模型及其扩展版本是有用的研究框架，它们是很多研究技术使用的代表范式之一。心理学和社会心理学中有很多根据人格、动机、身份、目标达成、态度、信念和价值观预测人类决策和行为的理论。这些模型中的任何一种都可以应用于旅行环境中技术的使用和接受。技术接受模型及其扩展以与"合理行为"和"计划行为"有关的理论为基础。显然，这些概念在旅行者有意识地决定使用技术的情况下很有用。但是，许多游客的决定是无计划的、自发的，并且通常基于探索或心理捷径产生。本节中探讨的理论以及像巴戈兹（Bagozzi，2007）目标导向行为模型的一些研究，在这些情况下可能并不适用。反而一些其他概念，如寻求感知、计划外行为和冲动等概念理论可能会更有用。精明的旅游专业人士和管理人员需要有批判性的眼光，努力保持对研究领域最新动态的了解。
>
> Bagozzi, R. P. (2007) The legacy of the technology acceptance model and a proposal for a paradigm shift. *Journal of the Association for Information Systems* 8(4), 3.

2.3.3 理解数字化游客的方法

可以使用多种方法来了解数字化游客的行为。尽管本书对其相关的研究方法没有完整的综述,但我们将简要概述旅行者行为和技术使用的各种方法。理解数字化游客的方法分为定量和定性两种。定量方法(quantitative)通过使用数字、统计数据和数学模型来量化行为过程和响应。定性方法(qualitative)依赖深入的观察、沟通和分析,以便对新的思想、概念和主题有所了解。表 2.2 总结了一些用于理解数字游客的常用数据收集技术。

表 2.2 理解数字消费者的定量和定性方法

定量方法	混合方法	定性方法
● 传统问卷 ● 在线调查 ● 网络分析 ● 实验 ● 游客追踪 ● 生物特征识别技术	● 内容分析法 ● 情感分析 ● 数据挖掘	● 访谈 ● 焦点小组 ● 网络志 ● 观察法 ● 原型法

定量方法涉及使用或开发数字或分类度量来理解行为,并且有很多方法可以将旅行者理解为技术用户。在线调查比传统调查更灵活,因为它们结合了丰富的媒体,并支持用户对初始问题过滤回应,对问题进行有条件的显示和分类。在线民意调查是一种收集有关旅行者偏好的简单数据的快速方法。尽管在线调查(online surveys)具有许多优势,尤其是作为一种成本有效的方式,既可以节省时间和金钱,又可以与大量的受访者进行交流,但它们通常面临回应率低和无法访问某些细分受众群的困扰(如不使用互联网或无法使用互联网的人)。

当旅行者与在线环境互动时,他们将其"数字足迹"留在互联网中的不同网站上,这样后台就可以收集某些指标以使用网络分析(web analytics)来监视这些行为。网络分析(web analytics)依靠如页面浏览量、可以甄别的访问者、重复访问、页面退出率、引荐页面和搜索查询之类的指标,推断用户的信息需求和行为。谷歌 Analytics 就是一种流行的商业工具,它使公司可以深入了解其网站访问者。

数据挖掘(data mining)描述了通过多种方式(如电信设备、传感器、网络流量等)以及众多平台(如社交媒体、搜索引擎等)生成的数据集的采集、分析和解释。例如,携带智能手机访问社交媒体和服务提供商网站的游客每天可能会产生数百个数据点,并且可以利用这些大数据(big data)来获取更好的体验。使用目的地或供应商应用程序进行的访客跟踪可提供有关访客流量、模式和时间使用的信息。最近的研究集中在使用生物识别技术(biometrics)(如心率、皮肤电导、眼动追踪)来衡量用户对不同刺激的反应。例如,眼动追踪技术已被用来了解用户与网站的互动,以改善网站设计和用户体验。

定性方法包括访谈和焦点小组等技术,但是在这里,新技术也提供了访问定性数据以进行进一步分析的途径。网络志(Netnography)研究源自人类志,由研究人员参与在线社区中,观察和了解参与者。我们还可以通过简单地观察旅行者与IT的互动来学到很多东西——无论是在用户被赋予特定任务的受控环境中,还是在真实的旅行者环境中。如果有兴趣测试新技术,我们也可以开发一个原型(prototype)。该方法与焦点小组或观察员结合使用,可以用来评估设计的优点和缺点。研究人员还可以在用户使用该技术时引导其参与会话。可用性研究(usability study)是一种源自人机交互(human-computer interaction,HCI)领域的研究方法,它可用来评估网站告知、吸引和说服用户的能力。

混合方法结合了定性和定量源的优势。访问博客、评论和社交媒体都可以用于市场研究人员进行内容或情绪分析。内容分析(content analysis)是一种旨在以定量方式处理和分析定性数据(如文本、图片,甚至音频和视频数据)的方法,可用于识别数据中的重要概念、主题和其他重要模式。例如,对猫途鹰某家酒店的顾客评论进行分析,可以帮助我们发现管理层是否必须解决系统性问题。而情感分析(sentiment analysis)则有助于根据社交网络和博客上的评论来识别消费者的情绪反应(正面或负面)。最后,依靠机器学习算法和其他统计工具来处理大量非结构化数据的其他数据挖掘技术,在理解旅行者的动机、感知产品或旅游目的地的形象方面,也越来越受到欢迎。

 本章小结

总结来看,我们从不同学科的角度研究了数字景观。首先,我们采用生态系统的类比,来探索IT在激发、交易、体验和回味功能方面所扮演的更广泛的角色。其次,我们解释了社会技术因素如何影响技术变革。我们还展示了对经济或行业创新周期的理解如何帮助旅游组织采用技术作出战略决策。最后,我们使用心理学和消费者行为方面的理论来了解旅行者如何以及为何使用IT。我们的分析在宏观(经济和行业)、中观(组织)和微观(个人)之间移动。这些观点为以后章节中的概念理解提供了理论基础。

一窝蜂现象 bandwagon phenomenon,大数据 big data,生物识别技术 biometrics,计算机焦虑症 computer anxiety,计算机恐惧症 computer phobia,连接 connections,内容分析 content analysis,数据挖掘 data mining,人口统计 demographics,设备 devices,创新扩散理论 diffusion of innovations theory,数字社区 digital community,数字生态系统 digital ecosystem,数字旅游生态系统 digital tourism ecosystem,颠覆性创新 disruptive innovation,生态系统 ecosystem,电子口碑 electronic word-of-mouth(eWOM),全球分销系统 global distribution system(GDS),高科技 high tech,高接触 high touch,人机交互 human-computer interaction(HCI),技术成熟曲线 Gartner Hype Cycle,中介 intermediary,网络预订引擎 Internet booking engine(IBE),宏观环境 macro-environment,中观环境 meso-environment,元搜索引擎 metasearch engine,微环境 microenvironment,网络志 netnography,在线调查 online surveys,在线旅行社 online travel agent(OTA),支付网关 payment gateway,感知易用性 perceived ease of use,感知有用性 perceived usefulness,原型法 prototyping,心理学 psychographics,定性 qualitative,定量 quantitative,情感分析 sentiment analysis,系统 system,技术创新理论 technological innovation theory,技术接受模型 technology acceptance model(TAM),技术恐惧症 technophobia,接触点 touch points,可用性研究 usability study,互联网2.0 Web 2.0,网络分析 web analytics。

问题讨论

1. 与在酒店或旅游业工作的人谈谈他们采用和使用特定重要技术的情况。根据罗杰斯的"创新扩散理论",您认为他们属于哪一类(即创新者、早期采用者、早期大众、晚期大众和滞后者),为什么?

2. 对当今生活的主要几代人(婴儿潮一代、X世代、Y世代和Z世代)进行研究。他们在使用技术方面有何不同?年长的消费者是否会像年轻的消费者一样将IT用于旅行目的?

3. 列举有关技术使用如何实现高科技和高接触效果的例子。

4. 技术接受模型的关键要素是什么?提供你自己旅游和使用技术的例子,说明此模型的各个组成部分。

5. 在本章中,我们使用爱彼迎说明颠覆性创新的概念。列举旅游业颠覆性创新的另一个例子,并使用克里斯滕森等人(Christensen et al.,2015)的低端市场/新市场立足点模型加以证明。

案例研究

爱彼迎

大多数连锁酒店会通过在每个地方提供相同的体验来建立一致性品牌。奢侈品牌通过提供额外的服务和便利设施,使其与廉价连锁店区分开来。这种标准化的方法以星级评级系统为基础,标准化为体验质量提供了一定的保证。同时,标准化和一致性也创造了缺乏个性化的体验。传统酒店价格当然也高,在人们想要居住的城市设置酒店就需要有大量员工和房产。同时,优良房地产资源的匮乏也限制了酒店的增长和扩张,而且竞争可能给利润率带来巨大压力。因此,提供非标准化且不需要房产或人工投资的住宿,就成了解决这些挑战的方案。

在2008年移居旧金山后不久,布莱恩·切斯基(Brian Chesky)和乔·格布比亚(Joe Gebbia)提出了在他们的客厅放置充气床垫以帮助他们支付阁楼公寓租金的想法。他们建立了一个网站,允许房东在家里提供短期共享住宿。到2012年中,该类住宿预订数量达到了1000万晚。到2018年,网站上列出了191个国家/地区的超过400万个住宿订单。尽管没有酒店,但该公司现在提供的客房数量超过了世界上最大的连锁酒店。该公司就是爱彼迎,其成功在于融合了评论、用户个人资料和身份验证以提供点对点服务的创新技术。旅客可以通过公司的网站或通过安装在智能手机上的应用程序访问该平台。

爱彼迎是协作消费和共享的一个例子。该公司运营着一个在线市场，可以将房东与想要出租或租赁短期住宿的客人联系起来。最近，该公司已扩展到提供旅游体验，如徒步旅行。爱彼迎没有任何房地产或旅游团。该公司充当主人和客人之间的经纪人，平台通过每次预订收取服务费，从而产生收入。

在本章的前面，我们研究了颠覆性创新的过程，并说明了爱彼迎如何着眼于低价值客户，该平台使客人可以以非常低的价格在陌生人的房子里住宿。通常，住宿条件非常简单，有时地板上只有沙发或充气床垫，也不提供五星级酒店的装饰体验。然而，随着时间的流逝，爱彼迎网站上的产品质量不断提高，如今的房源包括公寓、房屋、别墅、树屋、庄园甚至城堡。许多具有高成本结构的传统酒店根本无法与这种模式竞争。

像爱彼迎这样的颠覆性创新需要三个推动因素。

- 新技术。在线预订系统、社交媒体、身份验证和评论平台全部融合在一起，创建了爱彼迎对等服务平台。
- 新的商业模式。爱彼迎创建了一种低成本的商业模式，无需公司拥有任何房地产即可提供住宿。
- 新的价值链。爱彼迎使用的点对点平台打破了传统的公司供应链，并为客户提供了更好的价值主张。这个价值主张正是为什么位于巴黎市中心的爱彼迎房间比酒店房间便宜很多的原因。

爱彼迎的存在带来了关于税收、工人权利、监管、分区、居民满意度和开发等方面的一些挑战，这些挑战凸显了为什么旅游和IT等领域需要来自许多不同学科的研究人员提出新的答案和解决方案。但是，由于目的地是由各种不同的体验组成的，因此颠覆性创新的存在也为满足新市场的需求创造了新的机会。（来源：airbnb.com，2018.）

研究问题

1. 访问爱彼迎网站并浏览一些产品、清单和评论。用你的观察结果来分析，你认为使平台获得成功的关键技术是什么？
2. 爱彼迎平台如何使用技术来减少与不良房东和租客相关的风险的？
3. 如果你是酒店经理，你将如何应对爱彼迎造成的颠覆性变革？

第 3 章　旅游中介与信息技术

 学习目标

- 解释和对比传统与数字旅游分销系统；
- 了解作为旅游中介的全球分销系统的演变、作用和特征；
- 分析技术变革和创新给全球分销系统带来的挑战；
- 解释传统旅游零售商如何使用 IT；
- 解释 IT 如何导致去中介化，并分析其如何影响旅游中介；
- 描述并批判性评估依靠 IT 而发展起来的不同类型的在线旅游中介；
- 解释旅行社如何使用 IT 来提高生产力和竞争力。

引言

本章主要研究了 IT 在旅游中介中的应用。旅游中介是将旅游供应商与客户联系起来的公司，在旅游分销系统中有许多不同类型的旅游中介。我们首先分析将游客与旅游供应商联系起来的供应链或分销系统，随后对这些旅游中介的传统结构进行研究，最后跟踪在线中介日益复杂的发展变化。本章更详细地介绍了 IT 如何影响全球分销系统、旅行社、旅游批发商、传统旅游零售商、商旅管理公司、在线中介和渠道管理等要素。

旅游中介是信息的密集用户，而 IT 在管理信息中扮演着重要角色。有

关旅游产品的实时信息、目的地、时刻表、票价、费率和库存量均对中介机构所提供的服务产生重要的影响。旅游零售商通过访问电子信息可以提供及时、准确和高效的服务。虽然有些旅游中介机构一直保持着传统实体模式,但许多已经转向了线上服务和预订。可以说,旅游业是 IT 改变行业结构的典型例子。基于新技术的旅游中介已经改变了传统中介的行业地位(Bernee tal.,2012)。IT 将在提高旅游中介的效率、生产力和市场影响力等方面继续发挥关键作用。本章还将讨论这些 IT 的应用程序、软件和硬件配置以及它们的优势和影响。

3.1 旅游分销系统

如今,IT 的发展给游客预订旅行带来一系列选择困扰,但过去并不是这样。在互联网商业化之前,游客可以面对面或者通过电话和传真与旅行社或旅游供应商进行旅行预订。随着互联网的普及,游客能够用于旅行预订的渠道和工具的范围急剧扩大。

一个系统是由一组相互关联、相互依存并相互影响的组件构成(Anderson & Johnson,1997)。这些组件可以是有形的对象或实体,也可以是无形的观念,如流程、信息流、交互或关系。对于旅游分销系统,它由中介或"中间人"组成,促成旅游服务从旅游供应商到游客的销售和交付(Buhalis & Laws,2001)。游客有两种获取和预订旅行的方式。

- 直接(directly)。游客可以通过广告、宣传手册、电话销售中心、供应商网站、社交媒体或亲自前往销售点(point of sale,POS)获取信息,然后直接与供应商进行预订。
- 间接(indirectly)。游客可以通过第三方平台访问信息和进行预订,如传统旅游零售商、旅游管理公司(travel management companies,TMC)、在线旅行社(online travel agents,OTA)、旅游经营商(tour operators)和旅游批发商(travel wholesalers)。

3.1.1 传统旅游分销系统

在传统旅游分销系统中,销售链中不同实体的角色分配十分明确。如图 3.1 所示,传统旅游分销渠道由电话、传真和旅行社组成,这是游客和供应商之间主要预订来源。从图中可见,传统旅游分销系统有三层,顶层由旅游供应商组成，如航空公司、酒店、汽车租赁、游轮、铁路和观光旅游等。大型供应商维护着自己的计算机预订系统（computer reservation systems，CRS），用于存储产品的价格和存量（如座位、房间、旅游产品、汽车等）。对于单个航空公司，这类系统被称为航空公司预订系统（airline reservation systems，ARS）。连接层提供了供应商和游客预订接触的渠道。而全球分销系统（global distribution systems，GDS）的开发正是为了给航空公司和旅行社之间提供连接。本章后面将对 GDS 进行更详细的讨论。

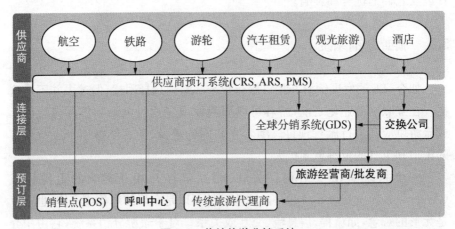

图 3.1　传统旅游分销系统

直到 20 世纪 90 年代，酒店 CRS 和 GDS 之间的连接才开始普及，旅行社和游客可以亲自预订或联系酒店预订部门进行预订。为了解决 GDS 效率低下的问题，连锁酒店建立了集中式电话销售中心。1988 年，由 16 家酒店组成的财团创建了第一家交换（switch）公司（THISCO）。交换公司充当了 GDS 与酒店 CRS 之间的桥梁。通过交换公司，酒店可以将房间库存分配到所有的 GDS 中。这将在第 9 章中进一步讨论。

在预订层，游客可以在销售点（point of sale，POS）通过电话与供应商联系预订旅行，也可以通过中介（如旅行社或旅游公司）进行预订。传统上，游客可以通过传统旅游零售商（traditional travel retailers）或旅行社咨询关于航班、住宿和行程选择等相关信息。旅游顾问可以直接向供应商预订旅游产品，也可以通过 GDS 访问旅游产品库存。旅游零售商则选用一家大型的 GDS 来进行交易，该系统包括产品搜索和票务所需的软硬件。旅游经营商（tour operators）和批发商都直接通过供应商或 GDS 采购旅游产品。旅行社通过将住宿、旅行、交通和餐饮等相结合创建团体旅游,专注于开发团体旅游的行程和路线,以便直接销售给游客,或通过旅游零售商和批发商再销售给游客。批发商则是以折扣价批量购买旅游产品,然后通过旅游零售商出售。尽管上述传统分销系统看起来很简单,而且每个实体的作用都十分明确,但实际上,由于数字信息的缺乏和系统之间的连通性差,复杂的行程往往需要很长时间来进行计划和确认。

3.1.2 数字旅游分销系统

随着个人电脑的便捷化、互联网的商业化和普遍化,以及旅游中介的纵向与横向整合,在20世纪90年代整个旅游业的分销系统发生了巨大的变化。当某一旅游公司在分销链中收购位于其上游或下游的另一家公司时,就发生了纵向整合(vertical integration),比如一家旅行社收购了一家旅游经营商或批发商。相反,当一家公司收购了分销链中具有相同功能的另一家公司时,就会发生横向整合(horizontal integration),比如一家旅行社收购了另一家旅行社。到了21世纪,旅游分销系统已经被少数几个管理多个品牌的大型中介机构所主导。新在线中介的进入为旅游市场创造了更多的选择,分销系统中参与者的角色和功能都发生了交叉。图3.2代表了新的旅游

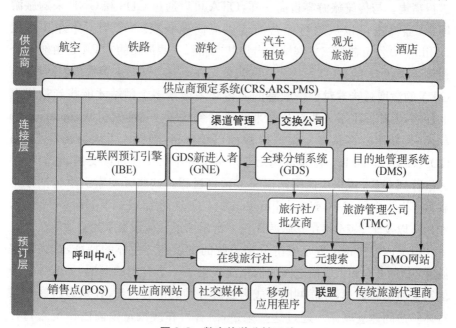

图3.2 数字旅游分销系统

分销系统即数字旅游分销系统。

在数字旅游分销系统中，连接层变得更加拥挤。在 GDS 和交换机中也加入了其他参与者，包括渠道管理公司（channel managers）、互联网预订引擎（internet booking engines，IBE）、全球分销系统新进入者（GDS new entrants，GNE）和目的地管理系统。渠道管理公司专门致力于帮助供应商管理纷繁芜杂的分销渠道。一些技术公司专门为供应商提供互联网预订引擎，使供应商通过他们自己的网站、社交媒体和移动应用程序直接与游客联系。而且，通常这些预订平台与支付网关（payment gateways）相链接，以便交易安全进行。GNE 提供与 GDS 类似的服务，但它使用新技术和开放架构来提供连接，从而无须投资昂贵的传统系统。新进入者的发展将在本章后面讨论。连接层的目的地管理系统（destination management systems，DMS）整合和分销特定目的地的旅游产品及服务，它的作用将在第 11 章中详细讨论。

在预订层，游客购买旅游体验可以有更广泛的选择。旅游管理公司（travel management companies，TMC）是专注于企业旅游市场合作的专业旅游零售商。互联网为本地和全球的在线旅行社（online travel agencies，OTA）的创新发展提供了支持，使得旅游产品可以通过在线和移动应用程序进行销售。与传统旅游零售商一样，OTA 可以通过 GDS 和 GNE 采购旅游库存，当然也可以从旅行经营商或供应商处获取。OTA 还允许其联盟（affiliates）公司在第三方网站上出售其产品。一些最初的 OTA 是由航空公司和 GDS 创立的。OTA 还允许联盟公司在第三方网站上销售他们的产品。OTA 的激增意味着对价格敏感的游客必须搜索多个网站才能找到最优惠的价格，由此促生了一些新公司来解决这个问题。元搜索引擎（metasearch engines）能使游客从多个渠道搜索和比较价格，包括 OTA、旅游经营商、GDS、GNE 和 DMS。但是这些元搜索引擎并不负责预订或交易，它们将游客推荐到 OTA 或供应商网站以完成预订过程。这些元搜索引擎包括推出谷歌 Flights 和谷歌 Hotel Finder 的科技公司谷歌（Kracht & Wang，2010），以及于 2014 年在其旅游评论平台添加了元搜索引擎的猫途鹰公司。

以上内容讨论了数字旅游分销系统的发展和各主体的特征，这为理解游客、中介机构和供应商之间的信息流提供了一个有用的框架，如图 3.2 中的箭头所示。显然，互联网已经成为旅游分销的中心枢纽，在众多游客和旅行体验之间建立联系。通过这些渠道，游客可在线浏览以前由传统旅行社所提供的几乎所有内容。数字旅游分销系统结构的转变,不仅影响了游客,还影响了分销系统中参与者的商业模式和营销策略(Pearce etal., 2004)。有研究者提出,供应商必须考虑自己产品和服务的特点,以便考虑与目的地市场的适配性,才能制定出具有战略性的分销方案(Pearce & Schott, 2005)。本章的其余部分讨论数字旅游分销系统的发展以及对游客、中介机构和供应商的影响。

3.2 GDS

作为电子中介机构,GDS 在旅游分销系统中发挥着至关重要的作用。GDS 能使供应商从那些没有 GDS 就无法联通的市场中获得订单。它们还能够对供应商的信息和库存进行汇总和统一,并协助旅游零售商提供预订功能。通过了解 GDS 的历史和发展,可以进一步了解它们所面临的问题和挑战。对于旅游专业人士来说,了解 GDS 的功能和未来的发展趋势是非常重要的。

研究见解:旅游分销的演变

来自佛罗里达大学的研究者约翰·克拉赫特(John Kracht)和王有成(Youcheng Wang)使用了一系列图示详细分析了旅游业分销渠道的演变。他们通过关注旅游中介的类型和其中的市场先锋,揭示了旅游业分销系统不断发展的复杂性。他们发现,IT 的进步并未简化旅游分销系统,相反,增加了它的复杂性。他们还发现,IT 的进步通过以下几方面影响了分销系统:

- 增加新的中介层;
- 绕开一些传统中介(或"去中介化");
- 通过采用新技术提供增值服务,以支持一些对市场反应灵敏的参与者"再中介化"。

众多类型的中介形成了具有复杂多层的网状分布结构的分销渠道。在这种环境下,中介生存的压力将导致建立更多的竞争、合作、合并和形成合伙人的关系。

> Kracht, J. and Wang, Y. (2010) Examining the tourism distribution channel: evolution and transformation. *International Journal of Contemporary Hospitality Management* 22(5), 736-757.

3.2.1 预订系统的发展

旅行社使用的预订系统起源于航空公司开发的早期 CRS。在开发 CRS 之前，航空公司使用人工方法来跟踪航班时刻表、座位清单和乘客信息。这种方法要求中介机构必须致电航空公司的预订中心以确认其准确性。这些预订信息都存储在中央预订中心，可以由一小组操作员使用挂图、文件柜或索引卡的旋转系统进行目视检查，来确定航班是否满载（见图 3.3）。

图 3.3 美国航空公司广告（约 20 世纪 40 年代，经美国航空公司许可转载）

20世纪50年代初,随着航空座椅需求的快速增长,产生了预订方面的问题,航空业因此面临着严峻的挑战。1953年,泛加航空公司(Trans-Canada Airlines,TCA)设计了一种基于计算机的系统,称为ReserVec。同时,美国航空AA公司和IBM公司开始合作开发计算机系统来处理机票预订、票务、时间表、座位清单和乘客姓名记录(passenger name records,PNR)。1964年,被称为半自动商业研究环境(semi-automated business research environment)的Sabre系统已经推广到所有AA航空售票处(请参阅案例研究)。随后,其他美国航空公司在20世纪60—70年代初也开发了类似的在线预订系统(见图3.4)。这些新系统主要由航空公司的售票处使用。旅行社仍然必须通过电话联系航空公司以获取座位空余数、价格等详细信息,再传递给客户进行确认,然后旅行社再次联系航空公司进行预订。这个过程往往会花几天的时间,座位也经常被抢购一空。

20世纪70年代,美国旅行社要求直接访问各航空公司的CRS,但为每个航空公司的CRS提供单独的预订终端是不切实际的。1974年,美国航空业发起了一项计划,为所有旅行社和航空公司创建一个单独的行业预订系统。而当美国联合航空公司(UA)于1971年宣布为旅行社推出其Apollo计算机预订系统时,该计划(名称为联合行业计算机预订系统)失败了(Copeland & McKenney, 1988)。1976年,Travicom创建,成为世界上第一个多航空公司分销系统。同年,Sabre和Apollo将其他航空公司添加到他们的系统中,并将其终端租借给旅行社以进行直接预订。这些终端由于不能存储或处理信息而被称为"哑终端",它们通过专用电话线连接到GDS中的大型计算机,而GDS的大型计算机又实时连接航空公司CRS。

20世纪80年代,美国旅行社可以选择5种系统来自动进行预订。1987年,第二个欧洲航空公司联盟推出了Amadeus和Galileo系统,取代了Travicom系统。在亚洲,新加坡航空和国泰航空于1988年推出了Abacus系统。这些主要的GDS开始扩展到其他航空公司,但这导致出现一个新问题,即显示偏差(display bias)——建立GDS的母航空公司操纵着搜索结果的显示,使自己的航班信息显示在竞争对手的航班信息之前。例如,即使竞争对手提供了更方便或更优惠的航班,使用Sabre GDS的旅行社也会在第一个页面上看到母航空公司的航班,这给GDS的其他航空公司带来了不公平的竞争。为防止这种做法,其他航空公司则出台了一些法规。随着事态的发展,航空公司与最初的GDS脱节,这些GDS随后又重组为单独的公司

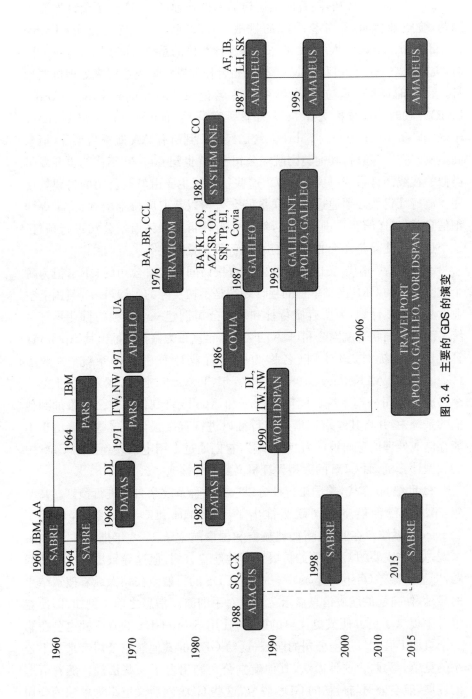

图 3.4 主要的 GDS 的演变

或出售给其他公司。

GDS 的使用不限于航空公司,还包括酒店、汽车租赁、游轮和其他供应商,但是通过该系统预订飞机座位的需求仍然占比最大。其他如游轮、团体旅游等产品,由于 GDS 的复杂性、可变性以及需要更详细的信息,旅行社往往不会通过它进行预订。

20 世纪 90 年代,GDS 合并加速。1990 年 DATAS 和 PARS 合并,创建了 Worldspan。2006 年和 2007 年,Galileo 和 Worldspan 公司被一家名为 Travelport 的新公司收购。2015 年,Sabre 以 4.11 亿美元将原持有 35% 股份的 Abacus 扩张为完全控股。如今,三大 GDS(Galileo、Amadeus 和 Travelport)在全球竞争(见表 3.1)。而在我国,中国民航信息集团有限公司(TravelSky,成立于 2000 年)是国内的主要分销渠道。

表 3.1 主要的 GDS 概况

GDS	成立时间	创办人	市场份额(2017)	地点
Sabre	1960	美国航空公司(American Airlines)	36.4%	57 000 个旅游代理点遍布全球,主要在美国和亚太地区
Amadeus	1987	法国航空公司(Air France)、汉莎航空公司(Lufthansa)、伊比利亚航空公司(Iberia)和斯堪的纳维亚航空公司(SAS)	42.4%	102 000 个旅游代理点,主要在西欧、中东和亚太
Travelport	2006	Galileo 和 Worldspan 的合并系统	21.2%	65 000 个旅游代理点,遍布全球,主要在美国和西欧
Worldspan	1990	美国联合航空公司(United Airlines)		
Galileo	1987	九大欧洲航空公司		
Apollo	1971	达美航空(Delta)、美国环球航空公司(TWA)和美国西北航空公司(NW Airlines)		

3.2.2 GDS 的功能

GDS 供应商针对旅游分销链中所有的利益相关者提供了广泛的产品和服务。GDS 的主要目的是为旅行中介提供一个中央枢纽,方便旅游中介了解旅游信息、时间表、票价和空房情况等并实现预订。这些主要功能如表 3.2 所示。

表 3.2 GDS 的主要功能

功能	描述
可用性(availability)	GDS 实时汇总供应商计算机预订系统中的库存量、航班时间表和价格,并以统一标准的格式显示,方便用户进行搜索和比较
预订请求 (booking requests)	GDS 确认产品的库存后,需要处理预订请求。它将收到的预订请求通过服务器直接处理或转发到相应的供应商计算机预订系统服务器中
乘客信息 (passenger information)	每次预订都附有乘客姓名记录(PNR),其中包括乘客姓名、联系方式、付款方式、票务截止时间、飞行常旅号码、特殊要求和座位偏好等
价格和条件 (rates and conditions)	GDS 会存储每类服务的价格和规则,包括预订和付款的最后期限、订金、退款和取消政策以及不适用日期等
行程管理 (itinerary management)	确认预订后,GDS 会发出电子机票(e-ticket)和行程单(itinerary)

GDS 还促进了联程机票(interline tickets)的销售,允许乘客在同一行程内乘坐多个航空公司(例如,先乘坐新加坡航空公司的航班,然后再乘坐汉莎航空的航班)。GDS 能跟踪这些航空公司联盟,并提供多家承运商的行程和票价。乘客在整个行程中的行李托运取决于联盟的服务水平。如果承运商是诸如 Oneworld、Skyteam 或 Star Alliance 之类的联盟成员,或者两家承运商是双边合作伙伴关系,则联程机票的托运更为简单。

随着游客、旅游供应商和旅游中介需求的变化,GDS 还增加了广泛的辅助功能,如表 3.3 所示。这些辅助功能将两个 GDS 区分开来,还可以简化旅游中介的工作流程。但后台集成等辅助功能也使得旅游中介如果想切换到另一家 GDS,则变得更难或需要更多投资。

表 3.3 GDS 的辅助功能

功能	描述
额外辅助 (ancillary services)	其他预订服务,如除了航班和酒店以外的汽车租赁、中转、铁路、邮轮、团体旅游、娱乐和外币兑换等
协助入境要求 (entry requirements)	有关签证和护照、健康状况、关税、货币管制和离境税等资料
综合旅游管理 (integrated travel management)	与 GDS 集成的后台系统可减少冗余数据输入并自动化完成任务
决策支持系统 (decision support systems)	整合信息以生成财务和运营分析报告,从而支持决策
财务管理 (financial management)	支持手续费、总分类账、货币兑换、发票、应付账款和应收账款等管理
电子商务和移动工具 (e-commerce & mobile tools)	通过为旅游零售商提供所有渠道访问、宣传和销售旅游产品,从而改善工作流程,提升盈利能力和服务客户能力
企业差旅管理 (corporate travel management)	管理企业客户活动,如企业旅游政策或权利、个人偏好和风险
沟通与日程安排 (communication & scheduling)	与日历、电子邮件、短信(SMS)和社交媒体等渠道进行整合

3.2.3 IT 基础设施

GDS 得到世界上一些最大的数据中心的支持,是处理每天数十亿笔预订和交易的中央枢纽。任何中断都可能使整个旅游业运行中止,因此 GDS 会在系统及流程上投入大量资金来管理风险,避免系统故障,保护客户数据。GDS 的数据中心受到外围围栏、闭路电视摄像、高科技入侵检测、24 小时安保值守和安全巡逻等措施的保护。发生电源故障时,这些中心将由一次和二次备用供电和柴油发电机供电。例如,位于科罗拉多州丹佛的 Worldspan 数据中心,存储的燃料足以为该中心供电 6 天。

在数据中心内部,各服务器位于单独的房间中,如果某一个房间损坏,其他房间的服务器仍然可以继续进行数据处理(请参阅行业洞察:Amadeus 数据中心)。房间配备了入口验证、闭路电视监控、冷却系统和精密的灭火系统。计算机硬件系统具有双重或三重冗余技术(冗余技术就是增加多余的设备,以保证系统更加可靠、安全地工作),这意味着所有系统都可以复制,以便在发生故障时使用备份系统。建立和维护这些数据中心的成本非常高昂,并且也成为新GDS初创企业的障碍。但是,正如本书稍后将讨论的那样,传统GDS由于对物理基础设施和安全防护的高度依赖,很容易受到不需要依赖这些条件的新技术发展的影响。

行业洞察:Amadeus数据中心

Amadeus数据中心位于德国慕尼黑附近的埃尔丁,是欧洲最大的私有数据处理中心。该中心存储空间达PB级别,每天处理超过10亿次处理,响应时间不到3毫秒。

该数据中心的建筑外墙是由30 000立方米的混凝土和3 500吨的钢材加固而成。外门是由厚50厘米的实心钢制成。为防止主站点发生意外事故,Amadeus在慕尼黑附近修建了一个灾难恢复中心。这两个中心的建造成本为5亿欧元。

中心内部有3个"消防室"和6个服务器室,在4个不同的位置放有9台柴油发电机。5个安全区域将这6台服务器与外界隔离。该中心由4个不间断的供电系统供电,每年需要花费400多万欧元电费。

迈阿密和悉尼的小型数据中心服务于本地市场。该公司实行全天候运作,以保持每周7天每天24小时工作状态。每天结束时,迈阿密的工作人员会将中心的控制权移交给悉尼的工作人员来远程管理,第二天结束时再反过来移交。

上述这些引人注目的数据表明,GDS的发展已经离挂图和穿孔卡片系统的时代很远了,当今对IT的基础设施和硬件的投资也大大增加。

3.2.4 连接和接口

旅游顾问使用图形用户界面(graphical user interface,GUI)与GDS进行交互。GDS的用户界面传统上是由命令驱动的,通过规定格式和代码来请求信息(见图3.5)。对于受过培训的用户来说,命令驱动的"绿屏"或"代码输入"系统运行更快,因此他们仍在使用。但是,支持"单击点开"图形用户界面则不需要对用户进行太多培训,并且可以通过减少点击次数和缩短交易时间来提高效率(示例见图3.6)。基于Windows的现代操作系统则能使旅游顾问更轻松地在应用程序、乘客姓名记录和功能菜单之间来回操作,使多任务处理变得更加方便。

```
112MAYLCAATH«
12MAY TUE LCA/Z‡2 ATH/‡0
1CY 322 J7 C7 D7 I7 Z4 Y7*LCAATH 0700 0845 319 S 0 123 DCA /E
        B7 N7 S7 M7 T7 W7 L7 X7
2A3 903 C4 D4 Z0 A0 I0 J0*LCAATH 0830 1010 321 B 0 DC /E
        Y4 B4 M4 K4 W4 S4 H4 L4
```

图 3.5 传统的 GDS"绿屏"命令行显示界面

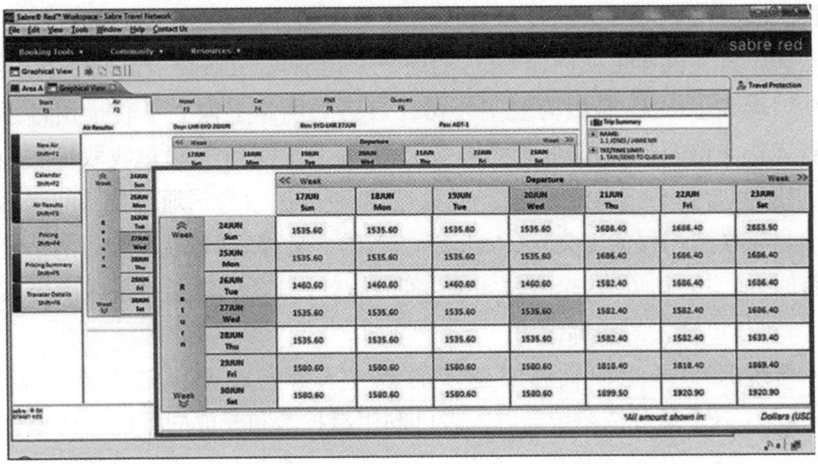

图 3.6 Sabre Red 图形工作区(经 Sabre Holdings 许可转载,2014)

当信息从 GDS 转移到其他系统时,由于不同旅游系统之间缺乏标准化协议,因此需要使用应用程序接口(application programing interface,API)来指定不同系统的软件组件进行交互(见图3.7),包括例常规范、数据结构、对象类和变量的说明等。这就需要一种语言中立的信息格式,如可扩展标记语言,(extensible markup language,XML)用作信息交换桥梁。国际航空运输协会(IATA)开发的新分销能力(new distribution capability,NDC)提供了一套可扩展的标记语言规范,用于交换旅游信息。

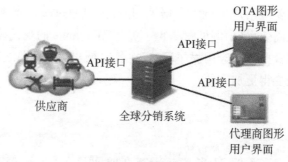

图 3.7　GDS 接口

3.2.5　GDS 的未来

互联网的发展使航空公司、酒店和其他旅游供应商采取向客户直销（direct selling）的策略，通过投资自己的预订和分销系统，减少它们对 GDS 的依赖。现在许多最初创建 GDS 的航空公司都与 GDS 供应商发生了冲突。之所以会发生冲突，是因为航空公司在自己的网站上建立了直接预订系统进行飞机座位的销售，降低了使用 GDS 的概率。GDS 是通过收取每次预订的费用（通常为 5—12 美元）来产生收益，而现在航空公司通过自己的网站进行交易每次费用仅为 1 美元（Perkins，2012）。此外，通过航空公司网站进行预订时，航空公司可以"全方位掌握"客户信息，与客户建立关系或出售其他服务，实现更轻松的捆绑销售。

传统的 GDS 也面临越来越多的新进入者在旅游分销领域的竞争。Farelogix 等全球分销系统新进入者已利用新技术和开放的系统架构聚合来自多个 GDS 的内容和数据。新进入者使旅游中介机构能够汇总和管理多个来源（包括全球分销系统 GDS 和互联网）的内容，还能与供应商的计算机预订系统直接相连。新进入者也为中介机构提供了从多个渠道获取库存的桥梁式解决方案，同时还为一些航空公司提供直接连接。这些功能使得新进入者成为 GDS 的替代品（Sismanidou et al.，2009）。一些 GDS 通过购买这些新进入者的初创公司以获取其技术从而应对新进入者的威胁。例如，Travelport 购买了 G2 Switchworks 开发的一些专利技术，而谷歌购买了 ITA 软件来支持 Flight Search。但是，在新进入者首次出现的十多年里，大多数旅游零售商仍至少依赖一个 GDS。

区块链（blockchain）技术的发展也对 GDS 的生存构成威胁。区块链是

"一种开放的、分布式的分类帐,可以通过有效的、可溯源的方式永久地记录双方之间的交易"(Iansiti & Lakhani, 2017, p. 118)。它提供了一种安全的方法来记录两方之间的交易、协议和合同,例如,游客和旅游供应商的每笔交易均由多方的多台计算机共享,而无需使用 GDS 或 OTA 等中介。如果没有这些中介,就无需支付预订费或手续费,从而可以减少游客和旅游供应商的预订成本。一家名为 Winding Tree 的新兴创业公司正在开发基于区块链的旅游分销平台,该平台完全消除了对 GDS 和 OTA 等旅游中介的需求(请参阅行业洞察)。科学技术的进步和商业模式的变化大大削弱了传统 GDS 在旅游分销系统中的力量和影响。

表 3.4 提供了 SWOT 分析,总结了有关 GDS 的未来发展方向。SWOT 分析强调了 GDS 如何更好地定位,使自己获得成功(Alford, 2006)。在未来,GDS 可能会收购新进入者和其他中介机构,以保护自己的市场主导地位。GDS 还将继续扩展到更广泛的旅游行业部门的后台系统以及营销和服务公司(Carroll & Siguaw, 2003)。一些主要的 GDS 已经创建了类似于 Apple itunes、App Store 的 B2B 平台,旅游零售商可以在其中下载专有的或第三方的应用程序以扩展 GDS 的核心功能。例如 Travelport Marketplace、Amadeus Partner Network 和 Sabre's Red App Center。此外,所有大型 GDS 公司都在探索区块链技术在旅游领域的应用。

表 3.4 GDS 的 SWOT 分析

	正　面	负　面
内部	优势	劣势
	市场力量(package creation):GDS 具有更广的购买力,并允许供应商进入更大的市场 标准化(standardization):中介机构可以以标准格式比较多个供应商 联程机票预订(interline bookings):GDS 具有最佳的市场覆盖面,可进行联程机票预订 后台集成(back-office integration):具有一系列辅助和后台集成工具 客户忠诚度(client loyalty):旅游零售商不愿意更改,加入另一个 GDS	旧版系统(legacy-based systems):旧技术旨在销售标准的飞机座位,而不是像现在这样,销售所有的旅游产品并提供辅助服务(ancillary services) 联通性(connectivity):在联通性持续改善的同时,还缺乏标准协议的制定,阻碍了将某些产品包含在 GDS 中 定价创新(pricing innovation):应为更多供应商提供更灵活的定价和合同选择 物理基础设施(physical infrastructure):对维护物理数据中心的安全投资较大

续 表

	正 面	负 面
外部	机会	威胁
	新供应商(new suppliers)：与铁路等其他部门的新链接 新客户(new clients)：针对新行业用户（如机场、酒店、OTA）的 IT 解决方案 动态打包(dynamic packaging)：更复杂的动态打包方法，例如 OTA 使用的方法 交互操作(interoperability)：加强各 GDS 之间的协作以改善系统之间的链接 人工智能(artificial intelligence)：使用人工智能自动化任务并预测游客的选择	全球分销系统新进入者(GNE)使用例如可扩展标记语言(XML)和标准应用程序编程接口(API)等新平台可能会提供更好的连接和创新更多的功能 开放系统(Open systems)：国际航空运输协会(IATA)开发的新分销能力(NDC)减少了对新加入者的壁垒，GDS 需要接受新标准以应对威胁 区块链(blockchain)：分布式分类帐可为昂贵的物理数据中心提供安全、经济、高效的替代方案 直接预订(direct bookings)：完全绕过 GDS 的供应商

以上这些事态的发展预示着旅游分销的六大趋势。

- 多元化(diversification)。GDS 不是简单地为中介机构汇总旅游库存，而是为旅游零售商、航空公司、铁路、机场、酒店和其他供应商开发了各种 IT 解决方案，如表 3.5 所示。

表 3.5 GDS 拥有的 IT 解决方案

服务	Sabre	Amadeus	Travelport
GDS 界面	Sabre Red Workspace	Amadeus Selling Platform	Travelport Smartpoint；Galileo Desktop；Worldspan Go!
移动设备	TripCase App；Sabre Red Mobile Workspace	Amadeus Mobile Solutions	Travelport Trip Assist；Mobile Agent；ViewTrip App
在线公司网站	GetThere	Amadeus e-Travel Management	Travelport Locomote；Hotelzon
行程管理	TripCase	CheckMyTrip	ViewTrip
航空	Sabre AirCommerce；SabreSonic；eFlight Manager	Altéa Suite；Amadeus e-Retail	Interchange Suite

续　表

服务	Sabre	Amadeus	Travelport
汽车租赁	Sabre Cruises	Amadeus Cruise	Travelport Cruise and Tour
酒店	SynXis CRS	LinkHotel	Galileo Room Master；Worldspan Hotel Select
游轮	Sabre Cruises	Amadeus Cruise	Travelport Cruise and Tour
铁路	Sabre Rail	RAILyourWAY	Travelport Rail Distribution
旅游保险	Travel Protection	Amadeus Insurance	Travel Insurance Management System（TIMS）
团体旅游	Sabre Vacations	Amadeus Travel Packaging	Travelport Cruise and Tour

● 整合化（consolidation）。GDS将继续收购规模较小的旅游技术初创公司，以保护其市场份额，进而形成针对特定市场的品牌和渠道组合。通过横向和纵向整合旅游分销市场，为游客和供应商之间提供各种端到端的分销途径。

● 连通化（connectivity）。统一的技术标准、开放的结构体系和分布式的网络将简化供应商和分销商之间的通信与交易。GNE、国际航空运输协会的新分销能力（IATA's NDC）和区块链技术都为增强渠道、数据库和预订系统之间的连通性创造了机会。

● 个性化（personalization）。尽管存在隐私问题，但仍可以利用个人情景数据来了解游客预订的行为和偏好，从而为游客提供更好的个性化服务。同时还增加了一个从"本地专家"和以前到访过该地的朋友那里获得建议的功能。

● 可接触化（touch points）。GDS在各种触控设备和平台（包括社交媒体和移动设备）上提供预订功能。已开发出适用于智能手机、平板电脑和一系列可穿戴技术的应用程序，使旅游供应商可以将产品出售给目的地的游客。

● 人工智能化（artificial intelligence）。GDS越来越多地使用机器学习和人工智能来自动化预订旅游并预测游客偏好。例如在线平台和社交媒体应用程序中的聊天机器人正是 AI 驱动下的旅游分销服务。

> **行业洞察：Winding Tree**
>
> Winding Tree 基于区块链技术，建立在以太坊程序平台上的分散式旅游分销网络。尽管区块链最常与比特币等加密货币相关联，但该技术实际上是一种具有若干独特功能的数据库（或分类帐）。
>
> - 分布式：数据库分布在存储该数据库的全部或部分副本的多台计算机之间。
> - 可溯源：每条记录由多台计算机上的多方共享和验证。
> - 开放的：区块链是开放的，链条中的每个人都可以看到每条记录的详细信息（称为区块）。没有任何个人或组织控制数据或信息。
> - 不可变更的：记录可以添加到数据库中，但永远不能删除或更改。
> - 安全的：因为区块链是不可变的，并且不受中央控制，因此很难攻击或者破坏它。
> - 可靠的：因为所有交易分布在全球数百万台计算机中，而不是通过中央节点（如数据中心），所以网络不会出现故障。
> - 互操作性：区块链不依赖于特定的技术或平台标准，由于它们是分布式的，所以可以在任何硬件或操作系统上运行。
>
> Winding Tree 正在运用区块链技术为旅游业构建新的技术协议。Winding Tree 中用于交易的加密货币称为"Lif Token"。旅游供应商将其库存在 Winding Tree 区块链上的产品发布时，将需要以 Lif 支付一小笔"矿工费"，同时游客或中介机构在网上进行预订或完成其他交易时也需要花费 Lif 来支付。
>
> 区块链技术非常适合复杂的数字旅游分销系统，因为它简化了各方之间的交易，并大大减少了结算所需的时间。如果没有中介机构及其相关的费用，航空公司和酒店等供应商将拥有更大的灵活性来设定自己的价格，从而实现更高的利润率。当然该技术仍有许多挑战需要克服，但是如果像 Winding Tree 这样的基于区块链的平台能够证明这种去中心化模式的成功，那么当前的数字旅游分布格局将发生根本性的改变。
>
> （来源：Winding Tree，2018）

这些发展将继续重塑旅游产品的分销市场。只要 GDS 对供应商和分销商还有价值，就会继续在分销系统中发挥核心作用。

3.3 旅行社

在旅游分销系统中，旅行社既设计和打包旅游产品，又通过分销系统销售团体旅游，这使他们既是供应商又是中介。由于他们也进行批量预订，因此有时又被视为批发商。旅行社需要访问 GDS 才能预订飞机座位等，然后使用 IT 来执行其他功能。第三方和 GDS 供应商提供旅行社软件包，其中包括打包创建软件、帮助分销的系统软件包以及处理预订和客户管理的系统软件等。一些运营商还使用电子表格、关系数据库和财务软件包来执行其中一些附加功能。

IT 针对旅行社的主要应用包括：

- 打包创建(package creation)。IT 可以协助与目的地供应商的谈判，通过订购的数量降低成交价格。最先进的 IT 解决方案包括端到端的旅游行程管理，其中又包括行程的创建、定价、分销和预订，供应商和客户资料以及损益报告。该软件可以用来计算单个旅行各部分费用和整体旅行费用，还可以处理旅游库存和特殊团体报价。

- 营销和分销(marketing and distribution)。旅游套餐使用宣传手册或在线媒体(如 PDF 文档或视频)进行宣传。旅行社在为新用户创建的 YouTube 和视频编辑之类的软件上制作和共享自己的视频内容。许多旅行社还将自己的库存放在 GDS 上，方便批发商和旅游零售商预订；又或者在网络上发布产品信息。一些旅行社还拥有自己的社交媒体，以此来推广新套餐并与游客建立更密切的关系。

- 预订(reservations)。旅行社需要在两个层次上通过计算机来处理预订和付款业务：(1)处理来自旅游团的外部预订；(2)处理来自旅客为自己定制打包的内部预订。为了与众多旅游产品供应商进行整体预订和付款，可以使用 GDS 终端，特别是在飞机座位预订方面。预订团体旅游需要 CRS，其中包括有关旅游产品的库存、旅游路线以及组成部分的说明、付款和预订截止日期、成本、旅行社佣金、信用卡处理和客户资料等各类信息。许多旅行社为游客提供模块化的搭配，使游客可以从一系列的住宿、活动和航班选择中配置自己的旅程。这就要求旅游产品的清单可以更加灵活地进行组合,而不需要预先打包好(Weber,1995)。

3.4 传统旅游零售商

在本节中,我们将探讨传统旅游零售商如何使用IT,以及他们如何通过使用GDS和后台系统来应对IT格局的变化。同时我们还将探讨新技术对行业结构的影响。

3.4.1 前台系统

前台系统支持与客户的直接交互。尽管万维网和电子邮件系统也可能被视为IT的前台工具,但大多数IT前台应用程序都置于CRS或GDS中(请参阅第4章)。正如我们所讨论的,GDS不再只是访问旅游产品库存的渠道,它们还为旅行社提供IT解决方案和服务。旅游零售商选择GDS时需要考虑许多因素。大多数零售商的目标是获得最广泛的库存和渠道,以最低的成本获得最灵活的合同,并为其提供服务和培训。

零售商首要考虑因素是选择的系统功能是否全面。旅游零售商直接与供应商网站竞争,旅游顾问需要访问全面且准确的信息以便自定义行程。一些供应商网站和中介机构允许旅游顾问通过购买额外的腿部空间、机上用餐和行李限额来实现个性化预订。反过来,这又对GDS施加了压力,要求其向旅游顾问提供更强的比较功能和更透明的价格。简而言之,旅游顾问需要这样一个系统,在一个应用程序中包含所有的信息和功能,以便他们能够提供更快和更贴心的客户服务。国际航空运输协会开发的新分销能力满足了这一需求,所有主要的GDS都将这些新标准集成到它们的界面中。

影响系统选择的另一个因素是GDS与其他旅游计算机系统的连接级别。旅行社更喜欢使用一个与尽可能多的供应商建立连接的GDS。预订系统之间的直接访问可与非供应商的航空公司和酒店实现更快的通信、更快的确认以及对最后一个空余座位/房间的预订。旅游顾问可以直接在更广泛的供应商中进行查找和预订,从而为他们提供更完整的信息。这对于独立或精品酒店以及低成本的运营商来说很重要,而这些酒店通常没有被囊括在GDS中。

选择系统时下一个考虑因素是零售商与GDS供应商之间签订的合同。旅行社与GDS之间签订的合同原本非常严格,被称为"金手铐"。该术语指的是非常严格的条款和罚款规则,使旅行社感到被卖方束缚了,而"金"则指通过签订这些合同而获得的利益。由于大多数 GDS 不再提供硬件,因此零售商只需更改软件即可更轻松地切换到另一个系统。所以,GDS 目前可以提供更灵活的合同、附加功能和基于业务量的财务回馈。例如,Sabre 提供的不收取任何费用的三年期合同,或者是按月收费的月付合同。GDS 并没有用合同将旅游零售商锁定在他们的系统中,而是提供额外好处,如通过后台功能整合来吸引代理商。GDS 供应商所提供的培训和支持水平也很重要。培训通常在线上或本地进行,提供对软件和硬件问题的免费服务,以协助系统进行故障排除。大多数 GDS 还提供在线常见问题解答和网站支持。此外,合同中包含的培训也很重要,而最新的图形用户界面(GUI)应用程序则需要的培训越来越少。

对于跨国旅行社,还需要考虑的另一个问题是 GDS 供应商是否允许其国际分支机构访问,或允许更改由另一个国家的分支机构创建的乘客姓名记录(PNR)。这成为旅行社跨国合并一个重要的考量因素。幸运的是,GDS 供应商的合并以及围绕北美、欧洲和亚洲隐私法的立法改革,极大地改善了全球旅行社对 GDS 的访问。

3.4.2 后台系统

后台系统(back-office systems,BOS)使后台功能自动化,减轻了员工繁琐的记账和报告,为服务客户腾出了时间。这些功能包括:

- 会计系统(accounting systems)。使旅游零售商能够存储交易报告信息,包括财务报表、销售报告、客户收据和发票、税收、付款结算、应付账款、应收账款和总分类账等。例如 TravCom 和 Sabre 的 Trams Back Office。
- 人力资源系统(human resource systems)。系统自动跟踪员工数据,如个人工作经历、技能、能力、培训、绩效、日程安排、休假和薪资。
- 客户关系管理(customer relationship management,CRM)。一个关系数据库,它能收集客户信息并管理营销工作和常旅客计划。
- 沟通(communication)。通过电子邮件和文字处理器等软件应用程序与供应商、客户和其他合作伙伴进行沟通。
- 佣金跟踪(commission tracking)。跟踪和分析预订中的手续费,并报告每个代理商的手续费。
- 交易结算(transaction settlement)。供应商、旅行社和 TMC 之间的

机票交易结算由国际航空运输协会的账单结算方案（Billing Settlement Plan，BSP）或美国的航空报告公司（Airline Reporting Corporation，ARC）进行管理。

GDS和第三方供应商都可以使用后台系统。GDS还提供排队功能，可以将消息排列分发到代理商的GDS工作站。这些队列标记了需要由代理商完成的工作。GDS的另一个有用的功能是自定义脚本，该脚本存储了一系列命令，以便可以更快地执行常用的操作和预订功能。

后台功能可以集成到被称为企业资源计划（enterprise resource planning，ERP）的跨功能系统中。这些系统通过跟踪财务和人力资源，为大型旅游零售商提供了有关核心业务运营的实时集成视图。流行的系统包括Sabre Red Suite、Sabre Central Comm and Trabacus和Travel IntraNet Application（TINA）。企业资源计划系统具有以下优点：

- 生产率（productivity）。工作流程自动化，减少了系统之间的数据输入，进而减少了手动数据输入的需求，减少了错误的发生，提高了生产率。
- 报告（reporting）。报告工具可以帮助旅游零售商根据历史数据制定有针对性的营销计划，并确定未支付的手续费和服务费。
- 客户满意度（customer satisfaction）。集成系统支持提供快速、详细和准确的客户服务报告，以达到客户的期望。
- 供应商关系（supplier relationships）。跟踪供应商的联系方式、手续费、产品、价格和合同。
- 预测（forecasting）。使旅游零售商可以基于实时数据进行分析并预测趋势。

后台功能所需的信息必须与存储在主机的GDS中的乘客姓名记录（PNR）建立接口。为此，必须对乘客姓名记录进行格式化，并将其传输到供应商企业资源计划（ERP）的后台系统中。GDS供应商安装了大多数的后台系统，为大部分旅行社提供支持（Godwin，1987）。

3.4.3 传统旅游零售商的未来

随着行业技术发展和结构变化，传统旅游零售商的持续生存能力受到了质疑。OTA和互联网直接预订引擎的快速增长对旅游分销产生了深远的影响。这种去中介化（disintermediation）的过程已经威胁到传统旅行社的生存。同时，航空公司低成本的发展导致旅游零售商出售机票的方式被淘汰

（decommissioning）。最初，手续费是规定且必须的，但随着技术的发展，航空公司不再需要旅行社来销售机票，从而减少或取消了手续费，并开始投资自己的网站建设。但是对旅游零售商而言，这是一个重要的问题，因为手续费是其收入的主要来源，现在却大大缩水了。连锁酒店也紧随其后，到21世纪初，传统旅游零售商的消亡已经可以预见。

但是，在首批 OTA 推出 20 多年后，仍然有许多成功的传统旅游零售商。就像拉撒路（Lazarus）死而复生一样，传统旅游零售商的重塑得以在新的在线旅游世界中参与竞争。要了解他们如何幸免于难，需要我们分析一下传统旅游零售商的战略优势和劣势。表 3.6 提供了传统旅游零售商的 SWOT 分析，显示出传统旅行社具有一些明显的优势。对于复杂的旅游行程，在线搜索和预订过程既耗时又昂贵，因此通过旅游顾问可以节省时间和金钱（Anckar & Walden, 2001）。参与网上调查的旅游消费者可能仍会使用旅行社确认信息并预订。旅游顾问不仅可以通过特殊协议来批发产品，提供比网上预订更便宜的旅游行程选择，而且也对旅游行业和目的地更加了解（Dolnicar & Laesser, 2007）。

表 3.6 传统旅游中介的 SWOT 分析

	正面	负面
内部	优势	劣势
	时间： 代理商节省了客户的时间和精力 成本： 一些代理商与旅游供应商有特殊协议，可以以折扣价或批发价预订产品 专长： 旅游顾问熟悉目的地的情况，并且对预订条款十分了解 安全： 如果出现问题，可以及时联系 打包： 旅游代理商可以将复杂的行程协商到更好的价格进行交易 增值： 代理商可以增加辅助产品，如保险、地面接送和 VIP 优惠 个性化：	成本： 减少手续费后，代理商可能会收取服务费或预订费以及退票费 倾斜性： 代理商与供应商之间的协议意味着对代理商可能不公正 错误： 代理商会犯错误，如果在预订行程中犯了错误，会带来一系列麻烦 选择较少： 出于倾斜性和定制化的原因，代理商可能会给游客提供比在线预订更少的选择 透明度更低： 定价和信息比较可能不如在线透明 可控性较少： 当代理商作出选择时，游客对产品特性

续表

	正面	负面
	代理商通过了解游客的偏好定制适合游客需求的行程 特殊需求： 代理商可以为婴儿、儿童、老人和残疾人旅客安排行程	的控制较低 固定成本高： 房地产、人事和日常管理费用增加 营业时间有限： 代理商通常在正常营业时间开放
外部	机会	威胁
	新兴市场： 代理商可以专注新产品、新目的地市场和利基市场（如商务旅游、发展中国家） 混合模型： "clicks and brick"零售模式（即集合在线服务和传统零售服务的模式）正在兴起 合并： 横向和纵向整合减少了竞争，提高了效率，并创造了新的机会	退出： 供应商不断施加压力以减少手续费并通过自己的渠道直接进行预订 数字竞争对手： 在线竞争对手和移动应用程序继续威胁代理商 公众认知： 公众对传统旅游代理商存在负面看法 未能吸引人才： 其他行业更能吸引到优秀人才 缺乏投资： 投资者专注于投资互联网初创公司，而不是传统代理商

成功的旅游零售商在克服一些缺点的同时，也利用了一些优点。有些零售商正在利用机会并规避有关风险。例如，一些传统旅游零售商在互联网上向消费者提供服务，从而极大地扩展了他们的服务范围。在某些情况下，传统零售商已经收购了在线业务和其他中介机构以扩大其服务组合（请参阅行业洞察）。有些零售商还把精力重新集中在一些不太可能自己预订行程的商务游客上。另一种方法是专门针对那些游客独自预订有风险的产品，例如高成本旅游或前往欠发达目的地的旅游。旅游零售商将自己打造成这类旅游目的地的专家为游客提供服务。此外，互联网还提供了家庭式旅行社的特殊旅游零售商的存在。IT将这些代理商与东道主机构和客户联系起来（Bowden，2007）。总之，为了生存，为了防止游客通过供应商或OTA进行预订，传统的旅游中介必须要有一个独特的销售主张，还需要不断地重塑自我。

行业洞察：Flight Centre Travel Group

Flight Centre Travel Group是澳大利亚最大的旅游公司。该公司由Graham "Skroo" Turner于1981年创立，在超过23个国家和地区拥有2800多家企业和40多个旅游品牌，在全球拥有19 000多名员工。当其他旅游零售商受到在线旅行社激增的冲击时（在线旅行社向供应商直接预订），该公司迅速成长。Flight Centre通过在旅游分销链中建立或收购以下品牌避免了同样的命运：

- 休闲旅游：Flight Centre、Liberty Travel、Travel Managers、Travel Associates、Round the World Experts、Travelsmart、Aunt Betty、BYOjet
- 商务旅游：Corporate Traveller、FCM Travel Solutions、cievents、Stage & Screen、Campus Travel、4th Dimension（4D）、Executive Travel、Travel Club
- 青年旅游：Student Flights、gapyear.com、Overseas Working Holidays、My Adventure Store、StudentUniverse
- 游轮：Cruiseabout
- 旅行社：Back Roads Touring、Topdeck
- 网站：flightcentre.com
- 批发商：Infinity Holidays、Explore Holidays、Gogo Vacations
- 金融：Travel Money Oz、Moneywise Global
- 旅游教育：飞行中心商学院（Flight Centre Business School）、飞行中心旅游学院（Flight Centre Travel Academy）

这种横向和纵向的多元化整合使得公司不受任何一个行业低迷的影响。该公司已在诸如通用台式机之类的IT解决方案上进行了大量投资，实现了对无法通过GDS进行的低成本航空公司的机票预订。最近，该公司开发了一种"混合旅游"模型，该模型结合了OTA的最佳功能和实体店面的优势。混合模式结合网络服务、电话销售中心、智能手机服务和售后团队延长工作时间，为游客提供7*24全天候的访问和支持。游客可以在这些渠道之间无缝切换。例如，游客在商店开始预订，随后可以在线上完成交易。旅行顾问也会给在线客户提供支持和建议。这一创新模式涉及本章提到的SWOT分析。

（来源：Flight Centre Travel Group, 2018.）

3.5 旅游管理公司

旅游管理公司(travel management companies, TMC)提供的服务可以满足企业或组织的旅游需求。根据企业差旅政策,员工差旅请求可以由TMC或该公司提供的在线自助预订工具进行处理。TMC必须管理企业的差旅政策、企业与首选供应商(B2B)的谈判和合同、员工出行安全和保障、企业信用卡使用基准以及差旅费用报告等。

相关研究人员(Quinby & Hoffman, 2009)根据以下特征将商务旅游与休闲旅游和个人旅游进行区分:

• 合同和优选供应商(contracts and preferred suppliers):企业与首选旅游供应商协商数量和折扣,包括座位升级、VIP特权和机场贵宾室的使用。这些额外的福利必须纳入预订过程中,以便员工可以使用其雇主协商的权益。

• 旅游政策合规性(travel policy compliance):企业旅游计划的相关政策通过TMC制定,并在预订系统中对其进行配置。例如,企业政策可能允许提供国际旅游或为更高级别的管理人员提供更优质的服务。IT系统可以支持这些政策的考虑,如日程安排、首选供应商、票价政策等。TMC还会根据员工的旅游喜好或企业的特殊需求进行旅游规划。

• 员工生产力(employee productivity):商务游客更加重视员工的生产力和日程安排,而不是旅游成本。最好的票价可能并不是最便宜的票价,而是平衡一个员工的生产力和日程安排与成本的票价。

• 风险管理(risk management):在企业差旅计划中,旅游风险和员工安全的管理很重要。TMC使用IT来跟踪员工的位置并了解国际旅游资讯。智能手机的应用程序同时也支持员工出差使用。

• 差旅费用管理(travel expense management):TMC为企业客户提供定期报告和差旅费用基准。IT系统将数据导入公司费用管理和会计系统。IT还通过获取支出明细并将其集成到公司的采购、会计和报告系统中来管理费用。

TMC不太容易受到OTA的竞争威胁,因为商务游客对价格的敏感度较低,并且不会亲自预订行程。商务旅游也是高收益的市场领域,旅游行程通常是在短时间内预订的,从而产生可观的利润。尽管有这些优势,TMC

还是面临着挑战。前面所述的退出和去中介化也影响着 TMC。创新的在线 TMC，例如 Egencia（由 Expedia 拥有），就是为企业客户提供直接折扣的预订门户。

3.6 在线中介

1996 年，当互联网开始应用于商业领域时，微软设立了一个小型在线旅游预订网站 Expedia。同一年，Sabre 成立了 Travelocity，允许游客在没有传统旅游零售商帮助的情况下访问行程和票价信息并购买旅行。这些新的 OTA 很快从传统零售商那里获得了很大的市场份额。它们的受欢迎程度也给旅游供应商造成威胁，航空公司通过成立财团，建立 Orbitz、Opodo 和 Zuji 等网站来做出回应。酒店业方面，2012 年，由主要国际连锁酒店组成的财团 Room Key 成立，以应对 OTA 日益增长而占据市场主导地位的威胁。

3.6.1 在线中介的类型

互联网和 IT 的发展为具有不同商业模式和不同类型的中介提供了支持。这些在线中介类型如下：

• 在线旅行社（online travel agents，OTA）遵循与传统旅行社类似的商业模式，使用网站或移动应用程序将 GDS 和供应商中的库存出售给游客。通常 OTA 通过成交后收取的手续费获得收入，但许多 OTA 也会收取预订费用或以折扣价购买大量库存然后加价出售。Expedia 和 Priceline 在西方国家很受欢迎，而携程（Ctrip）、去哪儿（Qunar）和阿里旅行（Alitrip）在中国市场占有很大的份额。一些 OTA（如 lastminute.com）通过"打折处理，限时特价"来专门处理不良库存。

• 元搜索引擎（metasearch engines，MSE）整合来自多个 OTA 的信息，因此用户可以横向比较产品。元搜索引擎不持有库存，也不支持预订，他们只是简单地比较所有可用的酒店，然后将游客链接到他们选择的预订网站。元搜索引擎不向酒店收取手续费，相反，他们依靠的是 OTA 的转介费。这就是所谓的"单次行动转换成本"（CPA）业务模式。例如 Kayak、去哪儿、Trivago、Skyscanner、Hipmunk、Room77 和 Mobissimo。谷歌 Flights 将酒店搜索和预订工具集成到谷歌搜索中也是元搜索引擎的示例。猫途鹰于 2014 年在其评论平台上添加了 MSE，该网站还提供"即时预订"选项，因此可以被视为OTA、MSE和产品评论的综合性网站。

• 集成器(aggregators)。合并来自多个GDS的旅游库存。例如ita软件(现在由谷歌拥有)，创建了一个名为QPX的工具，用于跨多个分销平台搜索票价、时间表和空余量。一些GDS新进入者也可以被视为集成器。

• 行程规划网站(trip planning sites)。提供了一些搜索工具，可以根据用户首选项为特定目的地规划个性化行程。在某些情况下，这些网站还允许用户预订旅游产品。例如Inspirock、Travefy、RoutePerfect、Journy和Taxidio。

• 联盟(affiliates)。在联盟的网站上销售旅游产品，并从在线旅行社的预订中赚取费用。一些联盟项目使用"单次点击营收成本"(CPC)模型获得收益。尽管许多联盟是在线中介，但他们也是能将其他旅游产品与自己的旅游产品捆绑在一起销售的旅游供应商。此外，在线中介还可以提供"空白标签"(white label)预订服务，该服务标签由航空公司重新命名，从而模糊了在线中介的品牌。

• 团购网站(group buying sites)。提供"每日特惠"的旅游产品，如果购买人数达到最低拼团人数，则可以以大幅降价后的价格进行预订。这些交易是与各个供应商协商确定的，游客会从供应商那里获得优惠券(如Groupon和LivingSocial)。

• 不透明网站(opaque sites)。一种特殊类型的在线中介，以折扣价出售"难卖的"旅游库存。隐藏供应商，直到购买完成。某些网站(如lastminute.com以固定价格提供无名酒店，也有其他网站(如Priceline)以类似在线拍卖的竞标方式出售。这些网站避免了大量打折的旅游库存去蚕食其他网站提供的全价产品。

• 产品评论网站(product review sites)。通过将旅游评论数据与元搜索引擎的特性相结合，逐渐成为新的在线旅游中介。

在线中介利用IT建立了成功的新商业模式。虽然许多在线中介直接向价格敏感的休闲市场出售，但有些已经开始多样化地进入商务旅游。一些OTA建立了门户网站，通过在线预订绕开GDS，为传统旅游中介机构提供帮助。Expedia的旅行社联盟项目就是一个很好的例子。在线中介的流行源于IT的创新，IT的创新使游客能够在众多供应商之间比较产品、行程和价格。在线中介机构还率先开发了其他创新技术，这些创新技术将在下文进行讨论。

3.6.2 IT 创新

根据相关研究(Quinby & Hoffman, 2009),在线旅游中介机构开发的一些重要的 IT 创新包括:

- 矩阵显示(the Matrix Display)。由 ita 软件开发,并由 Orbitz 首次使用。矩阵显示器允许游客点击搜索结果矩阵内的任何标题,以根据价格、航空公司、停留时间和停留次数等条件对需要的选择进行排序。Hipmunk 利用此概念,根据价格、停留时间/距离和旅客评分等标准提供飞行航班的"痛苦"排名和酒店"狂喜"排名。

- 过滤器(filters)。许多在线旅游社和元搜索引擎允许游客通过价格的范围、品牌、评论评分、星级、位置、离指定位置的距离和其他的产品功能,使用过滤器来缩小搜索范围。

- 不透明定价(opaque pricing)。Lastminute.com 和 Priceline 等中介机构通过为航班和酒店提供反向拍卖和"神秘交易",率先使用了不透明定价。不透明定价允许旅游供应商提供大幅折扣以处理不良库存。定价之所以"不透明",是因为在进行购买之前不会透露企业的名称。

- 动态打包(dynamic packaging)。游客可以将几种产品捆绑在一起打包订购,这样比单独购买每个旅游产品的价格更便宜。Expedia 以开发"航班+酒店"选项的功能而闻名。航空公司也使用这种方法,将其航班与酒店(从 OTA 中提取酒店的库存)进行组合。动态打包使酒店可以将折扣价格隐藏在包装中,以避免疏远高收益客户。有文献(Tanford et al., 2012)详细说明了定价透明度和动态打包。

- 灵活的日期搜索(flexible date search)。时间灵活的航空旅客可以比较不同出发和回程时间的组合机票价格,以找到可能的最低票价。

- 替代机场搜索(alternative airport search)。航空旅客可以在自定义区域内的多个出发和到达的机场中进行搜索,以找到可能的最低票价或最方便的时间。

- 低价通知(low-fare notifications)。游客可以注册提示通知,当满足一些条件时(如机票低于指定价格时),便发送消息提示。

- 地图显示(map display)。OTA 的搜索结果可以显示在地图上。例如,谷歌 Flights 和谷歌 Hotel 的搜索将在谷歌地图上显示结果。此外,通过地图显示,游客能更轻松地辨别不同住宿位置与关键位置之间的距离。

Hipmunk还提供了一个热图叠加地图,显示了附近的购物、美食和夜生活场所。

- 语义搜索(semantic search)。游客可以使用自然语言查询来代替通过表格、下拉菜单和日历搜索产品。例如,游客可以输入"下周从纽约到伦敦",搜索引擎将分析此请求后显示结果。又如 Adioso 和 Cheapair.com 的简易搜索,智能手机和可穿戴设备也都安装了语音驱动扩展此功能。
- 压力抛售(pressure selling)。许多 OTA 使用称为"紧急消息"的策略来推动客户做出预订决定。诸如"仅剩3间房""高需求""今天被预订了10次了""仅今天折扣25%""稀有商品"和"老顾客折扣"之类的信息,这些信息会影响人们对获取稀缺性产品的看法。OTA 的目的是利用心理偏见,即客户的"害怕错过"(FOMO)心理和社会认同感需要,从而阻止客户推迟预订。这些功能在将"查找者"转换为"预订者"方面非常有效。当然,这种创新也引发了政府和竞争管理机构的批评。

在线中介一直面临两个最大的挑战:一是寻找方法来显示数百个供应商复杂的搜索结果;二是将搜索结果转换为预订。这些挑战进一步展现了在线中介如何使用 IT 来管理信息超载,以改善游客搜索体验并产生预订。

3.6.3 在线中介的未来

在过去的十年中,在线中介取得了巨大的增长和创新,但其中一些也得到了负面的宣传。在过去的几年中,合并和收购已导致占全球主导地位的三大参与者占据了大部分的市场份额。Expedia 集团拥有诸如 Hotels.com、HomeAway、Trivago、Orbitz、Travelocity、Wotif、CarRentals.com、Traveldoo 和 SilverRail 等知名的在线中介。Booking Holdings(原称为 Priceline Group)拥有 Booking.com、Priceline、Kayak、Agoda、Rentalcars.com 和 OpenTable。自 2012 年以来,Booking Holdings 还与总部位于上海的携程网(拥有 Skyscanner、Tours4fun 和 Trip.com)建立了商业合作伙伴关系。这些大型在线旅游企业的议价能力对连锁酒店造成了不利影响,连锁酒店失去了对自家酒店定价的控制权。表 3.7 的 SWOT 分析详细概述了在线旅游中介机构面临的优势、劣势、机会和威胁。该分析表明,IT 的创造性使用让许多在线旅游中介得以维持,同时为创业公司创造了新的机会。大型 IT 公司(如谷歌和 Facebook)的创新搜索可能会影响在线中介。过去,谷歌曾表示它不打算成为旅游中介或 OTA,但现在该公司将谷歌 Flights 和酒店预订集成到搜索工具中而获得了可观的收入。谷歌将自己视为信息经纪人和集成器，并已开始投资改善搜索体验的工具。这些发展可能会影响元搜索引擎，因为谷歌的搜索工具提供了一些相同的功能。

表 3.7　在线旅游中介的 SWOT 分析

	正　面	负　面
内部	优势	劣势
	入门费用低： 与传统旅游零售商相比，OTA 可以更轻松地建立庞大的销售范围 价格： 网上折扣更大，容易比较价格 方便： 全天候访问 定制化： 带有支持特定搜索的过滤器，方便用户的网站 选择和控制： 选项丰富并且用户对功能的选择拥有控制权 即时性： 即时确认库存量并预订 比较： 更加容易根据价格、功能、星级和描述来比较选项 灵活性： 数字内容可以快速更新 多媒体： 图片、视频和地图的便捷使用 投资： 有愿意为 OTA 初创企业提供资金的风险资本家	缺少透明度： 某些 OTA 会收取未在初始"显示价格"中的税费 取消和更改： 特殊票价的产品通常不可退款且不可转让 安全： 大多数交易使用安全链接，但 OTA 仍存在交易风险 耗时： 查找和比较行程选择可能既耗时又难以选择 建议有限： 关于签证和保险等其他旅行安排的建议通常很少 特殊需求： 预订时，不一定总能满足特殊要求 支持： 发生问题时可能很难获得人工实时支持 缺乏专业知识： OTA 很少提供像传统零售商一样的专业知识
外部	机会	威胁
	社会： 整合社交媒体（如用户评分、评论和照片）可降低作出错误决定的风险 移动： 使用移动应用程序和行程管理为现场游客提供服务支持	竞争： 苹果、谷歌、微软和 Facebook 等新的初创企业和成熟的技术公司进入旅游分销领域 直接预订： 供应商提供更优惠的价格或奖励以吸

续 表

正　面	负　面
整合： 与其他中介机构的纵向和横向整合为打通连接和提供服务创造了新的机会 创新： 新的联合和发展(例如无处不在的计算和语义网)使技术创新成为可能	引游客直接预订

3.7 渠道和声誉管理

尽管上述发展使游客更容易购买和预订旅游产品，但它们却导致旅游供应商的分销系统变得日益复杂。除了繁复的旅游分销情况外，供应商还需要通过回应网站上发布的反馈和评论来管理自己的声誉。例如，猫途鹰、Yelp、Zomato、谷歌评论和 OTA 网站。供应商快速理解、监控和回应这些不同渠道的信息所需的时间和精力可能是不堪重负的，特别是对于小型旅游企业而言。顺势而发，市场已经出现了帮助供应商处理这类问题的新型中介机构。

渠道管理(channel managers)。提供了一系列技术工具，可以帮助酒店等供应商管理跨多个在线分销渠道和 OTA 的库存和定价。例如 SiteMinder、Staah 和 AxisRooms。渠道管理为供应商提供了一个网站，他们可以在该网站上添加和删除分销渠道，并实时管理跨多个渠道的库存量和价格。渠道管理还可以在某一渠道上发生预订时调整多个渠道的库存来防止超额预订。更高级的渠道管理能够和酒店的 CRS 或 PMS 集成在一起，从而使员工无需手动转移预订，是消除重复任务的技术实例。员工还能够通过渠道管理账户，使用一次更新来同步更新多个站点的库存量和价格。这些功能可以减少不一致信息，并确保不同渠道之间的价格一致，防止超额预订。

声誉管理(reputation managers)。协助旅游企业管理其在线形象。例如，ReviewPro、Revinate 和 Rategain。声誉管理为数字时代的管理解决了两个主要挑战：一是它们允许管理人员将来自各种社交媒体和在线评论网站的评价与用户反馈汇总到一个"仪表板"中，来查看在线呈现的业务；二是它们提供了使管理人员能够快速回应在线评论的工具。通过查看和回应用户的反馈,供应商可以提高他们在产品评论网站和在线旅行社上的评分和排名。此外,一些声誉管理还为企业提供测试工具,以根据竞争对手和行业标准对企业的绩效进行基准测试。一些技术公司(如 Hotelogix)提供的产品还能将财务管理系统、预订系统、渠道管理和信誉管理的功能集成到一个软件包中。

本章小结

在本章中,我们从分销系统的角度讨论了游客如何通过各种渠道与供应商联系。为了在信息密集型行业中生存和发展,旅游中介必须了解和融合 IT 的各个方面。这就需要仔细分析 IT 何时以及如何为客户提供增值服务。在未来,这些服务的开发和营销策略的创新都将重新定义旅游中介角色。更重要的是,旅游中介面临的最大挑战是如何利用新兴的互联网和移动技术来发挥自身优势。如果能适当地使用 IT,它将有助于新管理优势的开发,正如上述我们所见,IT 还可以将威胁转化为机遇。

研究见解:互联网与旅游代理商

在本章中,我们研究了传统旅游中介和 OTA 的优劣势。德尔恰帕斯(Del Chiappa, 2013)采用了不同的方法,对 1 448 名意大利游客进行了调查,比较了偶尔、中度和频繁的在线购买者。他发现,由于游客的性别、年龄、文化背景、受教育程度和收入的不同,购买行为会存在差异。该研究还发现,互联网更适用于预订短途旅行,传统代理商应在在线市场上开辟一席之地,以保持竞争力。

Del Chiappa, G. (2013) Internet versus travel agencies: the perception of different groups of italian online buyers. *Journal of Vacation Marketing* 19(1), 55-66.

关键术语

航空公司预订系统 airline reservation system，联盟 affiliate，集成器 aggregator，辅助服务 ancillary service，应用程序接口 application programing interface（API），后台系统 back-office system，混合旅游 blended travel，区块链 blockchain，渠道管理 channel manager，计算机预订系统 computer reservation system（CRS），单次行动转换成本 cost-per-acquisition，数据中心 data center，决策支持系统 decision support system（DSS），淘汰 decommissioning，目的地管理系统 destination management system（DMS），直销 direct selling，去中介化 disintermediation，显示偏差 display bias，动态打包 dynamic packaging，电子机票 e-ticket，企业资源计划 enterprise resource planning（ERP），可扩展标记语言 extensible markup language（XML），全球分销系统新进入者 GDS new entrant（GNE），全球分销系统 global distribution system（GDS）图形用户界面 graphical user interface（GUI），团购网站 group buying site，横向整合 horizontal integration，联程机票 interline ticket，中介 intermediary，互联网预订引擎 internet booking engine（IBE），行程 itinerary，元搜索引擎 metasearch engine，新分销能力 new distribution capability（NDC），在线旅行社 online travel agent（OTA），不透明网站 opaque site，乘客姓名记录 passenger name record（PNR），支付网关 payment gateway，产品评论网站 product review site，声誉管理 reputation manager，交换 switch，旅行社 tour operator，传统旅游零售商 traditional travel retailer，旅游分销系统 travel distribution system，旅游管理公司 travel management company（TMC），旅游批发商 travel wholesaler，行程规划网站 trip planning site，纵向整合 vertical integration，空白标签 white label。

问题讨论

1. 中小型旅游企业（small and medium tourism enterprises，SMTE）在旅游分销中面临哪些挑战？中小型旅游企业如何应对日益复杂的数字旅游分销系统？

2. GDS 和 GNE 有什么区别？访问全球分销系统和新进入者的网站，以帮助你回答此问题。你是否认为新进入者（GNE）对 GDS 构成威胁？证明你的观点。

3. 你已经创办了自己的小型旅游零售公司。你会选择哪个 GDS，为什么？

4. 传统中介在旅游分销系统中的作用是什么？现在仍然需要它们吗？传统中介机构应该如何利用 IT 与 OTA 提供的创新功能展开竞争？

5. 有关国际航空运输协会的新分销能力，这种 IT 发展可能会对旅游中介产生什么影响？

6. 什么是去中介化？其对本章所述的不同类型的旅游中介机构有何影响？你是否认为本章中讨论的某些中介机构在未来十年内可能会消失？可能是哪些？为什么？IT 在此过程中扮演了什么角色？

7. 本章为 GDS、传统旅游零售商和 OTA 提供了 SWOT 分析。使用本章中的信息与你自己的研究一起对 TMC 进行类似的 SWOT 分析。你认为 TMC 的未来如何？

8. 访问两个元搜索引擎（如 Hipmunk、Room77、Skyscanner、Trivago、Kayak），并搜索飞往您选择的目的地的往返航班和酒店。通过比较每个网站的优缺点来对比这两个元搜索引擎。它们提供不同的功能吗？你最喜欢哪些功能？哪些 IT 可以用于改善搜索体验？

9. OTA 使用的营销策略最近已经引起了政府的审查。查找有关这些策略的一些新闻报道，并通过它们来找出引起负面宣传的关键问题。OTA 该如何应对这些挑战？

Sabre 控股公司

Sabre 是旅游行业的巨头公司，提供了许多满足旅游各方面和各类需求的技术。该公司的历史可以追溯到 20 世纪 50 年代后期，那时美国航空公司与 IBM 合作创建了第一个计算机化的机票预订系统。据公司所传，在 1953 年，当时两位"史密斯"即美国航空总裁 C. R. Smith 和 IBM 高级销售代表 Blair Smith 在美国航空的一次航班上会面，他们讨论了关于航空公司自动化的可能。这次讨论促成了建立一个新的系统，该系统可通过电子方式向旅游代理商提供航空公司的实时预订数据。在1960年实验系统上线之前，该项目需要超过4000万美元的初始研发资金。该系统被称为半自动商业研究环境（Sabre），是第一个私人实时在线交易系统，通常被认为是电子商务的早期开拓者。到1964年，该系统已在美国航空公司的所有售票处使用，到1976年，系统访问权限已扩展到旅游代理商。

1986年，Sabre进行了重组，成为美国航空母公司AMR的一部分。2000年，Sabre的所有权再次发生变化，当时Sabre的控股公司从AMR分离，成为一家上市公司。该公司于2007年转为私有，被Silver Lake Partners和Texas Pacific Group完全收购。这些变化使Sabre疏远了最初创立该公司的航空公司，随后美国航空公司与Sabre控股公司之间的关系也变得紧张。

2014年，Sabre在纳斯达克（NASDAQ）上市。2015年，Sabre将其Travelocity OTA品牌出售给Expedia Group，并收购了亚太地区的Abacus GDS。如今，Sabre公司拥有9000多名员工，并为160多个国家和地区的客户提供服务。Saber将自己视为旅游技术公司，该公司的主要资产是Saber GDS，同时还开发和收购了一系列IT解决方案。这些解决方案已被航空公司、机场、酒店、汽车租赁供应商、铁路供应商和旅行社使用。该公司围绕三大业务来组织部门：

- Sabre旅行网络：围绕Saber GDS构建的一系列IT解决方案，用于通过旅游代理商和OTA出售机票、酒店住宿、汽车租赁、游轮和团体旅游服务。该网络将超过425 000个旅游代理商与400多家航空公司、175 000家酒店、200家旅行社、40家汽车租赁品牌、50家铁路、17家游轮公司以及其他全球旅游供应商联系起来。该业务部门还包括提供面向旅游零售商的软件解决方案Sabre Red Suite。
- Sabre航空解决方案：一套针对航空业的IT解决方案，包括超过225家航空公司和700个其他客户（包括机场、货运和包机航空公司、车队公司、政府和旅游局）使用的机票预订系统、营销、计划、客户销售、服务和运营的软件。
- Sabre接待业解决方案：一套针对酒店业的IT解决方案，包括计算机预订系统（SynXis）、酒店管理系统（Sabre PMS）、客户关系系统、市场营销和分销软件、GDS链接、互联网营销、电子商务和移动设备等解决方案，该方案在全球32 000多家酒店中使用。

从战略上讲，该公司多元化的品牌组合已使自己在旅游中介机构面临挑战时处于有利地位。它通过GDS、预订系统和其他针对供应商的IT解决方案，涵盖了整个旅游分销产业链。该公司还维护Sabre Red App Center，提供专属的和第三方的应用程序，以扩展Sabre Red Workspace的功能。

Sabre最近的工作集中在为游客、中介和供应商开发创新的移动技术解决方案。该公司还拥有TripCase，这是一种面向消费者的，可以通过网络或移动设备进行访问的行程管理工具。TripCase能够查看旅游的详细信息，提供航班消息、路线消息、出行前通知、天气预报和安全通知等旅行信息，还能提供便捷的渠道将游客与中介机构和供应商联系起来。如果计划的行程不再可行，该工具还会建议游客选择其他航班。

这个案例说明了GDS如何重新定位自己。Sabre GDS和Travelocity OTA已经成为重要的旅游中介，同时还为其他中介和供应商提供工具和系统。此外，Sabre还会利用我们在本章中分析的优势来保护公司免受某些威胁。

研究问题

1. 访问Sabre控股公司的网站并探索其服务和技术解决方案的范围。使用数字旅游分销系统的模型来绘制可能使用Sabre产品的不同地点。他们的产品组合是否存在差距？

2. 访问Amadeus或Travelport网站，并将其产品和服务与Sabre进行比较，分析有什么异同？

3. 你认为未来游客会期望Sabre等公司的哪些创新？这些高科技解决方案如何支持高接触交互？

第 4 章　互联网与游客

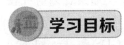

- 了解互联网的历史演变和关键术语；
- 解释旅游者和旅游组织如何使用互联网，并对不同类型的旅游网站进行分类；
- 解释在线信息搜索的过程，分析影响搜索排名和在线搜索行为的因素；
- 运用传播学、市场营销学和对用户体验的理解来开发成功的旅游网站。

引言

前两章提到，互联网作为关键技术创新，在过去 20 年的快速发展中改变了旅游业的产业结构、战略和操作实践。互联网拥有提供低成本全球通信的能力，在旅游体验、目的地营销、分销和交付方式上产生了根本和深远的影响。互联网和旅游是完美的伙伴——信息是旅游业的命脉，互联网已成为向用户提供丰富视觉内容的重要工具，激发和支持旅行生命周期的所有阶段。

在本章中，我们将更详细地了解互联网的起源和功能以及与其普遍使用相关的技术和术语。还会讨论旅游企业如何利用互联网的内网和外网来加强交流。我们将详细介绍万维网,它是互联网最强大的用途之一。在前两章的基础上,我们将研究旅游者如何使用基于互联网的搜索引擎(search engines)等工具获取信息。最后,运用传播、市场营销和用户体验设计的概念来分析成功的旅游网站具备的要素。

4.1 互联网的历史和演变

互联网(Internet)是一个全球性网络,它由许多全世界范围的网络组成,这些网络使用通用协议(如通信标准)互相通信。它的名字来源于"互联"的概念,这意味着把许多主机与其网络连接在一起,形成一个网络的网络。互联网始于 20 世纪 60 年代,加州大学洛杉矶分校(University of California, Los Angeles,UCLA)计算机科学教授的实验室与斯坦福研究所(Stanford Research Institute,SRI)的实验室之间用一个名为 ARPANet 的网络发送了第一条数据信息(见表 4.1)。其他采用不同协议的分组交换网络的出现也紧随其后。1982 年,一种名为 TCP/IP 的标准化协议被引入互联网,这就是我们今天所知的互联网的诞生。然而,直到 1990 年,连接研究所和教育机构的网络(ARPANet 和 NSFNET)退役后,互联网才开始商业化。商业互联网服务提供商(internet service providers,ISP)很快出现,为个人和组织提供互联网接入服务。没有人"拥有"互联网,在某种意义上,它是真正的大众化。然而,各种机构在监管它的发展,其中最重要的两个是联合国互联网治理工作组(负责处理政策治理问题)和互联网工程任务组(负责处理技术问题)。互联网在 20 世纪 80 年代中期迅速发展到欧洲和澳大利亚,在 20 世纪 80 年代末 90 年代初发展到亚洲。随着它的飞速发展,人们需要搜索工具来查找存储在不同主机(hosts)上的文件,这就产生了第一个互联网搜索引擎 Archie。

表 4.1 互联网技术的发展

时间	名称	人物	描述
1969 年	ARPANet	ARPA	世界上最早运行的分组交换网络之一,互联网的前身
1969 年	Sita	Sita	第一个运用在旅游业的分组交换网络

续　表

时间	名称	人物	描述
1971 年	Email	Ray Tomlinson	第一个能够在连接到 ARPAnet 不同主机的用户之间发送邮件的系统
1973 年	Ethernet	Robert Metcalfe	局域网网络技术
1982 年	Internet	ARPA	基于 TCP/IP 协议的相互连接的计算机全球网络
1985 年	Domain name	Symbolics Inc.	第一个注册的.com 域名
1989 年	ISP	The World	美国第一家商业互联网提供商
1991 年	World Wide Web	Tim Berners-Lee (CERN)	支持使用超文本传输协议的文本超链接页面服务（HTTP）
1993 年	Mosaic	Marc & reessen	第一个流行的带有图形界面 WWW 浏览器，是网景（Netscape）、谋智（Mozilla）和火狐（Firefox）的前身
1994 年	WebCrawler	Brian Pinkerton	第一个基于爬虫的文本搜索引擎
1996 年	Hotmail	微软	第一封免费的网络电子邮件
1996 年	Cable Modem	Rogers Communication	第一家宽带服务
1997 年	Six Degrees	rew Weinreich	现代社会网络的早期先驱
1997 年	谷歌 Search	Larry Page, Sergey Brin	世界上最常用搜索引擎的开发
1998 年	PayPal	Elon Musk	互联网支付服务
2000 年	Baidu	李彦宏	中文搜索引擎
2003 年	领英（LinkedIn）	Reid Hoffman	职业社交网站
2003 年	Skype	Heinla, Kasesalu, Tallinn, Friis, Zennström	推出最流行的 IP 语音服务和即时消息客户端
2004 年	Facebook	Mark Zuckerberg	推出最流行的社交媒体网站

续　表

时间	名称	人物	描述
2005年	YouTube	Chad Hurley, Steve Chen, Jawed Karim	流行的视频分享网站
2006年	Twitter	Jack Dorsey	发布流行的在线社交网络和微博服务
2009年	WhatsApp	Brian Acton, Jan Koum	跨平台信息及IP语音服务
2010年	Pinterest	Ben Silbermann, Paul Sciarra, Evan Sharp	一个类似于钉板的照片分享网站，允许用户创建和管理基于主题收藏的图片
2011年	WeChat	Tencent Holdings	一款中文多用途的信息、社交媒体和移动支付APP

目前，互联网已经遍及全球，几乎所有的国家都有互联网用户。图4.1显示了截至2017年互联网在发展中国家和发达国家的普及率。可以看出，发达国家的互联网普及率要高得多，而发展中国家正迎头赶上。根据2017年国际电信联盟的数据，当今世界70%的年轻人（15—24岁）都在上网。与其他年龄段相比，青年在全球互联网使用方面位于前列。从全球来看，男性的互联网使用率高于女性。重要的是，宽带互联网越来越移动化，移动宽带比固定宽带更加便捷。

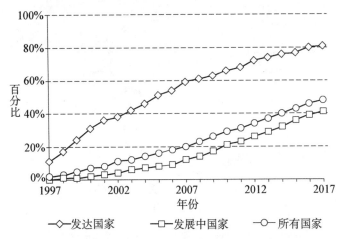

图4.1　世界互联网用户占比（来源：国际电信联盟，2017）

用户更喜欢使用自己母语的网站。英语是网民使用的主要语言，占网民总数的 26.8%，其次是汉语、西班牙语(欧洲旅游委员会，2013)。多语言网站对来自世界各地的游客来说非常重要，然而却并不多见。事实上，令人惊讶的是，旅游网站和研究人员很少关注跨语言信息检索问题(Li & Law，2007)。特别是在使用互联网进行旅游电子商务的早期，这个问题很突出。德国是世界上最大的国际旅游客源市场之一，但德国游客却发现旅游网站并没有他们适用的语言，难以通过网络进行预订(Arlt，2006)。有学者(O'Connor，2011)同意这一评价，但认为旅游网站没有考虑到各个市场的文化和社会差异，使网站的传播效果不如预期。另一个例子是印度，作为极具文化差异的一个国家(互联网用户数量增长最快的国家之一)，印度在旅游预订时比其他国家更重视网站的服务、信任和安全(Khare & Khare，2011)。

4.2 内网和外网

互联网也可用于组织内私人通信的主干网络以及组织与其外部利益相关者之间的信息交流。这种信息交流通过内网和外网进行，如图 4.2 所示。

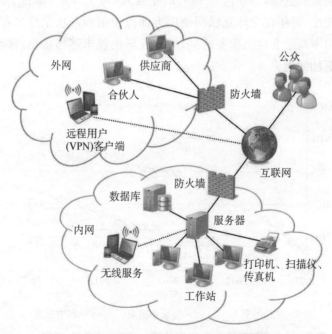

图 4.2 互联网、内网和外网构型

内网(intranet)使用相同的 TCP/IP 协议来共享与该组织相关的专有信息,并共享其计算服务。然而,它并不向公众开放,而是采取一个或多个网站托管在一个服务器(server)上的形式,其所有页面都在安全防火墙(firewall)之后,只允许授权用户访问信息。内网可用于员工培训、项目协作、企业信息和人力资源等领域。组织中的每个员工都有自己的内网门户,允许访问工作所需的区域。与内网类似,外网(extranet)使用 Internet 协议,一般公众不能访问;然而,它将一个或多个组织、客户、供应商或其他认可的利益相关者联系在一起,用户必须使用密码登录一个安全的网站才能进入。这些在旅游领域会很有用,因为旅游目的地中的不同组织常需要协作。

4.3 万维网

万维网(WWW),或"Web",可能是互联网最流行和最强大的用途之一。我们每天都用它来获取各种信息,进行各种交易。与大众普遍认知不同的是,互联网和万维网其实并不相同。像电子邮件一样,万维网是由互联网支持的一种服务。1991年,蒂姆·伯纳斯-李(Tim Berners-Lee)在欧洲核子研究组织(European Organization for Nuclear Research,CERN)的工作为万维网奠定了基础。伯纳斯-李把超文本的概念与互联网结合起来,创造了一个相互链接的文件系统。万维网最初是为欧洲核子研究组织(CERN)设计的一种通信系统,但它作为一种世界性系统的应用很快得到认可。1993年,欧洲核子研究组织(CERN)宣布万维网将对所有人免费。

Mosaic 浏览器(browser)的开发极大地提高了大众对万维网的使用,该浏览器提供了一个图形用户界面(GUI)。随后有很多浏览器相继被开发出来,包括 Netscape、Mozilla、Firefox、微软 Internet Explorer 以及最近的 Safari 和谷歌 Chrome。同互联网一样,网页的激增很快激发搜索引擎的需求,1993 年,W3Catalog 被开发,一年后可以在网站上搜索文本的 Web Crawler 紧随其后出现。接着出现了许多搜索引擎,包括 1997 年相对较晚进入的谷歌。20 世纪 90 年代末,谷歌凭借其创始人拉里·佩奇(Larry Page)和谢尔盖·布林(Sergey Brin)开发的网页排名算法(pagerank algorithm),以出众的搜索结果确立了自己的地位,许多流行的搜索引擎随之消失。谷歌开发了一个成功的盈利模式,不仅为谷歌搜索的持续改进提供了资金,而且也为本书中讨论的其他新技术开发提供了资金。

在下一章中,将介绍互联网历史在很大程度上受到宽带(broadband)连接带来的带宽(bandwidth)增加的影响。第一个商业电缆调制解调器在1996年投入市场,但直到2000年宽带服务才变得相对便宜。在此之前,用户必须使用拨号调制解调器连接到互联网,在速度和连接方面是受限的,因此也限制了图像和视频的使用。而更快的网速推动了像Instagram和YouTube这样有关照片和视频分享网站的出现。对于旅游行业来说,带宽的增加意味着图像和视频这样丰富的多媒体都可以整合到网络营销中去。

万维网的持续演进催生了Web 2.0的出现,它增加了互联网上的交互和协作。Web 1.0由具有网络编程技术的人员通过创建静态内容的单向通信组成,而Web 2.0则允许开放通信,强调基于网络社区的用户数据、信息、知识、资源和文件的共享。这可能贯穿维基、博客、社交网络、简易资讯聚合(really simple syndication,RSS)和媒体分享网站的发展。作为Web 2.0的一部分而发展起来的流行服务包括Wiki-pedia、YouTube、Facebook、Twitter、谷歌+、领英(LinkedIn)、Instagram和Pinterest,这些都可被概括为社交媒体。旅游业也使用Web 2.0,维基travel、猫途鹰、Yelp和Urbanspoon等网站,这些网站对旅游行为均产生了重大影响。第5章会更详细地探讨社交媒体在旅游业中的作用。

4.4 域、协议和语言

计算机科学家和政策制定者对于互联网和万维网发展的监管是必要的,他们建立了标准和协议,使全世界范围内的通信更加顺畅和完善。支持万维网的三项关键技术,分别是域(domains)、协议(protocols)和语言(languages)。

4.4.1 域

互联网名称与数字地址分配机构(Internet Corporation for Assigned Names and Numbers,ICANN)负责协调和监督互联网上的两个主要名称空间,即互联网协议地址空间和域名(domain name)系统。每个网络页面都有一个称为统一资源定位系统(universal record locator,URL)的标识符。例如,联合国世界旅游组织的网址为: http://www.unwto.org,其中http代表协议,www.unwto.org是主机名,org是顶级域名(top-level

domain),表明它是一个组织。如表 4.2 所示,有许多顶级域名代表不同类型的组织。

表 4.2　互联网上的顶级域名

域	类　　别
.edu	教育机构
.com	商业机构
.org	组织
.net	网络化组织
.gov	政府组织
.mil	军事组织
.travel	旅游组织
.au	国家域名,澳大利亚(数百个其他国家有自己的顶级域名双字母代码,例如 fr=法国;cn=中国)

4.4.2　协议

互联网的主要协议是 TCP/IP(transmission control protocol/Internet protocol),负责在网络之间传递互联网信息。另一种协议是 SMTP(simple mail transfer protocol),负责传输电子邮件。另外还有两种常用的文件传输协议,文件传输协议(file transfer protocol,FTP)用于在互联网上传输文件,而超文本传输协议(hypertext transfer protocol,HTTP)作为互联网的一个重要协议,用于网络的数据通信。类似地,超文本传输安全协议(hypertext transfer protocol secure,HTTPS)主要用于互联网上的安全通信和支付。

4.4.3　在线编程语言

大量编程语言在互联网上创建内容和应用程序。超文本标记语言(hypertext markup language,HTML)是一种描述性标记语言,可用来创建网页和在网页浏览器中查看信息。第二种更高级的语言是可扩展标记语言(extensible markup language,XML),用于将文档编码为人机可读的格式。

还有一些语言和通用文件格式用于传输多媒体信息交换所需的音频和视频，如同步多媒体集成语言（synchronized multimedia integration language，SMIL）是一种用于交互式多媒体演示的语言，允许将音频、视频、超文本和图像组合在一起。Oracle 公司拥有的 Java 技术被开发人员用在不同平台上运行程序。JavaScript 是一种轻量级的语言，主要用于创建交互式网页内容。Ajax 是 Asynchronous JavaScript 和 XML 的缩写，它允许网络应用程序在后台异步发送和检索信息，从而实现网络上信息的动态交换。作为 Web 2.0 的基础，这些编程语言以及 MP3、MP4 和 Flash 等数据格式和编码技术，使当今网络成为一个丰富的、动态的、交互式的信息环境。

4.5 互联网在旅游中的应用

旅游供应商很快认识到互联网和网页与全球旅游者建立联系带来的巨大价值。就像前面章节看到的，互联网可以帮助旅游者了解他们的产品和服务，可以帮其做广告、沟通和娱乐，还可以帮助预订在线产品。很大一部分互联网活动是与旅游相关的，正如在第 1 章中讨论的旅游产品的特性使其成为信息密集型产业。事实上，旅游产品是通过互联网购买的五大类产品之一（EyeforTravel，2012）。本节首先讨论旅游供应商网络的功能，然后对旅游供应商类型及其使用互联网的方式进行分类。

4.5.1 旅游网站的功能

旅游供应商可通过多种方式利用网络来提高运营效率。研究者（Pan & Fesenmaier，2000）对旅行网站（travel websites）（主要关注旅游者的需求，包括与旅行达人的交流）和旅游业网站（tourism websites）（主要关注旅游专业人员或旅游研究人员之间的交流）进行了区分。表 4.3 显示了旅游业网站最常用的一些功能，它们是：全球信息传播、与其他组织网站或数据库的整合、针对个人游客的产品定制、通过客户关系管理技术与游客互动沟通以建立品牌忠诚、交易支持和跟进，最后是第 3 章讨论过的去中介化。

表 4.3 旅游供应商网站的功能（改编自：Valacich & Schneider, 2014, p.144.）

网络功能	描述	举例
全球信息传播	旅游产品和目的地可以远程销售	来自世界各地的潜在游客可以浏览目的地视频网站，了解他们的特色
整合	可以链接到其他网站或数据库，为用户提供相关的实时数据	客户可以从目的地管理系统访问列车时刻表
大规模定制	可以定制产品以满足游客的特殊需求	游客可以自行设计个性化的旅游产品
互动交流	客户可以直接与供应商沟通，提出问题并调整他们的预订	客户可以通过电子邮件、文本或视频聊天在托马斯·库克的网站（http://www.Thomascook.com/）上获得实时帮助
交易支持	游客可以在没有人工支持的情况进行交易和预订	游客可以直接在酒店网站或 http://www.booking.com/ 预订
去中介化	切断旅游中介，更直接地接触客户	英国航空公司可以直接向游客出售航班，无需旅行社或旅游经营商的参与

网络的整合功能对旅游供应商来说尤其重要，因为旅游产品由许多部分组成（如住宿、交通、娱乐）。这种整合通过互联网实现，并以新的方式促进旅游业电子商务的发展。电子商务（e-commerce）是指使用互联网或通信技术销售商品、服务以及进行其他相关交易。电子商务模型描述了消费者、企业、政府之间各种类型的数字交互。第一种是企业与消费者之间的电子商务，通常被称为 B2C（business-to-consumer）。第二种是企业之间的电子商务，如旅行社与酒店之间的交易，通常被称为 B2B（business-to-business）。第三种正在发展的电子商务是 C2B（consumer-to-business），即消费者向企业出售他们的产品、劳动力或专业知识。第四种电子商务是 C2C（consumer-to-consumer），主要涉及消费者之间的交易。例如，爱彼迎是一个将旅游者与各地的房东联系起来的网站，这些房东在他们的家里、公寓、船上或其他生活空间提供短期住宿（见案例研究）。第五种涉及政府与公民之间的电子商务，即 G2C（government-to-citizen）。例如，一个游客向一个国家的政府申请签证。类似的还有政府通过 G2B（government-to-business）电子商务连接企业，例如，一家餐馆需要政府批准才能建造。最后一种，政府部门经常需要与本国或其他国家相关部门联系，被称为 G2G（government-togovernment)。例如,一个国家的旅游部门需要在网上与海关和移民部门联系。表 4.4 给出了这些不同类型的电子商务模型及其相关示例。

表 4.4 不同类型的旅游电子商务

术语	描述	示例
B2C	企业与消费者之间	一位旅客在汉莎航空公司的网站上购买了一趟航班
B2B	企业与企业之间	旅游经营者通过网络从酒店购买了大量房间
C2B	消费者与企业之间	一位律师游客向她/他所住的酒店提供法律服务
C2C	消费者与消费者之间	一位游客在易趣网向另一位游客出售纪念品
G2C	政府与消费者之间	一位游客在线申请护照
G2B	政府与企业之间	博物馆向政府机构在线申请建筑许可证
G2G	政府与政府之间	两国政府通过互联网谈判达成双边航空服务协议

4.5.2 旅游网站的类型

许多类型的旅游供应商都有在线业务,大多数旅游供应商可以实现上述讨论的全部或部分功能。为更好地理解旅游业利用互联网的方式,我们将旅游网站分成几种类型,这些类型和示例如表 4.5。本书的不同章节涵盖了旅游供应商使用互联网的各种方式。

表 4.5 旅游网站的类型

类型	描述
中介机构	OTA、元搜索引擎、聚合器以及其他允许旅游者比较和预订一系列旅游体验的机构。(详见第 3 章)
旅游供应商	航空、运输、酒店、景点、餐厅和其他供应商企业和网站,通常提供关于产品的信息。一些网站还具有直接预订功能。(详见第 7、8、9、10 章)
社交媒体	支持用户创建和生成内容(如评论、博客、维基、论坛)的网站。(详见第 5 章)
在线旅游门户网站	打包一系列服务,包括预订、社交媒体、专题文章和其他内容,为旅游者提供具有吸引力的旅游计划工具组合。

续 表

类型	描 述
在线旅游指南	这些网站通常是由纸质旅游指南发展而来的,提供关于旅游目的地的一系列信息、评价以及预定途径。
旅行计划	这些网站提供工具来构建目的地自定义的一系列旅游行程。
目的地	国家和目的地的官方旅游信息获取网站,通常由旅游目的地营销组织或旅游局维护,一些旅游目的地营销组织拥有独立的企业门户和消费者门户。(详见第 11 章)
政府	大多数政府旅游部门网站提供签证、护照、旅游公告、统计数据和报告等信息服务。许多大使馆也有针对旅游者的网站。
教育	许多大学和学院开展旅游领域的教育与研究项目,他们的网站通常包括研究报告和统计资料。
非政府组织	非政府组织也提供旅游业各方面的统计资料、信息和报告。

4.6 在线信息搜索

信息搜索是消费者进行产品消费时最重要的活动之一。它在旅游业中的作用尤显突出,因为旅游产品是复杂的和无形的,旅游信息搜索的结果可能决定访问哪个目的地以及参与哪些活动。从商业的角度来看,了解信息搜索行为为制定与旅游者互动和交流的策略提供帮助。互联网通过众多的工具、渠道和应用程序来连接旅游者,是一个促进和支持旅游信息搜索的平台。在线旅游信息搜索仍然是理解当今旅游者的一个重要议题。

4.6.1 在线信息搜索行为

旅游者可能有特定的信息需求,如实用需求、享乐需求和社会需求(Vogt & Fesenmaier,1998),这些需求决定了他或她的搜索可能会使用什么类型的网站。研究者们(Gretzel et al.,2012)详细讨论了旅游者在计划旅行时,影响在线信息搜索和决策的众多因素。其中最重要的包括态度、认知、决策、参与、情境、背景、社会学人口特征和信任。下面简要讨论一下每个因素。态度被定义为一种积极或消极的评价,包含认知、情感和行为因素。因此,态度可以很好地预测旅游目的地的选择情况。有趣的是,认知风格指的是个体处理信息的方式,这将影响度假旅游计划中信息搜集、评估和选择的过程(Grabler & Zins, 2001)。与旅游相关的决策是根据个人对决策偏好和特定旅游计划的需求而制定的。例如,旅游围绕打高尔夫球这样一个特定活动展开,将在很大程度上影响旅游目的地的选择,与高尔夫球相关的旅游目的地会成为首选,毗邻海滩的目的地也许非常理想,但对于打高尔夫球来说却并不重要。

旅游信息的搜索和处理也取决于个体的参与程度。高参与度的旅游者可能会使用更多的条件,搜索更多的信息,使用更多的信息源并详细地处理信息,做出更多的推论,形成不易改变的态度(Fesenmaier & Johnson, 1989)。与较低参与者所作的简单和常规决策形成对比,在复杂的情境中作出选择需要更多投入(Reid & Crompton, 1993)。通常,通过直接经验或在线搜索获得的信息可以作为一般旅行知识或备选目的地知识;无论什么情况,知识都会影响备选方案(Snepenger, 1987)。此外,研究表明,在选择目的地/吸引物方面,首次到访游客和回头客之间存在很大差异,第一次来的游客更倾向于选择容易到达的目的地(McKercher, 1998)。

与目的地有关的决策与旅游情形密切相关。例如,旅游目的、旅游时间长短、客源地和目的地的距离、旅行团的构成、旅游动机等均是影响目的地选择和游客消费等旅行行为的重要因素。社会人口特征,包括年龄、受教育程度、收入和婚姻状况,是代表旅游者自身资源和束缚的重要因素。例如,老年旅游者更多依赖家庭和过去的经验作为信息来源,搜索过程中对于满足享乐、审美及符号化需求更感兴趣;而女性比男性在信息搜索中可能更多考虑功能方面的因素,更可能对细微的线索做出反应。最后,信任对于任何在线业务的成功都是非常重要的,它在在线旅游计划中起着关键性作用并使旅游者能够应对在线旅游计划的复杂性。最近的研究表明,旅游者(和旅游企业)已经认识到可信任网站包含的线索,包括网站更新的最后日期、保护协议的使用和网站满足旅游者需求的程度。

4.6.2 搜索引擎

在互联网的许多工具中,搜索引擎已经成为我们日常生活以及搜索旅游信息和产品的重要工具。搜索引擎被认为是"互联网的哈勃望远镜",它们通过爬虫、索引、检索和基于独特算法为用户展示相关信息来访问大量互联网信息(Xiang et al.，2008，2009)。作为最流行的搜索引擎,谷歌声称索引了数万亿的网页,然而互联网上的整个信息空间不会由一个搜索引擎全部覆盖。"深网"(Deep web)页面,就是那些隐藏在数据库中动态生成的页面,不会被一般的搜索引擎索引,因此使用搜索引擎的用户无法访问它们(Bergman，2001)。

搜索引擎接受用户的查询,在可搜索的索引中检索相关文档,生成带有网址、简短描述和类似页面以及缓存信息片段,并在搜索引擎结果页面(search engine results page，SERP)上按顺序显示(见图4.3)。搜索引擎界面的主要部分根据内部排名来显示搜索结果,被称为自然排名(organic listings)。像谷歌这样的大的搜索引擎会在主要结果页面顶部和右侧显示付费广告,这些广告根据一系列因素进行排名,比如企业对某些关键词的出价、广告质量以及与这些关键词相关的页面质量。

图4.3　谷歌搜索"纽约"结果页

搜索引擎算法用于在自然排名中对网络页面进行排序,它决定要显示哪些页面以及按照什么顺序显示。简而言之,一个网页的排名主要取决于:

- 关键词是否在该页面的统一资源定位系统(uniform resource locator,

URL)中；
- 网页上关键词的频率和大小；
- 链接锚文本(基于链接的描述文本片段)中的关键词；
- 图像的替代文本；
- 元标签(Metatags)，嵌入在给定网页上的标题和描述的关键词。

今天的搜索引擎进一步整合了网络的链接结构来确定网页的重要性(Brin & Page, 1998)。一个有大量入站链接的网页被认为"更有价值"，其重要性高于那些入站链接较少的网页。此外，搜索引擎使用迭代过程来确定链接的质量(Brin & Page, 1998；Levene, 2006)。其他影响网页排名的指标包括网站建成时间和更新频率、页面加载时间和页面受欢迎程度。

谷歌最近在其搜索引擎结果页面(SERP)中引入额外的功能，你会看到纽约搜索示例中包括一个名为知识图谱(knowledge graph)的部分。

这是一个通过从维基百科、自由基(freebase)以及中情局世界概况(the CIA world factbook)等多种渠道收集到的语义搜索信息来补充搜索结果。在地点方面，搜索结果也会与谷歌地图对接，并用本地时间和天气等来提供场景化的信息，这对于旅游者及旅游业有明显的应用价值，包括一些活动预告和感兴趣的信息也会被显示出来。知识图谱使用链接图(link graph)对不同人、地点和事物之间的关系建模，以帮助确定哪些是受欢迎的和与特定搜索相关的。知识图谱只在必要时才会出现，但数据库中包含了5亿多个对象，以及35亿多个关于这些不同对象的事实及它们之间的关系(Singhal, 2012)。

当对"纽约酒店"进行类似搜索时，会显示一个不同的搜索结果页面(参见图4.4)。搜索结果仍然包括顶部的付费列表(paid listings)，也包括右侧的付费广告。搜索引擎识别出我们正在搜索酒店，因而页面包括一个来自谷歌HotelFinder搜索引擎的面板。点击这个面板将直接把用户带到谷歌酒店的元搜索引擎，实时显示酒店评论及房价。搜索结果还包括在主搜索页面中基于谷歌地图位置的酒店排名列表和页面右侧的一张迷你地图。谷歌的亮点在于试图将搜索结果与位置、定价和用户生成的评论联系起来。最后，在搜索内容下面显示酒店排列结果。在这个例子中，纽约酒店除非付费或者通过谷歌Places管理酒店，否则不会出现在搜索结果的首页上半部分。

第 4 章　互联网与游客

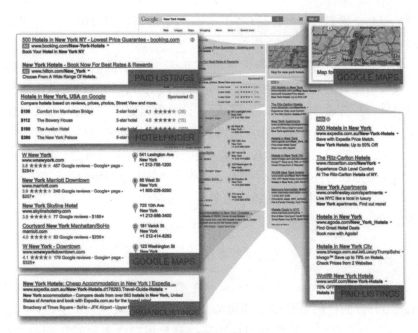

图 4.4　谷歌搜索"纽约酒店"结果页

使用搜索引擎制定旅游计划可以用一个三阶段通用框架来说明，如图4.5所示。

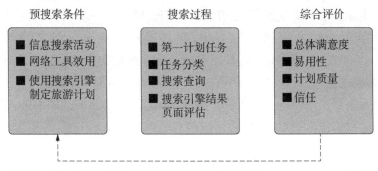

图 4.5　使用搜索引擎制定旅游计划的通用框架（Fesenmaier et al.，2011）

● 预搜索（pre-search）条件，旅游者使用互联网（包括搜索引擎）进行旅游计划的经验。

● 搜索（search）过程，包括任务框架及搜索查询生成和搜索引擎结果页面（SERP）的评估。

● 对整个搜索过程的评估（evaluation），最终形成对搜索引擎使用和在线旅游计划的态度。

第一阶段为旅游者选择搜索策略奠定基础，基于他们对搜索任务的感知以及搜索工具的判断。第二阶段旅游者在网上寻找信息以便做出旅游决策（如目的地、交通方式、吸引物、路线）。这些策略充当"框架"，对通过搜索引擎获得的信息进行评估。第三阶段侧重于旅游计划过程中对搜索引擎的整体评估。重要的是，这一阶段不仅对搜索结果进行总体评价（如满意或不满意），还会形成对使用搜索引擎制定旅游计划的态度（Pan & Fesenmaier, 2006）。第三阶段为未来使用搜索引擎制定旅游计划奠定了基础，因此与第一阶段的整个过程相联系。

4.6.3 智能助手和在线推荐系统

智能助手（intelligent assistants）和在线推荐系统（online recommender systems）开发的目的是提供个性化的产品信息。从某种意义上说，它们是"智能的"，因为它们利用复杂的算法来找到与用户个人偏好匹配的产品。一个典型的例子是亚马逊网站上的建议："购买了 A 书的顾客同时也购买了 B 书。"将这些系统嵌入猫途鹰、Yelp 等网站和智能手机应用中，改变了搜索的本质和制定旅游计划的过程。推荐系统使用不同的方法将用户的偏好与备选产品进行匹配（Fesenmaier et al., 2006）。在该书中，研究者们描述了用于开发在线推荐系统的理论、方法和应用。研究进一步表明，推荐系统不仅仅简单地为用户提供备选方案，而且还通过提出问题来说服用户（Gretzel, 2011）。即使有时这些问题与要推荐的旅游产品并没有直接的关系，旅游者也会对系统提出的问题进行大量解读。此外，智能手机应用程序的发展为旅游决策创造了新方法。例如，带有 GPS 功能的智能手机、网站和像谷歌这样的搜索引擎，可以将环境信息植入搜索方程以提供基于位置的建议。

4.7 数字营销传播

我们可以使用通信领域的模型来更好地理解互联网是如何改变营销传播的。与传统媒体相比，互联网的交互提供了用户沟通的更好方式，回应客户的工作量也小了很多。与电视和广播不同，互联网允许用户通过选择对他们有价值的数据来控制信息的传递。互联网使得经济有效的市场营销成为可能。研究者(Hoffman & Novak, 1996)通过对比传统的营销模式和计算机环境下的传播模式,解释了互联网如何改变组织与用户之间的交流。传统的沟通渠道允许组织通过市场营销努力接触当前和潜在的用户,而用户的反馈非常有限,组织通过媒体将内容传递给用户,遵循的是被动的、一对多的沟通模式。互联网建立了新的模式,取代了把营销信息传递给被动受众这样一种简单的线性过程,使营销沟通发生了革命性的变化。计算机环境下的营销模式提出了一个多对多的通信模型。在这种模式下,用户主动选择是否通过数字媒体接触点与组织接触,并对内容进行前所未有的控制。双向互动沟通发生在 B2C、C2C 和 B2B 之间。最终,交流过程变得更像一个围绕组织旋转的会话网络。组织在计算机环境中通过策略性倾听和积极参与来促进会话交流。研究者们提到,模式是在社交媒体还处于起步阶段时发展起来的,这种模式准确地捕捉到 Web 2.0 不仅允许用户与组织互动,而且还允许用户创建自己的内容需求(Hoffman & Novak, 1996)。

行业洞察:谷歌工具——与客户建立连接、理解和联系

谷歌自 20 世纪 90 年代初成立以来,已从最初的搜索引擎发展成为面向消费者和企业的综合性技术公司。了解人们的信息需求和搜索行为的背景是这些技术的基础。以下是一个(不全面的)工具列表,这些工具可以使酒店和旅游企业在互联网上与他们的客户建立连接、理解和联系。

- 谷歌 AdWords:如果您的网站在谷歌的自然搜索结果中没有得到太多的关注,谷歌 AdWords 可以成为一个有用的广告工具来吸引在线流量。您可以对人们实际上使用搜索产品信息的关键词出价,谷歌可以在搜索结果页面的顶部或右侧显示您的广告以及其他业务。这取决于竞标价格、与关键词相关的广告质量等许多因素。有一些内置的工具,如谷歌关键词工具,可以让您了解人们使用哪些关键词来寻找某些产品,以及其他企业为这些关键词支付了多少钱。此外,谷歌 AdWords 允许您根据地理位置和人口统计信息来定位目标市场。

- 谷歌 AdSense:如果您的网站在互联网上产生了流量,您可以使

用谷歌 AdSense，通过在您的网站（不是搜索引擎）上显示由谷歌 AdSense 生成的其他业务广告来赚钱。您只需将一些广告代码放在网站的标题、内容和侧边栏中，您的收入将取决于企业网站的主题和您的网站的广告位置获得的访问量（以点击量衡量）。

- 谷歌趋势：该工具提供各种信息，如当前流行的搜索、搜索关键词的历史数据和您感兴趣网站的流量趋势。谷歌趋势可以作为一个市场研究工具，可以了解特定主题的市场趋势、产品及品牌的受欢迎程度。它允许输入多个关键词，以便您进行对比。它还通过限制特定的地理位置为您提供搜索趋势。
- 谷歌分析：该工具可能是通过了解网站访问者进行在线营销最强大的谷歌工具之一。（这可能是谷歌最强大的在线工具之一，通过了解网站访问者进行营销）通过将几行代码放到网站的网页上，可以了解到很多关于访客的人口统计数据（如位置和语言）、社交（他们来自哪些社交网站）、流量来源（如他们查阅到网站所使用的搜索引擎）、使用的技术（如浏览器类型、移动操作系统等）。通过谷歌分析，还可以了解网站（和网页）的有效性，尤其是导致转变的原因。
- 谷歌 My Business：当客户在谷歌和地图上搜索您的业务或类似您的业务时，您的业务信息将显示出来。此工具允许您提供自己的业务概况，发布更新以展示新内容，响应评论以建立忠诚度，并添加照片以突出您的业务特色。这是一个将您的企业在特定地点定位为领导者的好方法。

4.8 设计和维护旅游网站

网站是实体组织存在的虚拟延伸。因此，花费在这种虚拟存在上的时间和精力应该与线下活动相当。网站应被视为游客游前、游中和游后的一个接触点。旅游组织应该关注旅游的整个过程以及一个网站如何在旅游的每个阶段提供信息。移动技术的发展意味着这一点比过去更加重要。旅游网站不仅是营销工具，也是支持客户服务和提升游客体验的手段。因此，线上体验与线下体验同样重要（Garrett，2011）。在本节中，我们将从用户体验设计（user experience design，UXD）的角度讨论旅游组织和目的地如何设计成功的网站。

发表于2000年的一篇研究文章(Benckendorff & Black, 2000)可能是关于旅游网站设计最早的综合性研究之一。作者在1998年对澳大利亚目的地营销组织的分析,基于45个目的地营销组织的调查和16个目的地营销组织网站的内容,综合了来自学术界和从业者的观点。他们确定了成功网站开发的12个要素,并将它们分为4类:策划、设计、内容和管理。自20世纪90年代后期以来,许多学者为旅游和酒店行业开发了网站设计(web design)或网站评估框架(Park & Gretzel, 2007; Law et al., 2010)。综合这些研究,表4.6提出了成功的旅游网站应具备的14个要素,从而开发了一个更新版本的框架(Benckendorff & Black's, 2000)。下面将详细讨论这些要素。

表4.6 成功旅游网站的要素

维度	要素
规划	在市场营销或商业计划中,制定并规范电子营销策略和目标; 整合线上与其他市场沟通渠道,保持一致的品牌形象
设计	设计清晰的导航路径,帮助用户查找信息的导航工具(如菜单、图标、站点地图、搜索工具); 促进用户、组织和其他用户之间的互动(如电子邮件、超链接、社交媒体、实时聊天、虚拟旅游); 平衡美学和功能性,激发旅游者使用(如多媒体、语言支持、货币转换、天气、行程规划、推荐系统、辅助产品和服务、常见问题解答); 确保跨平台的功能性(即不同的浏览器、操作系统和设备的使用)
交付	确保信息在线可读性得到优化,并且可靠、可信、准确(即最新的价格,没有断开的链接,关于我们的隐私政策、推荐和奖励、实际位置、联系方式); 为目标细分市场提供个性化信息(如行程规划,为商务旅游者、家庭旅游者提供个性化信息、社交媒体的建议); 整合营销组合的所有元素(如产品、定价、促销、人员、策划、销售点、包装、规划和合作)
管理	安排定期维护以添加、修改或删除内容; 提供适当的财力、人力和物力资源以支持积极的在线体验(如客户支持、员工培训、合适的IT系统); 提升网站的访问量(如优化搜索引擎、合作营销、病毒营销、基于许可的营销); 利用社交媒体和客户关系管理系统鼓励客户重复访问(如用户同账户、忠诚计划、社交媒体整合、时事通讯)
评估	监测可用性和实用性(即网站指标、分析、用户满意度、竞争对手)

(改编自: Benckendorff & Black, 2000; Baloalu & Pekcan, 2006; Beldona & Cai, 2006; Chan & Law, 2006; Park & Gretzel, 2007; Bevanda et al., 2008; Schmidt et al., 2008; Stepchenkova et al., 2010)。

4.8.1 规划

营销制定的一个关键步骤是在营销计划中定义目标和策略(Kotler & Armstrong, 2012)。事实上,整个网站的结构和内容将取决于互联网营销的目标,这是因为组织的网站是营销渠道中一个非常重要的工具。从整合营销传播(integrated marketing communications, IMC)的角度看,所有这些渠道都被整合起来以呈现组织或目的地所期望的品牌形象(Belch et al., 2003)。举个例子,所有的线下营销宣传都应该包含组织网站的链接。反过来,网站也应该包括线下材料的链接,如媒体发布、小册子、地图和报告。

4.8.2 设计

4.8.2.1 导航

用户面临最重要的问题之一就是在网站提供的虚拟空间中"迷失"。为解决这个问题,网页应该按照逻辑结构或层次结构来安排,这样用户就可以建立网站及其内容的思维模型。这个信息架构(information architecture)必须由一个菜单系统支持,以便用户从一个页面导航到另一个页面(Baloglu & Pekcan, 2006)。确保页面标题或每个页面顶部的面包屑导航(Breadcrumbs)反映菜单中显示的标题可以进一步增强位置感。通常,面包屑导航水平出现在网页的顶部,并提供返回到主页的链接(如主页>关于我们>投资者信息)。

对于复杂网站,网站地图或站内索引可以完整详细地显示网站。一个好的索引页面以分层结构呈现网站上的每个页面。网站地图或索引也应是完全交互式的,以便用户可以移动到索引上的任何位置。复杂的网站,比如目的地网站,也从用户输入搜索引擎中的关键词中受益。许多大型网站都是从存储在数据库中的内容动态生成的。这些内容提供了"按需生成"页面的构成要素,确保内容始终是最新的并且可以根据用户需求进行调整。在这些情况下,需要密切关注导航系统,以确保用户可以找到他们需要的资源。

4.8.2.2 交互

网站设计应该利用互联网的独特属性提供一种交互体验。根据研究(Ellsworth, 1995),交互性和对用户反馈的响应性是成功网站的共同特征。正如我们已经讨论过的,"多对多"的交互性使网络不同于其他营销媒体。

增加交互性的示例包括电子邮件、实时聊天、虚拟旅游和竞赛。通过超链接可以邀请用户与网页内容进行交互。Web 2.0 的发展为组织提供了创建虚拟空间的新机会,旅游者可以在这些虚拟空间中共享彼此的内容。将用户评论、博客、论坛和社交网络页面嵌入一个网站中,将极大地增加交互性(见第 5 章)。

4.8.2.3 美学和功能性

关于网页设计至少有两种思想对立的学派(O'Connor, 2004)。第一种是美学学派(aesthetic school),他们的支持者通常是设计师,强调最新的和不同的想法,认为应该使用最新的多媒体元素来提高访客的体验(Siegel, 1996)。这些视觉震撼的网站甚至可以被称为艺术作品。第二种被称为功能主义学派(functionalist school),其支持者通常包括营销人员和 IT 专家,他们主张减少对视觉设计的关注,更多关注内容和可用性(Nielsen, 2000)。

这两种方法的区别在 21 世纪初非常重要。当时人们使用拨号调制解调器访问互联网,强调页面加载时间应该不超过 10 秒。如今,网页加载几乎是瞬间完成的,互联网带宽的发展也减少了一些以前设计网站时必须进行的权衡。旅游营销依赖于视觉刺激,而当前的宽带速度让设计师能够在美学和功能之间取得平衡。美学用视觉图像和空白来平衡文本以确保站点(尤其是主页)不杂乱。功能意味着增加网站特色和可用性的功能,如语言支持、货币转换、天气、行程规划、推荐系统、与辅助产品和服务的链接以及常见问题。

4.8.2.4 跨平台兼容性

尽管我们有各种各样的技术成就,但仍然很难设计出在所有平台上都以同样方式呈现的网络页面。跨平台兼容性意味着网络应该正确呈现,并在不同的网络浏览器(如 Internet Explorer、Chrome、Firefox、Safari)中跨不同的操作系统(如 Windows、Linux、OSX、iOS、Android)、以不同的形式(如台式机、笔记本电脑、平板电脑、智能手机)在不同的屏幕(如不同的尺寸和分辨率)上持续运行。一些旅游组织设计了网站的移动版本,当网站检测到移动浏览器时就会自动加载。确保跨平台兼容性的最佳方法是在网站上线前,通过客户最常使用的配置对网站进行测试。

4.8.3 交付

4.8.3.1 可读性和可信度

信任是互联网用户的一个主要问题,可信的内容是一个精心设计的网站最重要的特征之一。使用高质量的图形和恰当的书面表达可以增加可信度。确保内容没有拼写和语法错误是基本的商业素养。然而,令人惊讶的是,有不少组织无论是在自己的网站上还是在社交媒体上都忽视了这个简单的规则。草率的书面表达可能会影响组织的可信度。另外还有其他一些可读性的问题,比如网络用户倾向于浏览网页而不是阅读网页,所以网页应该使用高亮的关键词(超链接或字体变化),有意义的副标题,项目符号列表,具有创意的倒金字塔风格(即以结论开始)的简单段落,其内容最多是传统写作的一半字数(Nielsen,1997)。对组织来说,确保信息的准确性和时效性也是很重要的,这在价格、日期和其他信息频繁变化的旅游行业尤为重要。

可信度比确保内容的准确性和时效性更重要。信誉的两个常见要素是可信度和专业知识(Fogg et al.,2001)。有一些简单的方法可以改进这些要素,比如在网站上添加"关于我们"的链接和隐私政策。这些已成为大多数网站的标准链接,消费者往往会寻找这些链接以建立对组织的信任。"关于我们"的页面应该展示组织的历史、使命和愿景、投资者信息、奖励和获奖信息等。实际的地址和位置地图可以传达一个明确的信息,即业务是合法的,而非不可信任的。

4.8.3.2 个性化

与传统广告一样,一个有效的网站必须围绕目标市场的需求和动机来设计。这表明,必须在规划阶段确定目标市场,因为网站提供的信息必须符合用户的需要。旅游网站提供了许多个性化体验的机会,可以为特定的细分市场提供信息和相关提示,客户关系管理数据库也可以动态生成个性化的在线内容。使用储存在本地终端的数据跟踪在线行为,组织便能够调整向旅游者推荐的产品。社交媒体的整合是一种有效的个性化策略,因为这些工具利用了用户的个人网络信息。对于目的地网站,旅游计划和定制行程等工具可以帮助旅游者实现个性化体验。个性化还意味着对残障旅游者的需求给予关注(Han & Mills,2007)。

4.8.3.3 数字营销组合

正如我们在第1章中所指出的,旅游体验的无形性、不可存储性、不可分割性和异质性使旅游业产生了很大的差异。因此,在线营销必须强调体验的价值,让旅游者更容易获得正在推广的产品和服务。旅游营销的8P(也被称为旅游营销组合)为在线旅游服务传达提供了一个全面的框架(Morrison,2010)。表4.7描述了创建旅游网站时如何使用8P。

表4.7 8P在网站设计中的应用

要素	应用
产品	清晰展示核心产品和服务的特点及优点,包括辅助功能(如服务升级、早餐、WiFi); 具有筛选功能的比较或搜索对于拥有多种产品的组织(例如在线旅行社OTA、目的地管理系统DMS、元搜索引擎)很有用;产品实时可用性应该清楚地标明
价格	所有产品和辅助功能的定价应该是最新的和透明的
促销	促销内容应与其他营销工作相结合,并应根据组织的关键细分市场进行调整;互联网提供了多种分销渠道,推广工作需要在所有这些渠道之间进行协调
渠道	这个要素有助于产品分销的实现;组织应该为旅游者提供在线预约或预订产品和服务的功能,特别要注意简化网上订购和支付流程,确保所有交易都安全进行
人	由于旅游体验是由一系列产品和服务组成的,提供服务的人是交易成功的关键,网站应该展示组织及其人员信息;线上服务和线下服务一样重要
编程	独特的编程使核心产品增值,并使其有别于竞争对手;网站提供很多机会来激活辅助功能,并根据个人需求对产品进行个性化定制;特殊事件也可以获取偏好信息并吸引更多客户
整合	网站提供了很多机会将旅游体验的不同元素整合在一起;动态整合和合作联盟功能允许互补的产品在网上捆绑销售
合作	数字旅游分销系统涉及许多需要协调的合作伙伴和利益相关者,以确保在线努力的一致性;旅游组织和IT行业有很多合作机会,可以为客户提供更好的在线体验,猫途鹰和酒店之间的合作就是其中一个例子

4.8.4 管理

管理问题是网络营销工作的必要组成部分。用户统计数据、社交媒体和计算机技术的变化意味着网站需要持续的监测、维护和推广。网站维护对其准确性、竞争性和专业性至关重要，包括删除过时的信息和链接以及添加新的信息。有关价格、产品和活动的内容必须定期修改。在一些较大的组织中，这个过程可通过内容管理系统自动实现。网站维护需要适当的人力、财力和物力。组织应该评估哪些人、财、物资源实际可用，因为这对于确保在线客户服务的质量至关重要。确保组织中的员工接受适当的培训以具备互联网的知识及处理技能同样重要。

网站管理最难的一个方面是网站建成后如何吸引访客。与传统媒体不同，万维网是一种"吸引"技术，要求组织制定策略吸引访客来访问网站。组织可以通过其他网站的链接和在线目录推广网站，也可以通过使用目录列表、付费列表、元标签、赞助链接和搜索引擎优化来提高网站的流量。正如前面所讨论的，搜索引擎提供了一种简单、方便的方法来查找互联网上的站点。然而，许多旅游组织在搜索引擎结果页面中的排名却不理想（Wöber，2006）。提高搜索引擎排名的过程被称为搜索引擎优化（SEO）。SEO涉及多种策略组合，包括优化标题、关键词的使用和嵌入网页的元标签，管理网站的交叉链接和外部链接，定期更新内容，保持社交媒体的存在（Fesenmaier et al.，2011；Pan et al.，2011）。确保组织能被一系列搜索引擎（如谷歌地图、谷歌图像）搜索到也很重要，实现这一点的第一步是创建一个谷歌地点账户。一旦该站点被提交给搜索引擎，应该对搜索列表进行监测。除了SEO，组织还使用搜索引擎营销（search engine marketing，SEM）在搜索引擎中做广告，根据搜索查询来瞄准特定的细分市场。

组织还应努力吸引网站的回头客。之前有研究者提出，组织有机会鼓励游客在游前、游中和游后使用其网站。许多网站为用户创建个人账户来储存详细信息。旅游者通常会注册这些账户，以获得该组织的特别优惠和内部讯息。这些账户与组织的客户关系管理（CRM）或忠诚度计划相关联。个人账户的登录可以与"谷歌＋"和Facebook等社交媒体整合，创造与旅游者互动的其他机会。对于单个用户，一个更简单的替代方法是鼓励访客"点赞"和"分享"组织的社交网络页面。通过嵌入社交媒体网站提供的html代码，这些功能可以很容易地整合到网站上。

许多旅游网站使用的另一种策略是许可营销（permission marketing），即用户明确授权组织给他们发送促销信息，如电子邮件时事通讯、将特价商品通知推送到移动设备上（Marinova et al.，2002）。许可通常是通过在线选择表单或旅游者创建账户进行购买时提供的。许可营销是一种对资源更有效的利用,因为促销只发送给对组织感兴趣的旅游者,可根据旅游者的特征使交流更具个性化和针对性(Brey et al.,2007)。

4.8.5 评估

网站是一个动态的有机媒介,需要对其不断地监测以保持其可用性,可以使用内部和外部基准测试来完成。内部基准测试包括管理站点指标和分析,以确定性能问题和用户趋势。网站指标(metrics)提供有关用户行为的定量数据,包括日志文件、登录页面、用户访问单个页面的数量和在单个页面上花费的时间、参考网站、断开的链接、转化率、点击率、热图和其他工具。谷歌分析是最常用的网络分析工具,许多互联网提供商(ISP)和其他供应商也提供具有各种特性的分析工具。网络分析(web analytics)包括测量、指标收集、分析和报告,以及其他需要评估和改进的数据,以评估和提高网站的有效性(Plaza,2011)。外部基准测试包括与竞争对手比较网站的可用性和功能性,同时辅以其他商业智能工具,包括监测社交媒体以及主动询问用户反馈。

本章小结

本章探讨了一些了解互联网及其在旅游业中的应用所需的关键概念,并审视了互联网的历史演变。虽然互联网广泛的商业用途是从 20 世纪 90 年代才开始的,但从这一章和其他章节可以清楚地看到,这一渠道对旅游业的结构产生了深远的影响。旅游业是这项新技术的早期采用者,并继续引领着其他行业。但互联网仍处于这一行业的起步阶段,还有许多旅游组织没有利用互联网的力量。随着能够连接到互联网设备数量的不断增加,还有必要在组织开发战略、流程改进和数字资源方面付出更多努力。

审美学派 aesthetic school,异步技术 Ajax,企业对企业 B2B,企业对消费者 B2C,带宽 bandwidth,面包屑导航 breadcrumbs,宽带 broadband,浏览器 browser,消费者对企业 C2B,消费者对消费者 C2C,计算机介导环境 computer-mediated environment,数字营销组合 digital marketing mix,域

domain,域名 domain name,电子商务 e-commerce,外网 extranet,防火墙 firewall,动画 Flash,文件传输协议 FTP,功能学派 functionalist school,政府对企业 G2B,政府对消费者 G2C,政府对政府 G2G,主机 host,超文本标记语言 HTML,超文本传输协议 HTTP,超文本传输安全协议 HTTPS,信息架构 information architecture,整合营销传播 Integrated Marketing Communications (IMC),智能助手 intelligent assistants,因特网 Internet,互联网服务提供商 Internet Service Provider (ISP),内网 intranet,Java 编程语言 Java,Java 脚本 JavaScript,知识图谱 knowledge graph,语言 language,链接图 link graph,元标签 metatag,指标 metrics,音频文件 MP3,视频文件 MP4,自然排名 organiclisting,付费列表 paid listing,许可营销 permission marketing,协议 protocol,在线推荐系统 online recommender system,搜索引擎 search engine,搜索引擎营销 search engine marketing(SEM),搜索引擎优化 search engine optimization（SEO）,搜索引擎结果页面 Search Engine Results Page(SERP),服务器 server,同步多媒体集成语言 SMIL,简单邮件传输协议 SMTP,因特网互联协议 TCP/IP,顶级域名 top-level domain,旅游网站 tourism websites,统一资源定位系统 Uniform Resource Locator (URL),用户体验设计 user experience design (UXD),Web 1.0 时代 Web 1.0,Web 2.0 时代 Web 2.0,网络分析 web analytics,网页设计 web design,万维网 World Wide Web(WWW),可扩展标记语言 XML。

问题讨论

1. 一个旅游企业的内网可以提供什么功能？你对企业使用内网的其他功能有何建议？

2. 找出具体的 G2G、G2B 和 G2C 在旅游业运用的例子并详细解释。

3. 在这一章中,我们介绍了旅游网站的分类,搜索并查找每个类型网站的示例,有什么网站不属于这些类型吗？

4. 选择一个你计划的旅行,区分两个搜索引擎（如 Bing 和谷歌）处理旅游诉求方式的不同。

5. 我们列举了一些使旅游网站成功的要素。访问你所在地区的旅游网站,根据我们列举的要素对该网站的质量进行评估并提出改善的建议。

案例研究

Roadtrippers

公路旅行深深根植于美国文化,它象征着个人自由和不落窠臼的快乐。根据美国旅游协会的数据,如今的汽车市场构成了旅游业的一个重要部分。因此,如何支持旅游者进行信息搜索和决策,并提供有趣、愉快的行程规划体验,是一项相当重要的任务。然而,这也很有挑战性,因为公路旅行通常涉及不止一个人,在路线、旅游吸引物和活动方面有许多可能性,而且沿途许多服务供应商都是小企业,通常不属于某个品牌。

为帮助旅游者规划公路旅行,Roadtrippers 于 2011 年开发,它是一个基于网络和智能手机的应用程序。此工具允许用户独立搜索在主路线 16—48 千米以内的兴趣点。它的服务最初仅限于美国和加拿大,后来扩展到英国、澳大利亚和以色列。它的用户界面依靠 MapBox 支持行程规划的可视化,为 500 多万个独立地点提供搜索功能以及其他如时间、燃料费用计算等功能。用户还可以使用该工具搜索如住宿、餐饮、历史、自然、文化、购物、体育等感兴趣的信息。Roadtrippers 允许用户对其他用户的体验进行阅读和评论。一旦制定了行程,拥有免费账户的用户便可以选择保存感兴趣的地点并与公众共享。

Roadtrippers 还有一个重要的特性被称为协作规划,即将旅游的各种要素集中到一个地方,创建一个共享的规划体验。具体来说,用户可以首先设置目的地以查看行程的里程和估算花费,然后通过输入系统中的电子邮件地址与其他人共享。受邀的旅游者可以通过自己的研究将任何他们认为有趣的元素添加到旅行中。此协作功能简化了公路旅行规划的反复操作,他们可在智能手机应用程序上获得共享行程,并可在整个行程中进行更新。

Roadtrippers 被认为是一个"垂直搜索引擎",因为它专注于某一特定类型的旅游产品。通过将汽车市场与旅游供给的特殊要素相联系,为信息搜索、行程规划,特别是群体决策提供独特服务。

研究问题

1. 访问 http://roadtrippers.com 中的一个国家来设计一次旅行计划,

并尽可能多地了解它的特性。写一篇评论给有兴趣使用这种行程规划工具的人并提出建议。

2. 可能的话,下载它的智能手机应用程序并进行另一次行程规划练习。根据您的信息搜索需求评估应用程序的性能。

3. 总的来说,您认为这些垂直搜索引擎有多大用处?您能想到哪些与旅游相关的领域需要垂直搜索工具?

第 5 章　社交媒体与旅游

 学习目标

- 了解社交媒体的类型和功能;
- 解释电子口碑对旅游组织重要的原因;
- 分析不同社交媒体平台的优点和缺点;
- 讨论如何使用不同的社交媒体平台来吸引游客;
- 采取战略方法将社交媒体广泛应用于旅游组织。

引言

本章我们将探讨社交媒体及其对游客、旅行中介机构、供应商和目的地的影响。社交媒体依靠网络和移动通信技术提供交互平台,个人和团体可以通过这些平台共享、协作、讨论和修改用户生成的内容。这种跨平台的可访问性意味着游客可以在旅行生命周期中的各个阶段使用社交媒体来分享和记录他们的体验。这种能力将对信息的控制从营销人员和公共关系部门转移到了游客身上,从而为旅游业带来了许多挑战和机遇。

本章首先提供一些概念基础,然后转到不同的社交媒体平台,以及游客和旅游组织如何使用社交媒体平台。最后探讨旅游组织使用社交媒体战略方法的必要性。我们也将在第 6 章中探讨社交媒体的移动性和基于位置定位方面的内容。

5.1 了解社交媒体

"社交媒体"(social media)包含两个组成部分:"媒体"是复数名词,指信息、新闻和娱乐的传播渠道;而词组中的"社交"表明这些媒体支持社会联系和互动。社交媒体可以定义为"一组建立在 Web2.0 的思想和技术基础之上的互联网应用程序,它允许创建和交换用户生成内容"(Kaplan & Haenlein,2010)。这种用户生成内容(user-generated content,UGC)将 Web 2.0 和社交媒体与 Web 上大多数静态的、营销产生的内容区分开来。

社交媒体允许用户访问、讨论、共享、协作和更新网络内容(Lange-Faria & Elliot,2012)。这种"集体智慧"挑战了营销人员和公共关系经理的主导地位,他们提供了游客传统上用来计划旅行的大部分信息(Xiang & Gretzel,2010)。在这一部分中,我们将通过审视社交媒体概况来探究社交媒体的发展,进而讨论其功能构建模块,最后提出社交媒体作为口碑传播数字化平台的概念。

5.1.1 社交媒体概况

社交媒体基于多样化的平台和技术,包括社交网络、博客、维基、论坛(forums)、社交书签、媒体共享和虚拟社交世界。概念框架有助于理解所有这些平台和技术。研究者们(Kaplan & Haenlein,2010)确定了在二维框架排列的六种不同类型的社交媒体,如图 5.1 所示。在水平维度上,社交媒体网站因媒体丰富度和社会临场感(social presence)而有所不同。社会临场感与个体之间的听觉、视觉和身体接触水平有关(Kaplan & Haenlein,2010)。在媒体环境中,丰富度往往与社会临场感紧密相关。丰富的媒介提供了更多的线索,以此作为社会反应的基础。博客与维基基本上是基于文本的,因此,它们的丰富度和社会临场感往往较低。社交网络和内容共享网站提供了更丰富的视觉内容,而图像和视频则为社交互动提供了更多线索。虚拟世界(virtual worlds)是一个丰富的、模拟的环境,包含实时的动画化身,允许人们在数字空间中进行互动。

第二个维度与平台促进的自我展示或自我披露(self-disclosure)的程度有关。协作平台和内容共享网站上的内容通常以主题为中心,而不是以作者为中心。同样,在虚拟游戏世界中,幻想的环境掩盖了真实的个人信息。

图 5.1 社交媒体的分类(转载自 Kaplan & Haenlein, 2010)

相比之下,博客和社交网络以作者为中心,经常鼓励分享个人信息、图片和视频。这一分类之所以有用,是因为它突出了每个平台的独特特征,并考虑旅游公司是如何建立跨社交媒体类型的业务。然而,随着这种模式的发展,不同类型社交媒体之间的界限越来越模糊,新的社交媒体平台应运而生。

研究者(Cavazza,2012)提供了一个了解社交媒体概况的新框架,他每年更新自己的博客,对社交媒体进行新的描述。如图 5.2 所示,他的 2012 年框架将社交媒体分为六类:

● 发布(publishing):允许内容创建者和管理者开发新内容的网站,创建现有内容的"整合应用"或发布问题和答案(如 logger、维基 pedia、去哪儿)。

● 共享(sharing):允许用户共享文本、链接、图像、幻灯片、文档和视频(如 Pinterest、YouTube、Slideshare)的网站。

● 游戏(playing):支持在线多人游戏的网站(如 Zynga、Playdom)。

● 互连(networking):允许用户共享个人或专业背景的更新和信息的社交网站(如 Facebook、QQ 空间、领英)。

● 购买(buying):提供客户情报、评论和建议的社交商务网站(如猫途鹰、Urbanspoon、Bazaarvoice)。

● 定位(localization):基于用户位置提供信息和社交机会的移动应用程序和网站(如 Foursquare、Tinder、Yelp)。

主要参与者(谷歌、Facebook 和 Twitter)被列为该模式的核心,因为他

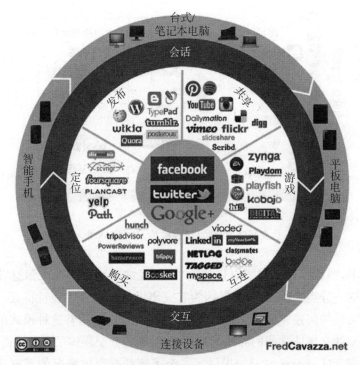

图 5.2 社交媒体概览(源自：Cavazza, 2012)

们开发了一个全方位的社交媒体生态系统，功能和工具是相互连接的。例如，Facebook 图谱搜索(facebook graph search)为用户提供了访问社交语义搜索工具的权限，而谷歌地图则提供基于位置的推荐、图片和评论。该框架指出，一些媒体更关注对话交流，而另一些则关注创建互动。如图 5.2 外环所示，不同的技术也主导着特定类型的社交媒体，但这些特征也越来越模糊。尽管图中列出的一些工具已经不复存在，而且出现了新的参与者，但其仍为理解社交媒体网站提供了一个有用的框架。

在社交媒体的使用上存在一些地区差异。例如，一个名为 Orkut 的社交网站(social network site，SNS)在巴西和印度很受欢迎，名为 Xing 的社交软件在德国很有名，俄罗斯也有一些本土的社交网站。中国的社交媒体规模最大，发展也最不寻常。中国目前也有许多社交网络以填补利基市场。表 5.1 提供了这些网站的例子，但需要注意的是，一些中国社交媒体的发展与西方社交媒体有很大不同。文化差异也会影响中国社交媒体用户的行为。例如，新浪微博确实提供了类似于 Twitter 的微博(microblog)服务，但该网站也提供了一系列其他社交媒体功能。移动信息传递在中国比世界其他地方流行得多。像微信等一些公司已经远远超越了基于文本的信息传递服务,还会提供一些社交网络功能,如朋友圈、群聊、视频聊天、文件共享和照片订阅。随着中国出境旅游人数的持续增长,认识这些类似的社交媒体平台对旅游组织来说非常重要(见案例研究)。

表 5.1 西方和中国流行的社交媒体平台

平台	西方示例	中国示例
博客	Blogger,Wordpress	博客大巴
微博	Twitter	新浪微博、腾讯微博
维基	维基百科	百度百科
社交网络	Facebook	QQ 空间、人人网、朋友网
视频共享	YouTube	优酷网、土豆网
基于位置	Foursquare	街旁网
评论网站	猫途鹰	到到网
即时通讯	Facebook,Messenger,WhatsApp	微信

5.1.2 社交媒体功能

了解完社交媒体网站的类型,我们现在将注意力转向社交媒体的组成模块和发展动态上。这里我们关注的是社交媒体网站的特点和功能。研究者们(Kietzmann et al.,2011)提出了一个由七个功能模块组成的社交媒体蜂巢框架(见图 5.3)。

他们注意到功能模块之间会有重叠,并指出这些重叠并不总是出现在每个社交媒体情景中。但该模型是有用的,因为每个构建模块都提供了对用户体验特定方面的解释,以及对旅游组织影响的分析。可以对每个构建模块进行下列观察:

• 身份(identity),是指用户在社交媒体环境中披露身份信息的程度。用户分享信息、想法、感觉、好恶,来强化他们是谁或他们希望别人如何看待他们。这可能包括披露个人信息,如姓名、年龄、性别、地点和构成其身份的

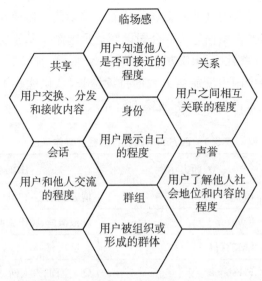

图 5.3　社交媒体的七个功能块（转载自 Kietzmann et al., 2011）

其他信息。对于旅游组织来说，在共享信息和隐私、数据挖掘和监控之间取得恰当的平衡方面存在一些问题。

● 会话（conversations），是指用户在社交媒体环境中与其他用户交流的程度。许多网站促进了个人和团体之间的对话。消极情绪的管理和积极情绪的激励是旅游组织面临的重要挑战。

● 共享（sharing），是用户交换、分发和接收内容的程度。社交媒体的"社交"意味着人与人之间的交换"对象"至关重要。这些共享对象可以包括文本、链接、图像、视频、声音和位置。重要的是要理解如何共享的、共享的内容和为什么共享，以及旅游组织如何来促进出于战略目的的共享（如令人印象深刻的目的地形象）。

● 临场感（presence），是指用户能够知道他人在哪里以及他们是否可接触到。位置和情境感知应用程序为旅游组织提供了巨大的潜力（见第 6 章），但在某些旅游环境中，提供实时在线支持也很重要。

● 关系（relationship），是用户之间交流、共享、见面或将对方列为朋友的程度。对于组织来说，社交媒体用户之间的关系通常决定了信息交换的内容和方式。用户在网络中的位置很重要。意见领袖通常拥有庞大、密集的追随者网络，而识别这些意见领袖对于论坛、博客、微博等平台很重要。

● 声誉（reputation），是用户在社交媒体环境中识别他人（包括自己）地位的程度。通过多个社交媒体渠道监控一个组织在实力、人气和影响力方面的声誉非常重要。

• 群组(groups),是指用户可以组成群体和子群体的程度。群组在旅游环境中的挑战在于组织如何围绕其品牌构建虚拟社区。

不同的社交媒体平台在框架的不同功能中都有优势。例如,领英(LinkedIn)在身份和关系功能方面特别成功,而 YouTube 则是优质的分享渠道。正如我们稍后将在本章看到的,旅游组织需要了解各种优势,以便以符合组织战略目标的方式与社交平台接触。

5.1.3 电子口碑

几十年来,口碑(word of mouth,WOM)的影响已经在消费者行为研究中得到了认可(Dichter,1966;Richins,1983)。口碑被定义为"所有针对其他消费者的关于特定商品和服务的所有权、用途或特征的非正式交流"(Westbrook,1987)。蜂巢模型将会话和共享确定为社交媒体的两个关键沟通功能。这两个功能对于旅游组织来说可能是最有趣的,因为它们促进了一种被称为电子口碑(electronic Word of Mouth,eWOM)的特殊形式的口碑(Litvin et al.,2008)。电子口碑可以定义为:"潜在的、实际的或以前的客户对产品或公司所作的任何正面或负面的陈述,这些陈述通过互联网提供给许多的人和机构"(Hennig-Thurau et al.,2004)。研究表明,游客认为电子口碑比其他信息源更值得信赖(Xiang & Gretzel,2010)。

电子口碑在许多方面与传统口碑存在不同:

• 规模(scale):电子口碑能够以前所未有的规模影响游客,因其以数字格式提供,可进行搜索、链接和共享(Dellarocas,2003;Litvin et al.,2008)。

• 人际关系(relationships):在社交媒体环境中,沟通者和接受者之间的关系强度往往较弱。电子口碑通信的接收者甚至可能不知道最初的交流者。

• 匿名性(anonymity):许多社交媒体平台的匿名性使一些电子口碑通信的合法性受到质疑。

• 持久性(durability):电子口碑消息更持久——一旦消息进入公共领域,就会随着时间的推移持续影响消费者。

• 多样性(variety):电子口碑可以采取多种形式,包括博客、产品评论、社交网络状态更新、Twitter 和 YouTube 的视频。

有很多这样的例子,一条电子口碑被创作出来并发生病毒式传播。2008年,联合航空公司损坏了加拿大音乐家戴夫·卡罗尔(Dave Carroll)的吉他。虽然这不是航空公司第一次损坏行李,但如果不是社交媒体,我们可能永远不会听说卡罗尔在向航空公司寻求赔偿方面遇到的困难。卡罗尔谱写并录制了三段关于这次经历的音乐视频,并将其发布在YouTube上。这一系列视频走红,在前四天就获得了超过100万次的浏览量。这段视频被媒体广泛报道,给联合航空公司带来了巨大的负面影响。到2018年,这段视频的观看量已超过1800万次。

Twitter也已成为一个受顾客欢迎的投诉平台。每年有数百万件行李物品被航空公司"掉包"。2013年,哈桑·赛义德(Hasan Syed)花钱买了一条推广推文,上面直白地写着:"不要乘坐@英国航空公司(British Airways)的航班,他们的客户服务太差了。"随后,他发表了一系列批评该航空公司的信息,并扬言要继续为Twitter广告付费,直到英国航空公司解决他父亲丢失行李的问题。英国航空公司迅速做出回应,并公开道歉。这些例子说明了电子口碑的力量和旅游组织面临的挑战,特别是当拥有众多粉丝的意见领袖报告负面经历时。

我们可以使用二维模型来理解电子口碑,在该模型中,根据通信范围和交互水平来组织划分各种电子口碑(Litvin et al., 2008)。通信范围(communication scope)是指信道是一对一通信、一对多通信还是多对多通信。可以从异步到同步的范围内系统划分交互水平(level of interactivity)。异步(asynchronous)通信发生在响应时间不同的个体之间,而同步(synchronous)通信涉及实时或"现场"响应。图5.4显示了如何使用这个框架组织不同的在线渠道(包括社交媒体)。

我们还可以从通信的角度理解电子口碑的动态。在第4章中,我们看到了互联网将一对多的发送者—消息—接收者(sender-message-receiver,SMR)通信转变为多对多的通信方式。如果将这些通信分解为基本的SMR组件,我们可以研究影响电子口碑的一些变量(如图5.5)。SMR模型中的第一个重要元素是发送者(sender)。发起电子口碑通信的个人特征可以影响信息的感知和用途。研究人员发现了一些重要的发送者特征:

● 动机(motives):试图解释发送者可能在网上分享他们经历的原因。研究表明,发送者的动机可以是渴望社会互动、经济激励、对其他消费者的利他主义以及提升自身价值的机会(HennigThurau et al., 2004; Yoo 和

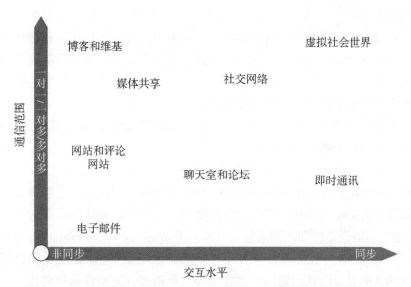

图 5.4 电子口碑类型（转载自 Litvin et al.，2008 年；经 Elsevier 许可）

图 5.5 影响电子口碑的沟通因素

Gretzel，2008）。

- 外观（appearance）：除非社交媒体平台使用个人资料照片，否则很难确定外观。在传统交际环境中的研究发现，具有更积极属性（如外表吸引力）的交际者比不具有更积极属性的交际者更有说服力（Nabi & Hendriks，

2003)。

- 来源可靠性(source credibility)：是指发送者可信、称职和值得信赖的程度(Cheung et al.，2009)。更可信的发送者通常被认为是拥有专业知识或产品知识，并以可信的方式表达这些知识。产品评论网站和论坛上的发送者通常会根据自己的贡献获得徽章或积分，这些徽章或积分可以用来表示专业知识或可信度。旅游组织面临的挑战是确定谁是意见领袖，以及如何鼓励他们传播积极的电子口碑。

SMR模型的第二个关键要素是消息(message)中包含的信息质量(information quality)(Sussman & Schneier-Siegal，2003)。信息质量有四个维度：相关性、准确性、时效性和完整性。如果接收者认为信息重要且相关，他们可能会更仔细阅读信息(Petty & Cacioppo，1986；Bhattacherjee & Sanford，2006)。信息的感知有用性取决于其准确性，即是否正确、可靠。与此相关的是及时性问题——信息是否为最新的。完整性是指信息的全面性。对于旅游组织来说，更好地理解信息质量如何影响游客是非常重要的。最近一项对酒店评论的研究证实，信息准确性、相关性和及时性是游客在社交媒体环境中接受信息的有力预测因素(Filieri & McLeay，2014)。在另一项研究中，向征等人(Xiang et al.，2015)将在线酒店评论拆析为代表客人体验的元素，并发现这些元素反映了客人对入住酒店的满意度。

接收者(receiver)的特征还可以影响信息的接收方式和接收者的回应方式。年龄、性别、文化背景和经验会影响他们是否重视信息以及如何理解信息。经验可能包括熟悉社交媒体平台、过去与发送者的互动，以及对产品或品类的涉入程度(如酒店)。接收者的认知过程将决定接收者对信息的理解。接收者对消息的回应可以是忽略、读取后丢弃、存储记忆或选择与其他人分享。了解接收者如何感知和分享这些信息对旅游组织来说至关重要。虽然组织并不总能控制发送者或消息，但它可以对这些消息做出回应。

图5.5中的最后一个元素是发送者和接收者之间的关系。正如我们在蜂巢模型中看到的，关系是社交媒体的关键功能。学者们使用网络分析来研究关系如何影响信息流。从沟通的角度来看，我们感兴趣的是社会关系的强度(关系强度，tie strength)、发送者和接收者之间的相似性(同质性，homophily)，以及这两个个体之间的信任程度。关系强度可以区分为从个人人际网络中牢固的强关系(如家庭和朋友)到脆弱的弱关系(如熟人、朋友的朋友、陌生人)。强关系通常提供情感或实质性的支持，而弱关系则倾向

于传播更多不同主题的信息共享(Mittal et al.,2008)。在某些情况下,如产品评论网站、论坛和媒体共享网站,发送者和接收者之间可能根本没有关系。同质性是指发送者和接收者在性别、年龄、教育程度和生活方式上的相似性。具有更高同质性的个体更有可能相互交流并参与电子口碑传递,因为他们具有相似的特征(Steffes & Burgee, 2009; Thelwall, 2009)。

5.2 旅游中的社交媒体平台

在对社交媒体概况、核心功能和电子口碑有了更好的了解之后,我们可以思考游客、中介、供应商和景点是如何使用不同社交媒体平台的。下文将探讨社交网站、维基、博客、产品评论网站、论坛、媒体共享、众包、虚拟世界对游客和旅游组织的影响。

5.2.1 社交网站

根据研究者们(Boyd & Ellison, 2007)的论述,社交网站(social network sites, SNS)被定义为"基于网络的服务,允许个人:(1)在一个有限制的系统内构建一个公开或半公开的个人资料;(2)清楚地列出与他们共享连接的其他用户列表;以及(3)查看并仔细研究它们与系统内其他人建立的联系"。Facebook、领英、微信等社交网站允许个人和组织寻找新的联系,或与他们可能在离线状态下认识的人建立和维持关系。现代社交网站的核心包括可见的个人资料和允许"关注者"或"朋友"在这些个人资料上留下公共信息的机制。根据蜂巢模型,社交网站的主要优势在于会话、共享和身份。然而,许多社交网站还提供附加服务,包括图像和视频共享、即时消息、博客、状态更新和在线应用。

大多数社交网站分为四类:
- 通用社交网站(social network sites):具有全球吸引力的通用网络,对年龄在最低限度以上并拥有电子邮件地址的人开放,如 Facebook、Twitter 和微信。
- 专业社交网站(professional SNS):提供允许专业人士互动和建立商业网络的服务。如领英、Yammer 和 Xing。领英是一个开放平台,而 Yammer 提供了一些工具,使企业能够创建员工的内部社交网络。
- 区域社交网站(regional SNS):包括在世界特定地区使用的站点,如俄罗斯的Vkontakte、挪威的Biip. no、中国的QQ空间和人人网。

● 利基社交网站(niche SNS)：迎合那些基于共同兴趣或活动群体的网站。例如，学校集合网站(如classmates. com、FriendsReunited)、艺术与设计(如deviantART)、音乐(如Buzznet、Last. fm)、电影(如Flixter)、学术研究网络(如academical. edu和ResearchGate)、非裔美国人(Blackplanet)、青少年(例如Habbo)和语言(例如Busuu)。Ning等社交网站工具为人们创建自己的微社交网站提供了平台。

对于旅游组织来说，社交网站提供了四大机会。首先，组织可以创建供游客加入或"点赞"的页面。此链接可为与产品和目的地高度相关的游客生成定期更新和新闻推送。一些目的地是社交媒体的早期采用者，并通过创新的活动和竞赛建立了庞大的关注者社区(见行业洞察案例)。其次，其允许组织使用社交网站作为在线接触点为客户提供服务(将在下文讨论)。再次，虽然在使用个人数据方面存在隐私和道德问题，但许多网站通过收集这些"大数据"来开发消费者的详细资料。通过使用个人资料和监控用户在线时间、点击内容和分享内容等在线行为，社交网络公司可以针对每个用户的兴趣、活动和意见制定准确的档案。然后，这些信息被用于目标社交网站用户，以为其提供更多相关的广告信息。社交网站上的广告对于旅游公司来说是一种颇具成本效益的营销工具，因其能够根据用户的兴趣和在线行为准确定位用户，从而提高了在线广告的点击率。最后，许多旅游业专业人士使用领英等专业社交网站建立联系，进行战略性倾听和招聘。

从游客的角度来看，社交网站在旅游生命周期中扮演着越来越重要的角色。像Facebook和谷歌这样的主流社交网站已经开发出支持数字旅游生态系统不同功能的工具(见第2章)。在激发阶段，旅游者分享的评论、照片和视频可以激发其他人为假期作规划。已开发的应用程序，允许游客从社交网站页面预订旅游产品，支持其在旅游生命周期的各阶段来获取。在体验过程中，通过移动应用程序访问社交网站支持共享故事、照片、视频和状态更新，进而激励其他游客参与(见第6章)。旅游组织可以通过提供免费WiFi来支持这种行为，使游客更愿意分享积极的体验。社交网站提供了一系列工具，允许游客记录他们的行程，包括将支持GPS的数字图像与地图关联。在反馈阶段，社交网站允许游客以时间线的方式方便地对旅行体验进行记录。

最近的社交网站发展包括改善连通性和基于大量用户生成内容的工具

开发。Facebook 的图谱搜索就是一个很好的例子。这是一个语义搜索引擎（semantic search engine），为用户提供基于自然语言的搜索查询结果。它将用户朋友网络中生成的大数据与其他信息结合起来，提供以用户为中心的结果。例如，用户可能会问"去过纽约的朋友"，然后，图片搜索将反馈好友内容与来自网络的外部数据相结合的结果。这个工具为电子口碑提供了一个强大的搜索功能，并将此内容与其他信息源相结合，以创建基于用户社交环境的特有结果。旅行组织可以通过鼓励游客分享其有关经历的积极内容来进入其社交网络，从而利用这些发展优势。

行业洞察：Facebook 中的 Australia.com

澳大利亚被称为 Facebook 和 Instagram 中最受欢迎的旅游景点（O'Neill，2013）。澳大利亚的 Facebook 主页由澳大利亚旅游局维护，在一系列社交媒体活动之后，该公司的粉丝数量从 120 万增加到 2012 年的 410 万。截至 2017 年底，该页面获得 810 多万个赞。这种受欢迎程度是一系列战略决策和精心策划的结果。

2010 年，澳大利亚旅游局总经理安德鲁·麦克沃伊（Andrew McEvoy）决定，澳大利亚旅游局应优先考虑通过社交媒体进行景点营销活动。第一任社交媒体和宣传经理杰西·德贾丁斯（Jesse Desjardins），创建了一系列病毒式营销活动，以促进澳大利亚的社交媒体形象。澳大利亚旅游局邀请当地人和粉丝将他们最喜欢的景点照片提交到 Facebook 的"周五粉丝照片"相册中。这个想法迅速传播开来，用户在自己的照片墙上分享了一些更加鼓舞人心的图片。2011 年，该机构将重心转移到了当地人，并招募澳大利亚人作为品牌倡导者。他们鼓励当地人在"无与伦比的澳大利亚"比赛中提交和分享澳大利亚"不为人知的秘密"图片。澳大利亚人为这个主题上传了 60 000 多个故事和照片。该机构还允许当地人和粉丝在时间轴上发布内容，创造了可以追溯到 150 年前澳大利亚旅游的丰富视觉故事情节。

澳大利亚旅游局常利用突发新闻和在线热点话题来宣传社交媒体活动。例如，当全世界都在担心 2012 年玛雅历法的终结时，澳大利亚旅游局利用澳大利亚的时区优势，围绕着以下口号发起了一场社交媒体运动:"别担心今天是世界末日,澳大利亚已经是'明天'了。"这项活动被世界各地的新闻广播所关注,获得了超过18万个赞和7000条评论。澳大利亚旅游局还推出了Facebook应用程序,让游客可以利用自己的朋友网络获得灵感和想法,进而计划自己在澳大利亚的假期。如今,澳大利亚旅游局95%的社交媒体内容都是用户生成的。该机构已经扩大了社交媒体人员,并使用Instagram、Twitter、新浪微博、土豆网等其他网站。

外部旅游公司也为社交网站开发了创新的应用程序。例如,OTA eDreams开发了一个名为Domingo的Facebook应用程序,允许用户分享他们的旅行体验,并通过查看他们的朋友去过哪里而得到启发。另一个例子是Facebook和猫途鹰之间的集成。使用Facebook账号登录猫途鹰的用户会先查看到朋友的评论或"朋友的朋友"的评论,然后是陌生人的评论。这些例子说明,由于利用了社交网站可用的"大数据",旅游信息搜索正变得越来越个性化和社交化。

5.2.2 维基、博客和产品评论

维基、博客和产品评论网站为共享数字内容提供了非同步平台。维基(wiki)是一个实时可编辑的网站,可帮助用户通过合作开发和所有权的方式创建内容(Bean & Hott, 2005)。博客(blog)是"网络日志"一词的缩写,指允许个人提出内容和意见的个人网站或网页。维基和博客的主要区别在于,管理博客内容的作者是唯一的,而维基支持多个作者。产品评论网站是致力于提供消费者对产品和服务的主观反馈的网站。

5.2.2.1 维基

沃德·坎宁安(Ward Cunningham)在1995年创建了第一个维基。这个词来源于夏威夷语"wiki-wiki",意思是快速的。现今有两种类型的维基。第一类为公共域中的维基,允许任何人贡献内容。第二类为私有维基,其访问权限仅限于在项目中协作的用户。与社交网站不同,个人对维基的贡献通常是匿名的。世界上最大的维基项目——维基百科,包含了许多游客可以用作权威信息来源的目的地条目。互联网还提供了一些专业的旅游维基。维基旅游是一个众包旅游指南,提供由在线旅游社区编写的有关旅游产品和景点的信息。维基旅游每天吸引超过35万读者,是旅游类维基的一

个很好的例子。维基旅游的关键优势在于内容是动态的,并且不断地被游客更新。因此,这些信息比商业性旅行指南中提供的信息更及时、完整和个性化(Schwabe & Prestipino,2005)。

精明的旅游组织可以在维基页面上以有利的方式展示旅游产品和目的地。然而,需要注意的是,这些信息必须是真实的、客观的、有可靠来源的支持。明目张胆地推销文章很可能会被维基社区的其他成员迅速编辑或纠正。协同编辑是维基的特性。个人可以编辑任何内容,并使用历史功能记录更改内容,以便用户可以查看和还原维基页面的早期版本。旅游组织可以使用私人维基在战略计划、材料、报告、手册、项目管理和软件方面进行协作和营销(Majchrzak et al.,2006)。当协作者处于不同领域时,这些特性尤其有效。

5.2.2.2 博客和微博

博客是从维基中独立发展而来的。20世纪90年代末,第一批博客以在线日记出现,允许作者定期记录条目。技术的发展催生作者在不了解HTML编码的情况下使用基于网络的应用程序来发布条目。后来出现了许多不同类型的博客,包括下列各项:

- 传统博客(traditional blogs):以文字格式,按时间倒序排列的个人条目或意见。流行的主流在线平台包括 Blogger、Wordpress 和 Blogbus。一些网站,如 Travelpod,为游客提供了一个平台,以博客的形式记录他们的旅行故事。

- 微博(microblogs):有时被称为"社交博客",允许用户向粉丝广播简短的状态更新(140—200个字符)。微博可以是公开的,也可以发送给私人关注者。它们提供了更高层次的即时性和便捷性,因为可以使用不同的设备快速创建帖子。通常,帖子会被标记,与特定主题、事件、地点或人员相关的多个帖子可以被轻松检索到。例如 Twitter 和新浪微博,而许多主流的社交网站也涵盖微博工具。

- 多作者博客(multi-author blogs):一些博客平台支持有多个作者协作的博客(如 Wordpress)。这允许博客所有者增加博客的内容和覆盖范围,但也需要管理多个作者。一个很好的旅游示例是国家地理的智慧旅游博客。

- 视频博客(video blogs):视频博客使用 YouTube、优酷和 Vimeo 等工具,允许博客用户以视频格式分享他们的观点和内容。视频博客用户通常会建立一个频道,根据他们的专业知识定期提供"节目"。

- 杂志博客(curated blogs):杂志博客涉及从各种来源发现、收集和呈现特定主题的数字内容。这种合并称为"混搭",可以包括文本、文章、链接、图像、视频和地图。对于旅游专业人士和公司来说,内容管理有助于搜索引擎排名,因为当搜索该主题时,关于特定主题的多条内容链接会增加搜索该主题的曝光率。

有研究者(Schmallegger & Carson, 2008)提出,博客有许多与旅游相关的应用,包括沟通、推广、产品分销、管理和研究。前三条建议是明确的,而博客的管理和研究元素往往被忽视。旅游组织可以利用博客作为内部管理工具,与员工、中介机构、合作伙伴和VIP客户进行沟通。许多旅游机构已经采取了在自己的网站上嵌入博客的积极方式。例如,万豪奖励内部人员的网站(marriott rewards insiders)中包括酒店评论、论坛和一个面向其忠诚计划会员的博客。此外,还可以挖掘游客博客以获取市场情报。研究者(Bosangit et al., 2012)认为,博客中的地点描述提供了关于游客如何感知目的地的丰富见解。目的地营销人员可以利用这些见解来制定营销策略和打造目的地品牌。

Twitter也许是所有博客平台中最普遍的类型。旅游组织正越来越多地通过建立Twitter账号来与游客互动。与社交网站一样,微博为公共关系、营销和客户服务提供了另一个渠道。然而,在旅游业,还有一个重点是吸引作为意见领袖的知名博主。这些博客模糊了旅游功能在传统媒体和日记格式之间的界限,对游客决策的影响越来越大。旅游公司为旅游作家和旅行中介提供免费的熟悉之旅,目前最好的旅游博主会被邀请去体验最好的目的地。许多著名的旅游博主都是"游牧"生活,他们从一个目的地转移到另一个目的地,收集和撰写由赞助他们的旅游组织提供的体验。旅游目的地也会定期招募并奖励自己的"大使",让他们撰写关于他们经历的给人好印象的博客。

"世界最佳工作"竞赛就是一个例子,这说明有些活动已经变得非常精致。2009年,昆士兰旅游局邀请全世界的人申请世界上最好的工作——大堡礁上一个热带岛屿的看守人。这个职位主要是一个公关角色,要求获奖者定期在博客上记录冒险经历。34岁的本索·尔(Ben Southall)赢得了比赛。人们可以通过访问"Ben's Blog"来关注他的冒险经历。该博客以他的经历为基础,成为媒体采访、视频、故事和摄影日记的中央数字门户。随后，一些其他目的地复制了这种模式，使用越来越复杂的博客、微博和其他社交媒体。

5.2.2.3 产品评论网站

产品评论网站为游客提供了另一个 UGC 平台来记录他们的旅行体验。与博客和维基不同，产品评论网站在一个可搜索的数据库中收集来自许多游客的简短评论。猫途鹰可以说是旅游业最著名的例子。其他例子包括专注餐厅评论的 Urbanspoon、专注于本地化评论的 Yelp 和专注航空评论的 Skytrax 公司。一些产品评论网站还专门针对特定的细分市场，例如 Minitime，为有孩子的家庭提供规划工具。

猫途鹰最初专注于住宿，现在已经扩展到提供关于旅游吸引物、旅行团和餐厅的评论。它还开发了与社交网站的创新链接，并通过颁发徽章奖励评论者。该网站中由评论者提供的图片数量大幅增长，表明一种更具连接性和丰富性的模式正在不断发展。同时，该网站通过与供应商和中介机构的链接促进预订，已经成为一个旅游元搜索引擎。这为人们在一个网站上阅读评论和预订产品提供了无缝服务。

产品评论网站的发展促进了电子口碑，并将信息的控制权从营销人员手中转移到了消费者手中。虽然它们有助于识别可疑的运营商，并为信誉良好的运营商提供更多的市场力量，但产品评论网站给旅游组织带来了挑战。有些网站为组织提供了回应游客评论的机会。管理者面临的挑战是决定是否需要回复以及如何措辞（O'Connor，2010）。在有负面评论的情况下，评论下的标准化回应可能不会产生什么影响，但遵循完善服务补救的个性化回应则可能会恢复读者的信任。

另一个问题是竞争者恶意使用评论网站，他们发布自己产品的正面评论和竞争对手产品的负面评论（Yoo & Gretzel，2009）。虽然大多数主流的产品评论网站使用复杂的软件和人工干预来检测可疑的评论，但一些虚假的评论却会被漏掉。这些虚假评论一旦上线，就很难删除，进而损害了企业的声誉。当然，还可以利用产品评论网站获得有用的信息，如服务质量和产品改进建议。许多供应商积极鼓励旅游者发布评论，有些供应商还在网站发布最新评论的实时反馈。

5.2.3 论坛

论坛是社交媒体最古老的例子之一。在互联网论坛或讨论版，会员可以发表评论和回复其他人帖子。这些评论通常被组织成主线脉络或主题，以保持特定的会话连在一起。论坛通常要求有会员资格才能发帖。成员通常由一个头衔(handle)或昵称以及虚拟头像(avatar)来标识，但是一些论坛也显示真实姓名和照片。在注册过程中，会员必须同意与网络规范有关的论坛规则，如尊重其他会员，避免使用不恰当的语言。会员通常可以编辑自己的帖子，开始新的主题并回复其他会员写的帖子。许多论坛由高级会员审核，目的是限制那些故意发布冒犯性或挑衅性在线帖子的人们和垃圾邮件的发送者。

在旅游业中，论坛有两种常见的用途。第一个用途涉及使用论坛讨论特定目的地或寻求旅行建议。例如，猫途鹰不仅是一个产品评论网站，而且还是一个论坛，游客可以发帖提问有关目的地的问题，由当地志愿者或其他游客回答。其他著名的例子包括 VirtualTourist，以及 LonelyPlanet 的荆棘树。在航空业，FlyerTalk 为航空爱好者和飞行常客群体提供了一个论坛。第二种用途是中介机构、供应商和目的地用于为客户服务的目的。例如，印度喀拉拉邦的旅游部开设了一个游客论坛，用户可以发帖提问并由当地旅游业人士来回答。

5.2.4　媒体共享

许多游客使用 Flickr、YouTube 和优酷等媒体共享网站分享他们旅途中的照片和视频。范围更广的带宽和更便宜的捕捉图像和视频的电子设备，促进了媒体共享网站(media-sharing sites)迅速增长。例如，到 2013 年，每月访问 YouTube 的独立用户超过 10 亿，每分钟添加超过 100 小时的内容。这些网站不仅方便了视频内容的上传，而且还允许关注者分享、评价和评论图片和视频。正是这种互动性使得媒体共享网站与众不同。

像 Flickr 这样的照片分享网站对于旅游业有着明显的应用，旅游业通常依靠令人印象深刻的图片来推销度假旅游。在社交网站上分享照片对于围绕品牌建立虚拟社区很有帮助。但是，图像和相关的元数据，例如标签、地理位置和时间信息，对于游客访问站点也是非常有用的信息。大多数数码相机和智能手机都将 GPS 地理标签和时间戳嵌入图像数据中，从而提供有关某一地区网站持续访问时间和访问模式的有用市场情报(Popescu & Grefenstette, 2009; Vu et al., 2017)。观众留下的评论信息也可以提供市场情报。

视频共享网站为游客提供了与家人朋友分享旅程的工具。除了记录他们的旅行,游客们还使用 YouTube 分享他们对酒店客房、旅途和景点的评论。目前,酒店客房点评式的线上展示比较普遍,酒店网站常含有专业摄影和营销炒作的内容。旅游组织也可以为视频共享网站贡献内容,但为传统媒体制作的宣传视频不适合视频共享网站(Reino & Hay, 2011)。游客使用 YouTube 这样的网站来搜索信息、观看评论和寻求有关产品或目的地的建议。因此,消费者生成的视频比营销者生成的视频更加普遍(Lim et al., 2012)。使用对产品或目的地有真知灼见的真实游客、旅游大使或当地人的分享内容,在这一媒介中更为成功。与其他社交媒体平台一样,视频共享网站也为病毒式营销活动提供了一个视觉平台。在其他社交媒体平台上嵌入视频有助于视频内容的共享。然而,和许多其他平台一样,有不满情绪的客人和员工也可以上传不利于产品或目的地的内容。

媒体共享网站的另一个应用是使用像 Slideshare 和 Scribd 的文档共享服务。这些网站允许组织与内部和外部利益相关者共享报告、信息图表和演示文稿等。文档共享网站还允许读者对上传的内容进行评分、评论和分享。这些网站有助于与投资者和媒体等利益相关者沟通,因而具有重要的公关功能。大多数文档共享服务还允许旅游组织轻松共享传统营销宣传资料的数字版本,如宣传册和其他印刷材料。

5.2.5 众包

众包涉及使用互联网"找人来完成计算机通常不擅长的任务"(Howe, 2006, p.5)。这些任务只需要个人很少的时间,因此,提供的报酬即使有也会很少。在第 2 章中,我们解释了 Inspirock 这样的旅游规划网站如何让游客定制旅游行程。这些行程的内容是通过许多爬虫和算法自动获取的,但网站也依赖于众包来微调行程。利用数千位旅行专家的专业知识在网站上策划行程,而日常用户则执行一些小任务,诸如快速在线民意调查等。

众包也为目的地提供了许多机会。上文讨论的澳大利亚旅游活动是一个很好的例子,解释了众包是如何快速开发一个拥有数千张旅游图片的数据库的。澳大利亚旅游局常说,其社交媒体团队不是由 3 名员工组成,而是由数千名贡献内容的用户组成。2012 年,菲律宾政府决定众包下一次的旅游活动,要求 Facebook 和 Twitter 的粉丝将"菲律宾更有趣"的标语与他们自己的图片和想法结合起来。结果数百张图片在社交媒体平台上被共享。

其他目的地,如美国科罗拉多州,也采用了类似的方式,邀请游客和当地人回答"什么造就了科罗拉多州"。

一个新兴的众包应用包括使用当地专家向游客提供信息、技巧和建议。谷歌的本地指南是为了向游客和当地人提供有关最佳就餐、购物和娱乐场所的专业建议。当地专家撰写评论并上传照片,这些照片会显示在谷歌地图上。专家们会收到当地独家活动的邀请、礼物和在线认可。当与智能手机和智能眼镜等位置感知设备相结合时,这一举措对游客来说有巨大的可能性。基于位置的评论网站 Yelp 也采用了类似的众包原则,而 Localeur 则提供专门针对年轻游客的服务(见第 6 章)。

5.2.6 虚拟世界

虚拟世界是一个三维的、基于计算机的模拟环境,用户可以通过虚拟世界使用化身进行互动。虚拟世界通常分为虚拟社交世界(如第二人生 SecondLife)和虚拟游戏世界(如魔兽世界 World of Warcraft)。虚拟社交世界为用户提供了参与旅游体验的虚拟实践。这些实践形式可能是真实世界地点的复制品,例如酒店、主题公园、遗产型景区,甚至整个目的地,也可能是完全人工幻想出来的环境。优势在于游客可以体验那些由于预算或时间限制、流动性差或禁止进入等原因无法实际到达的地方。虚拟世界也可以为那些过于敏感而无法访问的地点提供替代体验(见第 12 章)。

许多旅游组织和目的地都在虚拟世界(如 SecondLife)中建立了总部和站点。这种虚拟场景为与潜在游客的互动提供了另一个接触点,并提供了许多营销机会,包括浏览虚拟手册、观看视频、链接到外部网站和访问旅游景点的虚拟展示。一些旅游公司也利用 SecondLife 来产生和测试新的产品创意。例如,Starwood Hotels 在 2008 年第一个不动产开业之前,就利用 SecondLife 测试了旗下 Aloft 品牌的设计和酒店客房功能(Sigala, 2007)。SecondLife 的居民已经建立了旅游团,开设了旅行社,并编写了旅游指南,帮助游客在复杂的虚拟环境中漫游。虚拟世界还为不同地点的旅游员工提供了一个虚拟的会议场所。

5.2.7 旅游播客

播客是一系列数字音频或视频文件,通常以片段的形式出现,用户可以下载和收听。播客可以订阅或下载单个片段。旅游播客可以用来向游客提供目的地信息。有些播客是游客个人制作的(因此可以被视为社交媒体的一种形式),而其他播客主要由导游制作;有的只提供音频,有的还包括视频。表 5.2 显示了一些可用的旅游播客。目的地管理组织(DMO)也可以使用播客来宣传他们的景点;然而,很少有人这样做。一项对美国城市目的地管理组织的研究发现,以这种方式使用播客的仍是少数,因而未来可以有很大的使用前景(Xie & Lew,2008)。

表 5.2 旅游播客示例(http://www.openculture.com/)

播客名称	内容
Beautiful Places	户外视频播客
Finding America	走遍美国的每一条道路
Frommer's Podcast	来自弗罗默杂志编辑的旅游信息
italy from Inside	意大利本地人的旅游建议
Lonely Planet Travelcasts	国际化的旅游资讯(仅限音频)
Travel in 10	十分钟旅游景点
Travel with Rick Steves	单个国家指南
The Travel Destination Podcast	景点旅游信息和指南
Walks of a Lifetime	《国家地理》:世界最佳徒步旅行

5.3 社交媒体的战略应用

社交媒体为旅游组织提供了许多机会。然而,社交媒体并不是市场营销的万能药——不过是游客和旅游组织可以利用的信息渠道和媒体工具箱中的一个新工具。旅游组织需要考虑他们的目标市场和期望,因为并不是所有的细分市场都期望通过社交媒体参与运营。此外,一些市场期望通过特定的社交媒体渠道参与进来,这就意味着旅游组织需要花时间了解其关键市场。组织需要确保传统工具不被忽视,而且社交媒体的工作是要精心计划,并融入公司的整体战略中。

战略实施意味着组织需要制定他们的社交媒体互动计划(见图 5.6)。这涉及学习使用社交媒体、研究案例、听取从业者的意见以及探索最新趋势。战略实施还要求组织优先考虑其社交媒体目标。我们看看以下社交媒体的一些关键战略应用,这些目标可能包括营销、客户参与、公共关系和招聘。社交媒体的使用存在风险,因而建立一个治理框架来识别机会、管理风险和制定政策非常重要。一旦这个框架建立起来,组织就应该通过定义关键活动和阶段,有计划地管理其社交媒体工作。员工和管理者的能力也应被考虑,如有必要,组织应投资于发展员工社交媒体领袖的能力。战略方针要求通过建立关键业绩指标和报告机制来衡量和改进各项工作。最后,社交媒体的性质意味着组织需要定期参与会话,并通过监控市场、社区和关键影响者来倾听市场。图 5.6 所示的框架说明了战略方法的必要性。

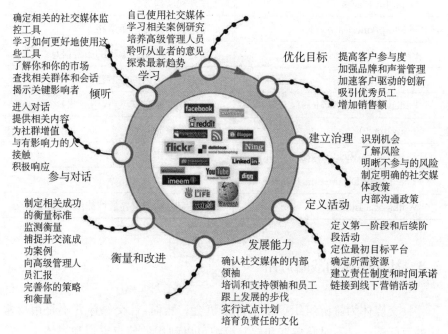

图 5.6 社交媒体战略框架(源自:先进人类技术,2013 年)

下面的章节中,我们将总结社交媒体的一些关键战略应用,并说明它们如何为实现旅游组织的目标作贡献。

5.3.1 营销和销售

从战略角度来看,社交媒体对于围绕品牌建立虚拟社区尤为有效。这是通过病毒式的营销活动和比赛来实现的,这些活动和竞赛会获"赞"并鼓励人们参与到组织中来——无论是社交网络页面、媒体共享网站还是博客。社交媒体也越来越多地在旅游体验的销售和分销中发挥作用。

成功使用社交媒体的组织获得的两个重要经验是,营销活动需要由消费者驱动,以及通过多个渠道进行整合,即整合营销传播(integrated marketing communications,IMC),推动营销工作。整合营销传播是一种战略营销方式,以消费者为中心,确保传统渠道和数字渠道的协调和相互促进。整合营销传播利用每个渠道的优势实现比单个渠道更好的结果。这意味着组织需要了解每个渠道的局限性,以及不同的目标市场应该如何应对这些渠道。例如,当昆士兰旅游局发起"世界最佳工作"这项活动(见案例研究)时,最初利用传统媒体为比赛做广告。然而,随着参赛者提交视频和比赛的新闻走红,焦点很快转移到社交媒体渠道上。

昆士兰旅游局的例子说明了利用每个平台优势的力量。每一个渠道都提供了一个独特的参与方式,进而创造更深入、更丰富的体验。表 5.3 显示了如何使用博客和媒体分享网站来产生曝光率。社交网站为吸引和影响关注者提供了完美的平台,而与预订平台的无缝链接则有助于产品销售。社交媒体在旅游业的另一个应用是预订和订座的创意。一个很好的例子是 SeatID,其专门提供票务和预订的网站及应用程序具有社交元素,允许游客使用他们的社交媒体资料来登录。根据游客的资料信息,可以确定他们的社交联系人中是否曾搭乘过同一家航空公司的班机,是否曾在同一家酒店入住过,或是否曾参观过相同的景点或活动。游客甚至可以根据自己的社交网络资料选择航班和座位。

表 5.3　不同媒体在旅游活动中的战略性应用

战略	目标	媒体	度量指标
曝光	产生认知	传统媒体、博客、微博、媒体分享	访问次数、浏览次数、关注人数
参与	与游客联系	社交网站、微博、论坛	重复访问、转发推文、分享、评论、回复
影响	改变态度	社交网站、博客、媒体共享、评论	点击率、信息召回、情感观点、评级
收获	方便预订	网站、预订引擎	转换率、销售额、访客数量、停留时间、支出

5.3.2 市场情报

正如我们在本章中所看到的,社交媒体可以在战略性倾听中发挥重要作用。组织和客户之间的社交互动产生了大量的"大数据",可以用来挖掘市场情报,包括有关市场趋势、客户情绪和竞争对手的影响信息。组织可以监控社交媒体渠道,或者将其外包给专门跟踪社交媒体领域社交对话的媒体监控公司。社交媒体还允许公司通过鼓励提问、反馈和建议,直接倾听客户的意见。游客提出的问题可以产生更准确的常见问题(FAQ),并为营销活动和产品设计提供信息。

5.3.3 客户服务

社交媒体本质上是关于会话和交谈的,因而为客户服务、关系建设和公共关系提供了许多机会。浏览任何一家旅行社的社交媒体资料都会发现,游客常常使用这些平台来提问、发表赞美之词和抱怨糟糕的服务。在后一种情况下,社交媒体为服务补救提供了另一个接触点。在这些公共论坛中巧妙地处理投诉会向其他消费者传达一个信息,即组织认真履行客户服务的义务。Facebook、微信和其他社交网站也开发了聊天机器人(chatbots),使用机器与用户互动并回答简单的问询。这些聊天机器人通常在消息应用程序或公司网站上运行,可以模拟人类会话,来通过图灵测试(Turing test)。一些聊天机器人使用复杂的自然语言处理系统来响应文本或语音问询。2018年,谷歌将聊天机器人和虚拟助手的功能结合起来,展示了谷歌助手如何通过电话预订餐厅。

社交媒体使得公司有机会展示如何加强与客户的关系。以下是客人克里斯·豪恩(Chris Hurn)的例子,他和家人住在佛罗里达州阿米莉亚岛的丽兹卡尔顿酒店。当一家人结账离开酒店时,豪恩的小儿子落下心爱的毛绒长颈鹿乔希(Joshie)。豪恩以为长颈鹿永远不会回来了,就告诉儿子长颈鹿乔希想在酒店再多待一会儿。当酒店的员工打电话给豪恩说找到乔希时,他松了一口气,并请求酒店帮助他证实乔希这段时间在酒店里放松的故事。豪恩询问是否能帮忙拍一张乔希在游泳池旁躺椅上的相片。丽兹卡尔顿酒店答应了,而且又做了进一步的工作,给豪恩寄去了一个包裹,里面有乔希、丽兹卡尔顿酒店的一些商品和乔希在酒店享受所有便利设施的全套照片。豪恩被酒店的客户服务深深打动,他在社交媒体上分享了自己的经历,包括酒店工作人员拍摄的照片。另一个例子是荷兰皇家航空公司（见行业洞察）。

这些例子说明，社交媒体是一个强大的平台，可以改变不满的客户，创造积极的公共关系和客户互动服务。简而言之，社交媒体为组织提供了建立和加强客户关系的机会。

> **行业洞察：荷航惊喜**
>
> 2010年，当艾雅法拉火山爆发并导致欧洲航班停飞时，荷兰皇家航空公司注意到，游客们使用社交媒体来表达他们的沮丧情绪并搜索信息。利用同样的社交平台，荷航迅速回应客户的询问，随后在危机期间获得了解决客户服务问题的正面宣传。
>
> 由于这一事件，首席执行官彼得·哈特曼（Peter Hartman）宣布，公司将投入巨资制定社交媒体战略。2010年末，荷航发起了一场名为"荷航惊喜"的活动。这家航空公司在阿姆斯特丹史基浦机场派驻了一个团队，通过Foursquare或Twitter追踪在机场"办理登机手续"的荷航乘客。他们使用各种各样的社交媒体平台，尽可能多地了解这些乘客。最后的任务是在机场找到他们，并给他们一份个性化的礼物。

5.3.4 声誉管理

由于互联网信息数量大、种类多，声誉概念在今天得到了广泛的应用，特别是社交媒体，在个人和企业的声誉形成和传播中发挥着核心作用（Marchiori & Cantoni, 2011）。因此，在线声誉分析允许旅游企业（如酒店）和/或目的地管理者：(1)监控社交媒体平台上的情况；(2)根据主题、重要性或紧迫性对消费者评论进行分类；(3)回顾过去和当前趋势；以及(4)将组织的在线形象与其竞争对手进行比较，并管理客户反馈（Marchiori & Cantoni, 2017）。

意见挖掘是一种重要的技术工具，可以帮助管理者识别出于各种目的的主题、观点和趋势（Pang & Lee, 2008）。在酒店和旅游业的在线声誉分析中，已经开发了诸如 ReviewPro（https://www.ReviewPro.com）和

Revinate(https://www.Revinate.com)等专业工具,用于数据收集和数据分类,方法包括关键字频数分析、在线观点的情感分析以及与品牌和/或预定义主题类别的主题进行关联。以 Revinate 为例,其网站帮助酒店从猫途鹰和谷歌 Reviews 等旅游评论网站以及 Twitter、Facebook、领英等社交网站收集和挖掘数据。这些评论将使酒店了解自身存在的问题,以便做出回应(例如回复消费者)。自 2011 年起,Revinate 和猫途鹰就建立了官方合作关系,允许 Revinate 在猫途鹰受欢迎程度指数上监控客户评论、评级和酒店排名。Revinate 还通过结合在线评论、调查数据和社交媒体报道来衡量客人的体验,并通过智能手机应用程序将酒店与客户联系起来,让他们可以登记入住并分享自己的体验。

5.3.5 招聘与合伙

虽然到目前为止讨论的大多数战略应用都集中在企业与消费者(B2C)的交互上,但企业对企业(B2B)电子商务的应用潜力也不应忽视。社交媒体还为旅游供应商提供了招聘商业伙伴和员工的机会。一个组织的社会临场感不仅要针对游客,还应针对那些被该组织的品牌价值所吸引的其他企业和员工。社交媒体为传播这些品牌价值提供了最好的平台。像领英这样的专业社交网站支持网络合作和招聘。

本章小结

本章提供了一些框架,帮助读者了解社交媒体概况和社交媒体平台功能。我们已经探讨了作为游客重要信息来源的电子口碑的重要性和特点。本章对社交媒体平台的讨论突出了其为旅游组织提供的机遇。在本章的最后一部分,我们强调,尽管社交媒体被大肆宣传,旅游组织仍需要战略性应用这些技术。我们需要规划好社交媒体与其他营销渠道的整合,监测社交媒体应用的结果,并帮助组织利用这些新媒体提供的机遇。

关键术语

异步 asynchronous,虚拟化身 avatar,博客 blog,聊天机器人 chatbot,传播范围 communication scope,电子口碑 electronic word of mouth(eWOM),

论坛 forum，头衔 handle，同质性 homophily，信息质量 information quality，整合营销传播 integrated marketing communications（IMC），交互水平 level of interactivity，媒体共享网站 media-sharing site，消息 message，微博 microblog，产品评论网站 product review site，接收者 receiver，自我披露 self-disclosure，语义搜索引擎 semantic search engine，发送者 sender，发送者-消息-接收者 SenderMessage-Receiver（SMR），社交媒体 social media，社交网站 social network site（SNS），社会临场感 social presence，来源可靠性 source credibility，同步 synchronous，关系强度 tie strength，图灵测试 Turing test，用户生成内容 user-generated content（UGC），虚拟世界 virtual world，Web 2.0时代 Web 2.0，维基 Wiki，口碑 word of mouth（WOM）。

问题讨论

1. 社交媒体的哪些特点使其不同于其他媒体？请给出相关例子。

2. 中国有许多类似的社交媒体平台，与西方世界的主流社交媒体具有哪些相同或不同的地方？如果你渴望吸引中国市场的目的地，你会如何发挥这些网站的潜力？

3. 尽可能多地征集与旅游相关的社交媒体例子，并将其列出。使用社交媒体概览模型（Cavazza，2012）对你列出的每个示例进行分类。你最常使用哪种平台？为什么？

4. 使用蜂巢模型找出你熟悉的与旅游相关的社交网站、博客、维基、产品评论网站和媒体共享网站的主要优势。

5. 与四五名其他学生组成一个小组，列出你使用电子口碑了解目的地和景点的不同方式。把你们小组的答案和班上其他同学的答案进行比较。你掌握的（1）游客，（2）旅游组织的电子口碑信息来源有哪些优点和缺点？

6. 访问猫途鹰，在伦敦寻找适合商务旅行的五星级酒店。阅读这些酒店的一些评论，总结最常见的正面和负面主题。你觉得这些评论有没有虚假的？看看评论中的一些附加图片。观察管理层是否对一些评论做出了回应。如果你是一家酒店的总经理，你会如何回应你所掌握的一些负面主题？你会用什么策略来处理虚假评论？你会如何鼓励正面评论？

7. 你对虚拟世界在旅游中的作用有什么看法？你认为他们补充和替代

了真实的旅行体验吗？旅游公司如何利用虚拟场景提高自己的声誉？

微信

近年来，中国已发展成为世界上最大的经济体之一。旅游业在国民经济的收入和支出中占有相当大的比重，尤其是中国出境旅游业有显著的增长。中国已连续多年成为全球最大的出境旅游客源国，2016年中国出境旅游总人数达到1.22亿人次。自2011年以来中国国际旅游支出增长了2倍多，2016年达到2610亿美元。对于全球许多关注中国出境旅游市场的企业来说，必须想方设法与中国消费者建立联系，而中国消费者精通科技，广泛使用智能手机和社交媒体进行旅游规划。中国超级应用程序——微信为国际旅游景点和旅游运营商提供了许多机会，让他们能够参与这个潜在的利润丰厚的市场。

微信是由科技巨头腾讯开发的多用途社交媒体移动应用程序。据报道，截至2017年底，微信每月活跃用户近10亿，这表明微信技术已经融入中国的日常生活中。微信创建于2011年，早期在西方市场常被比作WhatsApp。然而，由于广泛的功能和平台，微信已经从最初的信息服务发展到了"无所不包的应用"。甚至在消息传递领域，也提供多种交互模式，如文本信息、按住说话语音消息、广播（一对多）信息传递、视频会议、视频游戏、照片和视频共享以及位置共享。

除了信息传递，还有一些功能值得注意。例如，与Facebook类似，微信为好友更新提供了一个名为"朋友圈"的社交空间，允许用户发布图片、文本、评论、链接和音乐，还允许用户"赞"或针对发布内容进行评论。朋友圈可以链接到个人的Facebook和Twitter账号，而且朋友圈的内容可以共享到这两个平台。与其他社交网络平台不同，微信添加好友的方式多种多样，包括通过用户名或电话号码发现某人、从电话或电子邮件联系人添加、玩"漂流瓶"游戏（"摇一摇"功能）或查看附近也使用相同服务的人进行添加。

企业参与微信的方式有很多种。例如，与其他社交媒体平台类似，企业用户可以注册一个官方账户，以便向订阅该账户的用户推送信息，并进一步创建各种交互。2017年,微信推出了一项名为"小程序"的新功能,消费者可以用智能手机扫描服务商提供的二维码,小程序可以使用消费者的移动钱包"微信支付"进行交易。现今,中国的许多企业,包括酒店、餐馆甚至街头小贩,都在使用微信支付来完成现场交易。微信支付在本质上已经成为中国日常生活中的数字支付方式。

正是由于认识到微信在中国社会的重要性,许多国际旅游企业,包括目的地营销组织、航空公司、邮轮公司和酒店品牌,采用微信实施多种策略。例如,位于中国的酒店品牌凯宾斯基已经采用微信支付系统,并开展了一系列直接向中国客户进行销售并管理其客户关系计划的活动。特别是,旅游机构已经开始使用微信来吸引大量高消费的中国出境旅游群体。像赫尔辛基这样的目的地营销组织,已经创建了他们自己的微信小程序,用于增强现实、全景地图和数据共享。澳大利亚旅游局与微信合作打造悉尼体验指南,为中国游客提供通过微信平台导航关键景点的新方式。荷兰皇家航空公司(KLM Royal Dutch Airlines)于2014年首次推出微信计划,提供品牌内容、客户服务和促销产品。2017年,荷兰皇家航空公司成为第一家支持微信支付机票和辅助费用的外国航空公司。此外,据报道,荷兰皇家航空25%的中国客户在网上订票,并通过微信接收航班信息。他们通过微信收到和处理的大部分与服务相关的问题都是用简体中文书写的,这表明其客户主要来自中国大陆。

作为一个超级应用程序,微信符合组合营销工具的要求,包括社交网络、信息传递、游戏和二维码扫描等功能。此外,其支付和交易工具作为一个服务平台的功能也在不断扩展。微信之所以如此强大,原因是它已经渗透到中国公民的许多社会经济面,成为"中国的应用程序"。据报道,中国的一些市政府一直在试点尝试使用与微信账户绑定的电子社保来代替传统的国家发行的社会保障卡。因此,在微信中实施任何商业策略时,国际企业必须充分了解中国社交媒体的社会、文化和政治环境,以及中国消费者使用微信的偏好和习惯。

研究问题

1. 如果可能,可以在你的智能手机上下载微信应用程序并研究其功能,尤其是检查一下朋友圈功能,并写一个简短的报告,说明其与Facebook和Twitter等其他社交网站上朋友圈功能有何不同。

2. 在联系人中,通过按下"+"号使用搜索框功能搜索浏览官方帐户,可以用关键词找到企业或个人官方账户。例如,您可以键入"纽约"或"澳大利亚悉尼"等关键字,以查找源自这些城市的官方账户。这些官方账户中主要针对中国读者或游客,其中一些也提供了英文简介。

第 6 章　移动与信息技术

- 将移动范式应用于理解移动技术和旅行；
- 使用移动技术生态系统解释移动设备的关键要素；
- 了解情境感知旅游系统以及它是如何促进游客体验的；
- 解释本章中的多种移动设备的功能是如何改善旅行体验的；
- 理解移动技术在应用方面的机遇和挑战。

引言

过去十年中，诸如智能手机和平板电脑之类的移动设备已成为我们生活中不可或缺的一部分。当我们离开这些设备，即使是很短的时间，许多人都会感到焦虑。本章涉及的内容是旅行者在旅行过程中如何使用移动技术。在数字旅游生态系统中（第 2 章），移动技术不仅能够激发旅行的想法，并对交易阶段产生影响，还可对现场体验以及过去经历产生影响。可以说，游客在旅途中移动设备的影响最大，因为它们能够帮助旅客应对风险以及不确定性（Hwang，2010）。这些技术对计划之外的行为起着至关重要的作用，它们支持并创建一系列以前无法实现的个性化的、特定地点和时间的、增值的体验（Sharma & Nugent，2006；Wang et al.，2012）。但是，这些技术仍旧不能替代旅行，只是在刺激旅行需求方面发挥了补充作用，从而最终改变旅行体验的本质(Line et al.,2011;Aguilera,2012)。

在过去的十年中,移动技术的大量应用打破了传统的旅行模式和理念。这种变化引发了交通、经济学、人类学、社会学和地理学领域的学者重新对移动性的关注(Sheller & Urry,2006)。移动(mobilities)范式关注人、思想、事物的移动,以及这些移动所产生的更广泛的社会影响(Sheller,2011)。"移动"提供了理解IT影响力的有用范式,原因在于旅行本身就是由日益复杂的社会经济、相互连接的基础设施、服务以及运输和通信方式组成的技术系统所推动的(Pellegrino,2009;Molz,2012)。移动设备的使用意味着日常生活和旅行体验本质之间的界限不再明显。由于旅行者在旅行各阶段体验中都要用到移动设备,这也就导致了日常生活中习惯和行为的溢出(spillover)(MacKay & Vogt,2012;Ang et al.,2016)。另一方面,正如我们在第2章中所讨论的,一些旅行者会寻求摆脱这些技术。

移动技术可以实现旅游体验的流动性(fluidity)和灵活性(liquidity)。主要的方式是通过建立活动(activities)、空间(space)和时间(time)之间的联系,并"软化"这种联系(Green,2002;Uriely,2005)。这些技术打破了游客体验与日常生活之间的界限,也消除了旅行带来的神秘感和逃避感(Jansson,2007;Pearce,2011)。这些技术通过把旅行者转换到虚拟社交环境来改变旅行者与地方的互动方式(Dickinson et al.,2014)。这样,游客既可得到现场进行实地体验,也可通过与家人和朋友的互动得到社交体验。研究者(Urry,2002)认为,这种技术的应用能够产生"偶发共处"(occasional co-presence)、"想象共处"(imagined co-presence)和"虚拟共处"(virtual co-presence)体验;这不仅让旅行者自己有良好体验,也给他人带来了好处。还有研究者(Pearce,2011)则使用了"数字弹性"(digital elasticity)一词,用于描述旅行者在探索其他地方时,是如何与日常生活保持电子联系的。通过对"微观协调"(micro-coordination)的支持,移动技术模糊了活动时间(activity time)和旅行时间(travel time)之间的区别,让旅行时间更有效率(Aguilera et al.,2012)。

研究者(Pellegrino,2009)认为,移动技术有以下特点:

- 融合(convergence):电子产品的小型化和便携化使多种技术融合到一个设备中,最明显的案例就是智能手机,它同时把相机、移动电话、便携式音乐播放器、GPS、个人数字助理(PDA)以及微型计算机组合到一个小型设备中。

- 渗透(saturation)：移动设备渗透在环境中，增加了人们对持续可用性的期望。移动传感器和信号都是不可见的，我们无法抓住信号；但当技术无法使用时，我们可以意识到它们的重要性。在旅游的情境中，这种特点减轻了旅行中需要提前计划和安排的重要性。
- 混合(hybridization)：随着技术融合和渗透，它们模糊了人与非人之间的区别，我们的互动越来越多地涉及自然与人工的混合。这也导致我们更多地处在一个混合空间中，这个空间融合了社会联系(social connections)、数字信息(digital information)以及物理空间(physical space) (de Souza e Silva，2006)。
- 泛在(ubiquity)：移动技术无处不在，并且已经融入我们的环境中。移动设备通过信号和传感器，实现用户之间、每个人和周围环境之间的信息交换。

移动技术创造了新颖的、参与的、交互的体验；通过实现个人的发展和身份创建，这种体验增加了创意资本(Richards & Wilson，2006)。社交、情境和移动(social, contextual & mobile, SoCoMo)三者的融合也带来了在旅游供应商、目的地、接待者和旅行者之间的实时价值共创(value co-creation) (Buhalis & Foerste，2015)。在广义的服务营销领域，价值共创被定义为"在客户（或其他受益人）与服务提供商直接互动过程中的联合行为"(Grönroos，2012，p.1520)。值得讨论的是，移动技术不仅可以产生物理交互，也可以产生虚拟交互。

理解这些概念对我们非常重要，因为这是我们探索移动技术在实际应用方面的概念基础。在下面的部分，我们会展现一个移动IT生态系统的模型，探索这个模型的组成部分。最后，我们会讨论移动技术在旅行者和组织方面的应用。

6.1 移动技术生态

像前几章那样，我们从生态系统的角度，更好地理解了移动设备的潜在应用和影响。图6.1展示了旅行环境中的移动技术生态系统架构。移动技术生态系统由六个主要部分组成：
- 移动设备(mobile device)：大多数设备的关键部分都包含操作系统(operating system，OS)、虚拟助手(virtual assistant)、应用程序(apps)、信

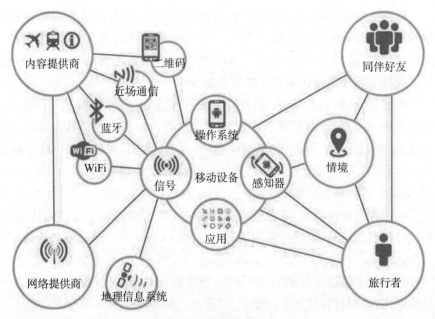

图 6.1 移动技术生态

令技术(signaling technologies)和传感技术(sensing technologies)等。这些组成部分让设备能够感知输入指令,并执行一系列功能。

• 情境(context):传感和信号技术共同工作,以收集用户所处环境的空间、时间和其他对象的情境信息。

• 内容提供商(content providers):这些内容包括旅游提供商、中介、广告商,网站、社交媒体、搜索引擎和第三方信息(如,天气预报,货币换算)。

• 网络提供商(network providers):用户必须订购网络提供商或运营商才能访问蜂窝网络。

• 旅行者(travelers):使用操作系统(OS)和应用程序界面(app interface),在旅行环境中与移动设备进行交互的用户。另外,设备还可以用传感器来收集旅行者的情境信息(如,眼动仪)。

• 同伴和朋友(companions & friends):旅行者使用移动设备与旅行伙伴以及其他地方的亲朋好友进行互动。它是将日常生活的社交情境带入了旅行体验当中。

在众多的指令中,移动设备收集、综合数据;然后通过应用程序执行特定任务。旅行中最具创新性的应用程序会通过传感和信号技术、智能应用等预测旅行者的需求。在本章中,我们将探讨多种设备、输入及其应用程序是如何被应用到旅行当中的。

6.2 移动设备

移动设备的硬件具有极大的多样性。设备在以下方面会有所不同:屏幕参数(如大小、分辨率、色深、方向、长宽比);内存大小和处理能力;输入模式(如键盘、触摸屏、语音识别);信令技术(如相机、加速度计、陀螺仪、指南针)和信号技术(例如 NFC、BLE、WiFi、GPS)(Gruber,2011)。这些差别的存在是由于这些特定设备是为特定任务和市场而设计的。例如数码相机具有与智能手机不同的功能,智能手机也许集合了其他移动设备中的特点,但却无法提供这些专用设备(例如数码相机和导航设备)中的所有功能。旅行者最常使用的移动设备是 GPS 导航设备、数码相机、智能手机和平板电脑。我们回顾一下每种技术的主要特点,并最后概述泛在移动技术的最新发展。

6.2.1 全球定位导航设备

导航设备从全球定位系统(global positioning system,GPS)卫星上接收信号,以确定用户在地球上的位置(经度和纬度)。因此,它们有时也称为卫星导航或卫星导航设备(sat nav)。导航设备的主要功能包括数字地图、显示用户位置的指示器、导航(通过文本或语音)、交通拥堵更新、速度限定、超速警告、红灯摄像头以及附近兴趣点(points of interest,POI)(例如旅游景点、饭店和加油站)。一些新型设备可通过蓝牙连接到智能手机等其他设备来共享信息(比如兴趣点)。在旅行产业中,这些设备可供自驾者、骑行者、行人用来寻找旅游景点和兴趣点。在一些汽车租赁公司,这些服务则被列为可选的附加收费项目。当然,现在很多汽车已经内置了卫星导航系统。

公共交通运营者也把导航设备视为地理信息系统(geographic information systems,GIS)的关键部分。GIS 存储、分析并显示 GPS 所提供的地理参考信息(US Government,2013)。GIS 也在铁路、公交和其他服务中用来提高准时性、监控车辆位置以及向乘客告知准确的到达时间(见第 8 章)。导航设备在户外休闲中也很重要,它可以指引徒步旅行者、水手、山地自行车手、越野滑雪者和其他户外探险者。较新的导航设备可以下载并与其他旅行者共享航点。poibase.com网站就是一个很好的案例，该网站允许旅行者下载数百个GPS地图、旅游导览以及兴趣点。

在交通拥堵中迷路和被困所造成的延误不仅会影响到出行的乐趣，还可能导致财产损失、人身伤害、空气污染加剧以及过度消耗汽油（US Government，2013）。而卫星定位导航设备可以减少旅行者迷路的可能，大幅提高了效率和安全性。这些设备通过提示道路限速、导航语音、驾驶方向等信息，减少了驾驶员注意力不集中的状况，提高了道路的安全性。然而，导航设备也会对旅行体验产生负面影响。导航系统提供的最快路线并不总是最安全路线，也并不总有最美的沿途景观。这些情况都说明，要给旅行者更好的路线建议，还需要提供更多的情境信息。

6.2.2 数码相机

自20世纪30年代以来，旅行者便可以买到价格合理的照片了。也是从那时起，相机就从笨重的箱型转变为彩色相机和即时相机，最后发展到了无胶卷的数码相机。与20年前的35毫米彩色胶卷相机相比，现在"傻瓜拍摄"（point-and-shoot）的数码相机有着更为出色的彩色图像。这得益于电子图像传感器、数字存储器、图像稳定和镜头技术的改进以及增强图像的后处理技术的进步。现在大多数数码相机都可以捕获静态图像和视频。当下最新的数码相机还包含有GPS接收器以及无线网络（WiFi）连接。一个全球定位系统（GPS）的接收器可以用图像进行地理标记（geotagged），所产生的情境数据随后可与诸如谷歌地图等结合使用。带有地标的图像可被旅游目的地和内容提供商使用，做为GIS应用程序和游客推荐系统的输入数据（Cao et al.，2010）。另外，无线网络也可通过连接用户，轻松地将图像从相机传输到其他数字设备或社交媒体帐户上。

尽管智能手机的拥有量迅速增长，数码相机仍然是旅行者携带的最常见的移动设备之一。与胶片相机不同，数码相机在同一场景下拍摄多张图像没有成本，而且用户可以轻松删除不需要的图像。先进的数字变焦功能还能使旅行者捕捉智能手机难以获取的景色（Pearce，2011）。这从根本上改变了旅行摄影的体验，因为旅行者现在可以轻松而高效地捕捉更高质量的图像（Lee，2010）。数码相机还让图像显示、打印、存储、操作、传输和存档变得更加容易。这些功能对旅行社来说尤为重要，因为这种照片可以很好展现出一顿糟糕的饭菜、一间肮脏的酒店房间和陌生的旅行同伴。并且,这些照片还可以上传到社交媒体和照片网站上共享。另一方面,供应商也使用自己的网站和社交媒体渠道来轻松捕获和共享那些特殊时刻。

随着更小巧和可靠的数码摄像机的出现以及 YouTube、Vimeo 和优酷等视频共享(video sharing)平台的发展,发布、观看和分享视频的用户越来越多。这些相机允许视频博主在参观某个目的地时轻松创建和分享内容。探险旅行者使用可穿戴相机和无人机(例如 GoPro 开发的相机),从新的角度捕捉和分享比如滑雪、单板滑雪、冲浪和徒步旅行等活动。与静态摄影不同,这些设备使旅行者能够捕获视觉的连续性和时间上的多个瞬间并记录多种感官线索(如视觉-听觉)和动作(Dinhopl & Gretzel,2016)。摄像机、网络和连接技术的最新发展带来了实时流媒体(live streaming)的新形式。旅游博客可实时记录和播放旅行经历。

6.2.3 智能手机与平板电脑

如我们所见,智能手机(smartphones)是许多其他技术的集合,其中包括笔记本电脑、PDA、手机、手表、便携式音乐设备、相机和 GPS 导航设备。智能手机为用户提供了一台相对便宜的超级计算机。这种电脑具有传感和信令的能力,可以与用户周围的其他设备、人和物体进行通信,获取情境信息以提供更相关的数字内容。智能手机支持数百万计的扩展其功能的移动应用程序。在本章的后面,我们将探索这些功能背后的一些技术和旅行应用程序。

平板电脑(tablets)是智能手机的近亲。它们通常拥有更大的屏幕,因此更适合阅读、玩游戏和上网。与笔记本电脑等其他便携式电脑不同,平板电脑通常不使用键盘或鼠标等外部输入设备。尽管蜂窝接入通常是一个可选的附加功能,但大多数都配备了与智能手机相同的传感和信令技术。

表面材料[如石墨烯(graphene)和曲面玻璃]和电子器件[如更高效电池和有机发光二极管(organic light-emitting diodes,OLED)]的不断发展让设备变得薄、更轻、更耐用,允许通过多种输入方式更新和操纵数字内容。

6.2.4 可穿戴设备

几十年来,腕表和便携式音乐播放器等可穿戴技术在旅行中发挥了重要作用(Pearce，2011)。然而，这些技术并非传统意义上的"智能"设备。可穿戴智能设备(wearable smart devices)是用户佩戴的微型电子设备。穿戴式智能设备已被用于工业、医疗和军事领域，但其广泛商业化随着活动追踪器和智能手表的发展，如三星 Galaxy Gear、索尼智能手表、光学头戴式显示器(optical head-mounted displays，OHMD)和智能眼镜(smart glasses)，直到21世纪10年代才得以实现。

几家大型科技公司正在开发智能眼镜，这种眼镜可提供透明的平视显示器(heads-up display，HUD)或增强现实覆盖层，将虚拟信息与现实世界融合在一起。最广为人知的项目之一是2013年推出的谷歌眼镜，当时谷歌邀请了一些"眼镜探索者"(glass explorers)，并以1500美元的价格预订了其测试版"探索者版"(explorer edition)智能眼镜。但由于人们对其价格、设计和实用性提出了批评，谷歌在2015年初停止销售这款设备。许多智能眼镜使用与智能手机相同功能的平台和架构，用户能安装第三方应用程序。虽然可穿戴设备与智能手机有着同样的应用，但其穿戴性为使用增强现实技术的旅游体验创造了额外的机会。

可穿戴技术是构成泛在技术(ubiquitous technologies)生态系统的众多设备中的一个例子。泛在技术包括使用智能设备(smart devices)与物体相互连接，使用蓝牙(blue tooth)、近场通信(NFC)和无线互联网(WiFi)等技术连接传感器和网络。它们是环境智能(ambient intelligence)的关键元素，有时也被称为物联网(internet of things)。用户通过眼球运动、语音指令、手势或触摸等自然方式与无处不在的技术进行交互。

6.3 移动信号和传感器

移动设备依靠一系列信令和传感技术来提供输入和情境数据。传感技术(sensing technologies)能够检测运动、触摸、图像和声音等感官数据。信令技术(signaling technologies)从手机塔(mobile phone towers)、发射机(transmitters)和信标(beacons)接收或读取数据。这些技术使智能设备能够看、听和感觉，赋予它们环境智能的能力(Manes，2003)。由于每种技术都提供不同的功能，因此在分析旅行者和旅游组织可能如何使用它们之前，了解这些功能是很重要的。

6.3.1 感知技术

大多数移动设备都包含一系列情境传感器，为设备提供有关用户及其周围环境的输入信息。传感器使智能手机变得"智能"。现代智能手机通常包含以下传感技术：

- 触摸屏（touchscreens）：大多数手持移动设备都有交互式屏幕，可以响应手指或触控笔的触摸。触觉反馈也变得越来越普遍，允许双向的触觉交流。一些触摸屏还可以收集生物特征信息，比如用于安全应用的指纹。
- 陀螺仪（gyroscopes）、磁力计（magnetometers）和加速度计（accelerometers）：这些技术使该设备能够探测运动的方向和幅度，检测设备的倾斜、旋转和方向，支持导航、摄影、游戏化和增强现实等应用。
- 数码相机（digital cameras）：数码相机是许多移动设备的"眼睛"。它们的应用远远超出了通常用于拍摄照片和视频的范围。在很多情况下，摄像头还能检测人脸、手势和眼球运动。它可以用于阅读时自动滚动文本、当用户看向别处时自动暂停视频、还可以用于面部识别和免触摸导航手势。摄像头还可以捕捉到二维码（QR），然后用合适的应用程序对其进行解读。
- 环境光传感器（ambient light sensors）：许多数字设备可以根据环境的光量调整显示，这样可减少电池消耗、延长电池寿命。一些传感器还可以检测用户的在场和距离。
- 温度（temperature）、湿度（humidity）和压力传感器（pressure sensors）：天气对旅行者非常重要。有很多应用程序是结合了环境温度、湿度和压力传感器以及其他感官输入和数据源。
- 麦克风（microphones）：这些是移动设备的"耳朵"，和相机一样，它们能做的不仅仅是捕捉声音。麦克风也是用于传播语音命令的工具，并与虚拟助手和其他应用程序交互。他们分析语音模式，根据用户身份调整和提供个性化的内容。

6.3.2 信令技术

信令技术允许移动设备接收或读取通过无线电波、微波或光波传输的数据。现在，许多移动设备都采用了多种信令技术。智能手机可能包含以下部分或全部信令功能：

- 射频识别（radio-frequency identification，RFID）：一种无线非接触式

射频电磁场的应用。通过使用信息编码芯片,可以识别和跟踪物品。RFID 芯片只有米粒大小,可以嵌入动物和人等一系列物体中。它们可以是电池供电或者无动力的,当它们靠近电磁阅读器时就会被激活。射频识别标签(Passive RFID tags)可以用于旅行环境,因为它们更小且成本更低。旅行的应用程序包括智能卡(ID 卡、信用卡和集成的公共交通卡)、行李跟踪、电子收费标签、会员卡、移动支付、库存跟踪、滑雪通行证和电子护照。

- 近场通信(near field communication,NFC):近场通信其实是一套标准,允许移动设备充当射频识别读取器/转发器,支持双向通信。近场通信允许设备在距离非常近(小于 7 英寸)的情况下相互通信。该技术还允许设备与嵌入在物体中的未供电近场通信芯片进行通信。用户可以在近场通信的标签区域附近挥动智能手机,信息就会立即传输。例如,通过读取一个近场通信标签,设备可以启动一个应用程序或访问一个网站链接(Pesone & Horster, 2012)。近场通信设备可用于非接触式支付系统、电子票务、展览和景点、信息共享、社交网络、电子身份识别和虚拟常旅客卡。迪斯尼的魔法手环(MagicBand)就是一个很好的例子(见第 10 章案例研究)。

- 蓝牙(bluetooth):一种用短波微波在短距离内传输和交换数据的无线技术标准。蓝牙与近场通讯类似,但范围更广(可达 30 英尺)。最新版本的蓝牙被称为低功耗蓝牙(bluetooth low energy,BLE)或智能蓝牙。低功耗蓝牙比传统蓝牙更经济实惠,适用于低功耗应用程序。2013 年,苹果基于低功耗蓝牙技术开发了一款低功耗、低成本的发射机 iBeacon。iBeacon 是一种无处不在的、能感知情境的无线传感器,它可以精确定位移动用户的位置并发送推送通知。在旅行情境下,该技术可以成为地理围栏工具(geofencing tool),提供本地化的游客信息、解说和向导。

- 无线上网(WiFi):允许移动设备交换数据或使用无线电波无线连接到互联网的技术。通过无线热点建立连接,室内设置范围约为 65 英尺,而室外设置范围更大。该技术常应用在机场、咖啡厅、酒店和公共场所。一些旅游目的地已推出了免费 WiFi 网络全域覆盖。

- 可见光通信(LiFi):可见光通信(visible light communication,VLC)系统,使用来自二极管的光波在移动设备和网络访问点之间提供高速连接。可见光通信作为一种新的技术,是"光保真度"(light fidelity)的缩写。预计将比 WiFi 便宜、速度更快。但由于光波无法穿透墙壁,可见光通信将会在办公室、餐厅和飞机客舱等更小范围的室内环境中应用。

- 蜂窝网络(celluar network)：分布在大面积的陆上无线通信网络。用户购买用户识别模块(subscriber identification module，SIM)卡，并向电信供应商支付费用，以接入语音或互联网服务。一些运营商提供全球漫游服务，让国际游客可以在海外的网络上使用他们的 SIM 卡，但费用较高。因此，许多智能手机用户依赖 WiFi 热点，或者在到达目的地时购买预付费的 SIM 卡。
- 全球定位系统(global positioning system，GPS)：一种基于空间的卫星系统，可在地球上任何地方提供位置和时间信息。虽然我们已经讨论过 GPS 导航设备的使用，但其实 GPS 卫星服务还支持其他移动设备应用程序，比如数码相机、智能手机和平板电脑。GPS 的全球特性使它非常适合在户外环境中导航。GPS 还可以与情境感知的移动应用程序相结合，触发特定活动和通知的地理信息。

对于旅游组织来说，了解每种技术的应用和局限性很重要。最应该了解的是它们的范围和使用方式，因为这会影响如何部署和使用这些技术(见图 6.2)。创建一个使旅行者保持联系的、无处不在的网络可能需要结合多种技术才能实现。在此过程中，确保不同网络之间的无缝对接和透明性是十分重要的(Kaplan，2012)。

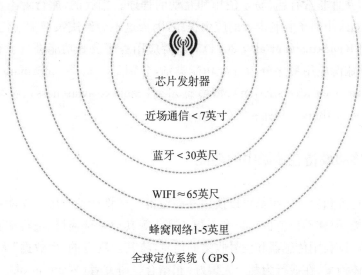

图 6.2　不同移动发信技术的一般范围

6.4 移动操作系统和手机应用

移动设备上的硬件(包括传感和信号技术)由移动操作系统(operating system,OS)控制。大多数智能手机、平板电脑、可穿戴设备都使用谷歌的安卓系统(Android)、苹果操作系统(IOS)和各种版本的微软视窗操作系统(Windows)。用户通常通过文本或语音输入与这些系统进行交互,与虚拟助手(virtual assistants)进行交互的用户进行询问、执行任务和服务等变得越来越普遍。如苹果 Siri、谷歌助手、亚马逊 Alexa、微软 Cortana 和三星 Bixby 都是这样的例子。移动应用程序的下载是移动设备的一个重要特性。应用程序是指利用移动设备的硬件提供额外功能的定制软件。它们由移动设备制造商提供,有的通过在线应用商店(app stores)的第三方开发者提供。现在有大量的应用程序,包括游戏、生产力工具、媒体、娱乐、导航、教育、生活方式和旅行应用等。

许多第三方的旅游应用程序均可用于三种主要的移动操作系统。研究者们(Wang & Xiang,2012)根据功能和应用商店的用户评论将旅游应用程序分为12类。他们发现,旅行者出于不同的旅行目的会使用不同的应用程序组合。旅行者更喜欢的设计是能够减少决策工作、提供即时支持/反馈和控制感,并且非常有趣、易于使用和互动的程序。相反的,旅行者不喜欢那些从网站或小册子复制内容的应用程序,因为这不会给决策增加任何价值。研究者们(Dickinson et al.,2014)对旅游应用程序及其功能进行了有用的概括,将旅游应用程序分为五个功能类别,分别是信息类(information)、双向共享类(two-way sharing)、情境感知类(context awareness)、物联网类(internet of things)和标签类(tagging)。

6.5 移动设备在旅游中的功能

旅行者和旅游组织都可以使用移动设备。尽管移动应用程序就可实现多种功能,但移动设备也可以和 GIS、CRM 等其他系统连接、进行交互。移动设备可以利用传感器和信号收集的信息,将其与现有的"大数据"来源(如社交媒体档案、在线行为和个人偏好)相结合。研究者(Wang et al.,2016)提到,旅行者使用智能手机交流、社交、获取信息、搜索信息、娱乐和便利化应用(即时间管理、导航、登机)。在表 6.1 中,我们列出了移动设备在旅游业中的十项功能,从最基本的(信息提供)开始,逐步发展到依赖于由传感器、信号、系统和技术组成的复杂生态系统,以及交互作用越来越复杂的应用。这些功能扩展了研究者们(Dickinson et al., 2014; Wang & Xiang, 2012; Wang et al., 2016)的原始工作。

表 6.1 旅游中移动设备的主要功能

功能	描述	旅行应用
通知	旅行中追溯和获取信息的能力	景点和目的地指导;时间表和日程;汇率换算;解说(如虚拟导览、二维码);导航(如地图、街景、方向等)
情境化	基于智能手机情境感应的服务;不仅具备和他人交流的能力,还具有"万物互联"的能力	交互,实时位置感知;基于地点和情境的通知推送;实时旅游信息的提供:航班状态、天气、安全、节事活动和报价
个性化	情境信息和用户数据的结合,用来提供定制化服务	推荐系统;促进个人互动
社会化	交流能力,如语音、社交媒体、消息通信	移动语音和文字;社交媒体(如 SNS、博客、点评和媒体分享)
管理	收集用户数据、实施策略改变用户行为	旅行计划和行程;数据挖掘(如游客行为、客流和类型、停留时间);对行为管理的通知推送
翻译	线上和线下翻译图片、问卷和输入的语音	宣传手册、标识牌、演讲等实时翻译多语言应用
购买	查找和预订旅行产品的能力	供应商、旅行中介、元搜索
娱乐	利用应用提高旅行体验,打发空闲和无聊的时间	音乐、视频、游戏、读书、上网浏览
游戏化	使用数字信息奖励旅行体验	寻宝;真实时间中的虚拟游戏
回顾	为未来的快乐获取旅行体验	标有地理标签的图片和视频、个人日志和信息

6.5.1 通知

信息传递是大多数旅行应用程序的主要功能。移动应用可以通过满足各种功能性和享乐性信息需求,改变旅行者行为和情绪状态(Wang et al.,

2012)。旅游应用程序提供的信息类型包括：相关旅游景点、住宿餐饮信息；旅游安全建议、天气、汇率等辅助信息；时间表和航班状态等交通信息；有关人、地方和事物的解说信息；以及地图和方向等导航信息（Mirski & Abfalter, 2004; Kang & Gretzel, 2012; Wang & Xiang, 2012）。旅行者还可以搜索提示信息、推荐评论、博客和旅游论坛等用户生成的内容。表 6.2 提供了一个有用的框架，用于说明移动应用程序处理的不同类型的旅游信息需求。

表 6.2　移动应用的游客信息需要（摘自 Wang et al., 2012）

类型	描　　述
功能	游客需要信息去学习、增加旅途的附加价值、提高效率并减少不确定性
创新	游客需要信息激发新鲜、自发和有创意的体验
享乐	游客需要信息激发兴奋的心情，享受目的地，体验当地的文化和生活
审美	游客需要信息形成对目的地的想象和期待
社交	游客需要信息给他人建议，分享体验，为朋友提供有价值的信息

向移动用户传递信息方有两种策略：

● 以网络为中心的信息（web-centric information）：使用移动浏览器和标准网络技术（如 HTML／HTML5、JavaScript、CSS）通过移动网络传递内容。虽然基于网络的内容可以在设备上使用不同的操作系统进行访问，但却不适合在缺少稳定网络的旅行环境中使用。

● 以应用程序为中心的信息（app-centric information）：专门构建的应用程序使用设备的硬件功能（例如摄像头、麦克风、定位、蓝牙）来传递旅行信息需求（Gruber, 2011）。

移动信息可以有多种表现形式。研究者（Hyun, 2009）提出了一种基于遥现（telepresence）概念的移动信息源类型。他们认为，移动通信系统可以表现为两个维度：

● 保真度（fidelity）：基于内容深度（文本、2D 效果、3D 效果）和宽度（音频、视觉）的感官强度或生动度；

● 交互性（interactivity）：用户根据速度（同步的、异步的）、范围（变化的、旋转的、缩放的）和绘图（观察自我、功能自我和智能自我）塑造信息形式和内容的能力。

如图6.3所示,该框架让我们将一系列移动信息源组织进行分类。移动媒介虚拟体验的类型强调了信息可以以多种形式传递,包括从基于文本的系统(text-based systems)到交互式的虚拟指南(interactive virtual guide)。

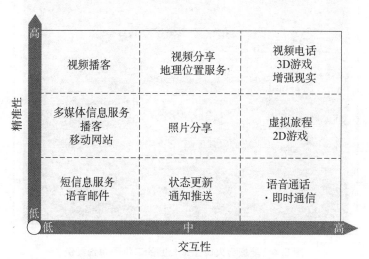

图6.3 以移动为中介的虚拟体验类型(摘自 Hyun et al., 2009)

同时,区分拉式通信(pull communication)(由旅行者发起)和推式通信(push communication)(由内容提供商发起)也很重要(Kaplan, 2012)。应用程序可以提供这两种类型的内容,但许多都是复制现有的信息源。例如,旅行指南或网站都是如此。对于应用程序来说,提供一个有效的机制来搜索这些信息是很重要的。应对这一挑战的创新方法包括使用语义搜索(semantic search)工具,识别向虚拟助手(如苹果Siri或谷歌Assistant)提出的语音请求。

旅游机构使用二维码(QR code)为游客提供信息和解说。酒店正在制作包含二维码的客房指南,拉斯维加斯的赌场正在使用二维码推广城市周围的表演和活动,历史遗迹在建筑物和附近物体上安装二维码,为客人提供了历史、建筑、地区或文化信息(Vela, 2012)。图6.4展示了解说二维码的例子。BLE 和 NFC 技术也可用于拉式通信。

增强现实(augmented reality, AR)是信息传递的另一种形式,它是通过各种移动技术的融合而实现的。增强现实(AR)通过渲染的虚拟信息提高

图 6.4　夏威夷火山国家公园的二维码解说案例

或增强用户对周围环境的感知,使其看起来与现实世界共存(Yovcheva et al.,2012)。增强现实技术可以通过应用程序来体验,这些应用程序覆盖在移动设备的真实镜头视图上,并提供虚拟信息。本章中已经讨论的许多功能都可以通过增强现实来实现。一些知名旅游公司的旅游应用已经将增强现实作为一项功能。许多目的地也使用诸如 Layar 这样的平台发布了增强现实旅游指南。

旅游业的应用包括营销、游客咨询、翻译和游戏化。当基于位置服务(location-based services,LBS)和情境数据相结合时,增强现实可以显示定制的实时信息,这些信息会随着用户在环境中的移动而变化。例如,一个旅行者走在城市的街道上,可能会看到在他们视野范围内的酒店旁边浮动的空房和房价。旅客通过餐厅时可以看到特色菜和评论。参观历史遗迹的游客可以通过在真实场景上应用不同的虚拟层,来体验历史场景和历史人物。提供这一功能的旅游应用程序的经典案例,包括伦敦博物馆开发的街道博物馆应用程序和为西班牙城市塞维利亚开发的 Past View 中的体验。维也纳的阿尔伯蒂娜美术馆等博物馆和美术馆都创建了增强现实的应用程序,可将静态展示和艺术品转变为互动体验。

然而,在现实中,一些旅行者却不愿意一边观看增强现实内容一边在公共场所行走。智能眼镜之类的可穿戴设备可以将这些信息直接放在用户的眼前,这为旅游组织提供了很多机会。随着这些技术的成熟,旅行者会期望目的地指南和游客信息上能使用增强现实技术(Linaza et al., 2012)。

6.5.2 情境化

信息的普遍可用性意味着用户可能会遭受信息超载的困扰。这是可以避免的,因为移动应用程序可以过滤内容,只显示基于情境的相关信息。一个移动应用程序至少可以通过 GPS、WiFi 或 BLE 获得基于位置的服务,这样就可以过滤掉和这个位置无关的信息(Tussyadiah & Zach, 2012)。不同层次的数字地图叠加,如餐馆、酒店、景点和交通拥堵等都提供了一个基本层次的情境化。但是情境化不仅仅是和地点相关,旅行者不仅对某样东西在哪里感兴趣,他们还想知道如何找到它、到达那个地方需要的时间、是否会喜欢它以及那里的天气如何。

研究者们(Tan et al., 2009)认为,移动旅行内容必须基于对情境的丰富理解。他们提出了一个称为 TILES 模型(TILES Model)的框架,该框架显示移动应用在定制内容时需考虑的五类情境数据(见表6.3)。

表 6.3 情境数据的 TILES 模型

类型	描述	例子
临时	基于时间的情境化内容	当下时间、日期、节事活动、季节和行程等
身份	基于用户身份的情境化内容	兴趣、人口统计学、动机、食物和活动偏好、已完成活动、语音、预算、旅行特点
地点	基于用户移动和位置的情境化内容	当下位置、附近景点、旅行速度和方向、交通模式
环境	基于用户环境的情境化内容	天气、交通条件、拥堵和通行情况、等待时间
社交	基于用户社会背景的情境化内容	旅行同伴、团体兴趣、附近朋友和家人、推荐意见、社交媒体活动

因此,情境感知应用程序在选择呈现给用户的信息时会考虑到位置、时间、人和物体(Paganelli & Giuli, 2008)。这种"精打细磨"的情境感知应用程序所需的信息只能由本地用户提供。鉴于此,谷歌已经创建了创新项目发展这种本地知识。谷歌的"本地向导"(local guides)充分融合了社交、本地和移动内容。该项目将来自谷歌的"我的商家"(my business)的企业列表与当地居民提供的评论、照片和知识结合在一起,为旅行者提供了当地的背景知识。否则游客将需要花时间、反复访问和不断熟悉才能实现这一目的。传输数据的日常物品和携带传感设备的人员结合,使旅游体验的共同创造能够实时发生(Dickinson et al., 2014)。

情境信息可能还有其他意想不到的好处。通过显示不同交通方式下的距离和路程时间,旅行者可以决定步行,而不是开车或乘坐公共交通工具,从而减少了二氧化碳的排放。高质量的导航信息不仅可以增强驾驶员的使用程度,也增强了行人使用这些信息的频率(Riebeck et al., 2008)。情境信息还可以提高旅行者的便利性和安全性。例如在出租车、公共汽车和其他类型的公共交通工具中,GPS设备可以帮助访客实时了解这些车辆的位置。

情境感知技术在旅行中的另一种应用是地理围栏(geofencing)。地理围栏是针对真实环境(例如酒店大堂或其他区域)生成的虚拟围墙。使用地理位置服务的旅行者可以在进入或退出地理围栏时触发推送通知以及其他活动。用户的位置是由设备中的GPS、NFC、BLE和WiFi功能确定的。每当用户接触到有趣的事物时,"谷歌助手"都会使用这项技术将内容推送到移动设备。内容包罗万象,从当地历史到购物、餐饮和娱乐的最佳地点。当这类应用与AR智能眼镜结合在一起时,它们将为旅游带来巨大的潜力。旅游组织和目的地需要考虑如何在这些全球应用程序中体现自己。

6.5.3 个性化

我们已经看到了移动设备如何根据各种输入来使信息情境化。现在,假设数据已针对个人的需要进行了个性化设置,来自情境传感器的数据就可以与个人信息结合使用,扩展情境感和定制感。这些个人信息可以来自存储在移动设备上的详细信息(如个人记录、应用程序、照片、电子邮件和日历)、社交媒体档案的信息、搜索历史和设备习惯等使用数据。这是TILES模型的"身份"组件,由于其在旅游行业的应用丰富,本章会对相关内容另行讨论。

个人向组织提供个人信息，为的是换取更好的服务或特殊利益。常客计划（frequent-flyer programs）和酒店会员卡（loyalty card）就是很好的例子。此外，用户通常在没有阅读的情况下就同意了新应用程序的条款和条件，而且可能不知道他们正在与提供商共享信息。这样，旅游应用程序提供商可以汇总这些数据，获取有关应用程序使用、购买行为以及时间和空间旅行数据等商业信息（Dickinson et al.，2014）。此类商业信息可提升机场（第7章）、景点（第10章）以及目的地（第11章）中的体验。

个性化方面，谷歌再次提供了"谷歌助手"这一优秀的案例。"谷歌助手"可以与照片、谷歌地图、谷歌邮件和谷歌日历互动，"浮出"（surface）个人白天需要的信息，而无需召唤它。从旅游供应商发送的电子邮件中提取旅行行程就是一个很好的例子。通过旅行行程还可以获取地图和天气预报等其他信息。这些细节信息可以显示在移动设备上的个性化通知中。

个性化是移动推荐系统（mobile recommender systems）的核心。移动推荐系统使用空间、时间和个人数据过滤内容，提供情境相关的推荐（Ricci，2010）。有证据表明，使用移动推荐系统的旅行者在目的地停留更长的时间、游览更多的景点（Modsching et al.，2007）。移动设备上的各种旅行计划应用程序就是移动推荐系统的案例。这些应用对你了解越多，推荐的结果就越准确（Rodríguez et al.，2012）。

在信息时代，数据和内容是旅游企业和目的地的宝贵资源，并最终推动营销和游客体验提升。尽管个性化提供了许多机会，但这些机会必须与个人隐私权相权衡。如前所述，个性化要求个人共享一些个人信息，以换取更好的服务或特殊利益。在许多国家和地区，对可以收集哪些数据、存储个人数据的类型，可以存储多长时间或使用方式等几乎没有限制。道德的旅游企业和目的地通常会采用营销许可准则（permission-based marketing），询问他们是否同意被追踪（tracking）、交流（communication）、邀请（offer）和通知（notification）。

在考虑个性化的时候，遵守数据隐私法也很重要，该法律旨在保护消费者的权利。欧盟于2016年出台的《通用数据保护条例》（General Data Protection Regulation，GDPR），是旨在赋予个人对其个人数据控制权的法律案例。GDPR要求组织必须披露收集的任何数据，声明使用数据的法律依据和目的，表明数据将被保留多久以及是否将与任何第三方共享数据。同时，个人也有权要求其个人数据的便携式副本，并可要求销毁数据。数据隐私法规对旅游业带来很多影响，旅游业通常会记录和存储潜在敏感的个人数据和客人的偏好，以提供更多的个人服务和体验。

6.5.4 社交化

因为移动设备拥有众多功能，所以人们很容易忘记移动设备在本质上仍是一种通信设备。大多数人拥有智能手机是为了可以与他人交谈，社会化功能即是社交媒体也是通信。对于旅行专业类人士来说，移动设备提供了多种电话功能，但很少有组织使用Skype、FaceTime或微信等视频会议工具。对于像旅游业这样的高接触行业来说，这些似乎都是显而易见的应用。类似地，也很少有旅游企业使用SMS和即时消息等服务。除了这些通信功能之外，还有一系列移动设备特有的社交媒体应用程序。

社交媒体与移动设备的结合称之为移动社交媒体（mobile social media）（Kaplan，2012），由于包含了情境因素，使它与传统社交媒体显得有所不同。移动社交媒体应用程序可以分为四类：根据两个维度，分别是消息是否考虑用户的位置（位置敏感度）、消息是即时接收还是由用户接收和处理（时间延迟度）（请参见表6.4）。

表6.4 移动社交媒体应用（摘自 Kaplan, 2012）

	地点敏感性	地点不可知
及时性 （instantaneous）	空间定时者：在特定地点和特定时间（如脸书、Foursquare）的相关信息交换	快速定时者：为了提高及时性，传统社交媒体转变到移动设备上（如tweets、WhatsApp、messaging）
时间延迟 （time delay）	空间定位者：标记在某地的特定地点，他人在随后读到（如Yelp、猫途鹰）	慢速定时者：传统社交媒体转到移动设备（如YouTube、维基百科等）

在社交媒体上，通过分享那些希望他人看到的旅行体验，个人可以表达自己的身份和自我披露。组织可以通过鼓励用户评论、状态更新、签到和照片等贡献来鼓励社交移动行为。例如，参观主题公园的游客如果在参观期间从不同地点签到超过十次，就可以获得免费饮料的代金券。为访客提供近场通信（NFC）触控点或WiFi来签到，或在社交媒体上发布内容，是这一策略的重要组成部分。提醒用户使用标签（#）也有助于跟踪访问者发布的社交媒体内容。这些社交媒体的活动有助于虚拟组织存在，是商业智能的

重要来源。在这方面,万豪酒店(Marriott Hotels)又向前迈进了一步,它与一家名为"HYP3R"的地理定位营销公司展开合作,开发了自己的"M Live"计划。M Live使用地理围栏技术实时发现访客在其全球任何地点发布的未标记社交媒体内容。然后,通过创建"愉悦时刻",为客人提供更好的体验(请参阅行业洞察)。

旅行者在旅行时也会使用移动社交媒体,这可以减少他们与社交圈的社交距离(social distance)。而在某些情况下,使用社交媒体是出于安全保障目的,例如,旅行者可以通过定期登录,让他们的朋友和家人知道他们是否安全。同时,通过监控移动社交媒体活动以及当旅行者在线分享问题时提供主动支持,旅游零售商可以提供更好的目的地服务。另一个有趣的例子是Foursquare,一个英国应用程序将Foursquare签到数据和警方统计数据进行比较,并告知用户当前位置的安全性。

企业也可将应用程序和社交媒体统一起来,通过帮助用户找到"朋友的朋友"或"类似兴趣的旅行者",使得移动社交媒体和地理位置服务(LBS)来体验社交也就变为了可能。例如,社交发现应用程序可让旅行者了解自己的朋友是否住在同一家酒店以及熟人是否在同一趟航班上。这些应用程序来自例如Facebook和领英等社交网站的信息,帮助旅行者确定同行者或潜在旅行同行者。因此,社交信息可以让移动推荐系统的信息变得个性化。通过将个人数据与手机社交媒体上的数据(如签到和状态更新)相结合,应用程序可以对内容过滤,这样用户就可以看到旅行者分享的他们自己的评论和推荐(Spindler et al.,2008)。来自当地人和旅行者的实时信息(real-time information)可通过众包(crowdsourced)改善旅行体验。例如,应用程序可让旅行者报告拥挤区域。Waze应用程序是移动社交媒体与地理位置系统相结合的很好案例,通过共享实时交通和道路信息,该程序可以节省旅行者的时间和金钱。

一些旅行者可能会觉得使用社交媒体在监控他们的活动,这打扰到了他们,给他们带来了烦恼。因此,我们需要注意,移动社会关系要确保是建立在信任和互惠基础上的。研究者(Kaplan,2012)建议,企业在与旅行者互动时,移动社交媒体应遵循"4I"原则:

- 整合(integrate):把活动整合到用户生活中,而不是带来麻烦;
- 个性化(individualize):活动需要考虑用户的喜好和兴趣;
- 参与(involve):通过参与让用户交流;

- 初创(initiate)：创建用户生成的内容。

简而言之，社会化功能就是将沟通、信息、情境化、个性化和社会数据相结合，以传递更多的相关内容和体验。

行业洞察：Marriot M Live

2016年圣诞节前几天，一位住在田纳西州（Tenessee）纳什维尔（Nashville）万豪盖洛德·普瑞兰（Gaylord Opryl）度假酒店的客人发布了一张照片，炫耀自己的新订婚戒指。横跨大陆位于华盛顿特区的一个社交媒体团队，坐在电脑前的指挥室里，发现了这个帖子，并调动酒店的客房服务，向这对新婚夫妇赠送了一瓶免费香槟进行庆祝。在这"欢乐时刻"之后，是一张新的 Instagram 香槟照片、一对长笛和对万豪酒店的感谢。

这个故事是万豪"M Live"计划的众多案例之一。华盛顿特区的社交媒体团队在全球多个"M Live"工作室中的工作就是实时监控社交媒体并寻找与客人互动、给客人惊喜的机会。来自世界各地的社交媒体帖子流经数十个屏幕，覆盖在墙上，地图则显示了不同帖子的位置和社交媒体活动。万豪能够使用地理围栏在每个属性周围提供虚拟情景，并跟踪全球4 500多个属性的来宾帖子。只要客人的隐私设置设为"公开"，该技术就可使万豪酒店看到社交媒体帖子。"M Live"工作室团队还监视社交媒体趋势，由此寻找将万豪品牌与趋势社交媒体会话联系起来的机会。当有关该品牌的名人发布信息时，万豪就会收到实时通知，以提醒他们继续进行会话。万豪还开发了称为"移动请求"的物业移动聊天平台，该平台使客人能够与前台工作人员进行交流，并通过智能手机请求各种服务和设施。

6.5.5 管理

从需求角度看，旅行者会将移动设备用于管理功能，其中包括时间管理、导航、用餐预订、住宿预订、航班登机和行程管理等。众多 OTA 和行程计划应用程序可以帮助旅游者实现这些功能需求。一些旅游景点和目的地也设计了类似应用程序,帮助游客管理时间、预订以及旅途中其他方面的问题。专门为奥兰多迪士尼乐园和上海迪士尼乐园设计的"我的迪士尼体验",就是此类应用程序很好例子(请参阅第 10 章的案例研究)。

从供应角度看,旅游的相关组织可以利用移动设备管理旅行者体验,这一切会通过商业智能和管理干预的方式得以实现。管理功能通常依赖于旅行者是否会为了获得更好体验而同意共享信息。由于移动设备可以提供有关旅行者时间和位置的数据,并可用于商业智能(参阅本章末尾的案例研究),因此一旦获得旅行者的许可(无论是隐式还是显式),旅游的相关组织就可以使用数据挖掘技术收集由这些移动设备产生的"大数据",并进行可视化处理。例如,游客的位置和个人数据可以更好地了解游客流量、旅行路线、停留时间、活动类型以及常去景点(Shoval & Isaacson,2007;Modsching et al.,2008;Dickinson et al.,2014)。新型应用程序还能用地理标签的照片得知活动的类型(Sugimoto,2011)。

旅游企业能识别旅行者到达住所的时间,以及他们在社交圈中和其他人共享的内容。这些信息中包含了年龄和性别等人口统计数据。这些组织还可以确定旅行者的住所、就读学校、婚姻状况以及其他个人信息。这些数据可以与存储在客户管理数据库中的信息相连接。

使用移动设备监视访客活动和行为只是其中的一部分。为创造更优秀的体验,旅游相关组织需要对这些数据进行加工。通过移动设备对旅行者决策和行为的影响,旅游组织可以把观测数据转变为干预。这些干预包括地图中拥堵路段的更新,排队或延误预警推送,停车场、景区可用提示,优惠及安保信息。

6.5.6 翻译

智能手机和平板电脑可实时翻译文本和语音。在国际旅行时,这个功能显得非常重要。当游客的手机摄像头对准一个标志或菜单时,谷歌翻译和 Word Lens 等应用程序就可形成翻译文本。专用的移动应用程序也能给旅游组织提供多种语言营销和解释内容的能力。旅游目的地、博物馆、机场和景点不再局限于只提供一种或两种语言的标识。同样,酒店和餐厅也可以利用应用程序以不同的语言提供"室内指南"及菜单。除了翻译文字,大多数智能手机还提供实时语音翻译。实时翻译任何语言的能力深刻地改变了国际旅行者和旅游行业中客服人员的体验。在第 10 章中将更详细地讨论其中的一些应用。

6.5.7 购买

移动设备也是旅游购物的便捷工具。这一功能尤其适用于寻求简化购买流程的旅游中介以及旅游供应商。许多 OTA 和元搜索引擎都提供移动应用程序,方便旅行者进行查找、比较和预订(如机票、酒店房间、租车以及其他旅游产品)。然而这些应用程序是依照较小屏幕(移动设备)的使用而设计的,因此与通常难以在移动设备上运行的网站有不同的用途。

应用程序还能让旅行者在旅途中就预订产品。对于游客来说,能在途中预订的服务尤其重要。我们已经看到了信息的情境化、个性化、社会化和便捷化是如何影响旅行者的旅途决策的。然而,这种对旅行者的影响想要实现,就必须依靠游客在这些程序上对多种活动的预订。一旦产生交易,移动设备就可以用于检票、酒店入住、登机、购物以及旅途中的其他服务。像近场(NFC)技术等可用于值机柜台、安检、登机口、汽车租赁柜台、酒店接待处以及景点和活动入口。

前面我们讨论过的传感和信令技术也支持类似功能。其中移动支付、点对点支付服务、苹果支付、谷歌支付、支付宝和微信支付等票务系统也发挥了重要作用。当旅行者自己没有移动设备时,移动业务应用程序还应该接受信用卡支付。Square 就是此方面的优秀案例,作为一个小型读卡器,可以连接到移动设备上,将其变成 POS 支付系统。这项技术适用于酒店、餐厅以及旅行社等需要更大流动性的场所,或者在客人没有携带现金的情况下。

6.5.8 娱乐

在旅途的很多时候,游客可能会发现自己被"停顿"在行程中。例如排队等候、乘火车或公共交通工具上下班以及等待游览景点开放的时候。但也有时候,游客们可能只是想放松一下。研究者们发现,旅行者经常在上述情形中使用智能手机。这时的智能手机提供了一种娱乐功能,游客可以上网、读书、看视频、听音乐或玩游戏(Wang et al., 2016)。

这些行为源于旅行者在日常生活中养成的使用智能手机习惯,有人认为它们从根本上改变了旅行体验(Wang et al., 2016)。一些使用智能手机的习惯还可能让人上瘾,这会对旅行体验产生不利影响。不过旅游供应商也可以利用这些习惯,将社交元素与增强现实或游戏动态相结合,设计到应用程序中,共同创造娱乐技术的增强体验。

6.5.9 游戏化

移动技术也有助于旅游体验的游戏化。游戏化(gamification)是一个非正式的统称,指在非游戏环境中使用游戏设计元素来改善用户体验以及用户参与(Deterding et al., 2011)。游戏化可以影响个体对周围环境的体验以及对移动性的选择(Frith, 2013)。人们对移动设备的情境和社交功能的使用让越来越多的日常体验被"游戏化"。比如在当地的咖啡馆得到一张会员卡,这样你就可以得到一杯免费咖啡,这是低技术含量的游戏化应用。而通过获得积分,游客在本质上也是在参与一场针对特定行为的奖励游戏。

在移动技术的高科技世界里,旅行者还可以成为"市长",在社交媒体上签到、在 Facebook 或 Twitter 上更新信息、在猫途鹰上点评酒店;这样就可以获得"徽章"甚至是真正的奖励。另一种方法是为旅行者设定挑战和任务,比如寻宝或当地版本的《惊人的赛跑》(Zichermann & Cunningham, 2011)。这样看来,社交、本地和移动技术(SoLoMo)的融合让游戏化成为可能,创造出一种在物理空间的混合体验。这类体验与"地理藏宝"(geocaching)活动非常相似,后者是一种让参与者利用位置服务对"宝藏"(Schlatter & Hurd, 2005)进行"捉迷藏"的活动。"地理藏宝"利用网站或者是应用程序(如 Geocaching、Cachly、c:geo、Geocaching Go),可以发现隐藏在不同位置"宝藏"。另外,Geocaching.com 网站还开发了一款名为 GeoTours 的产品,该产品允许目的地设计和管理上面说到的"宝藏",让游客通过兴趣点寻找到这些"宝藏"。

游戏化可以应用于旅游业的任何领域,尤其是在用于旅游目的地以及大型设施(如滑雪场、机场、博物馆、景点和活动)方面显得非常有用。想要探索某个旅游目的地,游客可以安装一款应用程序寻找各种线索,而不仅仅是去旅游。"面包屑导航"或标签可以引导旅行者到达类似于兴趣点的特定地点,而地理信息服务则可以在旅行者到达路径点后显示新的线索。通过要求玩家去收集"电子币",就可以引入竞争元素。这样做的目的是创造一种好玩、挑战、成就以及奖励为特征的体验。对于旅游目的地来说,游戏化的应用不仅能改善旅游体验,还可以将游客分散到不太知名的景点。另外,将奖励与商业地点挂钩也可支持市场营销的目标,增加游客的住宿时间和费用支出。诸如 Mobile Adventures 和 Stray boots 这样的公司就会将游戏和任务结合起来，专门设计基于位置的游戏。

美国 Vail Resorts 公司所开发的 EpicMix 应用程序就是游戏化的很好例子。该应用程序允许滑雪者通过嵌入滑雪通行证上的 RFID 标签来追踪滑行的垂直距离。滑雪者可通过社交媒体与家人朋友取得联系，并与其他滑雪者竞争，在各种挑战中获得虚拟徽章。另一个例子是荷兰皇家航空公司(KLM Royal Dutch Airlines)开发的《航空帝国》手机游戏。此类的大型应用程序还包括基于位置的增强现实游戏，如 Ingress 和宝可梦 Go 以及谷歌初创公司 Niantic 开发的《哈利波特：巫师联盟》(见行业洞察)。这些例子都表明，移动应用程序激发了新体验的共同创造。证据表明，移动应用通过刺激惊喜、兴奋和想象力，可以创造出更多具有自发性和创造性的体验(Wang et al., 2012)。

行业洞察：Ingress

增强现实手机游戏开发商任天堂以《宝可梦 Go》在全球范围内的成功而闻名，但 Ingress 实际上是该工作室的首款主要 AR 游戏。Ingress 将虚拟事件与现实世界中的物理设置融合在一起。该游戏基于这样一个前提，即地球已通过名为"塑造者"(Shapers)的外来异种现象播种了"外来物种"(XM)。玩家在两个派系中竞争：开明派相信"外来物种"会造福人类；而抵抗派则认为"外来物种"是"塑造者"入侵地球计划的一部分。用户通过移动应用程序("XM 扫描仪")进行游戏，通常被要求在各种真实地标和公共场所建立"门户"。该应用程序使用 GPS 数据呈现给用户真实区域地图，该地图显示带有本地雕塑、壁画和文化地标的虚拟门户，这些门户显示为绿色、蓝色或白色。白色的门户可以通过部署共振器的虚拟设备来占领，敌对阵营的成员可以通过摧毁共振器来攻击门户，并将其占为己有。门户可以链接到物理区域上创建三角控制区。

游戏的创造者巧妙地将现实世界中的事件、叙事与故事情节融合在一起，通过发布每日更新并安排各种临时事件来推动游戏发展。Ingress 帮助开创了 AR 和基于位置的游戏概念，底层技术为任天堂提供了开发新的 AR 游戏的机会，例如宝可梦 Go 和哈利波特：巫师联盟。从旅行的角度来看,考虑这些游戏如何增加旅行者的流动性和分散性很有趣。旅行者可能会在旅行时继续玩游戏,并且有机会在主要的旅游景点和地点创建门户。产品、门票和宣传册上也可以包含特殊代码,可在特定位置解锁其他项目。

6.5.10 回顾

移动设备的最后一个功能是支持旅行体验的反思和回忆。现在的移动设备使旅行者很容易地捕捉他们旅途行程的照片和视频。就像我们看到的那样,移动设备让旅行者轻松地使用社交媒体平台,如 Instagram、Pinterest 和 Facebook 相册,并即时在线地分享照片(Lo et al.,2011)。旅游组织则有机会参与这种社会经验分享、建立长期关系,激发游客的重游行为。

6.6 挑战与机会

在本章中所介绍的技术、应用程序以及相关功能都给我们展示了一个梦幻般的未来世界。在这个未来的世界里,许多服务过程都将由移动设备自动执行,信息也被过滤并以一种友好方式自动展示。事实上,上述这些设想是以世界一些地区出现的创新技术为基础的。在现实中,这些技术的发展还需要更多的改进。尤其是在各种数据源和系统的连接性、互操作性和跨平台兼容性方面,这些技术仍然面临着诸多的挑战。旨在发挥大数据、情境数据和个人信息潜能的分析系统仍在开发中。另外,旅游信息的产品复杂性特点也带来了这些技术(如推荐系统)在应用比较上的挑战。正如我们讨论过的,这其中还有一些法律、安全和隐私方面的挑战需要解决。

网络提供商向全球漫游者收取的高额费用也给许多国际旅行者造成了障碍。最后,同样重要的是要记住,尽管许多的便利是由移动设备提供的,但人本身的行为也同样不可忽视。游客并非总是按照开发人员的意图使用移动设备和旅行应用程序,总会有旅行者在旅行中不使用移动设备(Okazaki & Hirose,2009;Fuchs et al.,2011)。与此形成对比的是,习惯性使用智能手机也会导致上瘾行为,这种行为可能会破坏个体和周围环境的互动方式(Van Deursen et al.,2015)。在旅游环境中,越来越常见的现象是游客低头看他们的设备,而并不关注他们周边的环境。

本章小结

本章回顾了旅游行业如何利用移动技术支持旅行中的游客,讨论了如何使用移动范式理解这些技术的广泛影响,回顾了移动技术生态系统的一些关键方面,包括移动设备、信号和传感器以及操作系统和应用程序。本章的最后一部分介绍了移动设备在旅游中的十个功能。移动设备非常适用于旅行,尽管这些移动设备有一些发展和应用,但仍处于起步阶段。随着这些技术的成熟,在旅游的相关组织和旅游目的地中将可能出现一系列新的应用。

关键术语

加速度计 accelerometer,环境智能 ambient intelligence,应用程序 app,应用商店 app store,增强现实 augmented reality(AR),低能耗蓝牙 bluetooth low energy(BLE),蜂窝网络 cellular network,融合 convergence,数字弹性 digital elasticity,流动性 fluidity,游戏化 gamification,地理缓存 geocaching,地理围栏 geofencing,地理信息系统 geographic information system(GIS),地理标记 geotagging,全球定位系统 global positioning system(GPS),石墨烯 graphene,陀螺仪 gyroscope,平视显示器 heads-up-display(HUD),混合动力 hybridization,物联网 Internet of Things,可见光通信 LiFi,实时流媒体 live streaming,基于位置服务 location-based services(LBS),磁力计 magnetometer,微观协调 micro-coordination,移动推荐系统 mobile recommender system,移动社交媒体 mobile social media,近场通信 near field communication(NFC),操作系统 operating systems(OS),光学头戴式显示器 optical head-mounted displays(OHMD),有机发光二极管 organic light-emitting diodes(OLED),许可营销 permission-based marketing,拉动沟通 pull communication,推送通信 push communication,二维码 quick response(QR),射频识别 radio-frequency identification

(RFID),卫星导航 sat nav,饱和度 saturation,语义搜索 semantic search,感知技术 sensing technologies,信令技术 signaling technologies,智能设备 smart devices,智能眼镜 smart glasses,智能手机 smartphone,溢出 spillover,用户识别模块卡 subscriber identification module card(SIM card),平板电脑 tablet,远程呈现 telepresence,TILES 模型 TILES model,触摸屏 touchscreen,泛在技术 ubiquity technologies,价值共同创造 value co-creation,视频 video sharing,虚拟助手 virtual assistant,可穿戴智能设备 wearable smart devices,无线网络 WiFi。

问题讨论

1. 在引言中,我们建议使用移动技术实现体验的流动性和灵活性。阅读一些有关技术移动性的文献,并撰写一段文字来解释其含义。

2. 过去的假期意味着在生理和心理上都离开自己的家。但移动设备似乎让我们更难将日常生活和旅行体验分开。你认为这是个问题吗?这对未来的旅行有什么启示呢?

3. 在前面的章节中,我们讨论了互联网如何侵蚀传统旅游中介。可以说,移动设备通过为整个旅行体验提供管理工具,让旅行中介的许多功能变得自动化。你认为移动设备将意味着传统媒介的终结吗?

4. 我们发现,移动设备可以使用一系列情境数据来定制和个性化旅行体验。但是像 TILES 模型这样的框架需要访问大量数据,这可能会引起隐私问题。作为消费者,这是否让你感到困扰?应用设计者该如何克服这些挑战呢?

5. 年轻一代在游戏和奖励激励的文化中成长。你对旅行游戏化有什么看法?如果你能获得虚拟或真实的奖品,你会参加一个由你的手机提供的虚拟"惊人比赛"吗?选择一个你熟悉的城市,基于游戏化旅游体验的理念设计一款手机应用程序。

6. 这本书于 2019 年出版。从那时起,移动技术有了哪些进步?旅游组织和目的地如何使用这些技术?可穿戴技术和泛在技术的进步创造了哪些机会?

 **案例研究**

旅游追踪

游客在目的地附近,旅游追踪可以使用智能手机的应用程序来跟踪游客的流动性。该工具由澳大利亚塔斯马尼亚大学(University of Tasmania)的研究人员于2016年开发,它被用来跟踪游客在塔斯马尼亚岛(island of Tasmania)的整个旅程。Tourism Tracer应用程序是基于"选择加入"(opt-in)来工作的,跟踪和调查在旅行中的游客。在塔斯马尼亚,游客群体会在塔斯马尼亚的三个主要入境点集中招募,然后给他们提供智能手机。通过GPS的位置信息,这部手机的应用程序可以记录他们准确的旅游模式和实时数据。该程序还能弹出调查问卷,以获取受访者的个人见解。该计划生成的数据和意见可通过"创新旅游追踪"的显示界面在线获取。该应用程序和显示界面提供了前所未有的深入观察,能了解访客群体的去向、他们的行动方式以及哪些因素影响了他们的决策。显示界面还允许研究人员和行业从业者跟踪不同年龄、国家、停留时间、旅行原因,细分市场等。这些观察还包含了许多目的地的应用程序:

- 确定基础设施的差距;
- 评估市场宣传的成功程度;
- 了解客流量和细分市场的分布情况;
- 识别新兴市场的发展趋势;
- 为增加游客停留时间和游客花费而提供策略;
- 通过提供更及时和相关的旅行信息,改善游客体验。

旅游者也会在他们参与这个项目中获益。在目的地旅游期间,智能手机会为旅行者提供3千兆字节的数据。而在旅游者完成他们的旅程后,会收到印有他们旅游路线的PDF地图。

Tourism Tracer是世界上最大的旅游追踪项目。以前有一些使用GPS追踪器追踪游客的尝试,但只适用于小范围地理区域;而且只能在有限的时间内追踪游客动向。这项技术自诞生以来,已在日本和瑞典被用于跟踪游客。2018年,旅游追踪的应用程序被添加到苹果应用商店和谷歌游戏中,允许游客将该工具下载到自己的设备上。Tourism Tracer是利用移动技术的独特功能获得机会和见解的一个例子。

研究问题

1. 使用 Tourism Tracer 追踪游客会引发一系列隐私问题和道德问题。旅游目的地和技术公司如何对技术中获得的有价值的市场数据和基本隐私权进行平衡?

2. 访问 Tourism Tracer 网站,并分析"在线仪表盘"(online dashboard)的各种功能。在分析基础上确定"在线仪表盘"用于旅游企业或旅游目的地的三种新方式。

3. 基于本案例研究和其他在线信息,对 Tourism Tracer 项目进行 SWOT 分析。

第 7 章　航空与信息技术

学习目标

- 分析 IT 对航空和航空旅客的影响；
- 解释航空预订系统如何运行，以及如何与其他信息系统连接；
- 了解信息系统如何支持航空公司的管理决策；
- 理解机场如何使用 IT 优化旅客体验；
- 评估当前和未来 IT 在机场运营中的应用。

引言

发达国家的旅客通常认为航空旅行是理所当然的，但让飞机升空却是一项复杂的工程。之所以出现这种复杂性，是因为航空公司和机场运营的条件对地缘政治、经济、技术和环境变化非常敏感。航空业还涉及许多利益相关者——政府当局、国际组织、员工、旅客和居民。航空公司和机场的运营在后勤方面也非常复杂，需要工程师、会计、IT 专家、管理人员、气象学家、环境科学家和飞行员等的专业知识。

尽管人与人之间的互动至关重要，但这种复杂性造成了人们对信息系统和其他技术的严重依赖(Oyewole et al., 2008)。值得一提的是，"比空气重的"机器飞行是在 120 年前完成的，这要归功于工业革命和人类的聪明才智。2017 年，超过 40 亿人次旅客乘坐国际和国内航空公司的航班，全球经济的 3.5% 依赖于航空（国际航空运输协会，2018）。据估计，到 2034 年，每年将有 69 亿人次旅客乘坐飞机，全球航空公司机群将是 2014 年 21 600 架服役飞机数的两倍多（航空运输行动组织，2016）。如果没有技术来设计、制造飞机，销售机票和确保旅客的安全，现代航空业就不可能实现发展。在本章中，我们将研究 IT 如何支持航空公司和机场的运营。

7.1 航空公司

航空公司可以说是旅游业中 IT 应用最密集的用户。航空公司的运营需要许多复杂的系统来提供令人满意和安全的旅行体验，同时最大限度地提高盈利能力和可持续性。自 20 世纪 80 年代中期以来，许多国家的航空业逐渐放松管制并私有化，一些国家航空公司的所有权转移到上市公司或私营公司，为新的航空公司进入市场创造了机会。一般来说，航空公司可分为以下几类：

- 国有航空公司（national flag carriers）：许多国家的政府，特别是亚太地区、中东、非洲和拉丁美洲的政府，继续持有其国家航空公司的股份。例如印度航空公司、新西兰航空公司和阿根廷国际航空公司。这些航空公司享受政府的巨额补贴，在利润很低的航线上为纳税人提供服务，这类公司应用的 IT 技术较少。
- 商业航空公司（commercial airlines）：新航空公司和已私有化的老牌非国有航空公司或国有航空公司的混合体，例如英国航空公司、澳洲航空和汉莎航空。发达国家的放松管制使新的航空公司应运而生，例如维珍航空、达美航空。许多商业航空公司参与了 GDS 的开发，并通过与联盟伙伴分享技术创新而受益。
- 低成本航空公司（low cost carriers，LCC）：这些航空公司将基本票价保持在较低水平，并对食物、优先登机、座位分配和行李收取额外费用。这是一种"用者自付"的商业模式，例如瑞安航空、亚航 X、春秋航空、易捷航空、捷星航空和西南航空。低成本航空公司使用 IT 自动配对流程，提高效率并降低运营成本。
- 包机航空公司（charter airlines）：包机公司为旅行团等团队行程租用飞机。邮轮公司、运动队、政府和军方也使用包机。例如途易航空（TUI Airlines）和托马斯·库克航空（Thomas Cook Airlines），此外一些定期航线也提供包机服务。现实中，包机通常在接近 100% 的座位占有率下运营。IT 解决方案有助于安排和预订整架飞机或部分座位。

7.1.1 航空公司的 IT 应用

航空公司将 IT 应用于旅游体验的各个阶段，包括营销、分销、客户服务和运营。事实上，如果没有 IT 来确保航班的高效分配和安全运行，现代航空公司就不会存在。图 7.1 概述了这些关键的 IT 解决方案。

机票预订系统（airline reservation system，ARS）是大多数现代航空公司 IT 系统的核心。ARS 与一系列决策支持系统（decision support systems，DSS）和离港控制系统（departure control systems，DCS）连接，以确保有效处理预订和安排旅客行程。在第 3 章中，我们探讨了旅游中介机构和 GDS 如何与这些系统交互以支持旅游产品预订。大多数航空公司也严重依赖信息系统来支持营销和客户关系管理（customer relationship management，CRM）。所有这些系统通常由第三方技术公司集成并作为套餐的一部分提供，例如 Amadeus 公司的 Altéa 系统（参见行业洞察）。一系列飞行中技术（in-flight technologies）会在旅客登机后进行应用，以提高旅行体验。以下各节将更详细地讨论这些 IT 的应用。

行业洞察：Altéa 系统

Amadeus 公司不仅提供了世界领先的 GDS，还为旅游业提供了多样化的 IT 解决方案。其 Altéa 系统包括自动化销售和预订、库存管理以及离港控制流程的软件。Altéa 允许航空公司和机场使用航空公司合作伙伴之间共享信息的开放平台，将其 IT 运营外包。Altéa 系统由四个部分组成：

- 预订：客户概况、分销渠道、可用性、预订、定价和票务管理。
- 库存：日程和座位容量管理。
- 离港控制：一个离港控制系统，包括值机和登机应用、行李管理、飞机重量和平衡以及航班中断管理。
- 售票：电子和纸质售票、改签功能、中断管理和辅助销售的电子杂费单（EMD）管理。

Amadeus 还提供电子商务平台来支持在线预订和分销。所有这些组件都基于乘客姓名记录（PNR）、客户概况、时间表、座位图和代码共享记录。Altéa 机场连接系统可以连接 Altéa 和由航空公司提供服务的机场工作站。

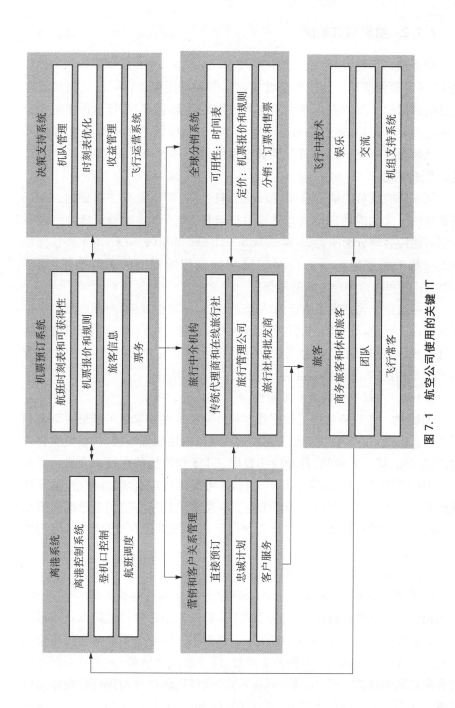

图 7.1 航空公司使用的关键 IT

7.1.2 机票预订系统

旅客预订系统,或称机票预订系统(airline reservation system,ARS),是 IT 最重要的应用。其核心是航班时刻表和可用座位、票价、规则和旅客信息的数据库。ARS 显示单个航空公司的时刻表,而 GDS 显示许多航空公司的时刻表。此外,航空公司员工使用 ARS,而旅行中介机构则使用 GDS 来寻找和预订座位。ARS 连接到其他系统,如 GDS 和网络预订引擎(IBE)是非常重要的。

同一联盟成员的航空公司,彼此之间的互通性也是至关重要的。ARS 通常使用标准化的信息格式与其他系统连接,来实现实时预订座位。国际航空运输协会新分销能力(new distribution capability,NDC)的主要目标是促进与基于扩展标记语言(XML)通用数据传输标准的无缝连接,用于 ARS、GDS 和旅行中介之间的通信。

一些航空公司开发了自己的 ARS,但它们的功能复杂,内部运营和维护成本高昂。因此,许多航空公司使用由 GDS 或第三方 IT 供应商托管的机票预订系统。虽然每家航空公司的预订系统可能都有独特的功能,但大多数功能都是相似的,下面将对此进行讨论。

7.1.2.1 航班时刻表和可用性

ARS 的一个重要功能是根据旅客和中介机构的要求显示航班时刻表和可用性。因此,ARS 必须与所有需要这些信息的接触点连接,包括航空公司自己的网站、第三方网站、移动应用程序、GDS 和传统的旅行中介机构。航空公司的可用性显示(availability display)可提供特定航线(或城市)的所有航班和不同等级的可用座位。可用性显示通常包括航空公司自己的航班和使用航空公司航班代码的共享合作伙伴航班。如果没有直达航班,可用性显示将提供转机选项。

7.1.2.2 机票报价和规则

机票报价系统(fare quote system)存储每个预订等级的票价和规则。关于预订和售票截止日期、中途停留时间、最长或最短停留时间以及不适用期的票价规则(fare rules)都存储在每个票价中。航空公司通常会将座位划分舱位等级(cabin classes)(例如头等舱、商务舱或经济舱)和包含不同票价报价和规则的预订代码(booking codes)。预订代码也称为预订等级或票价等级。一个舱位可能包含多个预订代码(见表 7.1),这些代码显示在旅客的订票确认书和登机牌上。根据预订代码奖励不同的常客积分，因此这些信息必须集成到航空公司的飞行常客系统中。

表7.1 航空公司使用的预订代码示例

预订等级	代码	预订等级	代码
头等舱	F	溢价头等舱	P
折扣头等舱	A	头等舱套票	R
商务舱	C	溢价商务舱	J
折扣商务舱	D	经济舱	Y, Q
溢价经济舱	E, S, W	折扣经济舱	B, H, K, L, M, N, T, V, X

票价报价和相关规则的组合称为票价基础代码(fare basiscode，FBC)。对于国际航线，票价可能涉及多个分支、多种货币、税收和整套规定。这需要航空公司、GDS和其他中介机构之间的票价数据交换。这些票价数据大多由航空运价发布公司(Airline Tariff Publishing Company，ATPCO)或国际航空电讯协会(Société Internationale de Télécommunications Aéronautiques，SITA)使用一套通用标准进行发布。

通过将日程安排和座位信息、票价报价系统相结合，ARS为每个座位提供最佳票价。实时决策支持系统，如时刻表优化系统和收益管理系统，通过监控座位的需求和供给并使用算法来使航空公司收入最大化的方式确定票价(见下文)。一旦确定，这些票价将输入ARS和GDS进行显示。

7.1.2.3 旅客信息

ARS的第三个核心功能是存储预订、办理登机手续和其他操作程序所需的旅客信息。散客和团队预订信息都使用乘客姓名记录(passenger name record，PNR)进行存储。乘客姓名记录(PNR)包含旅客的姓名、联系方式、付款方式、常客号码和订票编号(record locator)。订票编号是用于访问预订的六个字符的字母数字代码。乘客姓名记录(PNR)还存储特殊服务请求(special service requests，SSR)，例如座位偏好(靠过道或窗户)、特殊用餐(如素食、犹太教、糖尿病)、轮椅需求，以及为无人陪伴的未成年人提供帮助。因此，ARS中的旅客信息可以传输到其他系统，这一点很重要。例如，在航班起飞前，乘客名单列表(passenger name list，PNL)被传输到离港和登机口控制系统,以便旅客可以办理登机手续并生成航班清单(flight manifest)。特殊服务请求被传输到航班运营和餐饮系统,而旅客数据被传输到客户忠诚度数据库,以更新常客账户。来自客户忠诚度数据库的数据也可以流向乘客姓名记录(PNR),以用现有信息和旅客偏好填充字段。财务系统和报告所需的数据被传输到后台系统。

7.1.2.4 电子票务

ARS 的最后一个关键功能是票务。在以前,航空公司要求旅客持纸质机票旅行,以验证他们的预订。电子机票,或称电子客票(e-ticket),是在 20 世纪 90 年代中期设计的,并于 2008 年成为国际航空运输协会(IATA)所有航空公司的强制性规定。一旦预订得到确认,旅客就会获得一份电子机票行程单的打印件或电子版,其中包含订票编号和行程细节。电子机票行程还包括运输条款和条件、票价和税收细节(包括票价基准代码)、票价限制和行李限额。电子机票允许旅客在网上或在机场办理登机手续,以获得登机牌。由于这些不同的登机手续,ARS 必须在多个接触点管理电子机票。

除了订票外,许多航空公司还提供一系列可选的辅助服务,如额外的座位腿部空间、餐饮、座位要求和额外的行李限额。如果收取额外费用,这些辅助服务可以由旅行者或其他旅行中介在购票时或购票后进行预订。国际航空运输协会(IATA)的电子杂费单(electronic miscellaneous document, EMD)标准就是为了记录这些辅助销售和交易而开发的。该标准已被大多数 ARS 和 GDS 实现,以确保系统之间的互通性。就像电子机票一样,电子杂费单(EMD)也支持联运标准。

7.1.3 决策支持系统

航空公司管理者根据计算机系统对航空公司飞行活动(例如调度和控制问题)的分析和推荐的解决方案做出更精准的决定。该系统基于运筹学(operations research,OR)这类复杂模型,使用"如果……怎么办"假设并进行敏感性分析,考察各种因素对操作的影响。经过运筹学培训的熟练员工构建并使用这些模型。基于运筹学模型的决策支持系统(Decision Support Systems,DSS)构成了航空公司计算机应用的重要组成部分。下节讨论用于机队管理、航班和机组人员调度、收入管理和航班运营的 DSS。

7.1.3.1 机队管理

机队代表着一项重大投资,投资者期望得到利润。IT 解决方案可以优化机队的使用，如下所示：

- 机队采购(fleet acquisition)：航空公司需要数据来支持关于每架飞机的型号、时间和数量的购买决策(Belobaba et al.，2009)。IT 系统提供特定航线上不同机型的运营成本和盈利能力等信息。这些信息与日程安排和收入管理数据有关，当然，飞机采购也可能仅基于客户偏好(Bhatia, 1988)。
- 机队分配(fleet assignment)：飞机的航线分配应在确保机队有效使用的同时实现利润最大化。计算机对时空网络进行建模，以确保航空公司机队的最佳分配。
- 机队维护(fleet maintenance)：安全法规要求密切监控每架飞机的维护计划。计算机系统确保所有飞机在指定的时间间隔接受维护检查。数据库包含每架飞机的信息和各个部件的维护时间表并生成报告，以便及时进行检查和服务。

如下所述，机队管理系统与航班调度系统错综复杂地联系在一起。

7.1.3.2 航班调度系统

航班调度是一项复杂的任务，需要进行航线规划，以使航空公司在飞机、航站楼设施和人员方面的投资回报最大化。航班线路的选择取决于线路上的利润和服务频率。通过采用"投入—产出"的观点，我们可以更好地理解 IT 在调度中所起的作用。日程安排的复杂性是因为影响航空公司运营及其旅客的"投入"范围很广，包括：

- 战略目标(strategic goals)：战略决策(如服务哪些市场、如何应对竞争者的航线时间表和定价以及获得供应商、员工和航站楼设施等资源)可能会影响航线的长期生存能力。
- 航线网络(route network)：确保飞机的利用率最大化，并且方便旅客。
- 旅客需求(passenger demand)：航空公司使用复杂的收入管理模型来预测每条航线的需求(见下文)。将航班安排在需求旺盛的日期和时间段可以优化载客率和利润。
- 联盟(alliances)：航空公司不仅要考虑自己的时刻表，还要考虑联盟伙伴的时刻表，这样转机才能方便。
- 机型(aircraft type)：不同飞机的容量、航程、燃油效率、维护计划和周转时间等操作特性都会影响计划。
- 人力资源(human resources)：机组人员的可用性和劳资关系中机组

人员的法定工作条件。需要考虑机组人员的最长轮班时间、休息和换班（见下文）。

- 环境和安全法规（environmental ＆ safety regulations）：航空公司和机场必须遵守严格的环境和安全要求，这可能会影响日程安排，包括检查、维护时间表和噪音限制。
- 机场限制（airport restrictions）：宵禁、拥堵、空中交通管制、降落时段和登机口可用性可能会限制特定航线的出发和到达。一些机场也有物理限制，限制了可以降落的飞机类型。
- 应急计划（contingency planning）：调度系统还必须考虑天气、空中交通管制延误和技术故障等外生和不可控的因素。

"输出"的航班时刻表，要使载客率（load factors）和每座位英里收入（revenue per available seat mile，RASM）最大化，每座位英里成本（costs per available seat mile，CASM）最小化。这些投入和产出意味着航空公司面临着一系列复杂的变量。投入产出方法帮助我们理解，一家航空公司的理想时刻表相当于整个公司的优化，或者在联盟的情况下，是整个行业的优化。航班时刻表没有技术支撑很难实现优化。航班调度系统通过 IT 技术将输入输出的各种调度场景进行建模。复杂的航班调度系统允许决策者调整输入，以模拟对载客率、收入和成本的影响。航班安排会随着市场、竞争力量和季节的变化而不断调整。

7.1.3.3　飞行人员排班系统

一旦确定了航班时刻表，就必须安排飞行员和空乘人员。一种名为配对优化器（pairing optimizer）的计算机程序为每个机组成员汇编航班时刻表。请求特定时间表的过程称为投标（bidding）。一般来说，每个飞行人员每月提交他们的标书。分配给机组的每月工作计划被称为投标线（bidline），它由一系列的机组人员配对（crew pairings）组成。机组人员配对是在同一基地目的地开始和结束的一系列航班或航段（即往返行程）。有时有必要让下班的机组人员免费搭乘其他航班，这种做法在业内被称为免费搭乘（deadheading）。但这是低效的，应尽可能避免。航空公司面临的挑战是找到覆盖所有定期航班的最低机组人员数量，从而将成本降至最低。配对优化器还可以识别后备机组人员，以防预定机组人员无法履行职责。

配对优化器考虑各种输入来为航空公司创建最有效的时刻表。输入的示例有：机组人员对其首选航线的请求、机组人员资历和他们的基地城市。

其他限制是工作规则,如劳资关系或工会规定的最长工作时间,最小休息期,以及工资和预算等成本参数。IT 在这里扮演着重要的角色,因为计算机运行的是支撑调度解决方案的复杂算法。虽然计算机承担了大部分工作,但关键的选择和决策仍然是由经理们做出的。

7.1.3.4 收益管理

收益最大化是航空公司管理的重点。就像酒店房间一样(见第 9 章),飞机座位可以按不同的价格出售。航空公司可以通过在合适的时间以合适的价格向合适的人出售合适的座位来获得最大化收入和载客率。研究人员(Belobaba et al.,2009)指出,收入管理有两个组成部分。首先是价格差异化(price differentiation),即同一航班上的座位以不同的价格提供,规则和功能也不同。第二种是使用收益管理(yield management)来确定每个票价等级在给定时间的座位数量(预订限额)。

最大化收益需要了解市场、历史趋势、竞争对手的行为和定价。休闲旅行者比商务旅行者对价格更敏感,也有更大的灵活性。因此,他们被廉价座位所吸引。在高峰时段(如周五下午),航空公司必须控制座位价格,这样当旅客愿意支付更高价格时,就不会有太多的座位被低价出售。

航空公司使用收益管理系统(revenue management systems,RMS)计算未来航班每个票价等级的预订限额。收益管理系统预测未来对不同票价等级的需求,以便能够以尽可能高的价格售卖每个座位。RMS 通常包括以下功能:

- 历史数据(historical data):采集和分析历史预订数据,以确定模式和趋势。
- 预测(forecasting):根据历史数据和其他投入预测未来需求。
- 建模(modeling):使用数学模型对预订限制和超额预订水平进行建议,以优化预期的航班收入。
- 决策支持(decision support):交互式决策支持允许收入管理人员审查、接受或拒绝预订限制和超额预订水平(Belobaba et al.,2009)。

RMS 在航班起飞前定期自动更新预订限制和预测。历史数据与实际预订信息相结合,以确定不同票价类别的需求是否与预测一致。航空公司有时会开发自己的 RMS,但 IT 解决方案也是由软件供应商和 GDS 供应商提供的。后者的一个很好的例子是 Amadeus 公司提供的 Altéa 套餐的收入管理组件(参见行业洞察)。

7.1.3.5 飞行运营系统

航空公司和飞机制造商采用一系列 IT 解决方案来支持航班运营。旅客餐饮是航空公司面临的最复杂的物流挑战之一（Jones，2006）。像阿联酋航空这样的大型国际航空公司雇佣了 10 000 多名餐饮员工和 1 000 名厨师，他们每天制作 1 500 多种不同的菜品和 300 000 份餐。航班餐饮系统（flight catering systems）捕捉特殊的用餐要求，并管理订餐、储存、准备和送餐的过程。跟踪监控系统菜单和所需配料，以及配料的新鲜度、质量和数量等一系列因素，以使订单满足旅客需求。为此，航班配餐系统与 ARS 对接。与餐馆一样（见第 9 章），航空公司和航班餐饮公司也使用菜单成本控制系统来跟踪用餐成本。条形码和射频识别芯片跟踪手推车、托盘、餐具和陶器，以减少丢失物品的发生率。

航空公司还使用 IT 系统来管理运营安全。大多数航空公司都开发并实施了综合安全管理系统（safety management systems，SMS）来报告、监控和管理事故。这类事件的例子包括人为失误、食品安全和厨房事故、液体泄漏以及机械和电气故障。捕获这些事件的系统为管理层提供分析报告，以提高操作安全性。

7.1.4 市场营销和客户关系管理

前几章回顾了旅游业如何利用互联网、社交媒体和移动技术进行营销和客户服务应用。在这章，我们讨论航空公司如何使用这些技术通过提供信息、预订和忠诚计划直接实现对客服务。

7.1.4.1 直接预订

显而易见，互联网对航空公司舱位的营销和分配产生了重大影响。航空公司与 GDS 和 OTA 有着爱恨交织的关系。GDS 和 OTA 是其分销链中不可或缺的一部分，但它们也增加了每次预订的分销成本（Koo et al.，2011）。互联网为航空公司提供了直接向旅客出售座位的机会（Klein，2002）。许多低成本航空公司与互联网同时出现，其占主导地位的商业模式是基于直接分销，而不是向中介机构支付佣金和费用。互联网使低成本航空公司直接使用自己的互联网预订引擎（internet booking engines，IBE），从而使绕过中介成为可能（Harcar & Yucelt，2012）。为了进一步吸引关注在线信任和安全的旅客，许多低成本航空公司在他们的网站上提供直接预订的折扣。因此，直接在线预订机票变得普遍，提供全方位服务的航空公司也复制了这一功能。今天,大多数提供全方位服务的航空公司使用多渠道模式通过 GDS 和 OTA 以及自己的网站销售机票,但低成本航空公司更多地关注后者。

航空公司网站为旅客提供了更多的选择和购买座位的自主权。网站功能可以分为三类,它们对满意度的影响是不同的:

- 基本功能(basic features):例如航班信息、订票、登机工具等,是必须具备的,如果没有,会引起不满。
- 关键功能(pivotal features):安全在线交易和常客管理工具等功能增强了航空公司网站的实用性,它们将支持航空公司与旅客之间的信任和互动,产生满意度。
- 补充功能(supplementary features),如提出特殊要求和购买升级、辅助产品或补充产品的功能,有助于提高满意度。但如果它们不存在,可能不会引起不满(Benckendorff,2006)。

航空公司在预订过程中提供一系列补充功能,如比例运价叠加(ADD-ON)、升级和辅助产品及服务。许多航空公司使用产品捆绑(product bundling),为旅客提供预订住宿、租车和其他服务等补充产品。通常,这些产品和服务是通过主流 OTA 提供的会员联盟计划(affiliate programs)采购的,并由航空公司重新命名。这些产品的动态包装(dynamic packaging)通常比单独预订每个产品的价格更低。许多航空公司还提供智能手机应用程序,允许旅客查找和预订航班,管理他们的预订,办理登机手续,并接收通知和优惠。

一些第三方软件供应商也在开发虚拟现实(VR)工具,用于搜索和预订航空旅行。VR 旅行搜索和预订体验允许旅行者在虚拟现实的情况下环游世界,参观目的地、搜索航班、穿过飞机机舱选择座位、选择不同的租车服务并支付预订费用。

7.1.4.2 忠诚计划

提供全方位服务的航空公司实行客户忠诚计划,称为常客计划(frequent-flyer programs,FFP)。旅客成为这些计划的成员,以获得福利并积累与航空公司或其联盟合作伙伴的飞行距离相对应的积分(或里程)。会员还可以通过购物和联名信用卡、借记卡积累积分。积分可兑换为航空旅程、升舱、优选座位、机场休息室、补充旅游产品或其他商品和服务。

数据库记录航空公司和 FFP 成员之间的积分和管理关系(Yang &

Liu，2003）。这些数据库是客户关系管理（customer relationship management，CRM）系统的一个很好的例子，因为它们使航空公司能够存储有关客户及其偏好的个人信息，以建立长期关系并鼓励回头客。理想情况下，FFP应该连接到航空公司和合作伙伴ARS，以便旅行后可以自动奖励积分。常客计划的专用网站允许会员管理、申领和兑换积分。由于这些积分很有价值，所以安全措施很严密，以确保电脑黑客无法访问常客账户。所有这些功能都意味着FFP由复杂的硬件和软件系统支撑。

航空公司还可以将大数据和社交媒体个人资料与FFP账户结合起来，提供个性化的优惠。由于FFP积分是大多数航空公司的负债，因此，航空公司鼓励会员兑换不影响航空公司盈利能力的产品和服务的积分。预测分析（predictive analytics）结合了大数据、统计分析和人工智能，对可能吸引FFP成员的优惠做出预测。在这个大数据的新世界里，隐私和个人数据的使用方式很重要。

7.1.4.3 客户服务

航空公司是将网络和电子邮件作为客户服务工具的先行者（Dickinger & Bauernfeind，2009）。航空公司现在使用移动应用和社交媒体向旅客提供相关的、时间紧迫的旅行流程信息，包括机场和航班信息、登机口打开和更改的通知、取消或错过航班的替代航班、赔偿、优惠活动和优惠券（Amadeus，2012）。移动设备还为航空公司和到达机场后的游客提供销售辅助服务和升舱的机会。移动设备和社交媒体的结合创造了一种在整个旅程中交换建议、投诉、表彰和评价的机制。正如第5章描述的那样，荷兰皇家航空公司（KLM Royal Dutch Airlines）使用社交媒体向旅客不断更新航班延误、取消和其他安排信息的例子，说明了高科技解决方案在日益自动化的过程中支持高频度响应。在本章的后面部分，我们将探讨航空公司和机场如何合作部署支持旅客整个旅程的技术。

7.1.5 离港系统

7.1.5.1 离港控制系统

离港控制系统（departure control system，DCS）自动配合机场旅客的行程。这包括管理机场值机和登机、托运行李、负载控制和飞机检查。离港控制系统通常具有以下功能：

- 值机（check-in）：支持服务点包括航空公司工作人员值守的值机柜

台、自助服务亭、移动值机和在线值机。

- 登机牌(boarding passes)：签发按国际航空运输协会标准格式化的电子和纸质登机牌。
- 座位分配(seat allocation)：分配座位或为旅客提供可视化座位图，显示可供选择的座位。
- 托运行李(checked baggage)：确认托运行李的数量和重量，自动计算超重行李费，并按国际航空运输协会标准发放行李牌。
- 负载控制(load control)：通过使用负载系数、座位分配和行李重量自动计算负载，进行分配和平衡。
- 旅客身份识别(passenger identification)：扫描护照核实旅客身份。
- 拒绝登机(denied boarding)：如果乘客姓名记录(PNR)中缺少详细信息，或者航班超额预订，或者存在感知到的风险，则拒绝登机。
- 未到和候补旅客(no shows and standby passengers)：在最后一刻为候补旅客分配空位。适用于"未到场"的旅客已经预订，但没有登机，而已到机场旅客错过航班或希望搭乘更早航班的情况。
- 联运(interline connections)：乘坐联运机票或联运航班旅行的旅客应该能够托运行李直达最终目的地。在延误的情况下，离港控制系统确定其他航班，以及旅客的转机、重新预订和重新检查。
- 互通性(interoperability)：离港控制系统必须与 ARS 对接，以识别、捕获和更新乘客姓名记录(PNR)信息。离港控制系统会将旅客的状态更改为值机、登机、飞行或其他状态，还可以连接到签证、移民和旅客禁飞观察名单以进行出入境控制。

大多数北美航空公司使用的离港控制系统被合并到 ARS 中，但在北美以外，它们通常由 Amadeus、Travel-port 和 SITA 等第三方供应商提供。航空公司将"新一代"离港控制系统设计在旅客服务系统(passenger service system，PSS)中。他们使用一个集成的数据库和开放的架构，允许预订、办理登机手续和其他服务，并保持对旅客信息的一致。

新一代离港控制系统正在使用移动技术来实现我们已经讨论过的一些功能。环境智能(ambient intelligence)，有时被称为"物联网"，允许航空公司跟踪旅客和行李，允许旅客使用嵌入在 FFP 会员卡或智能手机的近场通信功能中的射频识别芯片办理值机，通过安检并登机。未来，航空公司将使用这些技术，在旅客进入航站楼时自动发放登机牌和行李标签。他们还可以向旅客发布短信或更新社交媒体。这项技术的使用具有巨大的潜力，但在数据管理、隐私和安全方面也存在一些挑战。

7.1.5.2 登机口控制

抵达机场的航班必须与机场设施协调。每个航班在抵达时都需要分配登机口，且必须准时离开登机口，以避免给其他航班造成延误。抵达的飞机需要一条通道让旅客下机进入航站楼，并让飞机接受补给、保养等服务，为下一次飞行做好准备。这类服务包括餐饮服务、清洁、加油和维修等。

在确定登机口的最佳利用率时，计算机模型考虑了到达时间、飞机类型、周转时间、转机航班的登机口（特别是轴辐式航线结构）和成本。资源利用效率最高，则为最好的登机口使用模式。然而，许多机场没有足够的登机口来容纳入境航班的数量。通常，航空公司必须在跑道上下机，将旅客送到航站楼，并在停机坪上为飞机提供服务。计算机技术可以通过确保最大限度地利用可用登机口来缓解登机口短缺带来的不便。

7.1.5.3 航班调度

航空调度员（airline dispatcher）负责计划和监控飞机飞行的进度。调度员对飞行员和空管来说，就像是保障一路平安的"管家或保姆"。飞行员和调度员共同承担飞行安全的法律责任。调度员为每次旅行准备飞行计划，并有权随时延误、改道或取消航班。调度员还计算飞机重量、所需燃油量、飞行距离、维修限制、天气状况等影响飞行安全的因素。调度员驻扎在机场，他们使用先进的 IT 工具远程监控航班进度的各个方面。实时监控允许调度员跟踪同一区域的飞行路线和其他飞机，并预测到达和起飞时间。IT 系统还监测气象条件和飞机相对于障碍物、空域法规和临时飞行限制的位置，以便在存在安全问题时可以改变航班方向。调度软件包还监控飞机的维护状态，例如 Flight Dispatcher Pro 和 Flight Vector 软件。

7.1.6 飞行中技术

飞机上使用了一系列飞行中技术，以满足旅客的需求并确保安全。这些 IT 应用可分为旅客技术和机组支持系统。

7.1.6.1 旅客技术

旅客座椅是计算机技术的中心。座椅靠背一般包括触摸屏的机上娱乐系统（in-flight entertainment，IFE）和通信工具，如电话、WiFi 以及与乘务员和其他旅客交流的工具。座椅靠背上的视频屏幕允许旅客观看直播卫星电视或视频点播（VOD）、听音乐、购买免税品、点餐、收发电子邮件、玩视频游戏等。它还提供了一个直观的地理信息系统（geographic information system，GIS）显示器，显示飞机的位置和进度。旅客可以获取来自外部摄像机的实况视频片段以及有关飞机速度、预计到达时间、行驶距离、始发地和目的地的时间以及外部温度的信息。一些机上娱乐系统还为残疾旅行者提供服务。例如，显示字幕技术为听力受损的旅客提供与视频和语音同步传输的文本，而且有不同语种可供选择。来自伊斯兰国家的几家航空公司也为朝拜方向提供指示，允许穆斯林向麦加方位祈祷（例如，阿联酋航空公司、伊蒂哈德航空公司、马来西亚航空公司、卡塔尔航空公司和约旦皇家航空公司）。

机上娱乐系统的硬件制造商包括 Panasonic Avionics Corporation、Thales Group、Row 44 和 On Air，但内容是需要内容服务提供商进行授权的。最新的系统通过机载内部网进行无线通信。视频和音频内容存储在机上娱乐系统的计算机系统或个人设备上，允许个人旅客按需观看。一些机上娱乐系统与 XM 卫星广播和 iPod 兼容，允许旅客听自己的音乐。一些航空公司还为旅客自己的设备提供应用程序，以访问飞行期间无线流媒体的内容。这种"自带设备"的方法在低成本航空公司（LCC）上更为常见。

机上网络使旅客可以使用互联网与地面上的人进行通信。这些服务是由卫星通信支持的，虽然卫星通信的速度不如地面互联网传输，但它们允许旅客浏览网络，发送电子邮件和短信以及更新社交媒体，也可以完成目的地住宿等预订。为了便于旅客使用手机，有的航空公司提供卫星电话，有的提供移动电话或 WiFi 信号。一些系统还允许旅客与其他旅客通话，或者一起玩飞机上的游戏。随着航空公司试验新技术，这些社交功能将变得更加常见。一些航空公司已经试验了虚拟和混合现实的机上娱乐系统体验。一家名为 SkyLights 的公司正在率先为旅客开发沉浸式的、360°的虚拟现实体验。

7.1.6.2 机组支持系统

航班通常由两类机组人员提供支持，飞行机组人员（flight deck crew），包括机长、副驾驶和飞行工程师（flight engineer），以及由客户服务经理/乘务长和空乘人员组成的空勤人员（cabin crew）。这两个团队使用不同的 IT 系统来支持他们的功能。飞行员按惯例将飞行证件和其他资料放在一个大公文包里；一些航空公司已经用平板电脑取代了这些公文包。与纸质系统不同,这些平板电脑更容易携带,信息可以随着条件的变化而更新。一旦登上飞机,飞行机组人员就会使用各种 IT 系统来支持导航、通信和维护飞行日志。

乘务人员在飞机主舱为旅客提供重要服务。机组人员最重要的角色之一是确保旅客名单(也称为舱单)是正确的。航空公司传统上使用纸质清单,但平板电脑正越来越多地被用来存储和更新这些清单。平板电脑也可以被编程为包括其他有用的信息,如时刻表、安全信息和详细的旅客信息,如用餐要求、常客会员资格和行程。它们还使机组人员能够知道哪些旅客有转机航班,使他们能够在出现任何延误时做出替代安排。未来,机组人员可能会使用谷歌眼镜等可穿戴技术从航班清单中获取旅客信息,以实现个性化体验。在飞行过程中,可以使用销售终端设备来促进饮料、电影耳机和免税产品的销售。低成本航空公司使用这样的技术可以降低劳动力成本。空乘人员还依赖一系列通信系统与飞行机组和旅客进行通信。

7.2 机场

现代机场是由商业、服务和设施组成的复杂生态系统。一些机场的规模和大小使它们类似于小型城市。现代化的机场航站楼拥有一系列功能,如办理登机手续、安检、海关和移民、地面操作、行李和货物处理,以及食品、饮料和零售店等优惠(concessions)。航站楼要么是国内的,要么是国际的,国际机场配备有更多的安检和服务设施。航站楼也可以分为陆端(landside)(即安全检查前的区域)和空端(airside)(即安全检查后进入的区域),这两个区域的管理方式是不同的。机场的其他区域包括空中交通管制(air traffic control)以及用于起飞、降落、滑行和停放飞机的跑道和停机坪(aprons)。私有化机场的管理者也寻求通过开发未使用的机场土地来实现投资回报的最大化,这些土地用于仓储、会议中心、住宿、休闲、高尔夫球场、娱乐、购物、个人服务,甚至居民区。

这些复杂的机场生态系统需要一系列 IT 应用来确保旅客的顺利过境。电脑、平板电脑、自助服务亭和移动设备被大量用于旅客流程、行李和货物装卸以及优惠。同样,如果没有用于管理空中交通的导航和监控技术,现代空管程序也是不可能实现的。机场用地的可持续管理还需要使用技术来监测噪声、空气、水质以及野生动物。下面将重点介绍这些技术,以及它们如何被用来增强旅客在日益繁忙和复杂的机场中的体验。

7.2.1 旅客流程

航空公司使用多种离港和登机口控制系统来支持旅客从办理登机手续到登机的机场流程。机场与航空公司和IT部门合作提供这些系统。旅客的旅程可以看作是由到达机场前、值机、安检、登机前、登机、中转和到达等一系列接触点组成的。如图7.2所示,前五个接触点发生在始发机场,后两个发生在中转或目的地机场。

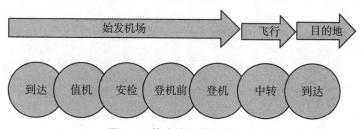

图7.2 旅客旅程的各个阶段

7.2.1.1 到达机场前

以前,机场和航空公司把重点放在旅客进入机场后的管理上。然而,航空旅行的快速增长和更严格的安全措施带来了新的挑战。幸运的是,新的技术进步允许机场和航空公司将流程转移到抵达前阶段。例如,旅客可以在到达机场之前使用互联网或移动设备办理登机手续,从而减少等待时间和拥挤。

机场也在使用地理围栏(geofencing),其使用安装在机场或航空公司移动设备上的应用程序追踪乘客动态(更多细节见第6章)。虚拟地理围栏建在机场周围不同的距离,感应器连接到每个围栏上,如图7.3所示。

当一名乘客在前往机场的途中,这款应用程序会使用该设备的全球定位系统来检测乘客的位置。当他们接近机场时,可以激活不同的感应器。例如,在距离机场10千米处设置的地理围栏可以确定乘客是否有足够的时间登机。如果乘客迟到,系统可以自动发送通知,提供重新预订。如果乘客来得早,系统可能会通知他们休息室的出入情况。当乘客越来越接近机场时,他们可以得到关于可用停车位的通知。类似的技术可以在航班降落和乘客下机或过海关时通知接机人员,从而最大限度地减少等待时间。

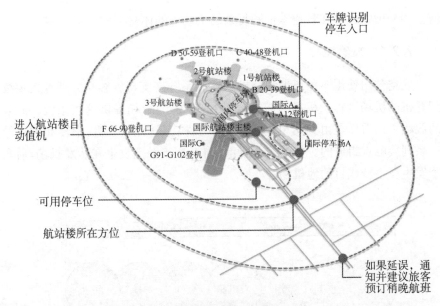

图 7.3 国际机场地理围栏示例

这些设施之所以能够发挥作用,是因为移动设备中的 GPS、射频识别、近场通信和其他传输技术。在创新自动化和改善乘客体验的同时,它们也为机场提供了战略和运营优势。告知乘客可用的停车位,并引导他们前往候机楼,可以减少拥堵和等待时间。通知乘客他们将错过航班,可以让机场和航空公司缓解因乘客延误而导致的机场拥挤。

7.2.1.2 值机

如今,在旅客到达机场之前,办理登机手续的过程越来越受到重视。办理登机手续的柜台已经发生了重大转变,转向了自助服务亭。这些服务亭与航空公司的离港控制系统相连,乘客可以输入自己的姓名和目的地、订票编号、常客会员卡或护照办理登机手续。

乘客也可以使用移动设备在机场办理登机手续(SITA,2018)。当他们进入航站楼时,地理围栏会自动为乘客办理登机手续,并发放电子登机牌和行李牌以供领取。乘客被告知登机时间和登机口信息,还可以获得特别优惠,如升舱、优先登机和进入休息室。携带托运行李的乘客可以将这些行李放在自助行李投放处。移动应用程序与航空公司的离港控制系统进行无线通信,以便乘客在办理登机手续时自动更新状态和详细信息。登机牌可以使用航空公司的一个或多个应用程序(如苹果卡包或谷歌钱包),以电子方式存储在移动设备上。使用这些应用程序可以支付额外的行李费。此外，机场内的航空公司或机场工作人员使用平板电脑可以协助办理登机手续。未来，自助值机亭可能会从机场出发区域消失（Amadeus，2012）。我们还可能看到虚拟服务机构在机场引导旅客办理登机手续。

  由于 GPS 在室内环境中不可靠，上述功能依赖于近场通信或低功耗蓝牙等微定位技术。低功耗蓝牙，也称智能蓝牙，是苹果 iBeacon 的支撑技术。使用低功耗蓝牙，机场或航空公司可以定义更有针对性的"微位置"来触发活动。这项技术可以与苹果卡包等应用程序一起使用，在乘客超过定义位置的地理围栏阈值时显示乘客行程、登机牌、身份识别和通知。

7.2.1.3 安全和移民检查

  对旅客、工作人员和飞机的安全保护是机场管理中最重要的因素。机场安检系统的作用是识别和管理外部和内部威胁。当航站楼内的员工对乘客或他们的财物构成风险时，就会出现内部威胁。安全系统监控行李和地面处理设施，以防止行李或货物被盗和篡改。外部威胁来自乘客和其他未经授权的个人。员工和乘客携带武器、爆炸物或其他危险物品登机都可能构成威胁。

  机场使用人员扫描、检查行李和检测爆炸物的设备来管理威胁。周边由电子警报器和闭路电视摄像机监控。航站楼、停车场、跑道和停机坪也都安装了闭路电视摄像头。工作人员进入机场停机坪的通道由 PIN 码、身份证或生物特征扫描仪解锁的自动门锁系统控制。在大多数机场，乘客和工作人员都被要求通过安全检查站。

  安全检查通常包含以下步骤：

- 旅客身份确认（confirming the identity of travelers）。这是通过视觉和电子设备检查护照和登机牌，或生物识别系统（见下文）来实现的。
- X 光行李检查（X-ray baggage screening）。随身携带的行李箱和托运的行李由安全人员监控的 X 光机进行检查。
- 身体检查（body screening）。乘客通常步行通过金属探测器进行检查。一些机场还安装了后向散射 X 射线扫描仪，进行非侵入性全身扫描。

  身份管理和核实是确保航空旅行安全的关键。在国际机场，乘客可以通过使用电子护照、智能身份证、电子标签和生物识别等新的非侵入性技术，在安检点和移民点接受检查。生物识别技术（biometrics）根据面部结构、虹膜模式、指纹和语音识别等生理特征识别个人。大多数国家现在发行的电子护照(e-passports)都带有集成的射频识别芯片,其中包含乘客的信息,当与生物特征扫描结合使用时,可以用来验证身份。例如,澳大利亚的 SmartGate 系统和美国使用的 Global Entry 系统。未来,IT 将能够使用诸如行走步态、肢体语言、心律或 DNA 图谱等特征来识别个人(Amadeus,2012)。

国际航空电讯协会(SITA)正在试验区块链或分布式分类技术(distributed ledger technology,DLT)的应用,作为在移动和可穿戴设备上设置单一安全令牌发行的"虚拟护照"的基础。国际航空电讯协会(SITA)的智能路径系统通过在登机亭或行李投放处进行面部扫描来捕捉乘客的生物特征详细信息。一旦对照乘客的旅行证件进行检查,就会创建一个安全的专属令牌,并将其存储在机场内的安全生物识别数据库中。乘客在乘机的每个流程中都会使用智能路径系统。分布式分类技术(DLT)的使用有可能降低旅客旅行期间证件检查的复杂性、成本和责任。

在上一节中,我们演示了如何使用近场通信(NFC)和低功耗蓝牙(BLE)技术办理登机手续并为他们提供信息。同样的技术还可以通知乘客安检等待时间,这样乘客就可以选择最快的安检口。这些服务使机场受益,因为它创造了无缝连接的旅客旅程,并减少了等待时间。

7.2.1.4 登机前

乘客在通过安检和移民检查后进入航站楼的空端。当旅客在不熟悉的机场时,他们非常需要以母语形式呈现的有关机场活动和设施的信息。航班信息显示系统(flight information display systems,FIDS)在墙壁大小的显示器或单个显示器上显示航班起飞和到达时间、登机口编号和行李传送带位置,这些显示器可能包含多媒体和图形显示器。

许多机场为旅行者提供免费 WiFi 和依托电源线和适配器的电子设备充电设施,有的也使用感应电气系统为乘客设备进行无线充电。大型机场已经开发了自己的智能手机应用程序来帮助乘客,而像 GateGuru 这样的独立应用程序则覆盖了多个机场。机场应用程序提供地图和导航工具,特许经营店和服务设施的信息,以及与航班信息显示系统的连接。他们还使用位置感知服务向乘客推送特许经营商的优惠信息和优惠券。一些公司使用增强现实技术来辅助导航、信息展示和特惠活动,通常也支持多种语言。机场应用程序还促进了乘客之间的社交媒体互动。除了免费 WiFi 外,提供乘客下载在飞机上观看的娱乐节目的设施可能会变得更加普遍。

现代航站楼为乘客提供了令人眼花缭乱的购物、餐饮和娱乐设施。特许经营(concessions)是指在航站楼内运营的商业企业。通常,这些企业提供食品和饮料,乘客可以购物、休闲和娱乐。特许经营通常将其利润的一部分支付给机场,机场通过最大化每个特许经营的盈利能力而拥有既得利益。机场可以使用商业智能技术来监控客流量如何影响购买行为,从而允许机场调整零售要素,以实现非航空收入的最大化。

特许经营使用销售终端系统记录和处理交易。免税购物尤其需要信息处理,以确保商品只卖给真正的旅行者。同时,需要与航班信息系统连接的计算机系统,以确保在正确的时间将正确的商品运送到正确的航班。机场在乘客等待航班时也使用科技来提升娱乐服务。例如在 6D 电影院(例如史基浦机场)、游戏区(例如中国香港国际机场)、电子区、科学馆(例如新加坡樟宜机场)、互动墙壁和桌子来进行游戏,使用媒体和获得资讯(例如迪拜机场),在模拟体验中使用科技。

使用机场环境的大型多人游戏(MMPG)是有发展空间的(Amadeus,2012)。机场环境的这种游戏化可能涉及地理藏宝,即乘客使用线索来发现航站楼的不同特征。谷歌的增强现实(augmented reality)游戏 Ingress 就是一个很好的例子,在这款游戏中,用户加入两个团队中的一个,控制遍布整个终端的各种门户网站。

7.2.1.5 登机

登机从乘客广播开始,在繁忙的机场,这会产生很大的背景噪音。一些机场有一项静默的政策,要求乘客使用航班信息显示系统或移动乘客设备。登机过程信息会发送到移动设备上以提醒旅客。标准的国际航空运输协会条形码登机牌自动将登机牌与旅客名单进行匹配。登机牌是用光学扫描仪扫描的,光学扫描仪可以从纸上或移动屏幕上读取条形码。

使用移动设备可以进一步简化登机流程。新的系统将动态更新登机牌。登机牌保存在苹果卡包上,加上 iBeacon 和生物识别等蓝牙技术,乘客可以通过电子安检点(本质上是地理围栏)登机。这种方法将减少登机口的排队,并使旅客更快地登机。

7.2.1.6 中转

有些行程需要在中转机场中途停留才能转机。过境旅客可能会使用之前提到过的 IT 设施,包括免费 WiFi、机场应用程序和航班信息显示系统。过境旅客也有特殊的需求,需要盥洗、与亲人联系、休息和放松。机场提供免费的电脑终端,乘客可以在那里上网。数字信息显示了淋浴和安静区的位置。在有大量过境旅客的机场,睡眠舱很常见。这些吊舱包含特殊的照明和音频来安抚客人入睡,并有闹钟来唤醒他们的航班。移动应用程序还可以通过预订替代航班来帮助错过转机航班的旅客。

7.2.1.7 到达

航空公司和机场都将重点放在离港体验上。然而,有必要考虑到达体验,因为目的地机场往往是游客对目的地的第一印象。免费 WiFi 再次成为抵达旅客不可或缺的工具。乘客在等待海关、移民和行李领取时,可以上网预订地面交通或住宿。近场通信和低功耗蓝牙可以将游客信息和信息指南推送到移动乘客设备上,以供阅读。

国际门户机场的一项艰巨而耗时的任务是旅客入境证件的处理。当多个航班同时下机时,旅客可能会排很长的队,疲惫的乘客会变得沮丧。我们之前讨论的生物识别系统可以在乘客进入一个国家之前对他们进行筛查并记录他们的详细信息。在一些国家,通过扫描仪和照相机捕捉旅行者的指纹和照片。未来,机场可能会转向智能环境技术,以便在乘客抵达时扫描他们的安全和健康风险。

各国政府还通过建立他们不希望进入该国的个人数据库来实现移民控制的信息化,例如美国政府建立的禁飞名单(no-fly list)。当旅行者抵达机场出示他们的证件时,这些数据库就会被访问。护照和签证的数字化也方便了旅客的处理。最新的系统使用自动化的智能分析来根据乘客数据确定风险概况。

一旦旅客通过了入境检查,他们就会去行李认领处,然后通过海关到达机场的着陆区。下一节将讨论 IT 在旅客行李搬运、跟踪和分流方面的应用。通过海关后,乘客可以使用手机应用程序预订出租车和其他地面交通工具,其中一些系统将在下一节讨论。

我们讨论的一条共同主线是,使用手机在旅客旅程的关键接触点之间导航,总体目标是创造从出发到抵达的无缝(seamless)乘客体验。

这些技术在为旅客服务的同时也能在机场管理等方面发挥作用:国际航空电讯协会(SITA)等正在开发商业智能工具,提供航站楼不同部分的客运量、排队时间和停留时间等实时性能数据(SITA, 2018)。位置感知技术,如 WiFi、近场通信和蓝牙,使机场利益相关者能够预测和判断旅客高峰期和突发事件。它们还使航空公司能够看到乘客的位置,使工作人员能够采取积极措施准时起飞。这些信息可以与监控镜头一起显示在平板电脑上,使机场利益相关者能够管理客流和交通。平板电脑设备还会更新航班信息显示系统(FIDS)上显示的信息,如航班状态、登机口变化和到航站楼登机口的步行距离。

国际航空电讯协会(SITA)的航空公司和机场 IT 趋势调查显示,使用人工智能的预测工具很可能在未来五年或十年内被机场和航空公司采用(SITA,2016)。预测性分析包括各种技术:统计、建模、机器学习和数据挖掘,以避免或减轻突发事件对机场和航空公司运营的干扰。

7.2.2 行李和货物处理

航空公司和机场必须共同努力,将行李和货物从登机区运送到安检点并登上飞机。虽然 99% 的托运行李是准时送达的,但丢失或处理不当的行李每年仍给该行业造成约 21 亿美元的损失,单件行李损失约 100 美元(SITA,2017)。为此,机场和航空公司在行李处理系统(baggage handling systems,BHS)上投入了大量资源,该系统可以跟踪行李并防止行李丢失。带有光学条形码的行李标签包含每个行李的标签号、航班段和目的地,是行李处理系统(BHS)使用的最常见的 IT 基础设施。在办理登机手续时,标签信息被扫描到一个与航空公司的预订和乘客处理系统连接的数据库中。这些信息还连接到所有航空公司使用的中央行李跟踪系统(如国际航空电讯协会的 Bagtrac)。

计算机跟踪单个行李的位置、旅行行程和航班时刻表。光学扫描技术在行李标签沿着连接登机柜台、行李托运点和登机口的传送带移动时读取行李标签。计算机控制传送带接头和开关,以确保每个行李最终到达正确的目的地。丢失的行李可以利用乘客保留的标签很容易地追踪到。标签上的光学条形码用于访问数据库记录并确定行李的位置。国际航空电讯协会(SITA)和国际航空运输协会(IATA)提供一项名为 World Tracer 的服务,将发现的行李与丢失的行李报告进行匹配。行李认领区域的智能手机应用程序或自助服务亭允许乘客扫描行李标签来提交遗失行李申请。

许多航空公司还运载货物,需要 IT 将预订和跟踪系统与乘客系统分开处理。与旅客行李一样,光学条形码也被用来跟踪货物的旅程。

最新的应用采用环境智能的形式,即嵌入行李中的射频识别标签和射频识别芯片。这些新技术通过支持自动办理登机手续和自助行李投递,提高了乘客和行李处理的效率。这项技术还可以更可靠地对行李进行分类和跟踪,从而使行李更快地送到行李认领处的旅客手中。一些航空公司的乘客可以在整个旅程中跟踪托运行李的状态和位置,就像客户跟踪快递公司发送的包裹一样。网站和移动应用程序允许乘客实时监控他们的行李位置,包括在飞行期间(如果飞机上有 WiFi 的话)。研究者(Amadeus,2012)预测,到 2025 年,所有行李都将自动扫描,机场将采用机器人点对点行李处理系统。

7.2.3 空中交通管制

空中交通管制(ATC)追踪从起飞到降落的每一次航班,在航空运营的安全和效率方面发挥着至关重要的作用。空中交通管制的作用是确保空中交通的安全和高效流动(Belobaba et al.,2009)。这是通过使用四个相互关联的 IT 系统来实现的:

• 通信系统(communications systems):飞行员和调度员在短距离上使用超高频(very high frequency,VHF)系统,在较长距离上使用高频(high frequency,HF)短波或基于卫星的通信(SATCOM)系统,在数据传输方面使用飞机通信寻址和报告系统(aircraft communications addressing and reporting system,ACARS)与空中交通管制员通信。最近,一种名为航空电信网络(ATN)的新系统取得了进展。

• 导航系统(navigation systems):飞行员和空管员在起飞、巡航和降落期间使用多种不同的导航系统。信号在监视器上产生飞机位置的可视显示。

• 监控系统(surveillance systems):空管员使用监控系统来监视空中交通的流量和位置。许多飞机依靠雷达在监视器上显示每架飞机的位置。

• 飞行和天气信息系统(flight and weather information systems):决策支持系统帮助空管员优化拥挤机场的交通流量。飞行计划由飞行数据处理系统提交和传播,而天气信息系统提供天气观测、预报和警报(Belobaba et al.,2009)。

在所有这四个要素中,IT 技术在为空管员提供跟踪和管理空域所需的实时信息方面发挥着关键作用。

7.2.4 环境管理系统

机场运营对环境影响的信息化管理,是通过环境管理系统(EMS)来实现的。航空对地方、区域和全球层面的环境产生影响。这些影响包括:
- 水质(water quality):水质受到航站楼、跑道和停机坪的径流、除冰作业、燃料泄漏以及其他固体和液体废物泄露的影响。
- 噪音污染(noise pollution):飞机发出的噪声会扰乱睡眠并影响房产价值。
- 空气污染(air pollution):飞机污染会增加大气中的二氧化碳等温室气体,从而对空气质量产生不利影响。
- 野生动物(wildlife):飞机的飞行影响了野生动物的觅食、繁殖和迁徙模式,并对机场周围的鸟类生命构成威胁。

为了控制这些影响,各国政府对机场实施了严格的环境法规(Belobaba et al.,2009 年)。管理或减少航空运营对环境影响的技术包括:
- 环境监测(environmental monitoring):作为监管要求的一部分,使用计算机和专门的设备来分析、记录和报告机场采集的空气和水样。
- 能源使用(energy use):IT 系统监控能源使用情况,并在不使用时关闭非必要服务。第 12 章将更详细地讨论这些系统。
- 降噪(noise reduction):在飞机生产之前,计算机被用来对飞机和发动机设计进行建模。支持飞机连续下降操作的新技术也减轻了一些噪音(见第 12 章)。
- 减少碳排放(carbon emission reduction):发动机和飞机的计算机设计也极大地提高了燃油效率。乘客可以在通过 ARS 或网站预订航班时购买碳中和。科学家们还利用 IT 监测温室气体排放,并将其对气候变化的影响进行建模。
- 水质(water quality):信息化喷洒除冰系统采用飞机除冰液,以减少水浪费、过量喷洒和污水排放。结冰探测系统依靠磁致伸缩、电磁和超声波技术进行探测(Belobaba et al.,2009)。

本章小结

综上所述,IT 在航空领域的应用是无处不在的、全面的和动态的。航空业在竞争激烈和快速变化的市场中全力地、创造性地使用 IT，以求行业的蓬勃发展。航空业对大量信息处理和数据通信的需求创造了本章讨论的许多系统。在这个过程中，航空业已经成为信息系统成功应用于运营、营销和管理的经典范例。随着航空公司和机场的迅速增加，航空公司必须研究和投资新技术，以提高航空旅行的效率、舒适性和安全性。在本章中，我们已经就 IT 如何改进旅客体验和航空运营提出了建议。各种技术和创新正在汇聚，以提供完美的乘客体验。

关键术语

航空电信网络 Aeronautical Telecommunication Network（ATN），联盟计划 affiliate programs，飞机通信寻址报告系统 Aircraft Communications Addressing and Reporting System（ACARS），航空调度员 airline dispatcher，机票预订系统 airline reservation system（ARS），空端 airside，空中交通管制 air traffic control，环境智能 ambient intelligence，停机坪 apron，增强现实 augmented reality，可用性显示 availability display，行李处理系统 baggage handling system（BHS），投标 bidding，投标线 bid line，生物识别 biometrics，低功耗蓝牙 Bluetooth Low Energy（BLE），预定代码 booking code，机舱等级 cabin class，空乘人员 cabin crew，包机 charter airline，商业航空公司 commercial airline，特许经营 concession，每座位英里成本 costs per available seat mile（CASM），机组配对 crew pairing，客户关系管理 customer relationship management（CRM），免费搭乘 deadheading，决策支持系统 decision support system（DSS），离港控制系统 departure control system（DCS），分布式分类技术 distributed ledger technology（DLT），动态打包 dynamic packaging，电子杂费单 Electronic Miscellaneous Document（EMD），电子护照 e-passport，电子机票 e-ticket，票价基础代码 fare basis code（FBC），机票报价系统 Fare Quote System，票价规则 fare rules，国家航空公司 flag carrier，航班餐饮系统 flight catering system，飞行人员 flight deck crew，飞行工程师 flight engineer，飞行信息显示系统 flight information display systems（FIDS），航班清单 flight manifest，常客计划 frequent-flyer program（FFP），地理围栏 geofencing，地理信息系统 geographic information system（GIS），全球定位系统 global positioning system（GPS），

高频 high frequency (HF),机上娱乐 in-flight entertainment (IFE),飞行技术 in-flight technologies,互联网预定引擎 Internet booking engine (IBE),陆地 landside,载客率 load factor,低成本航空公司 low-cost carrier (LCC),近场通信 near-field communication (NFC),新分销能力 new distribution capability(NDC),禁飞名单 no-fly list,运筹学 operations research (OR),配对优化器 pairing optimizer,乘客姓名列表 passenger name list (PNL),乘客姓名记录 passenger name record (PNR),乘客服务系统 passenger service system(PSS),预测分析 predictive analytics,价格差异化 price differentiation,产品捆绑 product bundling,雷达 radar,射频识别 radio frequency identification (RFID),记录定位器 record locator,收入管理系统 revenue management system (RMS),每座位英里收入 revenue per available seat mile (RASM),安全管理系统 safety management system(SMS),无缝 seamless,特殊服务请求 special service request (SSR),超高频 very high freque-ncy (VHF),收益管理 yield management。

问题讨论

1. 智能手机和 APP 的推广如何影响航空产品的营销、分销和交付?

2. 在本章中,我们已经介绍了许多应用程序,允许航空公司和机场通过使用嵌入在行李标签和智能手机中的近场通信(NFC)、射频识别(RFID)和低功耗蓝牙(BLE)等信号技术来追踪乘客。这些应用程序的优缺点是什么?可能会出现哪些隐私或道德问题? 航空公司和机场如何克服这些问题?

3. 访问您认识的航空公司的 FFP 网站。查找有关兑换和赚取常客积分(里程)的信息。列出会员可以赚取和兑换积分的所有方式。网站上的技术如何支持 FFP? 您希望看到哪些改进?

4. 到 2035 年,全球航空公司机队规模预计将比 2018 年翻一番,到 2030 年,乘客数量预计将翻一番。IT 如何帮助航空公司和机场应对这种预期增长的市场所带来的挑战?

5. 访问新加坡樟宜机场的网站,浏览有关航站楼设施和服务的页面。记下需要使用 IT 的示例。您希望在未来 10 年内看到哪些受 IT 启发的机场服务?

6. 机场和航空公司如何使用增强现实、预测分析和物联网等新技术来简化和改善乘客体验？

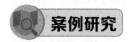案例研究

国际航空电讯协会(SITA)

国际航空电讯协会(SITA)，由欧洲和英国航空公司组成的财团于1949年成立，旨在通过共享基础设施和信息与通信技术(ICT)网络来提高成本效益。虽然ARPANet推出了第一个全球分组交换网络，但国际航空电讯协会开发了世界上第一个专门用于商业的分组交换网络。此网络称为高级网络(HLN)，于1969年实施。国际航空电讯协会还在1984年推出了世界上第一个空地通信服务(VHF AIRCOM)，随后在1992年推出了被称为卫星AIRCOM的实时空地语音通信系统。最近，该公司开发了异步传输模式(ATM)技术，以支持混合语音和数据流量。2005年，该公司与空中客车工业公司共同开发了OnAir系统，以便在飞机上使用移动电话和其他个人通信设备。

在过去的十年中，国际航空电讯协会通过为航空业开发一系列IT解决方案实现了多元化。今天，该公司在200多个国家和地区拥有4 700多名员工。该公司管理着一系列技术解决方案，主要包括以下方面：

- 通信和基础设施：语音、数据、消息、移动和桌面应用程序，以支持飞机业务、空地通信、空中交通管制和飞行业务；
- 机场：旅客办理、行李管理、运营管理；
- 航空公司：乘客管理、预订、电子商务解决方案、票价和辅助服务；
- 政府：边境管理、生物识别、风险评估和身份验证。

国际航空电讯协会(SITA)还积极与航空界合作开发系统和标准，以简化航空运输的通信和流程。例如World Tracer行李跟踪系统、常用终端设备(CUTE)和"B型"国际航空运输协会(IATA)标准信息传递。

国际航空电讯协会(SITA)将约5%的营收用于研发，并完成了：为乘客、机组人员和工作人员提供的位置感知智能手机和平板电脑解决方案；利用实时信息的商业智能应用程序；机场的增强现实；利用区块链技术的安全解决方案；以及Facebook上的社交预订和登机引擎。该公司不断使用最新的硬件和系统更新其数据中心和指挥中心。国际航空电讯协会(SITA)投资

了下一代乘客服务系统(PSS),并在 2013 年推出了 Horizon 平台。Horizon 提供了一个"点到点"的乘客系统,旨在捕获从销售查询到航班的乘客信息。它是使用面向服务的灵活体系结构从头开始构建的,可以通过多个渠道和接触点进行访问。

国际航空电讯协会(SITA)还制作了一系列关于行业趋势和新兴技术的调查和报告,以支持行业决策。

研究问题

1. 为什么航空公司和机场要将 IT 解决方案外包给 Sita 这样的公司?运营和战略优势是什么?

2. 访问国际航空电讯协会(SITA)网站,观看部分视频,加深对该公司的了解。对国际航空电讯协会(SITA)和 Amadeus 的产品和服务进行比较和对比。如果你管理一家航空公司,你会与这些公司中的哪一家合作?为什么?

3. 国际航空电讯协会(SITA)提供使用生物特征的边界控制技术。这些技术的优点和缺点是什么?你认为机器最终会取代移民局官员吗?

(来源:Vikas,2011;SITA,2018)。

第 8 章　水陆交通与信息技术

 学习目标

- 解释智能交通系统的组成及其如何应用于地面交通;
- 描述 IT 在公路、铁路和水陆运输中的不同应用;
- 评估技术如何促进多方式联运系统的连接。

引言

如何有效到达旅游目的地对于一次成功的旅行来说是至关重要的。除了上一章介绍的航空外,游客还有许多用来出行的地面交通方式。本章介绍了 IT 在地面交通工具上的应用,包括:道路(租车、巴士、出租车、自行车)、铁路(普通铁路和地铁)及水上(邮轮及渡轮)交通。这些交通方式不仅提供了从一个地方到另一个地方的实用功能,而且它们也可以成为旅游体验的核心(如邮轮、宏大的铁路旅行、缆车、贡多拉船)。地面运输的运营商在规模和范围上差别很大。一些是由私营公司(旅游巴士、邮轮、出租车)经营的,一些是由政府机构(公共汽车、铁路、地铁)经营的,而且,越来越多的公私伙伴关系正在合作,为目的地提供多式联运。有些运营商是本地的面向区域城市或者本地目的地,有些运营商网状覆盖国内和国际市场。信息技术极大地改善了地面交通,使之更快捷、更安全、更高效和更方便旅客使用。

本章从介绍智能交通系统(intelligent transportation systems, ITS)的概念开始,因为它们为IT应用提供了提高所有陆路交通系统效率的一个全面框架,并且与目的地的游客使用相关。本章将继续讨论汽车、出租车和汽车租赁组织中的IT发展。铁路和地铁的IT应用将构成下一个部分的内容,然后是水运应用内容。

8.1 智能交通系统

随着许多目的地交通量的增加,游客通过地面交通系统进行移动变得更具挑战性。这在一些大城市尤其如此,在高速公路和热门的风景名胜区,拥挤不堪和延误现象频出。随着高速公路变得更加拥挤,对于在陌生环境中的旅游司机来说也变得更加困难。拥堵的环境已经危及安全,诸如产生更多的事故、消耗更多的燃料、释放更多的尾气排放等,进而危及环境。个别交通运营商可以通过使用污染较少的车辆来解决这些问题。但公共交通机构需要进行战略规划,以创建支持更安全、更清洁的交通综合系统。此类系统称为智能交通系统。

智能交通系统被定义为(Intelligent Transportation Society of America, 2014, p.1):

> 可以提升运输系统安全、效率和性能的一种广泛的信息和通信技术。当集成到国家的道路、车辆和公共交通网络时,智能交通系统可以帮助减少拥堵、提高流动性、拯救生命并优化我们现有的基础设施。

智能交通系统是可以连接和管理所有陆路交通方式的系统,尽管它们最常用于公路和高速公路系统。智能交通系统正在世界各地的许多地方实施,但到目前为止,它们还不是很普遍。欧洲、美洲、澳大利亚和日本等地区都做出了重大努力。安全性的提高和拥堵的减少在使用这些技术的地区得以验证。ITS的应用仍需要私营运输经营商在实施此类系统方面的合作和承诺,以产生最大化利益。

根据ERTICO(2018)的说法,智能交通系统可以为目的地及司机提供很多好处,例如:

- 发现并预警前方道路上的危险;
- 保持车辆的安全距离;

- 允许车辆直接与周围的基础设施和其他设施通信;
- 对行车线路上的拥堵和事故作出预警,以帮助司机更好决定路线;
- 让司机了解当地的限速信息;
- 监控司机的疲劳状态并提醒适时休息;
- 为公共交通使用者提供实时服务信息,以及智能无缝的票务解决方案;
- 将公共交通纳入交通管理系统,优先考虑巴士和有轨电车;
- 提高客货运效率及纾缓交通堵塞,对环境有明显的好处;
- 随时随地提供有效的实时的旅行与交通信息。

8.1.1 公共智能交通系统

许多目的地正在设计和实施智能交通系统。在欧洲,总部位于布鲁塞尔的一项名为 ERTICO 的智能交通系统,将 IT、交通、研究机构和公共部门聚集在一起,为整个欧洲的人员和商品的流动注入智能。其目的是为了建立一个零事故、零延误、低环境影响以及充分知情的交通系统。

1993 年美国国家自动化高速公路系统联盟的任务是,在 21 世纪初部署一个完全自动化的国家公路系统。其愿景是建立一个全自动"解放手脚"的高速公路系统。然而,各种体制和社会问题阻碍了该计划的实施,资金于 1997 年停止。目前支持智能交通系统发展的是由美国智能交通协会(Intelligent Transportation Society of America)领导的。关于美国智能交通系统目前是如何开发的相关信息可以在他们的网站上找到。

在澳大利亚,一个名为 STREAMS 的综合智能交通系统已经运行多年。该系统基于交通流量进行信号定时,提供自动化的实时乘客信息。STREAMS 的另一个组成部分是自由流动收费,因此车辆不必在收费站停车。摄像机和激光会标记车辆,自动链接到信用卡支付系统支付费用。其他国家如卡塔尔,也在积极发展智能交通系统(如下面的行业洞察所述)。

8.1.2 智能交通系统的组成部分

为了了解完全集成的智能交通系统的各个组成部分,图 8.1 展示了一个假想的综合了不同运输方式的多式联运系统(multimodal transport system):空运、海运、车辆和火车。它表明,信息从点传输到车辆的通信技术,包括无线电通信、移动发射塔、卫星通信和地面广播。该系统还包括自动收费、自动交通信号、乘客信息、行程规划工具，以及安全系统。下面将讨论图中的许多系统。与游客最相关的智能交通系统功能是路线导航系统和旅客信息系统(traveler information systems)，这两种系统都能帮助司机在不熟悉的地方找到路。

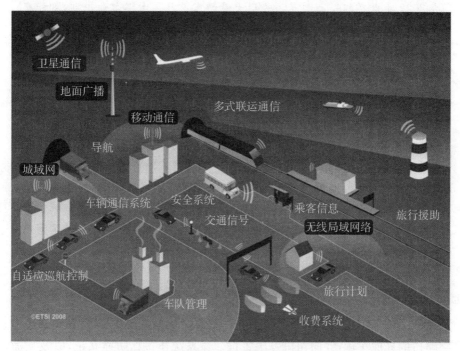

图 8.1　ITS 系统（来源：欧洲电信协会，2012）

智能交通系统中有三种不同的技术和信息传递类型：

● 车载系统(in-vehicle systems)：这些技术是汽车制造商的职责，主要关注的是安全问题。一种系统提供电子稳定系统，电子传感器检测到汽车存在打滑或失去控制的危险时，应用自动刹车程序。另一种系统会检测道路车道，当司机无意识行驶到车道外，或没有提前指示就改变车道的情况下，系统向司机发出警报。自动巡航控制系统可以监测前方车辆的距离和速度，并调整车辆速度和跟随距离。智能车速辅助系统通过 GPS 定位车辆位置，并适配包含每条道路限速信息的数字路线图，提醒驾驶员不要超速行驶。

行业洞察：卡塔尔智能交通系统

大型旅游活动往往是推动重大交通系统发展的动力。卡塔尔正在重新规划作为亚非欧之间贸易和运输枢纽的国家未来。它计划通过举办2022年世界杯等大型赛事吸引大量游客前往。卡塔尔意识到，智能交通系统将在可预见的未来发挥重要作用，其成果也更具可持续性。卡塔尔的智能交通旨在提高安全性，促进交通流动顺畅，提高客户满意度，减少对环境影响。该计划还包括新的地铁系统、新的多哈国际机场和新的港口设施(Nazer, 2013)。

为改善人员和货物的流动性，卡塔尔新建超过29个道路项目，智能交通系统将在城市交通和城际交通网络中得到广泛使用。智能交通系统主要包括隧道管理系统、交通事故检测系统、车道和速度控制标识系统、超高车辆检测系统和气象监测系统，还将开发网联车辆和共享汽车系统、道路动态信息标识系统、自动支付系统和智能停车管理系统。除道路智能交通系统外，卡塔尔还将创建由国家交通管理中心监督运营的多模态旅客信息系统。

- 车辆与车辆通信系统（vehicle-to-vehicle systems）：这些通信可以将信息从一辆车传送到另一辆车，旨在提高安全性。系统可以检测到到达十字路口的其他车辆，并向司机发出警报。该系统还包括防撞系统，以及交通事故、意外以及突发事件的紧急通知系统。
- 车辆与基础设施通信系统（vehicle-to-infrastructure systems）：其代表了智能交通系统最多数量的应用。它们为旅客提供如实时导航、路旁电子信息、延误通知、交通堵塞、事故、停车场和燃油供应、交通信号和变速控制等信息服务。这些信号通过监控交通流量的闭路电视系统或路边的智能传感设备接收信息。车辆与安装在道路基础设施中的传感器之间的通信是无线的。这些传感器促进了自动交通管理系统、旅客信息系统及车队管理系统（fleet management systems）的发展，详情如下。

自动交通管理系统（automated traffic management systems，ATMS）使用各种技术来管理道路交通流量。一些系统支持公共交通工具，以确保公共交通车辆到达十字路口时信号灯自动变为绿灯。车内的装置会帮助其识别公共汽车、有轨电车或其他公共车辆,并通过无线电波与路边的装置进行通信。当车辆接近时,信号会自动变成绿色,允许它顺利通过。这样可以显著提高公共交通的准点率,让更多的人选择乘坐公共交通工具出行而不是开车。路边的道路信息电子显示屏是自动交通管理系统的另一个组成部分。他们会通知司机延误、拥堵、道路施工和事故,并根据路况建议限速。这些电子屏通过监控交通流量的闭路电视系统或路边的智能传感设备接收信息。另外两项技术是匝道计费器和电子收费亭(electronic tollbooths, e-tolls)。匝道计费器可以畅通高速公路上的交通,电子收费亭可以缩短通过收费站的时间。

与此相关的一项技术是电子道路计费(electronic road pricing, ERP),该技术首先在新加坡引入,以管理交通拥堵。它要求司机在不同的时间支付不同的过路费,在高峰时间支付更多的费用,目的是司机将选择其他交通方式或在高峰时间改变他们的旅行。旅客把现金卡放在车上的一个槽里,当他们通过电子道路计费站时,这笔费用就会通过短波无线电通信自动从他们的账户中扣除。游客使用电子收费和电子道路计费系统的安全性可能是一个问题,特别是当他们在一个目的地停留很短的时间时,使用该系统要么不方便,要么可能不管用。一些电子收费系统使用数码相机来捕捉每一辆经过收费站的汽车牌照。光学字符识别被用来读取这些照片中的车牌号码。然后,旅客可以在大型机场收费站支付费用,或访问网站输入车牌号后支付通行费。当旅行者租车时,一些汽车租赁公司还提供旅游者租车时的收费计划。不幸的是,一些不熟悉全自动电子收费站的旅客,直到几个星期后收到罚款,才意识到他们已经通过了收费站。在葡萄牙,当司机从西班牙过境时,必须在一个检查站停下来,将信用卡插入与车辆牌照相匹配的读卡器中,这样就可以自动支付通行费,开车经过的游客同样也可以用此方法通行。

旅客信息系统(traveler information systems)为驾车者提供有关该地区道路状况的在线实时信息。拥挤的街道、事故地点和可用停车场的实时细节就是这些信息的例子。信息是中央监控从位置摄像机和其他传感设备接收的,然后通过卫星通信或地面通信系统传送给车辆。日本有一个名为车辆信息通信系统(vehicle information and communication system, VICS)的系统,从日本道路交通信息中心和其他交通主管部门收集实时路况信息,并对其进行编辑和处理,然后传输到路边设备。这些设备利用红外信号台、无线电波发射和调频广播向车内的计算机传输和发射信号。政府免费向司机提供服务,但车辆内的接收设备必须由车主购买。这个系统减少了交通堵塞、事故和石油消耗,也减少了碳排放。当与路线导航系统结合使用时,旅客信息系统可以生成替代路线绕开拥堵,从而使司机能够避免长时间的延误,轻松到达目的地。

  为了安全驾驶,驾驶员还需要车辆的某些关键状态信息,如他们的速度、转向灯状态、灯、燃料、水和油通常显示在仪表盘上。在查看仪表盘显示后,驾驶员的眼睛重新聚焦在道路上所需要的滞后时间可能是一个安全问题。Avis汽车租赁公司推出挡风玻璃信息显示器,这样司机可以不必低头就能看到这些信息,也不需要重新调整他们的眼睛。这些被称为平视显示器(head-up displays,HUD)的系统,最初用于飞机,后来用于轮船上。数字显示器似乎漂浮在汽车的前保险杠上方,它的位置可以调整,在任何时候都是可见的。对使用过平视显示器司机的研究表明,82%的受访者认为使用平视显示器驾驶汽车更安全。

  另一种类型的车内技术是路线导航系统(route guidance system),它可以帮助驾驶员导航到指定地点的最佳路线。车辆必须配备一台车载计算机,可以从中央数据库中检索相关数据。数据库是一个地理信息系统(geographic information system,GIS),存储给定区域的图形信息和地图。数据库中的信息通过卫星传输到汽车的计算机上。仪表盘上的显示器显示信息,触摸面板允许司机通过菜单选择选项。

  司机可以要求导航到指定的街道地址、指定的十字路口,或指定的旅游景点,也可以选择具有某些特征的路线,如最快路线、风景路线、有或没有高速公路的路线。GIS响应包括驾驶说明、带有街道交叉口和地标的指定路线地图以及车辆相对于地图的位置。语音提示可以帮助司机转弯,如果转错了方向,系统会生成一条新路线。计算机的内存可以存储许多经常访问的目的地路线。许多智能手机现在也提供同样的功能。正如第6章所讨论的,使用智能手机或互联网连接的司机与乘客可以通过移动应用程序来实现部分功能。表8.1描述了一些流行的应用程序示例。

表 8.1 路线指引的移动应用程序示例

名称	功能
优步	根据乘客手机 GPS 位置,将乘客与司机进行匹配;支付通过应用程序进行,无需现金
GasBuddy	这个众包应用程序要求用户输入他们的燃油支付价格,然后显示在地图上以便其他用户可以查找到最低价格
Sigalert	提供当前路况信息、限速信息、访问实时摄像头以帮助通行者
Waze	依赖用户参与报告交通、事故地点和速度限制的信息,当用户提供信息报告后,其他用户可以使用 Waze 地图访问该报告
Traffic Alert	提供有关当前路况信息、速度信息和访问实时摄像头以帮助通行者
Waze	提供实时交通地图,显示数百个城市和郊区的主要路线上的交通速度和事件,帮助旅游者规划行程和路线

对于那些不熟悉城市或地区的游客来说,这些系统可以减少挫败感、延误和事故,从而避免影响其假期行程。许多这样的系统安装在一些租赁汽车上,随着越来越多的汽车制造商在汽车上安装车载电脑,它们的使用在未来有望增长。

8.1.3 车辆技术

如上所述,智能交通系统的许多功能要求车辆在制造时就安装某些技术。有些车辆增加了驾驶体验,有些则完全是自动驾驶车辆。技术增强汽车或智能汽车(smart cars),除具有上述车内功能外还具有自动停车、监控盲点、识别交通信号和通知司机可能发生碰撞的能力。装有传感器的车辆不仅使驾驶更安全,使汽车可以靠得更近,而且还扩大了高速公路的通行能力。车联网(The Internet of Vehicles,IoV)是指通过某种方式连接到互联网,并通过导航显示屏提供智能导航、信息娱乐、社交和服务信息等附加功能的车辆。这些环境智能功能是在其他章节中讨论的物联网的一部分。

确定的是智能交通系统将应用于无人驾驶汽车。自 1939 年通用汽车提出无人驾驶汽车的想法以来,它一直是一个梦想。谷歌在 2009 年开发并测试了一辆无人驾驶汽车,在 2012 年 5 月获得牌照后,美国许多州现在允许使用这种汽车。谷歌后来成立了一家名为 Waymo 的子公司,进一步开发自动驾驶汽车技术并将其商业化。大多数大型汽车制造商已经开发并测试了自动驾驶汽车，预计无人驾驶汽车将在未来20年内广泛普及。电动汽车制造商特斯拉（Tesla）也创造了完全自动驾驶的车型，优步等拼车公司也测试了这项技术，以期开发一个全球无人驾驶出租车车队。

在欧洲，比利时、法国、意大利和英国的城市都制定了运营自动驾驶汽车交通系统的计划。自动驾驶的航天飞机和分离舱已经被用于高度控制的旅游场所，如机场和城市。在英国，2018年，GATEway项目在环绕格林威治半岛的一条3.4千米的路上测试了4个无人驾驶舱。一家名为Navya的法国公司是这一领域的先驱，它生产的电动汽车使用电机、数字技术和机器人技术，在城市环境中提供"首英里-最后一英里"的交通解决方案。最后一英里问题是人们从交通枢纽到出发地（如自己家）或目的地（如工作）的挑战。Navya于2016年在澳大利亚珀斯市实施了自主无人驾驶班车的首次公开试验。随后，它为其他一些目的地开发了这项技术。

无人驾驶汽车依赖于广泛的多传感器技术，包括激光雷达、无线电、摄像头以及与GPS卫星系统的连接，以获取环境的三维地图，探测障碍物并做出相应反应。这些传感器技术是由强大的计算机支持的，它可以预测车辆周围的其他物体（例如：行人、汽车、孩子、动物）。在未来，车辆之间也有可能通过路面和路标上的传感器进行通信。当无人驾驶汽车与智能交通系统结合使用时，它具有提高安全性、提高燃油效率、减少污染、缓解拥堵和减少停车场空间浪费的潜力。无人驾驶汽车可以组成8—25辆车的车队一起移动。这种排兵布阵不仅更安全，而且还能减少燃料消耗。它还将高速公路的容量扩大了约30%（Tientrakool et al.，2011）。旅行者在旅途中也将有更多的自由时间，这将开启信息、解说和营销通过窗户等表面增强现实显示的可能性。

8.1.4 车队管理系统

智能交通系统还可以协助旅游巴士公司和出租车公司管理他们的车队。车队管理系统使用自动车辆定位（automated vehicle location，AVL）技术来提供车队中每辆车的位置信息。车辆配备有定位车辆位置的GPS，然后可以将此信息叠加在地理信息系统中的街道地图上，以确定车辆的确切位置。出租车公司使用的自动车辆定位（AVL）系统可以告知车队运营商每辆车的位置。根据这些信息，该公司可以为旅客提供到达指定地点的预计时间。自动车辆定位（AVL）系统对于公共交通车辆也有优势。公共交通车辆的实时时刻表信息可以通过两种方式传递给公众。首先,公共车辆上的信息显示可以告知乘客预计到达目的地的时间。其次,可以在终端或站点显示信息,以告知乘客车辆在路线的确切位置以及他们需要等待多长时间。

自动车辆定位(AVL)系统还被发现可以在游客可能因车辆问题、犯罪活动或恶劣天气而被困的情况下提高游客的安全。系统会将有关游客车辆确切位置的信息立即通知警察局或其他应急机构,知道确切位置使机构能够立即派遣援助。对于在高犯罪率地区开车的旅行者来说,这是一个非常令人欣慰的特点。个人或团体游客在户外时无论是否有车辆,也可以携带GPS传感器获益,同时智能手机也提供类似的功能。

8.2 汽车租赁公司与信息技术

本节探讨汽车租赁公司在预订系统中使用IT的情况。因为主要的汽车租赁公司在许多地方都有办公室和车辆,所以他们需要计算机预订网络来处理预订。大型连锁运营商使用中央计算机系统,该系统带有关于乘客预订、租赁协议和车辆库存的数据库,旅行计划者和消费者可以通过网络访问这些数据库。

8.2.1 预订系统

车辆租赁网站允许全球访问中央预订系统。在网站上,旅行者可以决定车辆类型、价格、下车和上车地点、日期和时间。预订软件还管理销售趋势、分析车辆利用率和可用性,并且通常具有收益管理功能。有许多此类软件的供应商按月收费提供服务。租赁预订系统有时会与政府计算机连接以拒绝高风险驾驶人,通常会有 6%—10% 的司机会被拒绝。

常租者数据库给予常租者特殊待遇和快速预订服务。到达和离开时的快速处理是重要的服务要素,IT 以多种方式减少了交易时间。绕过柜台服务,经常租车的人可以立即前往指定车辆的地点。移动应用程序也被用于让旅客更快地完成从机场到汽车的过程。旅行者旅行前在其移动应用程序上创建个人资料(包括信用卡和保险详细信息),允许他们直接前往车辆位置并通过扫描挡风玻璃上的二维码解锁。退车过程也很快,使用手持终端处理快速退租以记录汽车里程并为乘客生成单据。

8.2.2 车辆库存控制

另一个数据库包含有关车辆本身的信息。每辆车的详细信息、分类、功能、价格、里程和维护记录都被存储其中。系统会跟踪它们的里程数、维护和修理情况,车辆随着时间的推移贬值,系统为车辆订购提供数据支撑。系统可以最大限度地利用每辆车并增加公司收入。车辆库存控制可以通过后窗上的条形码进行,也可以以光学方式读取前窗车辆识别号。识别号避免了在可能发生盗窃的地区将汽车误认为租赁汽车。汽车租赁公司面临的挑战是将其车辆供应与客户需求相匹配。在不断变化的旅游环境中,这并不容易。上面讨论的应用程序会有所帮助,但需要更复杂的计算机应用程序来制定战略决策。

8.2.3 共享汽车

在目的地寻求流动性的旅行者可能并不总是想租车或使用公共交通,但可能希望在短时间内独立使用汽车。此外,城市居民可能不想拥有汽车,但需要使用汽车交通工具。越来越流行的共享汽车(car sharing)概念,也被称为协作移动(collaborative mobility),依赖于计算机技术来操作。第一个汽车共享系统由阿姆斯特丹市议会在 1960 年代提供;然而,现代系统始于 1987 年的瑞士、1988 年的德国和 1994 年的北美。

汽车共享系统使旅行者和居民可以在没有汽车所有权的情况下使用汽车。该系统在整个目的地拥有一支车队,用户必须在线注册并获准驾驶汽车。通常在公共交通站附近,他们可以在移动设备上进行预订并查看汽车位置。该系统优于租车,因为没有营业时间限制,车辆可以按分钟、小时或天租用。汽车共享公司通常要求司机获得与汽车通信的特殊 RFID 卡以解锁汽车。为了安全起见,为了减少系统滥用,没有卡就不能启动汽车。当司机结束旅程时,汽车将停在指定地段,用卡锁定并供下一个用户使用。有关旅行的所有信息都在线存储,可供访问。Zipcar 和 Car2go 是流行的按照需要提供汽车共享服务的两个例子。

随着人们对环境问题的日益关注,交通工具被认为是造成碳排放的主要原因。为了降低对环境的污染,游客们正在重新评估他们的交通方式,并经常选择自行车出行。阿姆斯特丹的共享单车项目(bicycle-sharing programs)始于 1965 年,当时有 50 辆自行车被漆成白色供所有人使用。现在，他们已经遍布在世界各国的数百个地方，如西班牙、意大利、澳大利亚和中国。共享单车主要有四种不同类型的系统。其中一种是城市提供的不受监管自行车，允许任何人免费使用。第二种则需要付少量押金来解锁自行车。第三种是较为复杂的系统，要求用户在智能手机上预先注册为会员，这些自行车配有 GPS 按钮，可以返回到原来的位置，也可以留在任何地方，让下一个用户通过手机定位找到它们。第四种类型被称为需求响应型、多式联运系统，它的好处是与目的地的公共交通系统相连接。一次性支付智能卡允许使用所有公共交通，自行车站位于公交站附近，非常方便(Shaheen & Guzman, 2011)。虽然这种系统的预先登记对短期游客可能不太方便，但长期停留的游客可以很好地利用该系统。一些系统允许用户长期使用，用户可以保存自行车几个月。共享单车系统有时由城市管理者或与汽车共享、停车场合作运营。

8.2.4 出租车和拼车

信息技术也在改变出租车的使用，尤其是在大城市，漫长的出租车等待已成为过去。出租车公司让客户在他们的智能手机上提前或在他们需要的时候预订出租车。应用程序可以识别附近的出租车，并提供有关司机、车牌和距离的详细信息。客户可以跟踪车辆，并在车辆到达时收到短信。乘客的详细信息和信用卡信息存储在应用程序中，当乘车完成时，他们的信用卡会被扣费。

旅行者搭乘的另一种方式是寻找到愿意开车送他们到目的地的居民。这些点对点拼车服务(peer-to-peer ridesharing services)严重依赖 IT 以将乘客与司机联系起来，与出租车形成直接竞争。优步、Lyft 和 BlaBlaCar 等公司的成功，部分归功于以用户为中心的应用程序，这些应用程序将基于实时位置的服务、支付系统和评论相结合。计算机系统存储有关驾驶员的信息，并允许旅行者通过智能手机应用程序与车主联系。司机必须注册并符合严格的安全标准，才能被列为拼车司机。一旦注册并获得批准，他们就可以在任何地方提供乘车服务。这是点对点(P2P)商业模式的另一个例子，它减少了道路上的汽车数量，并为车主提供了额外收入。

一些提供点对点拼车服务的科技公司受到严厉批评，因其对持牌出租车运营商造成不公平竞争，且将司机视为个体经营商来规避支付员工福利。政府和立法者以多种方式做出回应，从完全禁止这些服务到对其进行监管，以此来为现有运输商创造更公平的竞争环境。未来,这些公司中的大多数很可能会转向无人驾驶汽车,完全放弃"与当地人拼车"的概念。这些挑战凸显了监管和社会系统是如何不断地适应新技术创新的情形。

8.3 铁路运输与信息技术

铁路旅行是一种重要的陆路交通方式。它消除了机场的不便,将旅行者带到城市中心,变得比航空旅行更受欢迎。铁路旅行包括地面铁路系统(例如快速交通、轻轨)和地铁(例如地下铁路或地铁)系统。与地铁相比,地面铁路旅行对 IT 的应用需求更大,因为它可能涉及更长的旅程以及旅行者更多的计划和预订。

铁路公司使用基于网络的计算机预订系统来管理火车上的座位容量、预订座位或卧铺、提供时刻表信息。铁路计算机预订系统(CRS)响应乘客对日程表和时刻表的请求。一些铁路系统与 GDS 有连接,因此旅行社可以为他们的客户查看时刻表和购买车票。旅行者的智能手机可以安全购票,生成条形码,然后由工作人员或火车和车站的扫描仪进行检查。

地面铁路和地铁运营商正在使用电子票务来更有效地监控进入车站的车辆。可以从车站的自动售票机购买不同类型的车票(季票、月票、周票、日票)。通过使用储值卡多次旅行或使用季票,乘客可以获得折扣,并且不再需要携带现金或每次购买。一些城市允许在地面铁路、地铁、公共汽车、有轨电车和轮渡上使用多式联运公共交通票。英吉利海峡隧道(连接英国和法国)拥有自动值机"闸口",其在离境控制和票务系统方面面临着特殊挑战,因为它涉及多个国家多个系统的整合。系统集成可以更轻松地完成此类任务。

跨境铁路票务(cross-border rail ticketing)直到最近才成为可能,因为各国正在将他们的铁路 CRS 连接在一起。这在欧洲特别有必要,因为欧洲有很多不同的国家,铁路旅行很受欢迎。最近开发了一个名为 SilverRail 的数字平台,将欧洲铁路 CRS 连接在一起,使旅行计划者可以访问它们。该平台成为购买欧洲跨境铁路票务的单一渠道,是铁路行业的迷你 GDS。这需要为旅行社预订的票价、规则、时间表、路线、结算方法、票务、行程计划和旅行社佣金跟踪制定标准。SilverRail 的 CRS 处理在 eBookers.com、Skyscanner.com 和 Sabre GetThere 上的铁路预订(O'Neill, 2013)。去哪儿(Quno rail)是 SilverRail 的 B2C 版本,专注于旅行者的直接预订。

在城际旅行时,旅行者通常会考虑选择火车和巴士。旅行者并不能很容易找到有关这些交通方式的信息,通常许多公司都提供这些服务,因此也很难在一个地方查看全面的信息。Wanderu.com 就是一个可以搜索和预订城际巴士和城际铁路服务的一个创新网站。另一个类似网站是 GoEuro.com,提供欧洲多式联运(航空、巴士、铁路和汽车租赁)搜索和预订。在印度,一个名为 TicketGoose 的巴士预订系统已与 700 多家巴士运营商和 6 000 家代理商合作,为印度 3 000 个目的地提供服务。TicketGoose 有一个独特嘻哈风格的用户界面设计,尽可能减少文本旨在突出视觉吸引。

8.4 水面交通与信息技术

水面交通运营商包括客运和汽车轮渡,以及河流、大型湖泊和海洋上的游轮。不同水面交通对 IT 需求不同,如远洋游轮比渡船的 IT 需求更高,因为游轮乘客在船上的时间更长,而且游轮本身有更多的设施。因此,本节的大部分内容将集中在邮轮公司的 IT 应用上。

邮轮和轮渡都需要计算机预订系统。滚装轮渡(roll-on,roll-off,RORO)通常是前往小岛的交通工具,其可以运载车辆和步行乘客。这需要一个既能预订人又能预订车辆的 CRS。数据库需要存储车辆长度和类型信息,以便在甲板上预留空间。乘客信息也存储在数据库中。虽然有很多独立的轮渡服务中心,但 aferry.com 可以访问全球 150 多家轮渡公司,并接受国际轮渡预订。

邮轮,尤其是多日海上邮轮,是比轮渡、航空公司、铁路和汽车租赁更复杂的产品,需要更复杂的预订数据库。预订过程中需要更多信息。每次预订都需要选择航行目的地、价格代码、舱位类型和乘客姓名记录(PNR)。通过在线预订游轮比通过旅行社预订游轮的占比小,很大原因就是复杂性造成的。游轮预订系统可通过 Expedia 等在线门户网站访问;然而,只有 10% 的游轮预订是通过这种方式预订的。CruiseMatch 是一个面向旅行社的邮轮预订系统,他们与 40 多家邮轮公司都有联系,如皇家加勒比邮轮公司、阿扎马拉俱乐部邮轮公司和名人邮轮公司。

邮轮公司外网可以提供更多的信息来改善旅行社和邮轮运营商之间的关系,这样可以促进旅行社和旅游运营商销售邮轮服务(Papathanassis &

Brejla，2011）。大型邮轮公司的在线预订系统允许预付或预存的客户在出发前访问预订系统，以预订地面游览活动、水疗和其他在线服务。水晶邮轮的快速登机系统在邮轮船票上使用条形码，在港口等候区使用船票扫描系统，从而完全消除了船舶登记手续。他们能快速有效地将客人从码头转移到安检处。

在乘客区可以使用技术为乘客提供更多信息，在后台办公区使用技术，可使远航体验更丰富和愉快。皇家加勒比国际公司（Royal Caribbean International，RCI）拥有 Wayfinder 系统，该系统可帮助乘客在拥有 5 000 个泊位的巨大船舶周围找到方向。整个船上的 WayFinder 触摸屏终端都有交互式屏幕，其允许员工和客户查找有关船舶的信息，包括船舶地图、定制路线、餐厅位置、预订可用性、船上活动时间表、实时更新的指定方位和路线。皇家加勒比国际公司（RCI）最近在客舱放置了 iPad，以帮助客人访问类似信息（参阅行业洞察）。挪威的邮轮公司有一个类似的系统，称为 iConcierge 智能手机应用程序，可在航行期间将使用 iPhone、iPad、Android 手机以及电脑的用户连接到 Norwegian Epic 的客户信息和服务系统上。

有的邮轮给年轻的远洋乘客提供高科技娱乐体验，如座椅会振动和移动，会喷水和气泡，有风和气味等特殊效果的 3D 影院。有的邮轮公司会通过高清摄像机，将外部环境投射到"魔法舷窗"的特等舱中，让游客实时观看船外景色。有的邮轮公司继续开发节能技术，例如全船队安装 LED 和紧凑型荧光灯，每艘船每年可节省约 100 000 美元。有的公司开发了新的淡水生产反渗透系统，耗电量减少了 40%（国际邮轮协会，2013）。

舰桥上的全球导航系统（global navigation systems）和 GPS 技术使用卫星通信来辅助导航。全球海上遇险和安全系统（global maritime distress and safety systems，GMDSS）协助处理海上医疗紧急情况。在紧急情况下，陆地医疗设施与遇险船只之间的通信可以提供在线帮助。全球海上遇险和安全系统（GMDSS）加强了海上搜救行动，为生病或受伤的乘客提供更好的医疗服务。从船到岸的卫星通信连接也促进了船上的日常商业贸易。许多船上的商店和酒吧都使用终端销售系统。由于大多数游轮的价格包括所有餐点，因此餐厅不需要销售点系统，但酒精饮料的销售除外。计算机还用于监控和控制船上商品和供应的库存。这对于需要高水平供应库存的港口长途旅行尤其重要。船舶可以使用计算机确定每个港口的采购需求，并且可以在船舶抵达港口之前将订单以电子方式传送到岸上。

邮轮的游客可能会在游轮出发前几个小时甚至一天左右到达登船地点。关于餐饮、购物、观光或过夜的信息可以让游客更愉快的打发时间。在佛罗里达州,大型邮轮港口的 DMO 与邮轮公司合作,将二维码放入其宣传册中,以便游客可以通过智能手机获取信息。这增加了目的地的收入,并带来了更满意的游轮体验,改变了游客安排陆上旅行的方式。传统上,这些陆地旅行是被游轮公司控制的,他们与当地运营商签订了独家合同,这些短途旅行成为利润丰厚的业务。当地的运营商在游客到达目的地之前,没有机会与游客进行沟通。现在,借助互联网和移动技术,旅行者可以自行预订本地化、个性化和更便宜的由独立运营商提供的旅行服务。

行业洞察:皇家加勒比国际公司

世界上最大的邮轮公司之一皇家加勒比国际公司(RCI)利用技术获得战略优势。它的总部位于佛罗里达州迈阿密,拥有超过 25 艘游轮,通常每艘可搭载 5000 多名乘客,覆盖全球 260 个目的地。它成立于 1968 年,拥有一系列不同的品牌,包括在欧洲和美国运营的皇家加勒比国际、Celebrity Cruises、Azamara Cruises 和 Pullmantour。

该公司的每艘游轮上应用 IT 非常广泛。他们必须在 6 小时内处理 5000 名乘客的登船和离船,为船舶导航和改善客人体验。该公司名为 RES 的预订系统,直接通过皇家加勒比国际网站或呼叫中心接收客人的预订。大多数预订(85%)是旅行社通过 cruisingpower.com 和其他网站完成的。游轮搭载的酒店计算机系统可以处理信用卡数据、客账、客户偏好、图片、健康记录和行为数据。这可以被存储、汇总并用于预测乘客行为,优化客户体验和客户关系。其他应用程序包括商店终端销售点(POS)设备、客人使用的互联网、员工的电子邮件和泳池毛巾数量清点软件等。

IT 极大地增强了客户体验。皇家加勒比国际公司(RCI)船舶配备 32 英寸触摸屏,为客人的客舱、活动、餐厅或最近的洗手间提供交互式指示。客舱中的 iPad 可帮助客户预订餐厅、选择葡萄酒和开胃菜、安排短途旅行和订购客房服务。由于 iPad 有摄像头,它们会带来隐私风险,因此每台 iPad 在每周使用后数据都会被清理干净。所有侍应生都使用无线终端销售点(POS)设备，允许客人在船上的任何地方进行购买。这些设备还用于从客人那里获得船上活动的电子免签服务，如攀岩或滑冰。该公司的海洋量子号"智能船"包括机器人和"虚拟窗"，配备高清显示屏，可为内部客舱提供外部景观和声音的实时图像。

IT 系统还用于增强客人安全性。使用面部识别软件为每位客人拍摄一张高分辨率照片，这张高清照片与乘客的客舱钥匙相关联。然后将图片放置在安全系统和终端销售点(POS)系统中供以后使用。父母可以通过租用带有应用程序的特殊 iPhone 来使用儿童跟踪系统，该应用程序与孩子的智能腕带进行通信，以识别孩子在船上的位置。这大大减少了儿童丢失警报数。形态识别摄像头计算就座和等待餐厅的人数。这些信息以红、黄、绿信号的形式传送到整个船上的 300 个数字信号中，因此客人可以自行选择最不拥挤的场所。皇家加勒比国际公司(RCI)还在改进他们的智能手机应用程序，以便客人可以使用虚拟现实探索靠岸游览项目。该应用程序还允许乘客订购饮料和客房服务、预订靠岸游览或报名参加船上活动。社交媒体也是皇家加勒比国际公司(RCI)战略的一部分，他们鼓励客户在线分享视频和照片。皇家加勒比国际公司(RCI)还为 Facebook 上的横幅广告和搜索引擎上的付费搜索付费。

8.5 综合公共交通系统

许多城市都有不同类型的公共交通工具，供游客和居民出行。铁路、地铁、有轨电车、公共汽车或轮渡都是由公共部门运营的系统。IT 以两种方式帮助这些系统。首先，IT 有助于将各种模式整合到一个多式联运系统中，这样乘客就可以在不同模式间无缝切换。IT 通过收集每个系统上的数据并与其他系统共享这些信息来实现这一点。这也确保了高效和准时的运输，并随时告知乘客车辆位置和任何延误。

其次，IT 有助于整合和简化票务流程，使旅客不必每次乘坐交通工具时都买票。相反，智能卡让他们可以使用系统中的任何交通方式，让他们的旅程更加顺畅。这就鼓励了使用公共交通工具，以减少交通拥堵。此类系统的例子有伦敦的 Oyster Card、布里斯班的 Go Card 和新加坡的 EZ-Link 卡。

大多数系统都依赖于旅行者拥有智能卡，通过使用 RFID 或 NFC 技术在卡和验证设备之间进行通信的非接触式票务。我们可以购买不同类型的车票（例如单程票、往返票、日票、周票或月票，或特定数量的旅程）。跨公共交通网络不同区域的多式联运旅行的票价可以被自动计算。售票机、ATM 机可以将信用卡与智能卡进行绑定，通过银行账户、在线或手机可以自动充值。电子票可以使用短信或手机收到的条形码发放。每个系统都有网站，提供诸如时间表、车票类型、充值细节和交通延误更新等信息。这种智能卡可用于火车、电车、公共汽车、轮渡、地铁，甚至是共享单车。

例如，要乘坐新加坡的捷运，旅客必须购买一张储值的非接触式智能卡，然后该卡可用于新加坡的公共交通、支付电子道路计费（ERP）费用、配备电子停车系统的停车场和一些商店。对于游客而言，新加坡旅游通行证非接触式智能卡可从包括游客中心在内的众多地点获得。一些城市的系统还允许游客使用智能卡进入博物馆和休闲景点，让游客的体验更加便捷。城市面临的挑战是确保游客了解这些系统并以多种语言提供信息。

本章小结

　　IT 被成功应用于水陆交通，为乘客和运营商提供高效与顺畅的服务。随着旅客数量的增加，对高效利用高速公路和水路的需求也在增加。智能交通系统是这些发展的框架。陆路交通的各公司需要了解上述各种技术，以提高运营效率。随着时间的推移，他们都需要安装计算机系统，作为更智能的交通系统的一部分。未来多式联运可能会变得更加普遍，并且将对运输公司使用的计算机系统提出更多要求。多式联运的预订和票务将要求各公司计算机系统与标准化文件和数据库之间建立更多的连接。所有有抱负的旅游目的地都需要认真对待上述系统提供的好处。忽视这些技术只会产生更混乱、拥挤、缓慢的交通系统，这是许多旅行者不再能容忍的。旅游目的地的成功很大程度上取决于其交通系统的质量。

关键术语

　　自动交通管理系统 automated traffic management system(ATM)，车辆自动定位 automated vehicle location(AVL)，共享单车计划 bicycle sharing programs，共享单车 bike sharing，车辆库存控制 vehicle inventory control，共享汽车 car sharing，协作移动 collaborative mobility，跨境铁路票务 cross-border rail ticketing，无人驾驶汽车 driverless cars，电子道路计费 electronic road pricing(ERP)，电子收费亭 e-toll，车队管理系统 fleet management systems，地理信息系统 geographic information system(GIS)，全球海上遇险与安全系统 Global Maritime Distress and Safety Systems(GMDSS)，全球导航系统 global navigation systems，平视显示器 head-up display(HUD)，智能交通系统 intelligent transportation system(ITS)，车联网 Internet of Vehicles (IoV)，多式联运系统 multimodal transport system、点对点拼车服务 peer-to-peer ridesharing，路线导航系统 route guidance systems，智能汽车 smart cars，旅客信息系统 traveler information systems，车辆信息与通信系统 Vehicle Information and Communication System(VICS)，车辆与基础设施通信系统 vehicle-to-infrastructure systems，车辆与车辆通信 vehicle-to-vehicle systems。

1. 本章讨论的内容中，哪项交通发展对游客来说是最重要的？为什么？
2. 解释什么是协作移动？请描述这种交通类型的不同方式。有哪些不利因素会阻止作为游客的你使用这种类型的交通工具？又有哪些有利因素？
3. 研究除欧洲国家以外的其他国家的铁路网，他们正在使用哪种类型的 IT 应用程序？在那个国家，对游客来讲进行跨境预订是否容易？
4. 多花时间研究无人驾驶汽车。游客面临的机会和挑战是什么？你认为真正的优点是什么？这些优势与游客有多大关系？是否有某些类型的游客与之无关？

苏黎世的交通系统

瑞士是著名的旅游胜地。其主要城市之一苏黎世已在智能交通系统上投入巨资，用以改善该地区居民和游客的流动性。苏黎世城区拥有183万人口,是瑞士顶级的旅游目的地之一。2014年,50%的通勤出行是通过公共交通工具完成的,12%是通过自行车或步行完成的。公共交通也是游客出行的重要方式,瑞士拥有世界上最密集的铁路网络。苏黎世还拥有瑞士最大的机场,每年载客量超过2900万人次,距离市中心仅12分钟火车车程。

苏黎世的公共交通包括长途和区域铁路、有轨电车、无轨电车、城市巴士服务、郊区巴士服务以及按需响应式交通。有轨电车(S-Bahn)是苏黎世公共交通的支柱,公共汽车和无轨电车发挥着互补作用。苏黎世运输公司(Verkehrsbetriebe Zürich, VBZ)是一家综合性的多式联运供应商,使用单一的统一票务系统,负责苏黎世及其周边地区的交通运输。VBZ的所有客运服务均在苏黎世运输协会(Zürcher Verkehrsverbund, ZVV)提供的收费和票务系统内运营。乘客通过站台的自助售票机购买车票(智能卡)。该机器接受卡或现金,但如果外国游客不熟悉系统或语言,则可能难以使用。车上没有收费服务。

调度员在中央控制中心管理网络,每个调度员辅助监督10—15条交通线路。这里有严格的制度规定,车辆不应提前到达超过30秒,迟到不超过1分钟。

为了在这一效率水平下运行,VBZ采用了ITS的以下应用:
- 自动车辆位置;
- 运营管理,包括突发事件管理;
- 交通信号优化;
- 电子收费;
- 出发前、车站和车辆内的实时乘客信息;
- 自动乘客计数;
- 制定时间;
- 车辆和司机时间调度。

每辆车都包括一台车载计算机、GPS、无线电(语音、数据)、无线局域网、驾驶员控制台、显示屏、语音播报器(内部和外部)以及与路边探测器相连的应答器。

与运营管理的通信采用专用模拟无线电,近距离通信采用无线局域网。数据传输包括相关数据上传(如路线、站点、时刻表等)、交易数据下载(如日期、统计日志等)和软件上传。该系统会向乘客提供如何使用该系统的信息,如行程规划、实时乘客信息、突发事件信息和警报。这可以在到达站、车内或移动设备上进行显示。该信息显示了线路号、目的地和到达时间。车载显示器有一个光传感器,可以根据环境(光线)改变亮度级别。

苏黎世在交通信号方面对公共交通给予高度重视。交通信号优先级由检测到的公共交通车辆触发。苏黎世大约有400套交通信号灯和4 000个交通探测器,其中大部分是循环感应。循环感应检测车辆的存在,识别它是否是一辆公共交通工具,并提前设定绿灯零等待时间,总循环时间不能超过72秒,行人等待时间不超过30秒。苏黎世交通控制中心在道路封闭或交通中断的情况下与苏黎世运输公司的控制中心相协调。

(来源:世界银行,2018)

研究问题

1. 确定另一个拥有多式联运智能交通系统的旅游城市。比较和对比这两种系统。

2. 苏黎世是如何发展交通运输系统使其对游客更加友好的?

第 9 章　酒店信息系统

 学习目标

- 理解酒店业的性质及其信息系统应用的特点；
- 阐释酒店财务管理系统的操作及与其他第三方系统对接；
- 了解酒店信息系统提升对客服务的方法；
- 了解利用信息系统如何改善餐厅运营；
- 理解使用信息系统有助于改进酒店或餐厅的管理和决策。

引言

　　游客食宿的场所千差万别，而 IT 使此类机构都颇为受益。酒店业包含住宿（如酒店、汽车旅馆、招待所、B&B 家庭式饭店（bed-and-breakfasts）、民宿、自助公寓、别墅、房车营地等）和餐饮（正餐厅、快餐、街摊、会议和会展餐饮服务）经营。以上每种类型的经营形式各有特点，有些是小而独立的，有些是大型跨国连锁经营，有些是专为小众市场提供服务的，还有一些则是迎合大众市场的。

　　酒店的经营目标是通过为顾客提供卓越的体验和个性化服务，使顾客的满意度最大化。而使用 IT 有时被认为不符合这一理念，从而导致酒店业在应用上落后于其他行业。实际上，人们认为 IT 营造出的毫无温度、缺少人情味的气氛阻碍了个性化服务。这种观念现在正在转变，IT 的使用正变得越来越普遍,而 IT 应用程序降低运营成本的能力也推动了这一变化(Buhalis & Law, 2008; Ip et al., 2011)。在以服务质量为重的豪华酒店里,IT 可以用来提升顾客的满意度(Chathoth, 2007)。很明显,IT 提升住宿业的竞争力,"高科技"和"高人性化"并不是互相排斥的,兼融更能提高效率、降低成本和提供更高水平的个性化服务。本章阐述了酒店和餐饮企业如何使用 IT 实现这些目标。

9.1 酒店业信息技术系统

酒店业在最初使用 IT 时并不尽如人意。第一台酒店计算机于 1963 年安装在纽约希尔顿酒店(Sayles, 1963)。这是一台 IBM 的微型计算机,用来实现客房管理自动化。然而,当时该项技术并不太符合实际情况,它要求前台工作人员使用穿孔卡进行数据输入,然后再批量处理工作任务,由此造成时间延误导致前台排起了长龙,以至于系统安装后不久就被拆除了。大约 10 年后,更合适的在线系统才先后成功地安装在美国和世界其他地方的大型酒店里。通常,酒店最先使用信息系统进行办公文字处理,其次是行政管理,再次是作为战术支持,最后以创造性和相互关联的方式促进企业战略管理(Murphy, 2004)。尽管酒店业在采用 IT 方面常常落后于其他行业(O'Connor & Murphy, 2008),但酒店中仍存在许多信息应用程序,包括酒店管理系统、财会系统、资源规划、收益管理、人力资源管理、电子客户关系管理、局域网、电子邮件营销、预订网站、电子采购和线上平台等(Fuchs et al., 2009; Leung & Law, 2012)。

大型豪华酒店从自动化中获得了更多的益处,也可以更轻松地为其采购融资。由于缺乏资金、技术知识和经验,抵制改变以及位置不佳,尤其在通达性较差的农村,中小型酒店在安装和互联网应用方面面临着更多的挑战(Anckar & Walden, 2001)。连锁酒店和综合型酒店(如会议型酒店、集多家餐厅的度假型酒店、温泉、高尔夫球场、赌场)因为有大量的信息要处理、传递和储存,成为 IT 重要的使用者。过去,在汽车旅馆、小型旅馆和B&B 家庭式饭店(bed-and-breakfasts)的 IT 实施率往往是最低的。而现在,在低成本、易操作、小型设备的情况下,很少能找到没有 IT 操作的酒店。

不同类型的客人在住宿中,对 IT 的作用有不同的需求和期望。商务客人看重效率和速度，更支持诸如自动结账之类的服务技术。相反，一些休闲客人更喜欢在科技不会影响他们度假体验的地方住宿。此外，酒店 IT 的应用程度也受到酒店管理层对 IT 支持核心业务运行信心，以及客人和合作伙伴期望的影响。(Fuchs et al., 2009)

最常用的酒店 IT 应用程序包括：

- 前台应用程序(front-office applications)：预订系统、入住登记系统、收银系统、房态和房务管理、客史查询和客账管理。
- 后台应用程序(back-office applications)：人事管理、采购模块、会计模块(应收账款、应付账款和薪金)、库存控制、销售和餐饮模块、编制财务报告、更新统计数据。
- 与顾客相关的接口应用程序(guest-related interface applications)：电话计费系统、电子门锁系统、能源管理系统、客用设备管理系统(客房点播、客房迷你吧、问询服务)和辅助客人服务系统(叫醒系统和语音信箱)。
- 餐饮和宴会管理系统(restaurant & banquet management systems)：菜单管理系统、菜谱管理、销售分析和预测、菜品定价、酒水控制系统、成本控制(成本预算和实际成本应用程序)(Ham et al., 2005；Karadag & Dumanoglu, 2009)。

这些问题将在下面的章节中进行更详细的讨论。

9.1.1　酒店管理系统

酒店管理系统(property management system，PMS)是以酒店资产管理为核心的信息处理系统，主要包括预订、前台对客应用、后台对客应用和报表系统。PMS 是酒店与其他系统互联的中心，具有从基本功能到专业功能不等的多种操作，以下部分介绍了 PMS 的主要功能，并就每项功能发展前景和趋势进行了探讨。有关 PMS 功能的更详细报道可以在文献(Kasavana & Cahill, 2011)中找到。

9.1.1.1　预订管理

PMS 需在酒店资产管理的前提下处理预订。酒店预订主要来自客户和旅游策划者的电话或电子邮件预订、酒店网站或酒店预订系统、GDS、在线旅行社(OTA)、在线住宿预订网站或旅行分销系统的其他渠道(见第 3 章)。酒店预订请求通过手动或电子接口或应用程序接口(application programing interfaces，API)输入 PMS。如果该酒店集团是连锁酒店或拥有中央预订系统(CRS)的酒店,就可以在网上直接连接 PMS 进行预订。PMS 预订模块(reservations module)详细记录如房价、首选房型、特殊要求、逗留日期、押金收取、预订须知和政策、预订代理的详细信息(如有)并确认预订。许多酒店也使用团体预订模块来协助处理旅行团预订,因为必须提前处理大量预订、预先分配房间和房费,所以团体预订模块更加复杂。

预订模块的数据用来预测客房入住率和客房收入。PMS 还可以包括收益管理系统,用于实现客房入住率和收益最大化,然而只有不到 25% 的酒店使用收益管理工具(revenue management system)。这些系统通常是基于以下三种不同的收益管理策略组合而成:(1)根据市场需求动态定价;(2)根据市场需求选择互联网分销渠道;(3)在需求高峰期,网络分销渠道上的房价是不同的(O'Connor & Murphy, 2008)。

酒店集团可以将其酒店的 CRS 和集团每家 PMS 集成,创建酒店综合物业系统(integrated property system, IPS)。除了酒店 CRS 和 PMS 之间的无缝连接外,还允许集团酒店的客人在集团的其他酒店进行预订。酒店 CRS 存储并处理所有酒店预订,并在线上(对于 IPS)或离线状态下将每个预订转发给特定的酒店。酒店集团的酒店预订系统包含每家酒店一定比例的客房,而酒店自身掌握的客房是销售给直接向酒店订房和未预订直接抵店的客人的。这就要求酒店 CRS 和 PMS 联网对接,实时更新房间空置情况和预订情况。

1989 年,由 17 家有影响力的酒店集团组成的联盟酒店交换公司(The Hotel Industry Switch Company, THISCO)创建了一个名为 Ultra Switch 的交换平台,汇集资源,通过全球分销系统预订存储在酒店 CRS 中的住宿库存。该公司后来成为 Pegasus Solutions,并在 2014 年,分销部门被收购并更名为酒店分销智能系统公司(DHISCO),将酒店预订系统与全球分销系统、OTA 和元搜索引擎(MSE)进行连接。图 9.1 显示了 DHISCO 公司的连接。Pegasus Solutions 于 1996 年创建了 TravelWeb,该网站成为第一个实时预订酒店的在线网站。2004 年,Priceline 集团收购了 TravelWeb,公司业务扩大,包括住宿、汽车租赁和 OTA。

不属于连锁集团的单体酒店可以订购第三方酒店 CRS,并将房间在网上挂出,如 Pegasus Solutions 就经营着这样独立的酒店预订平台。一些连锁酒店,如美国最佳西方酒店集团,为其他酒店提供付费的酒店预订系统服务,他们的 Guestline 产品为单体酒店、服务公寓、客栈、旅馆和学生住宿提

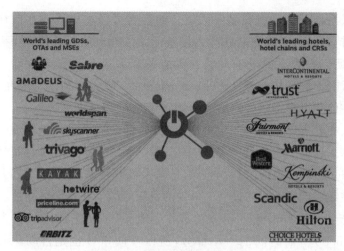

图9.1 The DHISCO 连接平台

供一套预订服务。或者,小型酒店可以使用如"预订按钮"的在线预订引擎,其网站提供直接预订界面。如下文所述,渠道经理(channel managers)(例如 Site Minder、Cloudbeds)越来越多地提供能管理复杂分销渠道生态系统的工具包。

9.1.1.2 客账和账单

高效的入住和结账是客人体验中最重要的两个方面(Dube et al.,2003)。PMS 通过前台(front-office)应用系统管理这一过程。办理入住登记时,要在系统里搜索客人的预订信息并建立客人对账单。如果客人没有预订,要先为客人创建一个"无预订散客"的文件,酒店管理系统会连接信用卡验证系统,以确保客人有足够的资金支付住宿期间的消费。为了确保信用卡信息处理的安全,系统必须遵守支付卡行业数据安全标准(payment card industry data security standard,PCIDSS),否则酒店可能面临罚款或失去其商业帐户的风险。

在一些酒店里,酒店自助入住机(self-serve kiosks)可以让客人无需排队就可办理入住手续。当客人来到自助入住机前,可以通过信用卡刷卡、移动电话或探测器来激活自助终端并与 PMS 连接。自助入住机会问候客人,指引客人办理入住手续,分配房间,发放房卡,并提供房间位置,还可以激活能源管理系统和房间的电话和语音信箱。国际化指南使用多种语言进行编辑,使得游客自助入住更加简单易行。一些如 Yotel、Premier Inn 的酒店品牌完全采用自助入住机代替了人工。如客人可以在机场或在前往酒店途中,用手持、远程、无线终端办理入住登记。尽管自助服务技术可以带来高效率,但研究表明,许多客户认为自助服务技术并不重要,甚至希望在度假的时候暂时不被科技设备打扰(Rosenbaum & Wong, 2015)。然而,当酒店的客人在使用过程中感受到愉快时,也会选择使用自助系统。

客人在酒店停留期间产生的所有费用,都会被手动或电子方式记录到客人办理入住时建立的个人账户中。人工输入很容易出现时间延迟和错误,而通过硬件和软件接口的电子信息录入可以快速无误地完成,从而消除了客人在结账前没有报告最后一分钟的费用而产生坏账的可能性。过去24小时内产生的所有财务事项被发布并生成报告,所需时间只占人工夜审(night audit)所需时间的一小部分,所以夜间审计也是自动化的主要受益者。

酒店采用PMS后,客人可不必亲自到前台结账退房。自动转账系统能为客人提供快速结账服务,客人的对账单会在当晚从客房的房门下塞入客房,第二天客人看到并确认无误后,信用卡将自动划款付账(express checkout)。如果PMS与室内娱乐系统设有接口,客人还可以在电视上查看账单并使用遥控器退房。对于拥有大量国际客户的酒店而言,更需要能够将账单翻译成多种语言的PMS软件。

9.1.1.3 客房管理

酒店管理系统中的客房管理模块(room management module)能够有效跟踪房态,并协助客房部进行客房管理工作。酒店客房基本信息表上记录了每间客房的房间号码、房间类型、房间特征(床型和设施)、房价、位置和房间状态。在PMS上典型的房间状态是"已出租房""空房""走客房/脏房""干净房/待出租房""已查房""未查房""维修房"。每次办理入住和退房后房态会立即更新,以便房间能够及时出售,以保证酒店的高出租率。客房状态是由客房部工作人员拨打前台电话或发送定期报告手动完成更新,或通过客房部的PMS终端进行自动更新。如果与PMS设置接口,则可以通过房间电话或电子门锁系统更快速地更新房态。由于员工必须在开始和结束清扫每间客房时打卡,所以员工的工作效率和工作轨迹会被跟踪记录下来。

行业洞察：自助服务技术与文化差异

随着自助入住登记(self-service check-in)和结账终端在酒店中越来越普遍,行业就必须考虑技术的适用性。从某种意义上说,它们违背了顾客的传统观念,更难从服务失败中及时补救。自助服务技术还减少了一些文化性的人际交往和社会参与,科技也会给某些特定文化、年龄和生活方式的群体带来焦虑感。

费雪和比特森(Fisher & Beatson, 2002)关注高权力距离文化和低权力距离文化之间的差异,认为文化差异影响游客对自助服务技术的反应。高权力距离文化将服务人员与社会下层联系起来,期望他们为客人提供服务,一些亚洲文化属于这一类。低权力距离文化倾向于更平等地看待服务人员。研究表明,来自高权力距离文化的酒店客人具有以下特征：

- 不轻易接受自助服务技术；
- 重视"面子",不太愿意使用陌生的自助服务技术；
- 不太可能反馈涉及自助服务技术的服务故障；
- 如果自助服务技术不能满足其对酒店提供服务的期望,则复购的可能性较小。

这项研究强调了理解与技术相关的跨文化差异的重要性,并指出管理人员应针对不同类型的客人安装适用的服务技术。

Fisher, G. & Beatson, A. (2002) The impact of culture on self-service on technology adoption in the hotel industry. *International Journal of Hospitality and Tourism Administration* 3(3), 59-77. DOI: 10.1300/J149v03n03_06

酒店采用小型无线射频识别(RFID)技术来统计床单、毛巾、浴袍、台布数量。这些电子条码利用无线电波传输,通过传感器对洗衣车上的物品自动计数,同时还可以防盗。

9.1.1.4 酒店管理系统设置功能

PMS可以根据酒店需要,对系统做出功能选择,其中一些功能包括旅行社账目、多功能厅调配、高尔夫、网球、spa和其他设施管理,以及产权和分时管理功能。

• 旅行中介(travel intermediaries)：对于通过旅行中介获得大量预订的酒店，必须掌握支付给各旅行中介的佣金数据，对于手工操作而言这项任务比较繁琐。但是，PMS通过获取预订时的信息来确认佣金，然后在每个月末会自动结算付款，以便及时支付佣金。旅行社佣金结算(Travel Agency Commission Settlement)模块还可以支持酒店进行佣金支票结算。

• 多功能厅计调(function room scheduling)：设有多功能厅和宴会厅的酒店，可以使用计算机系统对年会、会议、研讨会或社交活动进行管理。系统中存有个性化用房、家具配置、设备、餐饮需要的相关预订需求。酒店使用的此类软件类似于会议策划人员使用的系统(见第10章)。

• 康乐设施管理(amenity management)：提供运动、康体、水疗及其他设施的酒店，必须掌握客人的预订和需求信息。要将高尔夫球场和网球场的开放时间、场地安排及相关费用及时地传到PMS的客人对账单上。水疗模块具有处理客人的预约、房间使用、员工排班及客人付费的功能。

• 产权与分时管理(condominium and time-share management)：这种类型酒店会有多名不同的业主，如果使用PMS，必须对系统进行修改，同时还要健全所有业主信息，以保证业主获得应有的权利和收益。

9.1.1.5 后台应用程序

后台(back-office)信息系统在处理大量与人力资源、薪酬、雇员信息、应付和应收款、库存和采购，以及其他与前台没有直接关系的数据信息时，能带来许多效率优势。许多被管理人员用于决策的报告都是由后台系统生成的。基于网络(web-based)的PMS通常提供这种软件功能，而基于服务器的系统不一定有独立的后台系统。后台需要一个与PMS连接的接口，以便必要时可以传输和共享数据。

9.1.2 酒店网页与智能手机应用程序

大多数的单体酒店和酒店集团都有自己的网站和手机app(智能手机应用程序)，客人可以通过这些应用程序在线搜索酒店并进行预订，在之前讨论的许多其他电子预订渠道中(如在线旅行社、MSE、酒店网站)，它们给予酒店更大库存控制权。酒店利用自己的官网让客人进行预订，可以避免向其他分销渠道支付佣金。研究人员已经对影响酒店网站吸引力和设计效果的因素进行了调查研究(Chan & Law, 2006；Au & Ekiz, 2009)。尽管如文本量、色彩、字体的使用、图像的放置等视觉因素在美学上非常重要，研究者们(Au & Ekiz, 2009)仍然建议酒店网站的设计必须考虑客人的需求和愿望，网站要具有交互性，易于浏览，并与现有的营销活动相联系。

酒店 app 的重要性与日俱增。连锁酒店利用酒店 app 进行直接预订，并将奖励和优惠等信息及时推送给旅行者，对于顾客在最后一刻做出预订非常有效。此外，某些第三方应用程序（如 Hotel-Tonight 或 HotelQuickly）可以让客人先搜索各种酒店的照片和评论，而后再决定预订哪家酒店。有些还提供酒店最迟订房时间、线上客户咨询服务及聊天功能。贝雷洛维茨(Berelowitz, 2018)研究发现，app 的转化率是手机网站的五倍。

酒店网站还包括在线预订功能、比价功能、地图、电子邮件、搜索引擎和多种语言支持的其他重要功能(Lexhagen, 2004)。研究人员(Li & Law, 2007)认为，如果酒店网站使用客人的母语，那客人预订酒店的可能性是原来的 3 倍，所以网站提供多语种支持也很重要。葡萄牙的一项研究表明，仅提供当地语言的酒店网站不能吸引许多国际旅行者(Athey, 2011)。酒店网站可以通过添加更多当地兴趣点的链接，简化通往其他产品的途径，可以提供更详细的客房设施、价格信息以避免使用第三方预订系统实现功能(Essawy, 2006)。总体而言，网站上的信息质量是激发消费者购买意向最重要因素(Jeong et al., 2003; Wong & Law, 2005; Essawy, 2006)。

出于政策考虑、缺乏基础设施、缺乏专业协会和政府支持、缺乏专业技术知识以及出于某些顾虑，发展中国家的酒店在开发网站方面面临着独特的挑战(Au & Ekiz, 2009)。在一些发展中国家，酒店避开网站，而选择使用智能手机应用程序、社交媒体和互联网进入市场(Hashim et al., 2012)。

9.1.3 线上酒店预订

如今大多数酒店预订都是在线进行的，研究者(Hens, 2017)发现，直接抵店的线上预订占预订总量的 65.4％，在 OTA 上的预订占 19.5％。移动设备对于酒店预订越来越重要。在美国，2016 年移动设备上的酒店预订量与前一年相比增长了 67％。而在同一时间段内，台式电脑上的预订量仅增长了 4％。鉴于大多数在线酒店预订都是在入住前 48 小时进行的，似乎显示越来越多的美国人是边旅行边预订酒店的。

如第 3 章所述，用于预订酒店的电子分销渠道类型众多。诸如 Expedia（全球最大的在线旅游公司）和 Travelocity 等整合了多家酒店的客房库存，并以通常低于酒店直接预订的价格销售。Booking.com 和其他的网站提供与 Expedia 相同的功能,但侧重于提供酒店预订。OTA 是预订酒店最常见的渠道,而对于其他旅行产品而言,社交媒体网站显得更为重要(Sun et al.,2017)。诸如 LateRooms 和 Lastminute.com 之类的网站专门提供低价酒店客房;Trivago、Skyscanner 和 Kayak.com 等通常用于汇总多平台比价搜索结果。全球最大的旅游评论网站猫途鹰也添加了搜索引擎,科技巨头谷歌也创建了自己的酒店搜索引擎。

第三方线上酒店预订平台,不仅分割了酒店的利润,还导致酒店失去了对其库存和定价的控制。2012 年,精选国际、希尔顿、凯悦、洲际酒店、万豪和温德姆(Choice、Hilton、Hyatt、IHG、Marriott 和 Wyndham)六大世界一流酒店集团通过创建名为 Roomkey 的酒店搜索引擎以反击 OTA,该搜索引擎允许客人可以直接与合作酒店进行预订。如今,该酒店搜索引擎上已有数百家酒店,消费者在此订房可以获得会员价格。许多连锁酒店都开展了营销活动,并向忠诚的会员提供折扣或升级服务,以鼓励客人直接通过其网站或手机 app 进行预订。如希尔顿在 2015 年开始,为其荣誉会员提供高达 10% 的折扣,并在 2016 年推出了"停止点击"(Stop Clicking Around)营销活动,他们想让消费者"别再点击第三方网站",直接通过他们的官方渠道订房。但是,库存和价格控制仍然是酒店与 OTA 之间紧张关系的根源。

在线渠道的激增已经重新设计和定义了酒店的预订管理(Sigala, 2001;Sigala et al., 2001)。预订经理管理复杂的在线渠道也是其工作的重要组成部分,它不仅要求推广自己的酒店官网以便消费者直接预订客房,同时渠道经理(channel managers)还需要在其他各种线上酒店预订平台上提供可售房间。TravelClick 的 Rate360 可帮助酒店管理不同的电子渠道,以最大限度地提高收入。它提供有关不同渠道上的预订价格和百分比的报告,从而找出最有效的销售渠道。在线预订的战略管理正在外包给渠道经理,他们负责管理酒店的多种电子分销渠道,如 Vertical Booking、S ta ah、Siteminder 和 Busy Rooms。在理想情况下,渠道管理将与 PMS 双向连接,已确保 OTA 平台上所有房价和可售房信息实时同步更新,同时它将自动跟踪并更新 PMS 中的预订,以避免发生超额预订。图 9.2 为酒店客房电子分销渠道。

管理复杂的分销路径还需要了解系统背后的搜索引擎。在谷歌或 Bing 的搜索引擎上,什么决定了在线酒店搜索的结果?搜索结果通常更倾向于

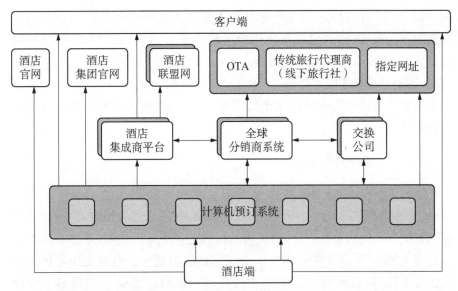

图 9.2 酒店客房电子分销渠道（改编自：Carroll & Siguaw，2003.）

搜索网站和 OTA 平台（Beldona & Cobanoglu，2007），而酒店则更喜欢客人直接预订。由于酒店管理人员难以在分销渠道之间取得平衡，因此建议连锁酒店建立一个强大的、可以随时连接最新分销渠道的酒店预订系统（O'Connor & Frew，2002）。

由于游客可以使用移动设备预订酒店，酒店设计自己的手机 app 就显得至关重要。研究者发现通过移动设备的预订量已占 OTA 预订的 45%。香格里拉、万豪、凯悦和洲际等酒店集团都有自己的专属手机 app，游客可以使用它们来搜索和预订酒店，并可浏览经常关注的页面。随着游客使用 app 后拨打预订电话，酒店预订网站的电话量也在不断增加（Criteo，2018）。

电子口碑（eWOM）和客人点评（UGC）对在线酒店预订有很大的影响（Hills & Cairncross，2011）。OTA 平台和旅评网上的酒店点评也可以影响酒店的预订销售。鉴于顾客评论的重要性和准确性，酒店应在自己的官网上及时地跟进和管理在线评论。

使用电子邮件与客户沟通的酒店应首先征求他们的许可，这被称为基于许可营销（permission-based marketing），即在发送有关产品、特价和促销套餐的个性化电子邮件之前，需要事先得到客人的许可（参见第 4 章）。电子邮件的标题很重要，因为它可以影响客人是否有兴趣打开并进行阅读。米勒(Miller,2004)认为通过电子邮件的方式建立起来的忠诚度,可以提高客人复购率。另外,游客也经常使用电子邮件联系酒店,询问有关住宿的问题。然而,研究表明大多数的酒店,无论其等级如何,都不会回复电子邮件询问,特别是在营业旺季(Schegg et al.,2003;Matzler et al.,2005)。由于电子邮件是游客与酒店进行交流的重要方式,所以酒店管理人员需要对此多加关注。

9.1.4 客户关系管理

客人消费模式和偏好被详细地记录在客史档案模块(guest history module)中,这样可以有针对性强化营销活动,促进未来的预订,并通过告知员工有关客人的需要和喜好,从而为其提供定制服务。例如,系统会提醒客房部客人的生日,或者客人需要不会引起过敏的枕头。当客史档案被酒店集团分享时,客人就可以在集团中的任何一家酒店接受到相同的个性化服务。

理想的客户关系管理(CRM)既存在于客人抵店以前,还存在于酒店逗留期间和离店之后。客户关系管理有助于将员工专注于个性化和客户维系上,并产生积极的态度和承诺。同时,酒店必须注意保护客户的信息不被滥用。随着酒店使用互联网与客户联系,在线消费者的隐私保护问题就更加重要(O'Connor,2007)。2018年欧盟出台的《通用数据保护条例》(GDPR),要求客人许可其数据被收集并存储在如客史档案数据库的CRM系统中。客人可随时撤销此许可,并有权访问其个人数据以及有关如何处理这些数据的信息。这凸显了更多个性化服务的真正需求与客人数据隐私权之间可能会出现的一些矛盾。酒店真正的客户关系管理(CRM)不仅局限于PMS客史档案数据库中,还需要一个更广泛的、基于知识的管理方法,需要一种酒店文化,即与每位顾客的互动都被视为一种学习体验,与每位顾客的接触都被视为知识积累的机会(Sigala,2005)。

利用交易数据、忠诚度计划和客户反馈的数据,酒店可以做出数据驱动决策,为其客户群提供战略性定位(Marr,2016)。这可能包括重新设计客房或为高价值客户建立激励措施。也可以与外部数据源合并,从而对连锁酒店进行战略定位。如Red Roof Inn根据公开的天气状况和航班取消数据,决定将酒店设在机场附近。

9.1.5 客房设施管理

通过互联网技术可以显著地增强客房的舒适性、享受性和安全性(Cobanoglu et al.,2011)。事实上,互联网设施会影响客人的整体满意度和复购可能性。客房附属设施包括电子门锁系统、客人娱乐信息系统,以及迷你吧、室内保险箱、客房办公的客服技术(guest service technology)。下面将讨论每个类别的应用。

9.1.5.1 安保系统

电子门锁系统(electronic locking systems,ELS)通过禁止非法进入客房和非法复制钥匙来保障客人安全。事实上,许多会议策划者、公务客人和企业在预订前要求酒店必须配有电子门锁,才会考虑预订该酒店。酒店安装了电子门锁,预计索赔会减少,所以支付的保险费也降低了很多。

电子门锁系统有不同的设计和配置。一般情况下,它们由一个中央计算机控制台、一个制卡器(密匙制造设备)和为每位新客户编码的密匙(智能卡)组成。中央计算器存储代码与客人的相关信息一起被设置在电子密钥中。最常见的编码方法包括使用打孔卡片、磁条、射频识别(RFID)芯片和智能卡。当钥匙插入门锁时,如果与门牌匹配,则门会被打开。在门内,磁性钥匙的电磁阀和穿孔钥匙的光束可以检查密码的准确性。计算机还监控进出每个房间(包括客房和其他空间)的所有出入口,以追踪安全漏洞。

电子门锁系统可以是微型安装系统,也可以是硬连线系统。在门被打开之前,系统都会使用不同的技术来匹配门锁和密钥代码。微型安装系统(microfitted)需要在门锁里安装一个微型处理器来存储输入代码序列。硬连线系统(hard-wired systems)需要在门锁和计算机之间进行布线或无线电传输,这样,代码就可以通过管理工作站从前台的制卡器传送到门上。电子门锁可以对仅供客人使用的公共区域,如水疗或健身房的进出进行控制。清洁人员和其他服务人员因工作需要时可使用工作房卡进入客房等客人区。图9.3为电子门锁硬件配置图。

电子门锁系统还有许多其他功能。经酒店餐厅销售终端确认身份有效的持卡人可挂账处理,电子门锁系统能确保餐费在客人离店前计入房账。硬连线系统也可以用于更新房态,当工作人员清扫完客房后,刷工作房卡可将房态变化传送给PMS。另外,电子门锁系统也可以与能源管理系统协同工作。

目前正在测试一些确保房门安全的新方法,其中包括从客人的信用卡

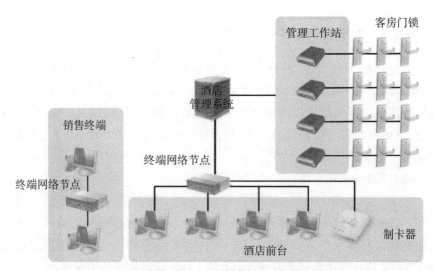

图 9.3 电子门锁系统的硬件配置

里提取代码,输入计算机和门锁。然而,信用卡作为房门钥匙,系统要考虑多次使用的问题。智能手机也可以用来安全地打开房门,例如三星 Galaxy S3 已经在英国的一家假日饭店进行了解锁、照明控制和充当饭店电话分机的测试。

识别客人身份、提供进入客房和其他空间的生物识别方法也正在测试中。这些技术的示例包括:指纹识别、虹膜识别、面部识别、手形和掌纹扫描、语音识别、签名识别。这些生物识别方法无需携带任何卡或钥匙即可轻松识别客人,通常用于打开房门并加强客房安全保障。其中指纹识别技术是最常见的,其次是掌纹识别,但有研究人员(Bilgihan et al.,2013)认为成本问题阻碍了许多酒店投资使用生物识别系统。研究表明,尽管有些人可能会认为将指纹、声纹或照片提供给酒店是不可接受的,但一些酒店客人对生物识别系统反应良好(Morosan,2012)。该系统还可用于追踪员工的工作轨迹,并降低进出酒店其他区域记住密码的需求。客房内的电子保险箱为客人的财产提供了安全保障。

9.1.5.2 客人信息和娱乐设施

商务客人希望在酒店内保持网络通畅。对于商务客人而言,最重要的三种室内 IT 设备是:方便移动设备充电的插孔和插头,卫星/有线电视,无线上网(WiFi)或高速互联网接口。在科技无处不在的时代,强大的 WiFi 信号对酒店客人和酒店的运营而言,如同房间内的电源一样至关重要(Chan,

2004)。由于需要多台设备同时工作,携带三或四台移动设备的客人期望能快速连接 WiFi。酒店可以在每个房间安装 WiFi 路由器,以提供良好的 WiFi 功能。如曼谷的雅乐轩酒店(Aloft Hotel)、香港唯港荟酒店(Hotel ICON)和布里斯班的 NEXT 酒店,在其客房内为客人提供一部智能手机,客人可以在酒店和城镇周围免费连接网络。安装在智能手机上的应用程序也可以作为电子钥匙打开房门、控制室内照明、窗帘、温度和娱乐设备,以及订购客房送餐服务和预订其他服务。

客房内的高清电视可提供一系列娱乐和信息服务,例如卫星节目、点播视频、电影以及高清电视和视频游戏。中央计算机系统监测这些服务的使用情况,并通过 PMS 接口自动计费。客房电视还可以充当显示器,让客人可以检索诸如账单之类的信息,而后,客人可以使用电视遥控器结账退房;客人还可以完成客户满意度调查,订购客房送餐服务或礼宾服务,并通过电视机屏幕查看语音邮件。客房电视即是信息中枢也是娱乐设备,而电视、电脑和智能手机技术的融合也正在进行。在酒店同客人的个人设备之间有许多交互的可能性,如电视控制、锁定系统和室内控制。

酒店还在客房中放置 iPad,以向客人提供信息,这样就可以节省 300—500 美元的印刷和装订成本。例如,位于洛杉矶比佛利山庄的四季酒店,已在所有客房中配备了 iPad,用于客人订购客房内用餐、客房服务、核查账单、预订水疗服务,有时还用于控制房灯。酒店通过增加客房服务和其他销售来平衡安装成本。另外,iPad 是放置在房间内的,一旦丢失,需要客人赔偿的 800 美元会自动计入客人账单。由于平板电脑可以加载本地信息,以供客人进行搜索,所以互联网技术已经取代了礼宾部帮助客人了解当地信息的功能。

9.1.5.3 客服技术

增强客人体验度是酒店安装何种技术首要考虑的因素,而客服技术还可以提高效率、方便客房维护和降低人工成本。

以酒店客房冰箱以及客房送餐服务为例,IT 通过客房智能冰箱可以监控客房冰箱内酒水及食品饮料的每日消费,并直接计入客人账单。客房冰箱中每件物品下面都装有一个电子传感器,一个用于存储价格和库存数据的微处理器,以及连接酒店管理系统的接口。当冰箱内的商品被取出后,传感器通知微处理器所消耗的物品及其价格,然后通过无线电波或电缆将该信息传送到中央计算机,而后再将其传送到 PMS 中的客人账单。所有客房内消费的销售数据都可以用来预测未来对各种产品的需求。该系统还掌握冰箱中的物品库存,以便有效地实现补货和方便订货。

客房送餐服务也可以通过客服技术在两方面有所改进。首先,客人可以用他们的移动设备或房间的电视订购客房送餐服务,这让那些不会讲当地语言的客人非常受益;当用过的餐盘被放置到室外时,装有微型芯片的智能客房服务车(smart room service carts)会立即通知服务员回收,尽量减少客人在走廊看到令人讨厌的菜盘带来的干扰。

9.1.6 酒店通信系统

酒店的通信需求包括酒店内部以及与外界的语音、数据和图像传输。为了确保可以向客人提供视频会议等多媒体通信服务,酒店需要专用设备、宽带网络、WiFi 和光纤电缆。程控电话交换机、多功能电话(包括手机)和能够传输声音、数据、图像的电缆都是需要的。以下讨论有助于酒店语音和数据通信的程控交换机(private branch exchanges,PBX)和电话自动计费系统(call accounting systems,CAS)。

9.1.6.1 程控交换机(PBX)

以前,在酒店客人、员工和外界之间的呼叫切换,通常是通过一个被称为"spaghetti board"的机械设备完成的。接线员将插头插入插座里,将呼叫方与被呼叫方连接起来。如果是外线,就需要接通电话公司接线员。"spaghetti board"很快就被能控制客人和员工拨打外线电话的程控交换机所取代(见图9.4)。

程控交换机有两种类型:模拟电话交换机和数字交换机。数字交换机现已普遍使用,其提供了比模拟交换机更多的附加功能,如语音信箱、自动叫醒、通过电话更新房态和来宾姓名识别。语音信箱为呼叫者提供了一种更有效的留

图9.4 人工电话交换机(资料来源:西雅图市档案馆,2008)

言方式,对于拥有国际客户或会议的酒店尤其有益。由于客人可以接收语音留言信息,所以所需的电话接线员会更少。自动叫醒服务可以由数字交换机处理,客人的唤醒呼叫详细信息由客人通过电话输入,并存储在数字交换机中,直到呼叫时为止。这两个功能都降低了人工成本。酒店数字交换机系统如图9.5所示。一些数字交换机还提供来宾姓名识别功能,与电话接线员或酒店员工正在通话的客人姓名可以直接显示出来,又因与PMS设有接口,所以酒店允许员工以姓名直呼客人。当数字交换机与PMS连接时,客房服务员可以用客房电话接入PMS自动更新房间状态。数字交换机可用于PMS终端和PC之间的数据通信,客人的移动电话通过程控交换机的通话量减少了,而网络电话(VoIP)现在已成为更便宜的酒店转接电话方式。

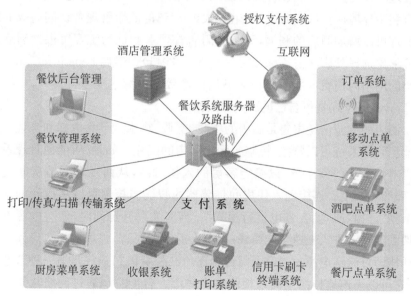

图9.5　数字交换机系统示例

9.1.6.2　电话自动计费系统(CAS)

掌握客人电话消费并将其记入客账是一项重要的工作。电话自动计费系统允许酒店在不通过当地电话公司的情况下追踪电话。酒店使用电话自动计费系统可以大幅增加收入,因为他们不再需要支付电话公司的跟踪服务费用。免费电话、信用卡和对方付费电话也是酒店的收入来源。电话自动计费系统采用话机信息详细记录(station message detail recording, SMDR)功能追踪电话业务,此功能记录电话的通话时间、呼叫号码、拨号的分机以及通话费用。酒店自动计费系统在以下两种方式中选择其一进行操作:一种是"超时"方法,即在电话自动计费系统开始计费之前(无论是否连接),可持续30—90秒时间拨打该号码;另一种是"应答检测"法,可确保仅记录已接听的电话。电话自动计费系统另一个特点是最小路由成本(LCR),可以为所有酒店电话通话选择最低成本的运营商。

9.1.7 能源管理系统

由于能源成本是酒店一项重要的成本项目,而且还在不断增加(通常为每间房每年2 000美元),因此降低能源消耗的技术很容易就会被大多数酒店管理者接受。一些能源管理系统减少了高达65%的酒店能源成本,同时也有利于环境保护(Kapiki, 2010)。大约87%的酒店管理者认同高效的能源管理可以增加酒店的利润,53%的酒店管理者则认为游客可根据酒店的环境形象选择酒店住宿(Zografakis et al. , 2011)。诸如bookdifferent.com之类的网站向消费者展示了代表酒店能源效率的绿色奖项。此外,旅游网站Travelocity还提供自己的绿色酒店指南。

酒店的能源消耗主要是酒店的供暖、空调、热水、照明、电梯和烹饪。智能能源管理系统可以监控、控制和优化酒店的能耗。如,酒店能源管理系统可以对接电子门锁系统,以确定客房的入住时间,从而自动调节房间的空调、照明和温度。连接到入住房间传感器的智能温控器可以将房间的温度调节到"已租"或"无人省电运行模式"。当客人离开房间时,所有电源都将被切断或自动进入低速节能模式;当客人返回时,只需将房卡插入房间的节电插槽即可激活电源。与电子门铃相连的红外身体扫描仪是另一种节能技术,它可以无声地扫描空间以检测客人体温。智能空调通过网络化管理控制,有效节约电能,降低酒店运营成本。

9.1.8 智能化客房

随着技术应用的普及,酒店客房变得越来越智能化。根据研究(Leonidis et al. , 2013),智能酒店客房"提供了一个无处不在的贴心环境,可以持续监测房间内人和物的活动和位置,并利用这些信息来控制技术,预测客人需求"(p. 242)。控制灯光、百叶窗、空调和电视的系统,创建电子门显(例如"请勿打扰""请即清理"等)都是智能酒店客房的示例。此种系统存储有关房间当前状态(如居住人数)、每个空间(浴室、卧室等)和每个电子设备的信息,还可以监测房间中的交互历史记录(例如,设备被闭关或运动被检测到)。这些系统的输入设备是基于卡片的指纹阅读器或用于扫描虚拟密钥的摄像头。客人还可以使用他们的移动设备激活一些智能房间功能。智能酒店客房的其他功能还有智能衣架,在检测到衣物时就会发出洗衣服务请求。另一个是电视上的 3D 客房管家,可以欢迎客人入住,并在紧急情况下向客人发出警报,还可以在客人离开房间之前给出建议(例如带雨伞)及提供其他信息。

9.1.9 系统接口

许多专用计算机系统通过与 PMS 连接来增强酒店信息处理能力。在无需人工输入的情况下,就可以将信息从接口快速传输到 PMS,从而降低了人工成本,提高了数据传输的准确性和及时性,并尽量减少因为结账前的信息传递缓慢而导致未支付的客人账单。例如,可以将餐厅销售终端与 PMS 接口连接,将餐厅账单即刻转到客账上。如果与 PMS 设有接口,电子门锁系统能进行有效的运行。PMS 与客房电子设备、酒店电话系统、能源管理系统和信用卡验证系统都设有接口也是成功范例。

系统接口给酒店带来了技术上的复杂性,必须安装兼容性硬件、软件和通信协议才可以连接。此外,需要更高技能水平的 IT 人员管理这些接口的日常运行。平稳的运行需要 PMS 供应商与系统接口供应商之间进行配合,尤其是在数据传输出现问题的情况下。图 9.6 显示了可以与 PMS 接口对接的系统。

根据酒店规模、类型和安装的要求,PMS 可以在不同的硬件平台和软件环境上运行。以往安装在酒店的 PMS 硬件,是由酒店或计算机供货商所有并进行日常维护。最新基于云端的 PMS 无需在酒店安装服务器硬件或软件。

内部自建 PMS 和云 PMS

酒店内部自建 PMS 需要前期进行资金投入,以及 IT 人员对系统进行技术支持。如果选择基于服务器的 PMS,则通常是由应用服务供应商(application service provider,ASP)出售成套系统(turnkey system)(硬件、软件、培训支持和维护包)。由于市场上的 PMS 供货商众多,使得甄选工作

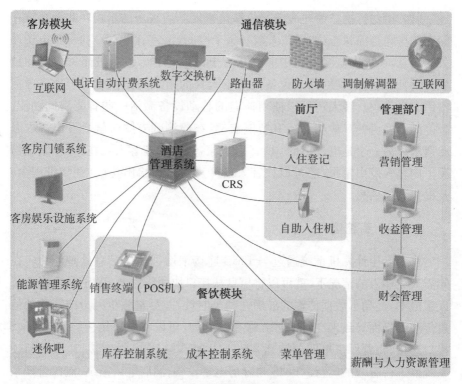

图9.6 酒店管理系统接口

变得困难,其中一些国际化的供应商,可以提供多种语言支持的软件,还有一些针对特定国家/地区,尤其是在字符设置不同的亚洲。酒店根据运营的需要,进行仔细的研究或请专业顾问协助选择最佳供应商。在非常特殊的情况下,针对非常专业或规模非常大的公司,PMS可以根据酒店实际运营需要进行设计。

云酒店管理系统(cloud-based PMS)提供与内部自建系统相同的功能,但需要安装在网络上,并与互联网快速连接。由于没有采购或安装成本,所以前期费用较低,但每月要支付访问系统的费用。与内部自建的 PMS 相比,基于网络的系统需要更少的 IT 人员,而且在紧急情况下,工作人员也可以在下班或离开酒店时使用。云 PMS 的另一个优点是供应商负责数据备份和软件升级。而对于内部自建系统,此功能通常是由酒店和 PMS 供应商负责的。

卡萨瓦纳和卡希尔(Kasavana & Cahill, 2011)对选择系统和随后与供应商达成协议所涉及的问题作了详尽的描述。他们提出了一种在供应商和系统之间进行选择的评估方法,这种矩阵方法对功能等级进行加权,并给每个供应商的产品打分。如果选择基于服务器的系统,则可以购买或租赁。虽然购买比较常见,但是租赁可以消除人们对技术过时的担忧。在系统运行之前,供应商有责任与酒店管理部门合作进行安装,并且需要将许多参数如房型、房价和其他代码初始化。持续的培训可确保员工的工作效率和工作满意度最大化。当新安装的系统替换手动系统或旧系统时,需要一个过渡阶段,建议采用新旧系统一起运行几个星期的并行转换(parallel conversion),而不是选择风险更高的直接切换(direct cut-over conversion),即在打开新系统时将旧系统关闭。

内部自建的酒店计算机系统一旦出现故障会造成严重损失,而使用冗余的 PMS 硬件(其中两台相同的机器并排运行)可以帮助缓解此类问题。一台运行 PMS 系统,而另一台则执行不太重要的任务,如果第一台计算机出现故障,则另一台会自动切换以运行 PMS。关键数据和程序应存放在酒店外存储,以便在酒店发生火灾、洪水或其他灾难时能够随时恢复。

对于云 PMS 而言,上述问题不再是酒店担心的,这就降低了酒店涉及的风险。表 9.1 小结了基于服务器的 PMS 和云 PMS 之间的差异。

表 9.1　内部自建 PMS 与云 PMS 的区别(资料来源:http://www.webrezpro.com)

	内部自建 PMS	云 PMS
硬件要求	工作站(计算机)、数据服务器、附加备份服务器、操作系统、备份硬盘	工作站(PC)和互联网连接
系统部署和用户访问	PMS 软件和数据存放在酒店的计算机中,该程序安装在每台与 PMS 连接的计算机上	PMS 软件和数据位于供应商数据中心的共享服务器上,用户可以随时随地通过网络浏览器访问系统
系统和数据的安全及维护	酒店负责	包括数据备份,全部由 PMS 供应商负责,酒店员工只需负责互联网连接和计算机操作
是否需要现场信息技术专业知识	是	否

续 表

	内部自建 PMS	云 PMS
预算/定价结构	预付软件使用费和年费 硬件和 IT 基础设施费用 基本建设费用	订阅费——每月支付 经营费用
远程访问和中央预订功能	可以,但需要额外的硬件和网络设置或系统兼容性	可以
软件升级	追加费用	免费

总而言之,有许多 IT 系统可以使酒店在满足客人需求和降低成本方面做得更好。尽管此节重点关注酒店,但汽车旅馆、露营地、旅馆和 B&B 家庭式饭店等其他住宿设施通常也使用类似的功能,只是功能较少。

9.2 餐饮业信息技术应用

无论是酒店内部餐饮还是外部独立餐饮机构,无论是提供快餐服务还是提供堂食就餐服务,无论是商业的还是机构内部的餐饮运营,餐饮业务都有特定的 IT 需求。本部分介绍大多数餐饮机构通用的应用程序。销售终端(point-of-sale,POS)系统是最普及的应用程序,可提高食品配送效率,并对销售进行跟踪和分析。能够控制、监测、分析食品生产和菜单的餐厅管理系统和后台系统也很常见。一些餐馆和咖啡馆也利用顾客的移动设备传输数据并影响其购买行为。

9.2.1 销售终端

销售终端系统提高了从厨房到餐桌的上菜效率,还有助于菜品销售分析(Kasavana & Cahill,2011)。销售终端的硬件包括订单输入终端、收银台、计算机和打印机,还可能有信用卡授权和将销售数据上传到系统(数据库)设置的接口,如图 9.7 所示。多年来,销售终端硬件是专为餐饮环境设计的,但现在销售终端系统在具有开放操作系统的 PC 硬件上运行,增加了使用方便性。

订单输入终端(order-entry terminals)可以是键盘、触摸屏终端、手持终端或平板电脑。在泳池边或露台餐厅,无法连接订单输入终端的情况下,连

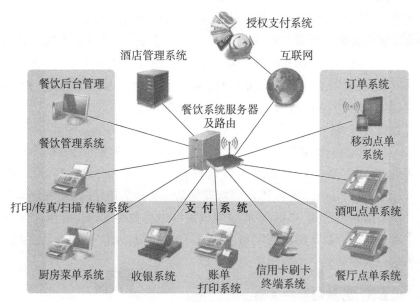

图 9.7 餐饮 IT 应用系统

接无线网络的手持设备尤其有用。为了改进食品配送系统,安装在食品制作准备区的远程打印机或视频显示器,以可读的形式将电子订单及时发送到厨房,并且无需工作人员进入厨房。打印机可以打印客人的账单和管理报告。客人还可以用餐桌上的平板电脑显示的数字菜单点菜。

POS 软件可以进行销售分析、需求预测并进行成本控制。成本控制(pre-costing)是根据食品原材料和劳动力成本确定菜单的成本,对宴会和其他大型活动非常有用。菜单工程(menu engineering)是分析 POS 系统中的销售数据以供决策之用的软件。菜单分析有助于餐厅确定某一特定菜品是否应保留在菜单上,以及根据销售和食品成本的分析确定每个菜品的最佳价格。常客跟踪是 POS 软件的另一个模块,对于酒店的餐厅而言,PMS 设备接口可将客人的餐费即刻发送到他的对账单上,同时还支持住店客人在办理挂账业务前,通过房卡对其进行身份识别。

9.2.2 餐饮管理系统

餐饮企业运营和管理中还有许多其他功能可以自动化。其中包括食品的采购和库存控制、菜单和菜谱控制以及食品成本计算。采购和库存控制系统掌握订购物品、供应商的详细信息,现有库存和最低库存量,以便可以自动进行订购。如今电子采购系统（e-procurement systems）以电子方式协助餐厅采购食物已经很普遍（Sigala，2006）。可与供应商在线连接传输标准电子订单。菜单和菜谱管理软件可以为每个菜谱和菜单项创建文档，并对原料成本、数量以及价格变动带来的影响进行分析。系统计算出的食品成本率，是核算菜单和餐饮项目成本预算的基础。

处理以上功能的餐饮管理系统（restaurant management systems，RMS）是一个独立的系统。为实现最大收益，它们通常是基于PC系统与销售终端（POS）接口。此系统接口允许对食品原料成分进行永续盘存（perpetual inventory）。当POS系统登记某一菜品的销售时，其成分消耗量被计算出来并传送到RMS，在收益管理系统中将食品的消耗量从库房现存量中减去。可控制饮料的调配和进行销售分析的自动饮料控制系统，是IT在酒吧经营中的另一个应用实例。

9.2.3 营销与客户关系

在线评论对客户选择餐厅的影响越来越大。美国餐馆协会（National Restaurant Association）开展的一项研究发现，近一半的18—34岁年轻人使用互联网搜索新餐馆，而只有三分之一的老年人（45—64岁）会这样做（Ong，2012）。有许多如Zomato、OpenTable、Zagat和Yelp网站和移动应用程序可帮助消费者在其区域中查找餐馆，这对于不熟悉当地餐馆的游客来说是非常重要的。在线消费者评论的数量与餐厅的在线人气呈正相关，而编辑评论与消费者访问餐厅网页的意愿呈负相关（Zhang et al.，2010）。通过策略性地使用这些网站来了解如何改善客人的就餐体验，对于管理者而言受益匪浅。

咖啡馆正在利用IT和社交媒体增加收益。除了POS系统和供应链管理系统，利用外卖食品包装上的条形码也使销售交易加快。作为IT的忠实客户，星巴克为店面经理提供笔记本电脑，以便于让他们访问基于云的协作软件。2011年，该公司开发了一个客户关系管理（CRM）系统，还开发了一款名为"星巴克卡移动应用程序"的手机app，该程序允许客户使用智能手机支付、查询会员卡的余额及使用信用卡充值。许多咖啡馆还为顾客提供免费的WiFi。

9.3 酒店业信息技术战略管理

值得关注的是，酒店企业在战略管理方面使用的互联网技术比较有限(Cobanoglu et al.，2006)。酒店管理者倾向于将时间花在战术和运营问题上，而很少花在战略决策和前瞻性的工作上(Pilepic & Simunic，2009)。为了更好地了解酒店运营情况，PMS 和销售终端(POS)提供了大量实时数据，但酒店管理者可能会因为担忧技术变化太快在使用 IT 时受到阻碍(Chan，2004)。酒店管理人员面临的一个持续挑战是收集关键信息，以便作出有效的战略决策(Law & Giri，2005)。

鼓励酒店管理人员了解并使用知识管理来提高酒店的业绩和服务。诸如专家信息系统(expert information systems，EIS)和决策支持系统(decision support systems，DSS)之类的知识管理系统，为 IT 系统带来了更高层次的智能化，并可以帮助管理人员更具战略性地使用技术。收益管理系统就是决策支持系统的一个示例，它决定了最佳房价、何时可以做超额预订以及优化安排各种房型价位使酒店收益最大化。对收益管理系统至关重要的预测模块，是通过使用 PMS 中历史数据的需求分析、市场状况调查来生成的，然后将预测的需求、库存和可供销售的客房情况(实际或预测)进行比较，最后确定房价。

IT 可以刺激酒店业的创新，这将是酒店在未来竞争所必需的。创新可以通过服务创新、服务场景创新、技术创新等来实现。技术创新被视为酒店创新的最有力途径之一(Jacob & Groizard，2007；Hertog et al.，2011)。坎丹普利等人(Kandampully et al.，2016)指出，要使酒店在 IT 方面真正创新，就必须让精通技术的客户和员工参与创新和重新设计的过程。

人力资源管理对酒店具有重要的战略意义，因为员工的快速流动是创新和发展战略知识管理的一个难题。寻找对关键技术有足够了解的工作人员是一项挑战。理想情况下，IT 可以帮助将服务型员工转变为知识型员工(Hallin & Marnburg，2008)。一个成功的酒店企业需要知识型管理者、团队和知识信息系统。酒店员工可以通过在职学习或在线学习来提高个人技术知识(Bray，2002)。

酒店采用机器人技术取代员工完成繁琐的重复性工作，让员工更有精力为客人提供服务。之后的行业洞察描述了人工智能在提供酒店服务方面日益重要的作用。在后互联网时代，管理者必须理解教育、经验、全球化能力、网络和创造力的相关性,才能具有竞争力。鼓励酒店企业对未来要有更大的愿景,并相信他们可以创造未来(Garrigos Simon et al.,2008)。

行业洞察:人工智能与酒店业

人工智能(AI)正在研发在酒店和餐饮运营中的应用,使其可以影响客人和员工体验。人工智能在酒店和餐饮服务场所为宾客创造独特体验的能力正在对旅行者产生重要影响。

酒店:至少有五个人工智能应用领域,分别是客户知识、客户及相关体验、数据隐私及法规、忠诚计划和餐饮服务。

- 客户知识(guest knowledge)

酒店客户通过在不同的渠道购物、搜索价格、房源和房间类型,并预订住宿来开始他们的客人体验。通过添加人工智能辅助,宾客体验中的每一步都可以得到加强。客人还可以使用非常具体的条件进行查询,然后将结果与竞争选项进行比较。高级会员可以享受忠诚计划的升级政策,以获得更好的房间。满足不断增长的客户期望,需要更智能的数据和更好的导航工具。例如,基于人工智能的聊天服务可以支持复杂的语音/自然语言的客人要求。与酒店员工处理高度个性化的请求不同,人工智能可以将请求转换为微服务架构可以处理的独立指令,从而消除对客户请求的人为障碍。

- 客户及相关体验(guest and associate experience)

越来越多的客人使用手持设备来创造丰富的个性化酒店体验,包括使用生物识别或安全设备识别。客人还可用自然语言语音辅助与酒店服务进行互动,如预订过程和使用智能锁的入住体验、房间环境控制或者订购泳池酒吧鸡尾酒。人工智能和机器人功能的进步可以直接向客房提供对客服务,如喜达屋"Project Jetson"项目——Siri 声控房间、美国 Aloft Cupertino 机器人管家 Botlr 和几乎完全由机器人经营的日本 Henn-na 酒店。该行业面临的挑战是如何在客服体验中融入更多的机器人技术。

- 数据隐私与相关法律(data privacy and related legislation)

随着更多的数据被添加到客人的资料中,AI 可以挖掘这些数据并确定保留、归档或丢弃的内容。单平台数据挖掘并不困难,但是跨多个平台和数据存储库的挖掘更具挑战性。要合并存储在谷歌、Apple、Facebook、私有云存储和其他平台上的地图、音乐、图片、浏览器收藏夹等数据,是一个很大的挑战。使这一挑战雪上加霜的是,各国政府将公民数据和存储国有化的尝试与跨国行业的要求相冲突,如为外国旅游者提供服务的酒店业。人工智能是满足智能数据按需聚合复杂性的唯一途径,同时支持匿名和其他立法要求。

- 忠诚计划(loyalty programs)

酒店忠诚度计划通过解读客人的入住资料,努力为客人提供卓越的个性化体验。当客人出差或休闲时无论有无家人陪伴,都很容易辨别。然而,困难在于如何利用信息吸引客人更多的参与。如今,这些交互仍依靠人工的判断或固定的技术处理。未来,人工智能将支持客人住宿期间对系统的每次访问,并整理和呈现有关访客的更多数据。人工智能不会完全取代人情味,事实上这一点已经引起了人们的关注(纽约时报,2017)。人工智能可以通过在适当的时间提供更多的相关信息来更好地支持人工或机器处理工作。

- 餐饮服务(foodservice)

IBM公司设计了一个名为大厨沃森(Chef Watson)的人工智能系统,将智能引入食品和菜单创建中。它的目标是创造出与原料供应、个人喜好和饮食限制相匹配的未来食品。利用大数据和认知建模创建的菜品数据库,包括菜谱、原料配方、营养成分和口味等的信息。在特定的限制条件下,大厨沃森将生成数百种独特的食谱,让那些饮食受限的人享用各种各样的菜肴,并有望减少世界上巨大的食物浪费。

摘要:新一代的科技公司已经将AI新技术应用到酒店业。人工智能无处不在地被应用在酒店、餐饮业务中,关联嵌入每个员工和客人中。供应商、酒店、餐厅和管理公司可能会考虑评估其当前的技术平台和战略,以确定他们对人工智能的准备情况。

(来源:Booth,2016)

本章小结

本章研究了IT在酒店业中的应用。酒店业最初在IT使用方面落后于其他旅游行业的情况如今已开始缓解，但酒店业本质上仍是一个"高度接触"的服务型行业，所以需要明智地使用 IT 技术。然而，经验表明，适当使用技术可以提高效率，以便将更多的人力和财力资源用于个性化服务，从而让客人更满意。互联网、社交媒体和移动技术为酒店与客户联系提供了新的机会。面对人力资源挑战，酒店业必须重新定义使用技术来替代人工，同时也要将酒店业的工作提升到更高的水平，将酒店员工转变为知识型工作者。大数据和分析可以使酒店有机会更好地了解客户行为，从而为客户提供更满意的消费体验（Marr，2016）。为了获得竞争优势，酒店管理者必须创造性地应用技术和技术提供的知识。如果能将数据转化成真正的知识以改进决策和提升客户满意度，那么将来他们很可能会取得成功。

关键术语

应用程序接口 Application programing interface（API），应用服务供应商 application service provider（ASP），后台 back-office，电话自动计费系统 call accounting system（CAS），渠道经理 channel manager，云 PMS cloud-based PMS，决策支持系统 decision support system（DSS），直接切换 direct cut-over conversion，电子门锁系统 locking systems，能源管理系统 electronic energy management system（EMS），电子采购系统 e-procurement systems，专家信息系统 expert information system（EIS），快速结账 express checkout，前台 front-office，客人对账单 guest folio，客史档案模块 guest history module，客服技术 guest service technology，硬连线系统 hard-wired systems，内部自建 PMS in-house PMS，综合物业系统 integrated property system（IPS），菜单工程 menu engineering，微型安装 micro-fitted，夜审 night audit，订单输入终端 order-entry terminals，并行转换 parallel conversion，第三方支付行业数据安全标准 Payment Card Industry Data Security Standard（PCI-DSS），许可营销 permission-based marketing，永续盘存 perpetual inventory，销售终端 point-of-sale（POS），成本预算 pre-costing，程控交换机 private branch exchange（PBX），酒店管理系统 property management systems（PMS），预订模块 reservations module，餐饮管理系统 restaurant management systems，收益管理系统 revenue management system（RMS），客房管理模块 room management module，自助售卖 self-serve kiosks，自助

入住登记 self-service check-in，智能客房服务车 smart room service carts，通信信息详细记录 Station Message Detail Recording（SMDR），交换机 switch，旅行社佣金结算 Travel Agency Commission Settlement（TACS），成套系统 turnkey system，基于网络的酒店管理系统 web-based PMS。

1. 如果你是一个国家公园露营地的经理，该营地有 30 个不同大小的小木屋和一家餐厅，你希望 PMS 提供什么功能？请描述适合露营地经营管理的技术种类。您会通过哪些渠道销售小木屋？为什么？

2. 比较国际连锁酒店与单体酒店的网站差异。

3. 描述餐厅或咖啡馆使用移动应用程序和技术与顾客建立联系的所有方式。

4. 参观一家当地的餐馆，了解有关其终端销售 POS 和其他技术的应用情况。

5. 请尽可能多地确定几家酒店预订网站，而后选择一家你感兴趣的酒店，调查其在各网站上的信息情况。登陆猫途鹰并阅读酒店客人的点评。你能从这次调查中得到什么结论？

6. OTA 导致许多酒店失去了对其客房库存和定价的权利，这不仅削弱了盈利能力，也侵蚀了品牌价值。与酒店不同，航空公司并没有遇到同样的问题。请分析航空公司在此方面为何不受 OTA 的影响？如果你是一个酒店经营者，你会使用什么策略来应对这个问题？

雅高酒店

雅高（Accor）是一家大型的国际连锁酒店，在 95 个国家和地区拥有超过 3 700 家酒店，并享有 IT 创意用户的声誉。它拥有 20 多个品牌，如莱佛士（Raffles）、索菲特（Sofitel）、诺富特（Novotel）、普尔曼（Pullman）、瑞士酒店（Swissotel），涵盖奢华、高端和经济型酒店市场。它创建于 1967 年的法国，一直专注于维护客户关系。近年来，其信息技术驱动自身运营的战略计划包括了 2014 年的 2.25 亿欧元投资。本案例研究讨论了信息技术如何为连锁型酒店创造平台，从而使其成为全球酒店技术的领导者。

雅高酒店雄心勃勃的数字发展计划将客户置于其战略和运营中心，并与在线旅行社、爱彼迎等对手竞争。其战略转型包括：(1)设计和实施创新的内容营销策略；(2)将在线声誉作为核心业务目标；以及(3)创建和/或调整从管理到运营的组织结构以支持新动态。

雅高酒店的在线预订平台 TARS(及其移动应用程序 Mobile First)正在改变他们客户的数字旅程。TARS 每年处理来自客户 18 种语言的 3.29 亿次访问。它还在其平台上拥有 1 000 多家独立酒店。客户关系管理系统(CRM)使这个连锁酒店能够真正以客户为中心。此外，它的社交媒体技术非常发达，每月覆盖超过 1 100 万人。酒店与有影响力的访问者接触并鼓励他们在网上发帖，提高了用户对连锁酒店的忠诚度，并将受众范围扩大到更广泛的群体。客户关系管理系统自动化忠诚度排名，用以寻找雅高旗下所有渠道和品牌的忠诚客户和项目。雅高还在普尔曼伦敦圣潘克拉斯酒店进行试验，为客人提供完全无纸化的住宿服务。

雅高酒店在其移动应用程序 Mobile First 的设计上投入了大量资金。该程序设计全面，允许客人查看酒店细节、预订房间或通过电话或电子邮件与酒店沟通。客户在在线预订、在线支付和在线登记入住方面拥有无缝体验。城市指南和其他补充信息也可以在该应用程序上获得。

IT 在雅高酒店的另一个强大应用是其复杂的收益管理系统。它将数千家酒店和外部市场数据点集成到一个分析引擎中。管理系统评估不同市场的需求波动，以及竞争酒店和爱彼迎等其他住宿类型的价格变化情况。分析引擎使用这些数据来生成雅高酒店的最佳定价，并支持有效的库存控制决策。

研究问题

1. 探索雅高酒店的社交媒体表现，将其与凯悦、万豪或喜达屋等类似的国际连锁酒店进行比较。

2. 研究索菲特和普尔曼酒店品牌中使用的各类计算机系统(本章讨论的)。集成了哪些系统？IT 使用当中你注意到有什么不同？能解释一下这些不同吗？

第 10 章 基于技术的游客体验

 学习目标

- 解释 IT 在吸引游客前往旅游吸引物和节事活动中的作用；
- 分析 IT 在旅游吸引物和节事活动中创造难忘体验的不同作用；
- 理解 IT 如何干扰和调节游客体验；
- 将 IT 方法应用于旅游吸引物和节事活动中的游客管理。

引言

作为旅游的理由，旅游景区在旅游业中发挥着至关重要的作用。旅游景区通过提供现场体验和节事活动满足旅游者的出游动机。旅游景区是旅游业中种类最多、分类最细的部门之一。旅游景区通常被划分为自然景区和人文景区（Benckendorff，2006）。自然景区（natural attractions）包括永久性动植物群、陆地公园、海洋公园及保护区、景观、地质特征以及火山爆发、天文事件、野生动物迁徙或者珊瑚产卵等临时性事件。人文景区（cultural attractions）包括主题公园、美术馆、博物馆、历史建筑、建筑奇观、动物园、水族馆、体育和娱乐设施、购物中心和观光区。体育赛事、节日、音乐会、表演、各类会议等事件活动也属于重要的人文吸引物。

一些运营管理旅游吸引物的公司比较大，比如主题公园、体育场馆、滑雪场和博彩运营等，其运营控制对 IT 的需求程度较高。一些旅游吸引物运营商较小,比如野生动物园、历史遗迹和文化活动对于 IT 的需求程度相对较低。一些由政府当局、遗产信托基金或宗教团体等公共组织管理的著名景点,比如纽约自由女神像、悉尼歌剧院和西斯廷教堂,对于 IT 的投资相对匮乏。

IT 在旅游吸引物和节事活动领域的应用分为三类。第一,IT 通过各种电子渠道提供旅游信息、销售和分销来吸引游客。第二,IT 应用于为游客创造难忘的体验。随着游客开始期待互动的、多媒体的娱乐活动,旅游吸引物尤其在主题娱乐领域同样以类似的技术复杂程度予以回应。第三,IT 主要通过提高游客准入、定位(orientation)、购买、拥挤和排队管理、商业智能、安全保障等措施管理游客。本章将通过提供各种不同吸引物和节事活动的案例来讨论游客体验 IT 的主要应用领域。

10.1 吸引游客

10.1.1 游客信息

越来越多的旅游吸引物和节事活动通过互联网进行旅游营销和体验销售。多数旅游吸引物或节事活动通过维护官方网站或通过社交媒体同过往游客和潜在游客之间建立联系。游前信息能够帮助游客在交通、停车和旅游活动等方面做出更细致的计划安排,以便确保旅游体验更为愉悦。使用视频、图像以及用户生成的故事可以增强游前体验。此外,一些旅游吸引物通过提供核心吸引物的虚拟现实(VR)游览,让游客在到访之前沉浸在数字体验中。虚拟旅游利用了全景视图、动画和交互式照片,对于人文旅游吸引物更为有效(Wan et al., 2007)。360 相机、全景 720、谷歌街景等智能手机应用 app 使得任何人无需技术培训就可以创建 360°虚拟现实全景图。VR 镜头可以在网上使用,也可以在旅游贸易和展览上使用。同时,像迪士尼乐园这样的景点也在 SecondLife 这样的虚拟世界中进行创造。较大的景点还提供互动在线地图,以便游客了解旅游活动并做出规划安排。冲浪海滩、滑雪场等户外景点通过提供现场视频帮助旅客在前往现场前检查场地情况。

游客信息中心(visitor information centers,VIC),在美国被称为"欢迎中心",是一个专为通知、辅助游客制定行程计划而设计的旅游吸引物。传统意义上,旅游信息中心通常建在目的地、国家公园、遗产地以及其他重要地点。皮尔斯(Pearce，2004)建议游客信息中心应提供以下多重功能：
- 推广(promotion)：通过推广当地景点和商业活动刺激游客需求。
- 增强(enhancement)：为游客提供该地区历史及特色的展示、信息和解说，并推动负责任的行为。
- 控制和过滤(control and filtering)：控制客流及访问权限，减少资源和环境压力。
- 替代(substitution)：为不可进入的、危险的、脆弱的或者分散的景点提供可替代的吸引物。

游客信息中心也可以为本地举办节事活动、社区会议、展示当地特产(工艺品、奶酪和酒)提供场地。然而，随着这些功能被日益增长的数字信息应用所替代，许多游客信息中心受到威胁。因此，一些公司在其核心运营业务中嵌入技术(参见行业洞察)。IT 的创新性使用说明，游客信息不仅在互联网上创造了虚拟的存在，还将数字化内容带入现实场景中，增强了游客的体验。

行业洞察：曼彻斯特游客信息中心

当英国曼彻斯特市重新定位游客信息中心时，当局决定尽可能多地采用技术来增强游客体验。该市斥资80多万英镑，将游客信息中心重新建成类似苹果零售店的场所，其功能包括：
- 显示墙——设备的整端用于展示节事活动和特产；
- 推特交流互动信息大量汇入壁挂显示屏中央，显示来自曼彻斯特官方网站、当地旅游企业、居民和游客的信息；
- 放置在商店各处的台式电脑使游客可以搜索和预订住宿、交通及旅游活动；
- 大型的微软平板电脑使游客群体以社交和触觉的方式与地图和内容进行互动。

(来源：May，2012.5)

10.1.2 销售和分销

门票扫描和验证技术为不同形式的门票分销提供了可能(English，

2010)。许多吸引物和节事活动不仅利用官方网站提供旅游信息,同时出售景点门票,门票可以在家打印,也可以发送到移动设备上。景点门票的数字分销有几个好处:(1)可以实现在游客到达前售票,减少等待时间,减缓入口拥挤;(2)便于门票与其他配套服务打包销售,比如 VIP 体验、停车、接送、餐饮酒水优惠、季票、住宿或者其他景点门票等);(3)在线系统可以自动分配景点门票,在特定的时间内限制人流量;线上门票通常通过打折销售方式鼓励游客在前往现场之前购买。

10.2 创造体验

40 多年来,关于旅游休闲的文献对难忘体验的创造和形成给予了极大的关注。服务管理和市场营销的理论发展为理解游客体验提供了新的视角。特别是派恩和吉摩尔(Pine & Gilmore, 1999)指出,国际竞争使服务商品化,提供不可复制的体验才能取得竞争优势。他们认为体验经济(experience economy)包含四个构成领域:娱乐、逃离、美学和教育。虽然对每个领域的重视程度因体验的不同而不同,但大多数成功的游客体验综合了四个方面。近年来,共同创造(co-creation)逐渐受到关注,即个人通过与环境、其他游客和供应商的互动,共同构建并使其体验个性化(Prahalad & Ramaswamy, 2004; Neuhofer et al., 2012)。

诺伊霍费尔等人(Neuhofer et al., 2012)提出了技术增强目的地旅游体验的概念模型,强调了三个要点。他们认为技术在旅游体验的各个阶段(游前、游中、游后)都发挥着重要的作用。该模型同时解释了技术是如何使物理空间和虚拟空间共同创造体验的。例如,万豪 M 直播间的社交媒体团队通过实时监控社交媒体(虚拟空间),以确保在世界各地的酒店(物理空间)取悦客人的机会。模型的第三部分显示,技术使旅游供应商、游客、社会联结和其他利益相关者之间能够实现多层次参与。诺伊霍费尔等人(Neuhofer et al., 2014)还开发了基于体验的层次结构,用以描述技术增强旅游体验的四个层次(见图 10.1)。这四个层次包括:

• 传统体验(conventional experiences):游客参与旅游体验创造的程度较低,不存在技术壁垒或低技术壁垒。
• 技术辅助体验(technology-assisted experiences):游客参与共同创造体验的程度仍然较低,主要应用 Web 1.0 技术,即通过提供访问网站、电子邮件和预订系统来提升旅游体验。

• 技术增强体验(technology-enhanced experiences)：游客通过使用智能手机和社交媒体等 Web 2.0 技术与供应商和其他游客互动,积极参与并创造体验。共同创造在多个空间和多方之间增强,从而为部分或所有利益相关者创造价值。

• 技术驱动体验(technology-empowered experiences)：游客参与共同创造体验的程度很高,技术贯穿于旅行以及在实体旅游目的地或在线空间与多个利益相关者服务接触的各个阶段。这一层次要求旅游供应商将沉浸式技术方案融入体验,使游客能够高度参与,积极与多个利益相关者共同参与创造体验。

图 10.1　技术支持体验层次理论(来源：Neuhofer et al., 2014)

IT 的应用为共同创造体验增加了一个新的维度。尽管旅游地具有复杂性和特殊性,但是,近年来科学地设计和组织旅游体验的重要性越来越受到人们的重视。这种方法依赖于对旅游体验社会心理本质的深刻理解,以及利用技术创造和提升旅游体验的多种可能性(Tussyadiah, 2014; Fesenmaier & Xiang, 2016)。在这一背景下,技术不再仅仅是旅游业的工具。

斯蒂帕努克(Stipanuk, 1993)提出了 IT 在旅游体验中的七个重要角色。本书在表 10.1 中又增加了三个角色,以解释技术如何帮助共同创造旅游体验。部分角色对游客是可见的,而其他则是在幕后活动。这些角色也不是相互排斥的,一种特定的技术可能扮演多个角色。我们在接下来的讨论中更详细地研究这些角色。

表 10.1　技术和旅游体验的共同创造（改编自：Stipanuk, 1993）

角色	描述	实例
赋能者	技术创新通过为旅游者提供出行动机、时间和经济手段而刺激旅游需求	交通技术、大众媒体、互联网、社交媒体、移动设备
创造者	技术在旅游体验和场景创作中的应用	计算机辅助设计（computer-aided design, CAD）、模拟器、过山车、室内滑雪道、滑雪缆车
吸引物	技术可以成为旅游体验的焦点	科学博物馆、主题公园游乐设施
增强器	技术可以通过支持舒适性、定位、解说和翻译来增强体验	气候控制系统、GPS、移动设备
保护者	技术可以保护游客及旅游吸引物	安全系统、环境管理系统
教育者	技术可以通过解读来揭示意义，理解物体、器物、景观和遗址	虚拟向导、移动设备、特效、虚拟现实、全息图、机器人
替代者	技术可以在资源受到威胁、拥堵或无法进入的情况下为游客提供替代体验	虚拟现实、增强现实、模拟器、电影艺术
促进者	技术是旅游业的一种工具	后台系统、互联网、社交媒体
记忆者	技术可以用来支持记录、反思和分享经验	移动设备、数码相机、社交媒体
破坏者	技术还会影响游客或员工的社交、环境和经济福祉，从而破坏这种体验	技术故障、视觉干扰、噪音或其他外在因素

10.2.1　技术作为"赋能者"

正如我们在第 2 章中所讨论的，经济增长与技术创新密切相关。尽管技术的促进作用是广泛的，与旅行体验的联系有时是微弱的，但技术刺激了旅行更广泛的经济条件。新技术提高了生产力，将工人从平凡的工作中解放出来。在旅游业，交通运输部门的技术创新使旅行变得更经济，也更为方便，从而刺激了每年数十亿国际旅游者的流动。在发达经济体中，技术被广泛应用于商品和服务的生产和交付，从而提高了生活水平和可支配收入。

媒体和通信行业的技术进步也为获取旅游信息提供了便利,激发了人们对旅游的更多兴趣。

根据诺伊霍费尔等人(Neuhofer et al.,2015)的说法,作为体验赋能者的技术可以分为三类。第一类是软件赋能,如个性化、通知、机器学习和访问,它们决定了游客使用的各种应用程序的功能。第二类是电信通信和基础设施赋能,如智能手机信号覆盖、WiFi 接入、网速和数据漫游。第三类是使用和可用性赋能,例如使用和获取信息的便利性、有用性以及在技术使用中获得的愉悦感。

10.2.2　技术作为"创造者"

也许技术在旅游业中最明显的作用是用它来创建支撑旅游体验的基础设施。工程师、建筑师和其他专业人士使用计算机辅助设计(CAD)软件来规划建设旅游景区和休闲环境,如主题公园、动物园、水族馆和游客区域。

3D 打印机等硬件可以创建设施的比例模型,因此可以在建造之前进行调整。这些技术基础设施和机器为游客体验创造了新的机会,如喷气艇、喷气式滑雪和赛格威体感车之旅,以及高层天文台。正如我们在本书中所看到的那样,技术在酒店和旅游体验中也提供了直接的贡献。例如,模拟器、过山车和 3D 电影在体验的形成和发展过程中需要大量使用 IT。

滑雪场也严重依赖 IT 提升游客体验,比如监测和控制雪地质量,设计和规划度假地。为了改善雪场条件,被称为"雪猫"的雪地清理机每晚都会在斜坡上行驶,以检测雪地的状况,并将每个斜坡修整成适宜滑雪者滑行的坡面。"雪猫"司机将数据输入到车载计算机系统中,以记录哪些雪道被修整过。如果降雪量不足,也可能需要人工造雪。整个斜坡上的计算机化喷水系统会产生薄雾,从而制造更高质量的雪。除了改善滑雪体验,IT 还增加了斜坡一年内可滑雪的天数,延长了滑雪季,并最大限度地提高了度假地的收入。

10.2.3　技术作为"吸引物"

许多场所将技术作为体验的重点,其中包括科技博物馆、工业遗址和农场,例如华特·迪士尼的 EPCOT 主题公园、夏威夷的多尔菠萝种植园、爱尔兰的吉尼斯啤酒厂和沃特福德水晶之家,以及世界各地的好时和吉百利巧克力工厂,技术博览会和汽车展等活动也使用了最新的技术。

许多主题公园将科技作为体验的核心部分。主题公园利用机械和电子技术创造出愉悦、刺激、神奇的体验。机械技术的例子包括主题公园游乐设施和过山车。许多水上主题公园使用计算机技术制造冲浪的"海浪",并为其他水上运动提供合适的环境。电子技术创建的体验比机械设施改变起来相对容易而且更便宜,因而很受欢迎。这是一个重要的考虑因素,因为具有新的吸引物的主题公园往往能够吸引更多的重游者。使用复杂的声音、视觉和灯光效果可以创造视听体验。例如,大屏幕 IMAX 格式、360°全天域影院、3D 或 4D 电影体验,这些都与机械设施相结合,创造出运动或飞行的错觉。奥兰多环球影城的霍格沃茨快车,以及最近在迪士尼动物王国开放的潘多拉之旅,都是机械和虚拟元素相结合的最新技术的例子。数字环绕立体声和计算机生成的音响与图像一起创造了沉浸式游客体验。计算机生成的运动模拟器(simulators)给观众带来在不同现实中移动的感觉,是许多不同游乐设施的一部分。

虚拟现实(virtual reality),即游客完全沉浸在计算机模拟的互动环境中,已经在景区中应用了几十年(Schwartzman,1995)。大多数虚拟现实环境是通过特殊的立体耳机呈现的视觉体验,但有些系统还包括附加的感官信息,如声音和触觉。一些系统让用户沉浸在由立体护目镜、环绕声、埋置在紧身衣中用来刺激皮肤的传感输入装置、运动模拟器和其他电子设备组成的虚拟现实"吊舱"中。旧系统体积庞大且较为笨重,但最新的无线设备更方便使用。随着智能眼镜等可穿戴技术逐渐成熟,叠加在现实世界上的增强现实(augmented reality)技术将吸引更多的游客。通过将虚拟故事情节、活动、探索与现实世界的特征相结合,可以使吸引体验游戏化(gamification)。迪士尼魔法王国的海盗探险就是一个很好的例子,以互动区为特色,配有实物道具和解说,引导客人寻找丢失的宝藏。互动元素和特殊效果是使用 RFID 卡或魔法手环激活的(参见案例研究)。科技公司还创造了类似"星际迷航"(Star Trek)等科幻电影中所描绘的互动全息甲板(holodeck)。

10.2.4 技术作为"增强器"

通常情况下,技术不是体验的焦点,但增强了游客的舒适性和享乐性。应用技术提高游客体验的例子包括游客定位、翻译、交流和行程安排。移动设备在游客定位中变得越来越重要。还有帮助用户翻译书面文本和口头交流的移动应用程序,对游客的帮助是显而易见的。一些应用程序可以通过创建活动日程来帮助游客安排停留时间。它们适用于有多个景点和活动的大型景区(例如,游行、电影、动物对话、喂食时间等)。类似的技术也可以通过构建个性化的演示和展览日程来使会议代表受益。一些景点使用虚拟排队系统来缩短等待时间。关于这一部分的技术应用将在本章的其他部分进行更详细的讨论。

10.2.5 技术作为"保护者"

在许多旅游情境中,技术保护游客和旅游资源免受伤害。在其他章节中,我们讨论了IT如何支持酒店的电子门锁系统,并确保航空乘客的安全。移动设备可以警示游客暴风雨和其他自然或人为事件等风险。另一个(尽管不太明显)涉及使用水处理和制冷技术在食品安全方面的应用。

技术还创造了一个受保护的旅游体验环境。保护目的地资源免受退化的技术应用在遗产和自然环境中尤为明显。气候控制系统(climate control systems)提供供暖、制冷和空气净化。例如,西斯廷教堂每年接待超过550万游客,通过空气过滤系统对空气除湿以及净化空气产生的灰尘、湿度和二氧化碳(来自呼吸)进行管理。技术通过规划游客路线,进而确保可持续的客流量。在博物馆和美术馆,IT在记录、备案和保存藏品方面发挥着重要作用(Ben-nett,1999)。对脆弱的古代文本和艺术品进行数字化,可以使更多的观众能够接触到它们。

在自然环境中,使用IT来跟踪野生动物可以监控和管理环境影响。移动设备中的跟踪技术还可以监控游客活动,并管理与过度拥挤相关的不利影响。IT在可再生能源生产中发挥着重要作用。此外,环境管理系统(environmental management systems,EMS)被一系列旅游组织用来监控和管理能源使用和浪费情况。利用技术实现可持续目标将在第12章中讨论。

10.2.6 技术作为"教育者"

IT在旅游景点中最常见的应用之一是使用各种解说(interpretation)技术支持游客学习。解说的目的是通过参与揭示物体、人工制造、景观和遗址的意义与理解。这对于涉及保护的景点,如遗产地、博物馆、美术馆、动物园和国家公园来说非常重要。游客解说从静态教育展示向结合教育与娱乐元素的沉浸式教育娱乐(edutainment)体验的转变中受益(Reino et al.,2007)。

科技中心是第一批利用科技将概念带入生活的博物馆。为了给游客一种"概念"体验,电子和交互式展品被广泛使用。利用电影、声音和直接互动使体验变为富有生命力的主题式漫游展览,在各类博物馆中都很常见。下面,我们简要回顾一下 IT 在游客解说中最常用的和最有前景的应用。

10.2.6.1 虚拟导游

许多景点都为游客提供了语音导游(audio guides)手持设备,用不同的语言解说基本故事内容。这些设备要求游客输入与房间、展品或物品相关的号码以听到音频。一些景点将这些录音制作成可下载的播客(podcasts),使其可以在游客自己的移动设备上播放(Kang & Gretzel, 2012a,b)。

10.2.6.2 移动设备

景区和目的地也为智能手机设计了充当虚拟导游的应用程序。新的虚拟导游使用地理围栏触发生成基于用户位置的视听内容。在室内使用 NFC 和蓝牙的同时,GPS 技术为在户外环境(如国家公园、植物园和动物园)使用地理围栏触发解说创造了机会(Armstrong et al., 2008)。二维码(quick response, QR),像本书中所提到的,应用于各种室内和室外场所。任何有照相机和二维码阅读器应用的移动设备都可以读取二维码。正如我们在第 6 章中探讨的,其中一些应用程序还使用游戏化和增强现实来增强游客学习。未来的应用将涉及智能眼镜等可穿戴技术,以提供虚拟的旅游和情境信息。

10.2.6.3 特效

景区景点越来越多地使用电影技术娱乐和教育游客(Alfaro et al., 2004)。音乐会和音乐节使用计算机系统来增强表演音质。在大型环境中消除回声和混响可能很有挑战性,而计算机可以通过计算扬声器和其他音响设备的位置来帮助消除回声和混响。一些景点还安装了智能化的声音、灯光和烟火系统,以创造完美同步的特效。南十字勋章上的鲜血声光秀就是一个很好的例子,它讲述了 1854 年澳大利亚巴拉瑞特金矿矿工发生的尤里卡叛乱的故事(参见行业洞察)。其他包括香港的灯光交响曲、阳朔的印象刘三姐,以及拉斯维加斯的贝拉吉奥赌场喷泉。

10.2.6.4 虚拟和增强现实

我们已经讨论了虚拟现实(VR)如何让游客沉浸其中,但同样的技术可以让游客穿越时空。虚拟现实最早应用在遗产场景中的案例之一是对 1550 年英格兰达德利城堡的 3D 重建(Boland & Johnson, 1996)。增强现实也是一种解说技术,可以提供考古遗址或文物的现场重建。想象穿过都柏林的庙宇酒吧,看 1600 年的街景与现代街景叠加在一起的景象。

10.2.6.5 全息投影

全息图是图像的三维投影,相对于观看者的位置和方向会发生变化,从而使投影更加逼真。全息图被用于一系列景点,尤其是在遗产场景中,它们取代演员来讲述故事,或者重现历史。

行业洞察:南十字勋章上的鲜血

疏芬山金矿是一家位于澳大利亚巴拉瑞特市的户外博物馆。该景点使用了很多主题公园常用的技术,再现了19世纪60年代澳大利亚淘金小镇的生活。这块占地25万平方米的土地包含了60多座历史重现的建筑,有身着盛装的工作人员和志愿者,再现了村庄生活。他们用古董、艺术品、书纸、机械、牲畜、马和马车等道具进行再创作。村民们在商店里工作,生产传统产品,如蜡烛、衣服、家具、铜器、食品和饮料。村庄还有一个帐篷城和一条小溪,游客可以在那里淘金。村子白天对游客开放,而晚上呈现出完全不同的场景。

尤里卡寨子的故事,即1854年发生在巴拉瑞特金矿的开采者和政府军之间的战斗,通过每晚演出的"南十字勋章上的鲜血"声光节目进行了重新创作。这部90分钟的作品没有演员参与,只有声光效果和露天布景。在施工期间埋设了超过70英里(110千米)的光缆,8台电脑和7台视频投影仪呈现制作过程。几座10米高的灯塔安装了最先进的"智能"灯,可以把黑夜变成白天。特效包括全息图、爆炸、雨水和燃烧的建筑物。

10.2.6.6　3D打印

自20世纪80年代以来,三维打印已经成为可能,然而,可负担的商用打印机直到2010年才出现。旅游业最近开始使用这项技术,以精确地重建雕塑和历史文物,供展示或游客使用。这项技术还可以用于修复器物和文物,还有一个应用涉及游客想象中的个性化的"3D照片"和纪念品的创建。

10.2.6.7　机器人

主题公园和遗产地经常使用动漫(animatronics)和机电一体化(mechatronics)来创造动画人物或机器人。用于代表人类的机器被称为仿真机器人。这些技术对于创造不存在的生物(例如恐龙、卡通人物、神话生物)及历史或虚构人物尤其有用。比如伦敦自然历史博物馆的暴龙雷克斯,以及主题公园景点中的许多形象。近年来技术进步产生交互式动画电子产品,通过使用多种传感器及人工智能与人们互动。

10.2.6.8 交互界面

虽然自助服务亭在旅游业中无处不在,但电子技术的进步创造了各种各样的交互界面,包括互动桌子、墙壁、镜子和玻璃。这项技术的一个主要好处是能够更新数字内容,包括流式传输实时文本、视频和音频。曼彻斯特游客中心的媒体墙(参见上述行业洞察)就是这项技术创新应用一个很好的例子。在未来,互动墙将连接到传感器和摄像头,这些传感器和摄像头将识别游客特征,这样内容就可以根据游客需要进行定制。

在解说中使用 IT 既提供了机遇,也带来了挑战,表 10.2 总结了其中一些机遇和挑战。然而,技术也可以将这种体验延伸到旅行前和旅行后(Bennett,1999;Neuhofer et al.,2012,2014)。网站和社交媒体能够在游客到达之前和离开之后与他们建立和保持联系。例如,动物园的游客使用网站安排行程,一旦到达现场,他们就可以使用移动设备在 Instagram、Facebook 或微信上加熊猫为好友。随后,关于熊猫冒险的最新消息通过社交媒体持续更新,这不仅刺激游客重游需求,也为保护熊猫的资金筹集提供了可能。

表 10.2 解说 IT 应用的机遇和挑战

机遇	挑战
内容更新相对容易且经济实惠	维护和升级成本可能很高
为不同受众(如语言、年龄段、个人兴趣、残障人士)进行定制化和个性化	许多技术不是为暴露的环境设计的
一些解说技术是便携式的	需要注意的是,要确保技术不会中断体验或破坏环境氛围
视觉丰富性、多媒体、多感官	一些游客可能不了解如何使用这项技术
可以将游前、游中和游后的体验联系在一起	缺乏跨平台兼容性
可用于收集游客指标和市场情报	如果游客不注意其他提示和警告,会有分心和受伤的风险
可与 CRM 系统、社交媒体等连接建立人际关系	对其他游客体验的影响

10.2.7 技术作为"替代者"

无法参观或进入的地点往往成为游客关注的焦点。例如,季节变化可能意味着参观植物或野生动物会扰乱觅食或繁殖。一些名胜古迹可能已经不复存在,或者因为太危险、太脆弱或太昂贵而无法进入。比如火山、水下遗址,甚至太空景点。使用 IT 提供替代体验拓宽了无法参观群体的参观途径,例如老年人、残疾人或推着婴儿车的家庭(Bennett, 1999)。在所有这些情况下,技术都可以重新制定或重建环境、活动或事件。通常使用的技术包括虚拟现实或增强现实、模拟器、电子动画、全息图、3D 电影和实时播放。

10.2.8 技术作为"促进者"

正如我们在整本书中所看到的,技术是旅游组织和目的地提高生产力、效率和质量的工具。表 10.3 总结了技术作为促进者的一些行业应用。其中一些应用程序将在本章的其他小节中进行更详细的探讨。

表 10.3 技术作为"促进者"的作用

应用	技术示例
营销和分销	网站、在线预订、应用程序、现场购买
游客管理	管理访问、管理队列和拥挤
商业智能	跟踪访问者模式和行为
设施管理	酒店管理系统、安全保障
后台系统	收入管理、会计、薪资系统
工作人员	主题公园的员工出入系统、洗衣和服装装饰服务
自动化	清洁、接单、自助服务亭、机器人

10.2.9 技术作为"记忆者"

IT 可以通过捕捉记忆帮助游客记录他们的体验。在移动设备中加入摄像头应用促进了 Instagram、YouTube、优酷和 Facebook 等社交媒体网站上的图像和视频共享(Green, 2002; Tussyadiah & Fesenmaier, 2009)。同样,游客可以在类似猫途鹰产品评论网站发布他们的体验、推荐和建议(Yoo

& Gretzel，2008）。照片可以用位置信息进行地理标记（geotagged），游客可以使用软件、社交媒体和app将图像定位到特定位置。互联网也使游客创建旅游博客变得更加容易。

旅游景区也使用技术捕捉和分享游客的体验。例如，主题公园在不同景点和游乐设施安装摄像头给游客拍照。游客会收到一张印有条形码的卡片，在一天结束时可以检索图像。游客可以选择在场馆购买打印照片，也可以选择将照片通过电子邮件发送或者直接发送到手机上。通常，在到访之后的一段有限的时间内，可以在网上订购照片。许多景区和目的地还设置了明确标记的"自拍地点"或Instagram框鼓励游客拍照，并在社交媒体上分享。一些景点甚至提供了自助服务亭或互动墙，游客可以制作虚拟明信片，并且在社交媒体上分享，也可以通过电子邮件发送给家人和朋友。尽管愤世嫉俗的观察者可能只看到这些应用程序背后的利润或营销动机，但这也为游客提供了回忆和分享体验的机会。

10.2.10 技术作为"破坏者"

到目前为止，本章讨论了IT的积极作用。然而，技术也可能"反击"，导致负面体验、不便、破坏价值或更严重的后果（Tenner，1997）。当技术应用失败时，这一点最为明显。如果旅游景区和节事活动过于依赖技术创造、保护或提升体验，那么技术失败可能会破坏体验。这体现在预订系统、行李系统的故障、停电，甚至供暖或制冷设备的故障上。烟雾警报器、空中交通管制、飞机技术、警报系统和主题公园游乐设施内置的安全机制等安全系统的故障可能会产生更严重的影响。除了技术应用彻底失败之外，噪音或视觉污染形式的技术干扰也会影响体验的质量。在音乐会或游览期间响起的移动设备就是这种干扰的一个例子。在全球层面上，使用化石燃料的技术可能会导致资源破坏和气候变化。最终，这些变化会影响了威尼斯、阿尔卑斯山、大堡礁以及太平洋和加勒比海低洼岛屿等地脆弱的生态系统和旅游活动。

根据诺伊霍费尔等人（Neuhofer et al.，2015）的研究成果，在本章前面部分呈现了技术赋能的三种类别。在同一项研究中，作者研究了技术如何制造障碍，从而导致价值的共同破坏。这些障碍包括硬件障碍、软件障碍、通信障碍和使用障碍。体验障碍可能导致消极的情绪反应；错过了解周围环境、分享体验、结识他人或发现实时直播等服务的机会;也会造成一些诸如投诉或花费缩减的行为后果;以及会发生与数据漫游费用、未享受到的特价或额外的交通费用相关的金钱成本。

在一项后续研究中,诺伊霍费尔(Neuhofer,2016)根据15位旅行中智能手机"早期使用者"的叙述,确定了三个主题来描述技术如何降低或破坏价值。首先,技术提供了与家庭和工作的联系,创造了一道阻碍游客放松和逃避日常生活的屏障。其次,技术通过破坏"享受当下"或体验生活的乐趣来中断体验。例如,暂停自拍并将其发布到 Instagram 上会干扰体验,而且可能会降低乐趣。最后,许多与技术使用相关的习惯可能会从日常生活蔓延到旅行中,导致技术成瘾或不断使用技术的压力感。

斯蒂帕努克(Stipanuk,1993)确定的角色为理解技术影响游客体验的各种方式提供了一个有用的框架。虽然其中一些例子涉及航空公司、酒店和目的地,但重点主要是技术在景区和节事活动中的作用。考虑到这一点,我们现在将注意力转向在景区和节事活动中使用技术的游客管理应用。

10.3 管理游客

10.3.1 准入

大多数付费景点和娱乐设施都受益于自动售票、准入和监控使用系统。像移动设备、智能卡或条形码门票等 IT 解决方案可以应用于景区准入。这些都与电子售票系统(electronic ticketing systems)相连,电子售票系统存储个人和团体预订以及有关到访日期、时间和价格的信息。这些数据库必须能够处理多种类型的门票,因为许多景区和节事活动都提供季票和针对不同类别(如儿童、成人、家庭、特价票)的门票。电子售票系统还必须为到场的游客解决门票在现场遇到的问题。一些系统使用生物特征验证游客的身份,同时可以检测伪造或无效的门票(请参阅本章末尾的案例研究)。剧院、音乐厅、体育馆和其他有编号、指定座位的景点票务系统需要更详细的预订系统。标示有人和无人的座位平面图在屏幕上呈现,当然,门票必须显示座位号码。条形码卡片由连接到主题公园、体育场和滑雪缆车等地点的光学扫描仪读取。一些嵌入 RFID 芯片的智能卡和手环在游客接近入口处和旋转门时被扫描仪读取，进入更加方便，而且促进了游客流动。移动设备还方便了门票购买和验证，使游客在移动过程中也可以预订门票（参见行业洞察）。

博物馆、动物园和主题公园等景点只需支付通票费用。其他可能每类游乐设施、活动或体验都需要付费，这就产生了对更复杂系统的需求。智能卡、带有RFID芯片的手环和条形码通行证可以监控"即付即用"景点的到访情况。它们取消了在每个点付款的需要，消除了对游客造成的不便。来自票证的信息被发送到运行票证收集软件的计算机系统。该软件自动取消重复使用的门票，识别假门票，防止员工门票欺诈，并提供其他收入控制功能。

10.3.2 定位

在较大的景区和节事活动中，关注定位需求是管理游客的关键之一（Moscardo，1999）。传统意义上，这些定位和导航需求是通过指示牌、固定地图和手持地图实现的，例如：景区现在使用IT帮助游客找到附近的路。室内景点使用IT作为指示牌，引导游客参观景点，以获得最佳体验，并提供有关展品的信息。标识牌通常是用视听电子媒体的形式显示在LCD屏幕上，并且很容易进行改变。触摸屏自助服务亭、互动界面和媒体大厅也有助于引导游客在大景区参观。

景区还设计了可以下载到移动设备上的应用程序，用以辅助导航。在室内环境中，这些应用程序支持NFC或蓝牙信号，而在更大的户外空间，如国家公园，GPS可以辅助导航。它们的主要优点是能够在数字地图上定位用户位置，并提供视觉或语音导航。可穿戴移动设备可以通过使用增强现实技术在真实环境中叠加方向来扩展这一功能。

10.3.3 辅助购买

景区和节事活动使用无现金支付系统来支持辅助购买（ancillary purchases），如停车、住宿、食品和饮料、照片和商品。用于入场的智能卡、手环或条形码门票也可以预存资金购买辅助商品。水上公园和滑雪场提供嵌入RFID芯片或条形码的智能卡或防水手环购买辅助商品（Pechlaner & Abvarter，2005）。在特殊活动中也会使用类似的IT解决方案，以提供进入授权区域和便利设施的通道。

就主题公园而言，辅助购买可以显著增加收入（Milman & Kaak，

2013)。一些迪士尼主题公园的辅助收入几乎占总收入的50%(Sorensen, 2012)。除了收取额外费用,游客还可以享受幕后游览或提前入园等额外体验。如果入场卡、门票或手环链接到包含访客联系方式的CRM,客人还可以在旅行后收到电子邮件,提供他们在访问期间错过的纪念品。

辅助收入也可以通过使用移动设备来实现。安装在移动设备上的app可以通知访问者有关特价优惠、促销和产品信息。在前面的章节中,我们已经探讨了地理围栏(geofencing)是如何触发通知等活动的。同样的技术也可以用在景区和节事活动设置中,以触发关于优惠、特殊活动、演出时间和其他活动的信息。智能眼镜等可穿戴设备通过使用增强现实技术将实时、交互式和特定情景的数字信息覆盖真实场景,从而扩展这些应用程序。在未来,app很可能会与社交媒体和其他大数据来源(如之前的在线搜索和购买行为)对接,使得优惠和信息更为个性化。

10.3.4 拥挤及排队管理

技术在推动(pulsing)游客进入容量有限的遗产遗址、保护资源、防止拥挤方面发挥了作用。有些售票系统,比如维也纳美泉宫使用的系统,会在门票上标明入场时间。只有游客在规定的时间内扫描门票,入口处的旋转门才准许进入。在较大的景区,游客流动和拥挤可以使用一系列IT系统进行远程监控和管理。例如,佛罗里达州奥兰多的华特·迪士尼世界有一个"迪士尼运营控制中心",它监控着景区不同区域的拥挤情况。这个最先进的设施使用摄像机、计算机程序、数字公园地图和其他实时IT工具来识别拥堵情况并采取应对措施。技术人员观看平板电视,用不同的颜色描绘不同的区域表示等待时间,应对措施包括开设额外的收银机,安排演员到队列中招待客人,或者发起迷你游行,以吸引人群离开拥挤的区域。该公司还使用计算机系统通过分析酒店预订、机票预订、历史上座率数据和从卫星收集的天气信息预测游客需求(Barnes, 2010)。移动设备也可以用来吸引游客离开拥挤的地区。通过app跟踪游客可以提供商业智能,用来推送未充分开发景区的通知和特别优惠(Brown et al., 2013)。

虽然游客不可避免要考虑排队,但IT可以减少等待的不便。许多主题公园都实施了虚拟排队系统(virtual queuing systems),让游客可以利用等待时间享受其他游乐设施或景点。迪士尼的"快速通道"可能是这一类系统中最知名的。计算机化的系统使游客通过签发指定时间窗口的快速通行证来确保他们在虚拟队列中的位置，在该时间段，游客必须返回景点占据他们在队列前面的位置。游客必须扫描票证才能访问快速通行队列。在华特·迪士尼世界，游客不再使用纸质门票，取而代之的是，迪士尼乐园和度假区创建了一个"快速通行＋"系统，使游客能够使用"我的迪士尼体验"智能手机 app 进行快速通道的预订和管理（参见案例研究）。其他虚拟排队系统使用手机 app 和便携设备的案例参见行业洞察。

行业洞察：Accesso LoQueue

Accessso 是一家为旅游部门提供票务、销售点和虚拟排队系统的供应商。该公司的护照票务套餐支持在线、现场和手机购票和验票。该系统同时满足景点管理团体预订、季票、营销优惠和多种支付形式。景点配置自动提示，以鼓励收银员追加销售产品。在繁忙时期，景点会安排额外的工作人员，使用移动设备处理门票购买。该套餐包括许多后台分析和报告工具。

Accesso 还开发了 LoQueue 虚拟排队系统，该系统有三种方式可供选择：

- Qbot：一种手持排队设备，使游客能够在景区的任何地方现场预订游乐设施。该设备向客人提供有关等待时间的实时信息，并使用无线手持检查设备验证预订。
- Qband：这款防水 RFID 手环专为水上公园设计，游客可以通过扫描位于整个景区自助服务亭的触摸屏来预订游乐设施。Qband 显示屏具有娱乐设施倒计时的计时器功能，还可与储物柜访问和无现金支付系统集成。
- QSmart：一款使客人能够使用自己的智能手机设置预订和管理娱乐设施的应用程序。

虚拟排队系统减少了实际等待时间，但技术也可以减少感知的等待时间。无聊或缺乏关于排队长度的信息会让人感觉等待时间更长，而沉浸式的或愉快的活动往往会让时间"飞逝"（Pearce，1989）。在这些情况下，IT 可以向游客提供等待时间预估或增加游客的娱乐体验。这是通过将娱乐主题

设施整合到队列中,并使用运动传感器、视频显示器、计算机游戏、全息图、机器人和其他技术的组合提供娱乐活动。

10.3.5 商业智能与关系管理

前面的章节探讨了旅游组织如何战略性地使用 IT 来实现商业智能。与旅游业的其他行业一样,旅游景区和节事活动也可以从产品评论网站和博客等社交媒体提供的战略性倾听中受益。景区、节事活动和体育设施可以使用社交媒体和 app 与游客和粉丝建立可持续的长期关系(O'Shea & Alonso, 2011)。

前面讨论的智能卡准入和购买系统可以提供商业智能来优化运营效率(Bennett, 1999)。在一些目的地、景区已经合作创建了目的地卡,可以打折进入多个景点。例如,访问美国目的地的智能 Go City 卡和世界其他地区城市的 iVenture 卡(见图 10.2)。

图 10.2 iVenture 目的地卡示例(来源: iVenture)

目的地卡按特定停留时间(例如一天、三天、七天)定价。持卡人可以通过刷卡或将卡放置在入口处的接触点进入参观景区。一些景区还为持卡人提供额外的福利,如免费公共交通、快速排队、升级和特别优惠。这些卡通过各种渠道出售,包括游客信息中心、机场和旅行中介(通常会赚取佣金)。

每当游客刷卡时，就会收集数据，使景点能够获得关于游客模式和偏好的有价值的市场信息。例如，关于游客选择在同一天参观其他景点的信息可能会突出合作和打包的机会。滑雪行业用来使用滑雪缆车和购物的智能卡也提供了类似的功能，使度假区运营商能够了解游客行为、便利设施的使用和购买情况(Pechlaner & Abfalter, 2005)。

移动技术也可以采集商业智能信息。安装在移动设备上的景点应用程序可以访问位置信息来了解游客的空间行为，使景区可以监测拥堵情况以及游客在各个活动的停留时间。网络分析可以识别关键路径和活动中心(Modsching et al., 2008)。这些信息在帮助较大的景区管理游客体验方面非常有价值。

迪士尼的"MyMagic+"是景区等相关领域最复杂的商业智能和关系管理系统之一（参见案例研究）。"MyMagic+"是华特·迪士尼世界的一个规划项目，它利用"我的迪士尼体验"app、魔法手环和其他技术为游客度假提供便利。系统核心的魔法手环被连接到 CRM 数据库，该数据库使迪士尼游客体验个性化。当扫描魔法手环时，演员可以通过小监视器上显示的详细信息单独问候游客。演员还可以用平板电脑或智能手机扫描魔法手环。每个魔法手环中的 RFID 芯片都可以从 30 英尺远的地方被读取，这使迪士尼可以将照片（包括在游乐设施上拍摄的照片）连接到个人的 Photopass 账户。未来，这可能会与耳机、智能手表或智能眼镜等可穿戴移动设备相结合，这样动画表演者就可以看到或者听到邻近他们的游客名字。或者，动画表演者可以感知魔法手环，可对信息进行个性化设置。魔法手环有多种颜色和设计，迪士尼还可以让游客根据自己的名字和个性化配件定制设备。

"MyMagic+"系统也是一个有价值的商业智能工具。迪士尼可以通过在整个公园内触发、跟踪和监测游客的购买模式和行为。这些信息可以确定不同的市场细分何时、何地和多长时间使用特定的景点和便利设施。这些技术还可以识别拥堵的区域，进而采取策略解决这一问题(Brown et al., 2013)。

10.3.6 安全保障

游客安全和景区安保在景区和节事活动中至关重要。我们已经了解了迪士尼公园和度假区如何使用各种系统跟踪调查华特·迪士尼世界的游客。以下进一步提供了 IT 应用的示例，以确保员工、游客及其财物的安全：

- 闭路电视系统(CCTV systems)：通过摄像头、警报器和传感器系统对景区和节事活动区域进行监控，以发现可疑行为。安全人员实时监控危险区域的摄像头，如出入口、收银机、停车场和更衣室。
- 安全入口(secure entry)：景区和节事活动通常有后台区域，仅限授权人员进入。对这些区域的访问使用电子门锁系统进行管理，电子门锁系统使用 PIN 码、智能卡或生物识别系统验证个人身份。
- 电子储物柜(electronic lockers)：较大的景区提供储物柜，客人可以在白天存放随身物品。这些储物柜通常是辅助收入的来源，访问中央触摸屏服务点的使用情况进行管理。客人可以通过输入 PIN 码、扫描 RFID 智能卡或手环打开储物柜。
- 安全系统(safety systems)：在主题公园和游乐园所要求的安全措施上，大量使用了技术。计算机测量并确定游乐设施的重量、速度和强度。射频技术用于华特迪斯尼世界度假区的游乐设施和花车游行控制系统。在动物园和水族馆，传感器监测野生动物，进而降低围栏和水箱被破坏的风险。

本章小结

景区和娱乐行业正在迅速变化，为游客提供前所未有的愉悦、刺激、教育和多样化的体验。虽然技术并没有引领潮流，但为娱乐和教育体验的发展提供了更多选择。虚拟和增强现实技术可能会增加并且更加完善，这样游客就可以随时随地、随心所欲地体验变化。运营商正在使用 IT 来高效跟踪其运营并控制对其设施的访问。他们还可以利用 IT 进行活动营销并使游客体验个性化。华特·迪士尼公司和环球影城等较大的主题公园运营商可能会在 IT 使用领域处于领先地位，而使用游客自己的移动设备的创新解决方案也在实施中，这为负担不起昂贵 IT 系统的较小景点创造了机会。

关键术语

辅助购买 ancillary purchase，安卓系统 android，动漫 animatronics，语音导航 audio guide，增强现实 augmented reality，气候控制系统 climate control system，共同创造 co-creation，文化景点 cultural attractions，教育娱乐 edutainment，电子票务系统 electronic ticketing system，体验经济

experience economy，游戏化 gamification，地理围栏 geofencing，地理标记 geotagged，全息甲板 holodeck，全息投影 holographic projection，解说 interpretation，机电一体化 mechatronics，自然景点 natural attractions，定位 orientation，播客 podcast，脉冲 pulsing，二维码 quick response（QR）code，模拟器 simulator，虚拟导游 virtual guide，虚拟排队系统 virtual queuing system，虚拟现实 virtual reality，游客信息中心 visitor information centers（VIC）。

问题讨论

1. 你在旅行时使用哪些技术？如何将技术应用于共同创造游客体验？

2. 一些评论家预测，虚拟现实最终将抵消出行的需要。你认为这个预测正确吗？说说你的理由。

3. 想想你旅行中去过的地方，你有没有在解说体验中体验过技术应用的例子？这些技术对支持你的学习是有效的，还是只是一个噱头？

4. 在本章中，我们探讨了使用 IT 在解说中的挑战和机遇。在创造体验时使用技术有哪些操作上的优势和劣势？

5. 在景区使用技术是否会减少或增加高接触体验的机会？说说你的理由，并与其他同学比较你的观点。

利用 IT 在迪士尼创造魔力

著名的科幻小说家阿瑟·C.克拉克曾经说过，任何足够先进的技术都与魔术没有什么区别。这似乎是华特·迪士尼公司所认同的看法。华特·迪士尼公司是一家领先的国际家庭娱乐和传媒集团。公司经营业务范围广泛，分为五个投资组合：媒体网络、公园和度假村、影视娱乐、消费产品和互动媒体。这种多元化的投资组合使其能够将许多媒体和娱乐技术应用于公园和度假区。迪士尼乐园可能是这些主题公园中最有名的。在1955年开设迪士尼乐园时，创始人华特·迪士尼（Walt Disney）围绕讲故事和沉浸式体验创造了一个独特的目的地。今天，华特·迪士尼公园和度假区是世界领先的家庭旅游和休闲体验地之一。

华特·迪士尼公园和度假区拥有六个目的地，在北美、欧洲和亚洲拥有 12 个主题公园和 52 个度假村。公司还运营着迪士尼邮轮线路、迪士尼度假俱乐部、迪士尼探险和夏威夷的奥拉尼度假村。华特·迪士尼是采用新技术创造娱乐体验的早期先驱。对未来的迷恋促使其使用动画、真人电影、自然纪录片、特别展品、主题公园游乐设施和城市规划。迪士尼的"想象者"在游乐设施和景点以及游客管理方面采用了新技术，进而延续了这一传统。

IT 最具创新性的应用之一是使用 app 将游客引导到特定的游乐设施、景点和人物。迪士尼还开发了一种名为"MyMagic＋"的最先进的系统，为游客提供新层次的旅行计划和互动。该系统将"我的迪士尼体验"网站、app 与 RFID 魔法手环结合在一起。魔法手环使主题公园游客可以使用单个装置作为门票进入园区，同时可以购买其他商品，也不再需要 PhotoPass 和 FastPass 门票。当游客抵达迪士尼度假区时，魔法手环可以用来登记入住房间。这个装置还可用作客房钥匙。进入迪士尼主题公园之前，游客需要先用魔法手环触碰自助服务亭，然后将食指放在生物识别扫描仪进行扫描。拥有魔法手环还可以玩迪士尼公园的各种互动体验。例如，有魔法手环可以玩"海盗历险记"和"魔法王国的魔法师"。

这项服务通过使用 CRM 数据库得以实现，系统要求客人通过"我的迪士尼体验"网站或 app 注册详细信息，随后将度假区预订和门票信息与他们的魔法手环进行连接。游客也可以使用网站或 app 提前预订晚餐及"FastPass＋"选择。"我的迪士尼体验"app 可以计划游览日程安排。游客可以使用 app 点餐，不需要再排长队点餐。游客也可以在华特·迪士尼世界主题公园内的自助服务亭调整设置和偏好。为了确保游客隐私，魔法手环包含一个随机分配的代码，该代码安全地连接到加密的 CRM 数据库。

迪士尼已经开发了许多用于其他主题公园和景区的技术。但迪士尼也对其许多幕后 IT 系统保密，使有些事情看起来像魔术般发生。这种方法是巧妙运用技术创造神奇体验的典范。

研究问题

1. 访问奥兰多华特·迪士尼世界的网站，浏览各种游乐设施和景点。列出这些体验中使用的不同技术并将其分类。与其他学生分享你的分类。

2. 像魔法手环这样的技术有什么好处？你认为这项技术会给管理者和

游客带来挑战吗？

3. 你对使用魔法手环等技术是否有关于隐私方面的顾虑？进行在线搜索，了解迪士尼公园和度假区是如何应对游客的这些担忧的。

4. 资源较少的小景区如何采用华特·迪士尼世界使用的一些技术？

第 11 章　目的地管理与智慧目的地

学习目标

- 了解 DMS 的概念及其特征；
- 掌握利用 DMS 改善旅游目的地管理的方法；
- 明确智慧目的地的概念及 IT 是如何支持智慧目的地管理的。

引言

随着旅游目的地之间的竞争愈演愈烈，目的地吸引游客变得越来越困难，每个景点都在吸引游客上竭尽全力。若想获得有利的竞争优势需要发展目的地品牌形象和对目的地进行有效分类，从而影响旅行者对目的地的选择。促进和管理旅游目的地所用的努力是不同于促进和管理私人企业的，它需要与不同的利益相关者和旅游资源的公共管理部门联系。这个任务是目的地管理组织（destination management organization，DMO）的责任，有时也被称为区域旅游组织（regional tourism organization，RTO），它通常受到政府或政府联合私营部门的共同资助。DMO 通常也监管着遍布全国或该国主要旅游市场的游客信息中心（visitor information centers，VIC）网络。对于 DMO 而言，IT 是至关重要的，它决定了 DMO 是否可以成功地成为一个目的地战略制定和市场信息传送的中心机构。

在 DMO 的众多任务中，最重要的任务包括：

- 向潜在旅行者和旅行中介提供信息；
- 促销和开展市场活动；
- 收集与分析旅游数据(Pearce，1992)。

现在，IT已与我们的日常生活包括旅行紧密联系在一起。当今的技术有潜力去帮助我们了解游客并为他们提供多种形式的服务。在此背景下，目的地管理不可能与IT分割开来。本章将首先回顾数字旅游生态系统(来自第2章)，继续解释目的地管理系统(destination management systems，DMS)的发展、功能、信息内容以及组织结构。其次，本章将讨论目的地在线上搜索市场中是如何利用网站、社交媒体和自身进行定位的。特别是，本章将介绍并解释智慧目的地(smart destination)的概念以及我们如何使用IT去改变目的地管理；如何用IT系统获取市场情报、统计数据和追踪访问者。本章将以管理的核心问题结尾，比如危机和风险管理、利益相关者管理以及学习型目的地的建设。

11.1　目的地和数字旅游生态系统

如第2章所述，数字旅游生态系统的组成过程是来自生命实体(例如旅行者、供应商、中介机构、政府和社区)和非生命技术环境(包括设备、连接、内容和接触点)的互相作用。DMO有责任确保目的地拥有强大而健康的数字生态系统，并在该生态系统中起到催化剂的作用。这需要DMO与其他政府、组织机构相互协调以确保生态系统中的代理人和开放系统标准的互通性，以便信息可以在目的地内轻松流动。与电信供应商、基于位置的服务提供商、无线和移动企业及标准机构合作，是DMO确保数字生态系统运作良好的重要举措。更重要的是，数字生态系统可以支持旅行者的需求。它可以为旅行者提供必要的多媒体信息，鼓励他们参观，支持旅行者与中介机构的交易，利用技术来增强体验并提供访客可以访问的平台，以便与他人分享自己的经历。以上大部分可以使用DMS来完成，我们将在下一节讨论细节。

11.2　目的地管理系统

早在20世纪80年代，DMS已在目的地开始启用，它扩充了传统的宣传册和游客信息中心等信息提供方法,建立了数据库。从历史上看,DMS填补了GDS在目的地电子分销信息中留下的空白。GDS倾向于大型连锁企业的高价产品,许多较小的独立旅游产品的供应商由于高昂的连接和交互操作成本而未被列在GDS中。旅行社若希望预订一个带有室外活动的假日青年旅馆或小旅馆,GDS很难做到。DMS则包括了所有类型的旅游产品。它还包括博物馆、公园和海滩等公共设施,对这些公共产品几乎不收取任何宣传费用。研究表明,使用DMS可以显著提高目的地的竞争力,尤其是为目的地中小型企业(small and medium-sized enterprises,SME)提供了更多的市场准入规则(Buhalis,1993;Sheldon,1993;Yuan et al.,2006)。

同时,互联网对目的地信息传播产生了巨大的影响(D'Ambra & Mistilis,2004;Douglas & Mills,2004)。目的地信息可以在OTA的网站和在线旅行杂志、指南以及在线旅行博客(Choi et al.,2007)上找到。例如,在中国台湾地区,有超过100个区域的DMO网站提供当地的旅游信息(Davidson & Yu,2004)。研究表明,DMO网站与其他作为目的地信息来源的网站进行对比,浏览了DMO网站的游客对旅游目的地有更高的实际造访比例,同时也表现出更高的重游意愿(So & Morrison,2003)。自21世纪中期以来,DMS已经演变成高度复杂的、基于Web的、支持多种在线渠道的具有更广泛功能和交流的工具。

关于DMS的定义有很多种,其中之一是:全面的目的地电子数据库,可以让旅行顾问和/或旅行者无论是在目的地还是在客源地都可以方便地访问目的地设施和客户信息。它包含市场供应商的情报信息、目的地影像资料,以及访问第三方系统获取的交通时间表与天气信息等。

另一个定义揭示了DMS的互联网本质(Estevao et al.,2011):

DMS可以定义为基于网站的动态平台,集成了广泛的有关目的地的旅游产品信息。它还提供了目的地不同类型电子商务的交易渠道(例如B2B、C2B和G2B)。另外,它允许不同利益相关者(例如供应商、访客等)之间互动,进行数据收集和信息可视化。

在对美国DMS的研究中,扎克等人(Zach et al.,2007)总结了各种电子商务网站的特点,并确定了DMO网络营销的三个功能:

- 网页内容(web content):用来展示目的地吸引物、设施和服务清单,并实现搜索功能;
- 网络推广(web promotion):吸引来自其他渠道的访客,进行搜索引擎优化和在其他网站投放广告；

- Web 电子商务（web e-commerce）：实现针对访客行为结果的关联交易。

他们的研究还表明，DMS 多数倾向于提供旅游信息和开展市场营销，而较少关注建立具有访客互动功能的网站。他们建议 DMO 用一个持续的过程去发展它（Zach et al.，2007）。对于美国旅行者来讲，DMS 尤为重要，因为他们倾向于在旅行计划之初使用搜索引擎，然后在后续旅程中访问 DMO 网站。

DMO 在策略性地设计 DMS 时，必须考虑许多问题，最重要的包括 DMS 的平台结构、信息类型、技术种类、与其他系统的接口及其组合结构。这些内容通常受以下因素的影响，例如：目的地地理位置，游客出游方式（个人或组团），游客交通方式（航空、公共交通或私家车），DMO 政治环境，平台经费来源，以及在该国或该地区已经存在的预订系统与旅行信息现状等。下一节将描述在设计 DMS 时，需要考虑的主要维度。

11.2.1 目的地管理系统的维度

在设计 DMS 时，有五个操作维度需要考虑，即信息维度、沟通维度、交易维度、关系维度和技术维度（Li & Wang，2010）。

DMS 的成功高度依赖于信息维度（information dimension），它包括是否可以提供详细、准确、全面和及时的信息。这极具挑战性，因为价格、日程安排、时间表、活动计划和营业时间等会随着天、周、月和季节的变化而变化。另外，许多旅游产品需要详细的说明并在多媒体上呈现。因此，信息维度的设计必须考虑时间敏感性和产品复杂性。信息的及时搜集可以委托当地旅游局，因为他们更了解并可以频繁地与其他供应商沟通。产品信息通过 DMO 定期发送的调查问卷从供应商处获取，并更频繁地通过电话或在线进行更新。

DMS 的信息质量控制是非常重要的。如果数据是虚假的或有误导性的，整个 DMS 可能会失去信誉。对系统进行评估或分类可以确保产品的信息质量。某些目的地、商业会所、旅馆协会或汽车俱乐部的分类系统，也会出现在 DMS 中。DMO 可能会审查输入 DMS 信息的准确性，或者必须确认每个供应商的信息。DMS 中的信息维度见表 11.1 的第一列。

表 11.1 DMS 的维度(改编自 Li & Wang, 2010)

信息维度	沟通维度	交易维度	关系维度	技术维度
景点和活动	搜索功能	在线预订	隐私政策	链接性能
地理信息	互动工具	安全交易	优惠力度	加载时间
目的地	在线论坛	景点门票	个性定制	搜索识别
主题产品	评论框	节庆门票	交叉销售	视觉外观
交通信息	在线调查	购物车	激励计划	导航
活动日历	常见问题解答		忠诚计划	网页设计
餐饮	邮件通讯		Web 密封认证	网站地图
导游				
旅行社				
住宿				
包价游				
娱乐				
天气信息				
购物贴士				
度假产品				
本地链接				

沟通维度(communication dimension)是指客户和 DMO 的交互式连接,见表 11.1 的第二列。由于搜索引擎和网络门户是游客获取旅游信息的入口,对于 DMO 的首要工作是去开发适合自己网站的搜索引擎策略,使自己可以出现在多个门户网站中,并在搜索引擎结果中脱颖而出。通讯等其他功能可以通过在线论坛、在线调查、常见问题解答、服务场所意见搜集进行,或者还可以用一封电子邮件进行沟通。

交易维度(transaction dimension)在表 11.1 的第三列中。不是所有 DMS 都考虑了网站的交易功能。与其他旅游公司计算机连接,并能在 DMS 网站上预订类型多样的供应商,这需要 DMS 具备安全交易性能。典型的 DMS 与国家的天气系统、交通系统、景点、租车和酒店数据库相连接。DMS 还可以把目的地的中小企业都连接在一起,让它们在线竞争(Braun, 2004)。当所有供应商与 DMS 连接在一起,被称为目的地综合预约管理系统(destinationintegrated computerized reservation management system, DICRMS)(Buhalis, 2003),它的优势在于支持完全电子化的目的地信息集成。目前,很少有目的地能拥有这种完美的电子世界,但很多已开始接近。

关系维度(relationship dimension)是指与客户的关系创建,这些要素在表 11.1 的第四列中。为旅客完成定制和个性化信息传输,并确保客户隐私是建立良好关系维度的必要条件。忠诚计划、激励计划、特别优惠或折扣等举措可以进一步发展客户关系。DMS 的用户友好性和它激发、唤醒旅行者对景点和目的地良好印象的性能是非常重要的(Kim & Fesenmaier,2008)。网站通过使用图像来为依靠图像以及文本进行目的地筛选的消费者提供信服力(Lee & Gretzel,2012)。

技术维度(technical merit dimension)会影响网站系统的工作效率。它的特点被列在表 11.1 的第五列。网站加载速度、界面吸引力、链接到其他景点和吸引物的有效性、客户浏览 DMO 网站的便捷性等都是网站设计时考虑的重要技术指标。

总之,在 DMO 网站上,交易和关系维度的构建不是很常见的,但通过发展这些维度,优秀的旅游目的地总能比其他旅游地更易赢得竞争优势(Li & Wang,2010;2011)。在一些国家,交易维度被故意忽略,是因为有一种观点认为,政府组织不应在预订旅行体验方面与私营企业竞争。另一些国家则不同意这种观点,它们认为提供交易功能是一项基本公共服务。

一篇关于 DMS 网站质量的基础研究认为网站设计中应包含 9 个最重要的特性:(1)网站信息质量;(2)易用性;(3)响应性;(4)安全和隐私性;(5)视觉审美性;(6)信任度;(7)交互性;(8)个性化和(9)反馈度(Park & Gretzel,2007)。

正如我们所看到的,DMS 是为目的地所有利益相关者提供的电子平台。图 11.1 显示了 DMS 的服务宽度。它通过网络浏览器界面告知游客、旅游业和 DMO 本身。

DMS 的三个主要优点包括:
- 促进目的地利益相关者的协调以及供应商的整合;
- 减少中介环节和增加收入;
- 提升目的地在市场上的显示度(Estevao et al.,2011)。

此外,旅游产品、客源市场和分销渠道可以更容易地通过 DMS 实现多元化。DMS 提供的线上信息还可以减少部分目的地对旅游经营者的依赖。通过将所有利益相关者召集在一起,DMS 存储了大量游客出行前和到达后的行为信息,从而可以帮助企业获得行业的市场数据以及成为 DMO 管理的重要信息来源。只有这样,DMS 才可以提高 DMO 的管理效率,提高地方旅游业竞争力和潜在游客的满意度。

为 DMS 选择统一资源定位符(URL)时,首选目的地所在国家或地区的

图 11.1 DMS 的连接

域名(后缀.com、.org 或.gov)。这样可以提供更好的搜索选择,也便于访客记忆。不幸的是,在某些情况下,私营企业已经注册了这些域名,除非目的地愿意以高价购买,否则将无法获得这些域名。例如:域名 www.greece.com 和 www.austria.com 由私人旅行社拥有并用来推广自己的产品和服务。在对 197 个国家和地区的研究项目中发现,只有 58 个国家的域名为 www.country name.com(Gertner et al., 2006)。另一种常见格式是 www.visit country name.com。

11.2.2 目的地管理系统组织

DMS 可以在国家、地区或城市等不同层面创建。如果 DMS 创设和资金来自中央,或者如果国家很小,又或者 DMO 与地方或州旅游组织办公室有紧密联系,那么中央 DMS 系统是可行的。否则,区域或本地 DMS 会更常见。澳大利亚旅游数据库(ATDW)是中央集中式 DMS 的例子。中央集中式(centralized national)目的地管理系统有很多优点。第一,全国各地的旅游设施信息可以在一个站点上访问。这对那些有独立旅游发展经验和多旅游目的地的国家来说尤其重要,游客可以在当前目的地中轻松获得下一个目的地的信息。第二,它允许所有游客信息中心和国外市场办公室访问中央 DMS 数据库。第三,它促进了与其他旅游业系统的交互,如 GDS 或其他 CRS 系统。中央集中式 DMS 的缺点也很明显,如数据通信花费巨大、系统配置成本很高、更容易出现技术问题、难以更新全国旅游信息数据库。一些较大的供应商必须是在线企业,并同时可以实现信息的自我更新,否则很难保证整体数据库的及时有效性。一个中央集中式 DMS 也可以包含旅游市场资源数据、经济数据、分销渠道信息和其他旅游发展趋势的信息。

中央集中式 DMS 的另一种选择是系统只覆盖州、市或局域目的地。这是大型国家的首选模式,如在美国,国家层面的数据集中收集几乎是不可能的。DMS 创设、开发系统以及系统的融资来自地方,地方旅游局有更大的自主运营权,区域型 DMS 的设计更可能实现。尤其是当区域旅游资源有鲜明特色时(城市、国家、海洋、山脉),每个区域可能需要设计不同的数据库。当地工作人员有更多的机会接触和了解当地产业,所以更新区域数据库也变得更容易。

无论 DMS 是国家型还是地方型,当办公室关闭或工作人员忙碌时,位于游客信息中心外部或其他公共场所的触摸屏是非常有用的。随着移动端访问 DMS 的数量快速增长,PC 终端变得不那么必要了。研究者(D'Ambra & Mistilis, 2004)对游客从游客信息中心到网络访问 DMS 的行为变化进行了研究。他们发现访客更倾向于使用游客信息中心去进行目标导向和经验信息的获取,而不是去获取住宿和后勤信息(D'Ambra & Mistilis, 2010)。

11.2.3 目的地管理系统的管理

随着消费市场的变化和目的地竞争的加剧,DMO 的管理者将 IT 视为战略管理工具。当 DMS 融入 DMO 的组织结构时,它可以支持目的地的品牌形象和战略规划。这需要高水准的管理、高水平的技术和部分 DMO 员工的智力支持。DMO 很难跟上新技术,员工很难确保接受最新技术的训练和实施一些创新营销策略(Gretzel et al. & Fuchs et al., 2000)。DMO 面临的另一个真正挑战是所有主体之间的协同性和信息一致性,包括线上线下协同策略。相比于私人部门主导的产品策略,如果产品涉及文化特性、遗产以及其他公共产品,DMO 主导更为适宜(Govers & Go, 2004)。DMO 面临的其他重大挑战是需要了解互联网技术,不仅仅是用它取代旧的营销方式,更是用于满足客户的独特需求(Gretzel et al., 2006)。

目的地管理者需要确保在实施 DMS 之前融入文化、组织和技术因素。这包括在目的地营造社会氛围，建立公司合作标准、技术设施及企业协作方式（Ndou & Petti, 2007）。加入这些元素，DMS 实施会更有效果。

对采购、执行、人员配备和 IT 应用维护制定长期战略规划是非常必要的。系统采买、维护、未来升级以及大量的系统操作和设计人才招聘、培训，这些都需要一个相对准确的预算。DMO 可能选择外包 IT 应用，尤其是关于 DMS 的设计与编程，在 DMO 内部没有专业人员的情况下。委托咨询公司进行数据收集和分析是很常见的做法。电子商务应用在资源规划和物流方面能提高决策效率（Fuchs et al., 2010）。即使外包业务发生，DMO 内部也需要很多具备实践技能和资格，对 Web 2.0 技术使用熟练的 IT 人员。但这也常常是 DMO 管理中的一个问题，因为缺乏培训资金，缺乏学习新技术的时间和缺乏聘用 IT 专业人员的想法。

DMS 的财务层面需要考虑包括开发、建设、运营等成本和通过系统产生的任何收入。系统开发资金通常来自 DMO 的预算。在一些案例中，资金也可能来自私人企业，前提是他们可以从系统中感知到预期收益。一旦 DMS 设立并建设，运营成本就会发生，它包括维护和更新系统的费用。系统更新需要投入大量的劳动力，它对 DMS 的质量是至关重要的。通常，系统直接的收入来源并不是来自 DMS 本身。大多数 DMS 列示供应商时不发生成本，财政预算会支持为供应商和所在目的地提供相应服务，直到有了接踵而至的游客。某些情况下，DMS 会对供应商收取象征性年费。愿意支付费用的供应商通常是财务基础好的公司而不是中小企业主。如果不需要支付年费或者支付很少，所有供应商都将有机会列入网站名单，包括公园、博物馆等公共设施和交通、天气等公共信息。如果 DMS 包含预订功能，那么会通过供应商向收到的每一个预订收取部分佣金，以冲抵运营成本。交易成本常常发生在预订过程中，这些成本亦需补偿。

11.3 从目的地管理系统到智慧旅游目的地

IT（比如 DMS）在支持目的地管理机构与旅游市场保持联系，并确保目的地管理效率和秩序方面非常有用。但随着传感器的发展，大数据、开放数据的进入，新的连接和信息交换方式，如互联网射频识别和近场通信，以及不断增长的机器学习和人工智能技术的出现，目的地管理者对 IT 的关注目标开始转向"智慧目的地"。"智能"的概念指的是开发可操作的、接近实时真实数据集成的共享数据，使用复杂分析、建模、优化和可视化做出更好的操作决策的能力（Harison et al.，2010）。近年来，世界各地都在倡议用创新科技去打造智慧城市，建设支持智能配置和操作的基础设施，最终实现资源最优化、治理有效公平、可持续性和有质量的生活。例如，巴塞罗那，它是一直走在世界前列的科技创新城市，拥有长达 500 千米的网络光纤，通过街灯和传感器发送的免费 WiFi，能监测空气质量、停车位甚至垃圾桶，这多亏了物联网。因此，一个智能的目的地可以被视为智慧城市的一个特例，其中游客体验、目的地竞争力和游客与当地人的福祉可以通过技术实现（Wang，2013）。

学者（Lopez de Avila，2015）定义了智慧目的地，它是"创新的旅游目的地，建立在最先进的基础设施上，用技术保障旅游地区可持续发展，可以有助于每个人尤其是访客融入环境，可以提升目的地的体验质量，以及提高居民的生活质量"。智慧目的地的关键在于如何将 IT 集成转化为物理基础设施（Gretzel et al.，2015）。例如，巴塞罗那提供旅客互动公交候车亭，在那里可以获得旅游信息和巴士时刻表，还提供 USB 接口以方便游客手机充电。此外，旅客和居民可以通过智能手机应用程序享用城市公共自行车。这些增强游客便利的交通系统在全球范围内的许多城市被广泛采用。还有一些城市在火车、渡船等交通工具上提供免费 WiFi，在支持旅游景区综合服务，特别是基于位置的信息服务方面投入了大量资金。很多城市，比如布里斯班、阿姆斯特丹使用信令与访客沟通，并在游览环境中嵌入传感器以便实施更好的访客流量管理。越来越多的智能支付系统，包括中国的超级应用程序——微信，已在人们的社会生活和旅游过程中大量地使用，它的方便、快捷、安全、无缝交易等特点备受关注。这样的例子还有很多，智慧目的地需要更大、更协调的努力和战略投资去丰富物质基础设施，以促进创新，提升生活质量，发展可持续性（Gretzel et al.，2015）。一般来说，智慧目的地可以视为组成智慧旅游（smart tourism）整体思想的三大组件之一。如图 11.2 所示，除了智慧目的地以外，智能的体验重点关注技术中介下的旅游体验、个性化增强体验、环境敏感和实时监控（Buhalis & Amaranggana，2015）。智慧商业是指复杂的商业生态系统，它会创造并支持旅游资源与共同创造的旅游体验之间的交换。

显然，智慧旅游架构主要依靠对数据的收集、交换和处理。更重要的

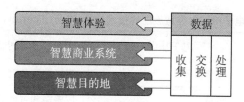

图 11.2 智慧旅游的组成部分

是,它需要我们对 IT 是如何在目的地管理中起作用有一个全新的认识。学者们(Gretzel et al., 2015)认为目的地管理的技术条件已经发生了变化:传统上,我们的重点是电子旅游,利用 IT 作为一个工具,通过丰富的、互动的和有说服力的互联网向旅行者提供旅游相关讯息。在智慧旅游框架中(见图 11.2),技术被视为使物理世界和数字世界联系起来为旅客提供行前、行后,特别是行中服务和解决方案的新的驱动因素和先决条件。从价值创造的立场,电子旅游的焦点是为了区分不同的价值结构和利益流程,如 B2C 和 C2C。智慧旅游的框架则需要技术去创造和开放不同平台,借此平台,旅游业利益相关者可以实现协作,旅游业不同部门之间可以实现良好沟通(见表 11.2)。同样,向征(Xiang, 2018)认为现代技术连接着旅游和旅游体验的方方面面,因而,技术可以帮助我们跟踪、分析和解释许多新的、不同的旅游行为方式,并形成所谓的旅游大数据。总之,通过制定新措施和建立新的旅游信息系统,技术使我们看清大局并给目的地管理赋予新的意义。

伴随着科技的日新月异,智慧目的地仍然是一个不断发展的概念。特别是,有增无减的数据生产、机器学习和人工智能等技术能力的增加,使我们更好地理解现代旅行者的需求和期望,更好地理解他们是如何通过移动与社会空间相互作用,是什么让他们快乐、幸福以及实现个人价值的。以及如何打开并解析大数据,使它符合智能实践的客观需要,这些将占据我们关于目的地服务和管理对话中的绝大部分内容。然而,开发智慧目的地战略也面临许多挑战。从历史上说,旅游业不是一个吸引技术人才的行业,尽管它高度依赖 IT。而且,必须认识到数据技术不应该被视为万灵药。由于旅游行业的碎片化,更多的数据不会自动带来更好的结果。目的地急需建立一个不同来源数据相容的平台,营造一个数据协同作用的智能技术环境。这通常需要自下而上的方法开放数据,以迎合旅客的需要和实现智慧目的地的政策目标(参考案例研究"智慧目的地维也纳")。

表 11.2 从电子旅游向智慧旅游的技术转变(来源:Gretzel et al.,2015)

	电子旅游	智慧旅游
范围	数字世界	连接数字和物理世界
核心科技	网站	传感器和智能手机
旅游阶段	旅行前/后	旅途中
命脉	信息	大数据
范式	互动性	共同创造
结构	价值链/中介	生态系统
交换	B2B、B2C、C2C	公共部门-私营部门-消费者合作

11.4 目的地研究

研究是目的地管理组织的一个重要功能。它涉及收集和分析统计数据,例如游客人次、团队规模、停留时长、交通方式、日均花费和游客人次统计等。旅游的社会影响数据通常是定性的,其中包括居民态度和游客满意度调查。人们也越来越多地寻求有关旅游业对环境影响的数据,包括水的纯度、噪声水平和二氧化碳排放。下面几节讨论如何将技术应用于劳动密集型的其他功能。

11.4.1 旅游统计数据收集与分析

旅游统计数据的收集通常是通过调查来完成的。在进入目的地的入境点,如机场和海港或在边境管制站,可以进行调查。调查会要求游客填写调查问卷,更常见的是,调查人员对游客进行询问并记录回答。目前,现场数据收集是通过 ipad 等手持电子平板电脑完成的,不过仍有一些会采用纸质方式收集。位于机场、游客信息中心或其他地点的独立信息亭也用于展开问卷调查。这里重要的是,要选择游客有时间作出反应的地方设置调研亭。例如,在会议上,问答可以在几天内展开,而样本是"受控制的听众"。调研亭不适合开展长时间的调查,也不适合对调查样本进行严格控制。

当调查涉及多个领域的研究人员时,快速整合结果是至关重要的。特殊在线软件可以帮助实现此功能。软件也可以程序性地自动跳过受访者不需要回答的问题。此外,该软件还可以执行数据验证检查,使数据输入错误最小化。例如,迪士尼乐园的入口和出口都使用了这样的技术来分析游客流量。

电子邮件调查或使用像 Survey Monkey 此类软件进行的基于网络的调查,适合在游客回家后或离开景区之前进行,这样的网络调查方式会更容易控制样本。在进行评估游客对目的地满意度的调查和决定游客未来计划的调查时,很适合采用电子问卷的方式,其往往比传统的调查方法更便宜。目的地管理者也会采用网络调查方法收集居民对地方旅游业的意见,以确保旅游业的可持续发展等(Bond et al.,1996)。

一旦数据被收集,就必须将其整理为有意义的统计数据报告。统计软件程序如社会科学统计软件包(SPSS)或统计分析系统(SAS)是两个全面和常用的软件包。它们生成表格、频率和直方图,并进行假设检验,以便研究人员能够更彻底地调查反馈问题。多变量分析,如感知图谱和因子分析可以对数据进行更深层次的解释。客流量趋势分析和预测也可以实现。当分析完成时,桌面排版软件帮助 DMO 生成报告,并将它们放到网上供公众查看。一些目的地使用密码保护报告,并向一些公众收取报告费用,从而获得新的收入来源。

DMO 需要了解客源地区的旅游趋势、经济动态、游客行为模式、消费习惯、媒介来源、旅行中介类型、分销渠道等信息,以便进行战略决策。DMO 可以收集这些信息并将其包含在 DMS 中。供应商可以利用这些信息实施营销和促销策略。作为数据分析软件高级应用的一个例子,澳大利亚旅游局与维也纳经济和商业大学合作,创建了一个名为旅游管理信息系统(TourMIS)的决策支持系统。该系统将统计分析和其他决策工具与欧洲市场数据结合起来。该系统有一个用户界面,以便 DMO 管理人员可以启动数据分析工作(Wober,1994)。在下面的行业洞察中可以看到关于 TourMIS 的解释。

行业洞察:TourMIS

为多个目的地之间共享信息提供平台,从而提高它们的联合竞争力,欧洲城市旅游(European Cities Tourism,ECT)是旅游目的地共享旅游信息,实现互惠互利的优秀案例。该组织成立于 1991 年,其总体目标是加强欧洲城市旅游。ECT 的目的是为联合营销活动创造机会，并在欧盟代表城市旅游业的利益，方式是通过与其他成员共享信息和知识。它还致力于通过统一定义和编译方法来提高欧洲城市之间统计数据的兼容性和整合性，并支持有兴趣的 ECT 成员调整自己的数据系统。

驱动 ECT 平台的知识库称为 TourMIS，由维也纳莫杜尔大学校长卡尔·伍伯(Karl Wöber)教授设计。TourMIS 是一个全面和准确记录欧洲旅游统计数据包括过夜停留、游客人次和住宿能力的平台。TourMIS 的数据收集是非常独特的，因为它依靠超过 150 个欧洲旅游办事处的 DMO 管理者在线完成。因此，数据的质量完全取决于 DMO 管理者的参与。它是旅游业中最常用的营销决策支持系统，同时也促进了旅游业统计数据的协调。它为旅游协会交流数据、信息和知识提供了一个独特的平台(Wober, 2003)。

进入 TourMIS 是免费的，它保证了许多城市对数据的广泛使用和基于数据趋势的深入讨论。因此，TourMIS 能够满足用户和 DMO 管理者的双重需求。重视信息的可靠性及其有效性分析，可以有效地规划、监测和管理旅游业。在 2012 年，TourMIS 还获得了联合国世界旅游组织颁发的旅游创新技术奖。

（资料来源：区域旅游目的地知识共享，TourMIS-http://www.tourmis.info/；European Cities Marketing-http://www.europeancitiesmarketing.com/）。

目的地研究游客行为的另一个应用是基于全球定位系统（global positioning systems，GPS）的空间追踪技术。它提供了一个了解游客在整个目的地空间移动的手段，并有助于基础设施和交通系统的设计。下面的研究见解给出了目的地如何使用这项技术的例子。

研究见解：空间访客跟踪

世界各地大量的研究都使用 GPS 系统来调查城市中游客的社会空间运动。这样的城市有：澳大利亚的悉尼和墨尔本、中国香港、英国诺里奇、法国鲁昂、德国科布伦茨(van der Speck, 2008; McKercher et al., 2012; Edwards & Griffin, 2013)。"GPS 追踪提供了一种确定游客如何在城市中移动的精确方法,如游客选择的旅游线路、游客消费地点、使用的交通方式等"(Edwards & Griffin, 2013, p. 581)。在城市比在乡村更容易获取游客的行为数据,在乡村,游客通常停留在一个较小的半径内,并且与当地居民没有明显不同。

在澳大利亚的一项研究中,研究人员选取了一组愿意参加研究的游客。研究人员首先确定可以招募游客的地方,如酒店大堂、景点、交通站等。他们与游客面对面描述这项研究,提供奖励(购物优惠券),并给游客配备 GPS 跟踪设备。然后,研究人员建议他们像往常一样生活,忘掉手机。这项研究使用了两种不同的 GPS 追踪设备(Garmin Forerunner 305 & Holux Loggers),分别记录游客的游览时间、速度、距离、位置、高度和方向。追踪软件(sport tracks)记录并分析运动数据,然后它被迁移到谷歌地球上,以保证路径和速度的准确。研究人员在当天结束时与游客见面,取回 GPS,下载数据,并与游客确认数据结果。

数据结果显示了他们选用的不同的交通线路、地标和持续时间以及游客一天中的其他细节。这项研究的结果表明,游客游览区域较为集中,但有些区域游客较少到访。它还确定了游客每天步行约 10—35 千米时参观的主要地标景点。在中国香港的一项类似研究中,研究人员发现,首次到访的游客与回头客有不同的运动模式。重游的游客不会在城市里到处闲逛,而是更关注餐饮和购物场所。

该技术对目的地交通设施和其他基础设施的布局有一定现实意义,如路标、地标、游客信息中心的设置和城市周围旅游线路的发展。它还可以通过识别游客参观景点的次数是否比营销活动之前多,来衡量针对特定城市景点的特定营销活动的效果。这种技术可以更好地理解游客的社会空间行为,并可以成为城市旅游规划的一个关键组成部分。

Edwards, D. and Griffin, T. (2013) Understanding tourists' spatial behaviour: GPS tracking as an aid to sustainable destination management. Journal of Sustainable Tourism 21(4), 580 - 595.

11.4.2 基于大数据的旅游分析

分析通常被理解为对数据中意义模式的发现和交流。传统的统计工具得到了广泛的应用,分析常常采取统计、计算机编程和数据可视化结合的形式,以生成和传达对业务问题有用的见解、预测和决策。在许多情况下,分析需要大量的数据。所谓的商业智能是一个日益重要的应用领域,因为大数据分析可以用来了解客户、竞争对手、市场特征、产品、商业环境、技术影响,以及战略利益相关者,如联盟和供应商。大数据分析是由计算机工程的最新发展推动的,特别是在数据存储、访问、机器学习、数据挖掘和数据可视化等领域。机器学习在过去的二十年里有了显著的进步。例如,在线交互、移动设备和嵌入式计算为我们生成了旅行行为的大量数据,机器学习算法(algorithms)可以从这些数据中学习,从而创建"智能"产品和服务,以满足每个旅行者的需求和环境。语言数据多来自社交媒体网站,如 Facebook、Twitter、博客和在线评论网站,这些数据可以展示旅游交流和游客行为的各个方面。通过将网络信息采集、自然语言过程与统计和机器学习技术相结合,我们现在能够跟踪 Twitter 和产品评论中提到的关于旅游产品的流行主题、情感、观点和信念,并识别在线交互和相互影响人群的社交网络。使用社交媒体数据的分析可以应用于整个产品生命周期,从需求识别到设计到实现,再到评估和重新设计。任何企业或目的地都可以从大数据分析的实施中受益,且其规模和范围都是前所未有的。

11.5 危机与风险管理

旅游业是一个信息密集型产业,且在混乱中,其信息需求会加剧。旅游危机、灾害的严重程度和频率正在急剧增加,旅游目的地需要设法减轻这些危机的影响或完全避免它们。知识和 IT 是帮助政府、私营企业和社区预防、规划从各种灾害和危机中恢复的强大资源。考虑到过去二十年来许多危机(包括自然和人为)对旅游目的地的影响,DMO 有必要作出反应。危机往往会促使一个目的地更强烈地重视知识,并主动去收集知识。而在危机期间,DMO 常常需要成为信息传递的中心,并且必须呼吁尽可能多的信息传递来拯救生命和复苏产业。这些最好通过使用知识管理、IT 和多利益相关者等方法来实现(Black man et al., 2011)。危机管理需要在整个过程中根据灾难的性质和利益相关者的反应,对战略进行灵活性评估和潜在的修改。

解决危机和灾难需要一个涉及目的地所有利益相关者的共享知识系统。如许多专家所指出的,目的地需要灾害管理三个阶段的知识:危机前、危机中和危机后。里奇(Ritchie,2004)将这三个阶段称为:

- 预防和规划(prevention & planning):包括危机前的积极规划和战略制定,系统可以存储相关信息的策略和数据库;
- 战略实施(strategic implementation):包括战略评估与战略控制、危机沟通与控制、资源管理、与利益相关者合作,IT 和数据库在这个阶段是至关重要的;
- 评估和反馈(evaluation & feedback):包括危机解决和回归常态,再者,系统可以提供互动设施,用于反馈的网站和移动站点。

这三个阶段有各自的知识库,并一起构成了一个知识框架(见表 11.3)。当然他们互相联系且归属于同一个系统。因此,每个知识库的内容可以集中访问且没有重复(Mistilis & Sheldon,2006)。

表 11.3 目的地危机和灾难的知识管理

危机前	战略实施(危机中)	危机后
预防和规划	计划的启动实施	评估和恢复

创建数据库:
可能发生的灾害;
  概率;
  之前的灾难案例;
  其他方面的最佳实践;
  目的地;
  专家;
  保险公司;
  环境与社会
扫描技术;
配置旅游中心;
配置指挥中心;
设计监测和预警系统;
设计政策和程序手册
	激活旅游中心;
	指挥中心(在 DMO 中);
	制定救援政策和程序;
	启动媒体沟通;
	监督监测和预警系统;
	与目的地及其他灾害中心沟通
		持续的态势观察;
		利益相关者协商;
		与游客、旅游供应商和中间商沟通;
		将获得的最佳实践经验反馈到数据库中;
		灾后旅游恢复规划设计

在第一个阶段中,信息和知识被检索和储存。这包括可能发生的灾害及其发生概率、最佳实践、环境监测和扫描系统。它还包括政策、程序和手册,以及设计在 DMO 内的旅游指挥和控制中心。这个知识库为危机前阶段的预防性规划做好了准备。第二阶段是危机期间计划启动和政策制定,同时监

督监控系统并与媒体沟通。向游客的朋友和家人通报他们的健康状况,并鼓励酒店业照顾无家可归或受伤的游客和居民,是需要通过信息技术完成的两项重要任务。危机结束后,第三阶段需要持续的态势观测,并与所有利益相关者进行咨询、沟通、反馈所获得的经验教训,为目的地设计旅游恢复计划。

在所有这些阶段,至关重要的是构建知识基础和应对灾难至关重要的通信网络。目的地网站可以是危机三个阶段的信息平台;然而,很少有目的地在使用此系统(Volo,2007)。在灾难发生的情况下,像 Facebook 和 Twitter 等社交媒体通过充分记录危机信息,实时快速地将信息传递给那些需要的人,为危机的快速解决提供了很大的帮助。

11.6 利益相关者管理和学习型目的地

旅游目的地需要利用城市规划研究人员,以便了解城市和城镇如何变得智能和"学习"。虽然并不是所有的旅游目的地都是城镇或城市,但理解这些文献中的关键思想可以使我们从所谓的学习型目的地中受益。学习型目的地的一些特点如下:

- 为所有利益相关者(包括当地居民、企业和访客)提供无处不在的新的 IT 技术;
- 为利益相关者提供获取知识和信息的有效方式;
- 为利益相关者提供开发创新产品和服务的文化;
- 确保每个利益相关者都有机会参与创新过程的机制(Racherla et al.,2008,p.412)。

坎贝尔(Campbell,2009)建议城市创建一个软件基础设施(soft infrastructure)来支撑学习型目的地(learning destinations)。这包括当地知识、学习与创造、信任、网络、隐性知识向显性知识的转化、协作与合作。良好的 IT 基础设施对于这些功能是必要的。软件基础设施包括对事件的跟踪、结果记录、数据库的建立和性能指标跟踪,还包括利用非政府组织(non-governmental organizations,NGO)提供的知识经济作为获取知识的基础。

学习型目的地的一个重要组成部分是利益相关者网络(正式或非正式的)进入一种集体努力状态。DMO 的任务是与目的地的所有公众进行沟通并拥有共同愿景。利益相关者团体包括私营企业、中小企业、政府机关、当地居民、非政府组织、旅游协会和游客本身。DMO 的工作是促进所有利益相关者之间的沟通与合作，在目的地的网络内部和网络之间创建基于信任、身份和忠诚的网络。当目的地变得越复杂和面临竞争的压力增长时，知识管理的应用对于目的地尤为凸显。下面的研究见解描述了美国伊利诺伊州是如何建立基于知识的旅游目的地网络的。

IT 使利益相关者聚集在一起讨论，如何形成彼此可以接受的政策决策。DMO 可以通过提供建议、正式培训及设为标杆扶持帮助企业。例如：加拿大旅游局对技术和供应商在旅游市场的可进入性进行了研究。它也为旅游供应商提供电子商务的学习机会。DMO 也与供应商分享它们的软件和硬件，比如网络服务器。当目的地要解决一些关联性争议时，DMO 也可能会参与到国内和国际电信管理政策的制定中。

不同目的地在如何创建网络或合作伙伴，共享知识和了解更多信息的方式上有很大不同，分类见表 11.4。表中列示了四类学习型目的地。第一种，积极目的地，努力获取知识和投入资源，并将结果纳入政策。以澳大利亚袋鼠岛的可持续旅游优化管理模型（TOMM）为例。第二种，同类目的地集群，共同创建和共享知识库。联合国教科文组织世界遗产城市和旅游管理信息系统就是一个例子。第三种是目的地之间的一对一合作。这种合作的例子是国际姐妹城市和目的地结对联合营销。第四种，目的地通过创建网络组织来实现知识目标。

研究见解：开发伊利诺伊旅游网络

企业对企业（B2B）社区为 DMO 等旅游组织提供了大量的机会，通过信息交换、合作和价值链整合来创造竞争优势。这些 B2B 价值网络或数字生态系统的力量在于将前端对客户需求的基本理解与后端结构整合在一起，而后端结构对于提供整体和连贯的客户体验至关重要。重要的是，为旅游行业设计一个以知识为基础的 B2B 社区，需要理解知识的本质和组织中知识的创造过程。

野中和竹内（Nonaka & Takeuchi, 1995）是知识管理领域的两位主要学者，他们强调了两组不同形式的知识重要性：隐性知识和显性知识，以及个人知识和组织/行业知识。研究表明，基于知识的 B2B 网络需要促进知识的动态转换，从而促进组织的学习和变化。学者们（Fesenmaier et al.,1999)将这一知识创造和转化理论演变为旅游管理信息系统的四个基本系统要素/功能：营销情报系统、营销研究系统、营销分析系统和内部报告系统。他们将营销情报定义为一组从系统外部获取二级信息的来源和过程。营销研究指的是努力收集与知识型社会有关的主要数据。营销分析系统涉及市场数据的分析和解释。最后，内部报告系统包括与收集、储存、检索和传播知识有关的内容。

伊利诺伊旅游网络(The Illinois Tourism Network，ITN)是为伊利诺伊州旅游局开发的，通过组织间关系、虚拟社区中的知识共享和信任来促进价值创造，强化组织及其学习能力(Gretzel & Fesenmaier, 2004)。在本文中，我们了解到以知识为基础的系统是如何成功应用的，itn等使用了公告栏、FAQ、时事通讯和更复杂的功能，如IKNOW Illinois Tourism，它提供了重要的通信功能和共享机会。这些系统要素通过公告、激励和工作坊得到积极的促进，并加以节制，以便鼓励信息分享和社区参与。因此，持续的发展和评价鼓励进一步的学习，被视为旅游企业成长中的重要一环。

Gretzel, U. & Fesenmaier, D. R. (2004) Implementing a knowledge-based tourism marketing information system: the Illinois Tourism Network. *Information Technology & Tourism* 6(4), 245-255.

表11.4 学习型目的地的分类(改编自Campbell, 2009)

目的地类型	学习特点	范例
积极目的地	积极主动地投入资源向外寻找知识； 包含知识到政策	澳大利亚袋鼠岛 http://www.tourkangarooisl&.com.au/
目的地集群	具有相同特征的目的地网络	TourMIS；联合国教科文组织世界遗产城市 http://whc.unesco.org/
一对一目的地	签订以互利共赢为目的的协议	国际姐妹城市 http://www.sister-cities.org/ 邻近结对目的地，例如：西班牙/葡萄牙；澳大利亚/新西兰
目的地网络	具有号召力的成员组织	欧洲城市网络 http://www.eukn.org/ 欧洲城市可持续旅游网络 http://www.europeancitiesmarketing.org/

欧洲城市可持续旅游网络是旅游目的地知识网络的一个例子。它成立于 2001 年，由意大利、西班牙、土耳其、希腊和以色列的城市组成，由国际地方环境倡议理事会(ICLEI)协调。网络工作的一些目标是：
- 制定和实施联合项目，以实现旅游部门的可持续发展；
- 交换信息和经验(组织考察访问和交流)；
- 为地方政府官员开发基础培训和远程培训项目；
- 为新的潜在市场的可持续发展目标制定共同战略。

另一个目的地网络是欧洲城市营销。这个网络将城市旅游局和商务局联系在一起，分享它们的专业知识，共同创造商机。来自 32 个国家和地区的 134 个主要城市都属于这个网络(见 http://www.europeancitiesmarketing.org/)。

IT 及其应用是支持目的地成为学习型目的地的关键。事实上，推动一个目的地成为基于知识的目的地的三种驱动因素是创新、社区参与和 IT 技术(Racherla et al., 2008)。如果没有无处不在的目的地网络基础设施，将所有利益相关者聚集在一起，为决策提供信息，它们就无法做到这一点。一些目的地变得完全互联，居民和游客可以随时通过电子设备连接。在这方面具有表率作用的国家和地区有：韩国，提供由政府资助的全国范围内的免费互联网接入；中国台湾，允许游客在抵达时注册免费 WiFi；英国还有一个名为"云"的公共 WiFi 网络，这无论对游客还是居民都是有益处的。更多的目的地急需考虑成为一个互联知识型目的地的益处。

本章小结

本章探讨了 IT 在目的地中的作用。它描述了 DMS 在目标管理组织中的重要性以及在其设计中需要考虑的各个方面。它分析了网络是如何改变旅游者使用搜索引擎、推荐系统(recommender systems)和一系列 web 2.0 旅游网站搜索目的地信息的方式。他们解释了社交媒体对 DMS 和其他旅游公司的影响，以及 DMO 在吸引访问者访问其网站方面所面临的挑战。本章强调必须培训工作人员掌握新技术，并将与社会媒体的合作纳入 DMO 战略。然后，本章解释了如何将其用于市场研究和数据收集，以协助 DMO 的市场情报。DMO 在当今世界的两个非常重要的职责是管理风险和危机，并成为连接所有利益相关者的学习型目的地。这一章最后解释了技术如何帮助目的地管理危机和风险。

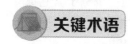

关键术语

算法 algorithms，中央集中式目的地管理系统 centralized regional DMS，沟通维度 communication dimension，目的地综合预约管理系统 destination integrated computerized reservation management system (DICRMS)，目的地管理组织 destination management organization(DMO)，目的地管理系统 destination management system (DMS)，全球定位系统 global positioning system(GPS)，信息维度 information dimension，知识型目的地 knowledge-based destination，学习型目的地 learning destination，非政府组织 non-government organization(NGO)，推荐系统 recommender systems，区域旅游组织 regional tourism organization(RTO)，关系维度 relationship dimension，智慧目的地 smart destination，智慧旅游 smart tourism，软件基础设施 soft infrastructure，技术维度 technical merit dimension，旅游管理信息系统 TourMIS，交易维度 transaction dimension，游客信息中心 visitor information centers(VIC)。

1. 选择一个本章没有提到的目的地，描述和分析它的 DMS 和信息基础设施。你有什么建议使目的地成为一个学习型目的地？

2. 比较和对比两个目的地在推广其目的地时的社交媒体策略。你能给他们什么改进的建议？

3. 选择一个目的地，分析它在各种搜索引擎上的曝光度。说说 DMO 可以怎样提高其可见性。

4. 从旅游目的地网站中选择两个网站，描述它们各自的优缺点。

智慧目的地维也纳

维也纳是奥地利的首都和最大的城市，人口约 180 万。它是这个国家的文化、经济和政治中心,以其历史、艺术和文化享誉全球,维也纳国际旅游目的地的地位突出。在过去的15年里,维也纳的旅游业一直在增长。例如,2013年,过夜人次达到1270万,比10年前增长了60%。旅游业给地方经济和就业带来了巨大的好处。

为了加强其作为全球旅游目的地的地位,并在拥有类似历史和文化遗产的欧洲同类城市中保持竞争力,近年来,维也纳市在旅游战略方面采取了一系列举措。特别是,维也纳力求在2020年实现旅游发展的三个目标:(1)维也纳按照"维也纳欢迎世界"的形象口号,将自己定位为全球旅游市场繁荣的重要参与者;(2)作为智慧旅游目的地,维也纳崇尚可持续发展的文化,擅长智慧城市技术和智能移动解决方案,为游客和居民提供令人兴奋并放松、真实、舒适和绿色的体验;(3)维也纳体现了品质至上的战略,并树立了优雅和精致体验的城市形象。

智慧维也纳2020是一项战略计划,旨在通过负责任的、可持续的资源利用,为游客和宾客提供高质量的生活。游客体验的维也纳不仅是一个清洁、安全、绿色、可持续和管理高效的地方,也是一个平衡旅游成本和收益,使游客成为"临时居民"的"智慧"城市。在这方面,维也纳已经拥有很多优势。例如,维也纳为所谓的"温和移动"提供了基础设施,强调公共交通网络。维也纳也是一座绿色城市,城市面积的近一半(约200平方千米)被紧密相连的绿地覆盖。这座城市拥有850个公园和花园,总面积达1900万平方米。它也是一座水上城市,有多瑙河流经,有大量的滨水空间。

维也纳如何成为一个智慧旅游目的地?维也纳旅游局与市政府合作,提出了一个三管齐下的方法,在基础设施、体验设计和营销方面高度依赖技术开发。第一个战略是智能交通管理,其目的是通过大规模投资可持续交通管理和升级公共交通系统,提供一个轻松的城市体验。这给游客提供了方便快捷到达目的地的选择,并体验到维也纳是一个舒适和安全的步行或骑行的城市,同时减少了游客到访对环境的压力。数字交通管理平台的开发为居民和游客提供了关于特定行程交通工具的全面信息,同时可以用于预订和购买机票。

第二种策略是创建"目的地中的目的地",通过一个多中心的旅游组织,在城市中心之外添加活跃的社区,并将维也纳定位为一个有吸引力的游览起点,吸引目的地周边地区客源,这极大地释放了游客拥挤的社区和街道的压力。这是通过创造新的、令人振奋的吸引物,建立区域伙伴关系,以撬动维也纳作为中欧市场中心的地位,并开发一种新的与游客关系密切的行人导览系统。

第三种战略是将维也纳打造成数字旅游的先行者和标杆,其基于这样一种认识,即智能手机和社交媒体等新技术正在改变人们寻找真实体验的旅行方式。为了保证与游客联系,在热门景点、酒店、餐厅、咖啡厅和文化设施提供免费 WiFi,并提供价格合理的移动服务。酒店、餐厅和文化机构的门户网站应该被视为城市的数字名片。信息和服务必须通过多语言描述易于访问和理解。"真正的"联系人必须始终能够以用户友好的方式快速处理询问和请求。此外,爱彼迎等共享经济受到监管,以确保酒店行业的每个人都享有公平的竞争环境。

今天,世界各地的城市都在寻找将经济增长与高质量生活和减少资源消耗相结合的战略。像维也纳这样的智慧旅游目的地在技术和创新上投入了大量资金,为市民和游客提供真实和独特的体验,并考虑到可持续的未来。

研究问题

1. 浏览维也纳旅游网站,描述你在网站上看到的可以被认为是智慧目的地概念的组成部分(https://www.wien.info/en/vienna-for/smartcityvienna)。
2. 寻找欧洲其他城市(如伦敦、巴塞罗那),看看他们是否也有一个智能城市(目的地)战略。将他们与维也纳比较,找出共同的主题和不同之处。
3. 支持智慧目的地发展的其他创新技术有哪些?

第 12 章 可持续旅游与信息技术

 学习目标

- 分析 IT 如何改善旅游组织、社区和目的地在环境、社会和经济方面的可持续性;
- 解释如何使用互联网技术来确保环境的保护、纯净和生态完整性;
- 阐述 IT 系统在促进社会平等和社区福祉、地方增权(local empowerment)和维护文化多样性方面的作用;
- 了解 IT 如何确保经济活力和地区繁荣;
- 解释 IT 如何促进游客在游览过程中的行为有益于环境可持续性发展。

引言

到目前为止,我们已经研究了 IT 如何通过提高生产力、开拓新市场,并以新颖的方式将游客们以及旅游企业联系起来重塑旅游组织、游客和旅游目的地。我们还讨论了社交媒体如何影响着行业和旅行者,并考虑了技术对游客体验的影响。但是,尚未充分探索的一个关键领域是 IT 对旅游目的地可持续性的影响以及 IT 所具有的必须帮助旅游业将世界变得更好的潜力。

可持续发展(sustainable development)的重点是对未来、公平和整体性的关注,并已成为近十年来重要的全球范式(Sharpley,2000)。1983年,联合国世界环境与发展委员会(WCED)首次表达了国际社会对地球可持续发展(包括环境、社会、文化和经济方面)的关切。该委员会制定了《我们共同的未来》,也称为《布伦特兰报告》,阐述了鼓励各国共同追求可持续发展的方法。它将可持续发展定义为:"在不损害子孙后代利益并且满足其发展需求的前提下满足当今需求的发展"(WCED,1987,p.39)。IT本身是一个良性工具,但在人类手中,它可以成为对可持续未来产生积极或消极影响的工具。当IT被用来服务于个人利益时,它就成为一种恶性力量。但是,如果为社会注入知识、智慧和负责任的管理实践,它可以成为迈向可持续发展的重要工具。

旅游业是可持续发展议题的核心,因为它是一个巨大的全球性产业,可能对环境、经济和社会产生积极或消极的影响。旅游业在发展的历史中,有许多不可持续、过度发展的案例,这些案例破坏了目的地的社会经济和环境结构。这些历史问题以及气候变化、人权、财富不平等和环境污染等紧迫的全球性问题,要求可持续原则成为旅游政策的重中之重,以减少旅游发展的负面影响。

世界旅游组织(UNWTO,2015)认为可持续旅游(Sustainable tourism)能"促进世界各地人民之间更好的理解,提高对各种文化遗产的认识,更好地欣赏不同文化的内在价值,从而为加强世界和平作出贡献"。世界旅游组织宣布2017年为可持续旅游年(UNWTO,2017)。为此,需要在三个层次上采用一种新的管理方式:私营企业;目的地和政府;游客。本章将讨论IT如何能够使三个层次发展更具可持续性。认证计划、强制性和自愿遵守制度,可帮助旅游企业更加可持续地运营。IT技术将旅游业指标和监控系统创建成度量工具,使目的地管理更加可持续化。互联网为游客提供了更多有利于环境可持续发展的出游选择(Miller & Twining-Ward,2005)。

关于解决可持续旅游问题的IT知识体系是有限的。旅游业的大多数IT发展都侧重于改善营销、分销和盈利能力,而不是研究如何促进旅游业永续发展。这使得技术应用于可持续旅游研究的潜力是巨大的。绿色技术的发展、自然资源的枯竭、环保主义的制度化和互联网是推动人们进行更多研究的驱动力(Weaver,2012)。随着可持续旅游学术知识的发展,其向公共部门的实践转移出现了障碍,因此需要采用技术知识管理方法来填补这些障碍之间的差距(Ruhanen,2008)。

ENTER 年会(http://www.ifitt.org/)及其相关的《IT 与旅游杂志》侧重于旅游业和 IT 领域的知识创造。ENTER 会议和《华尔街日报》都发表了一些关于可持续发展的论文,但关于可持续旅游这一主题的研究尚未大量出现。《可持续旅游的信息和通信技术》的出现具有里程碑意义(Ali & Frew, 2012),它增加了对可持续旅游这一主题的全面分析。作者介绍了许多计算机技术及其与可持续旅游的关系。表 12.1 列出了这些技术,并提供了一些示例说明如何在可持续旅游中使用这些技术。

表 12.1 IT 在可持续旅游中的应用

IT 应用	可持续旅游中的用途
碳计算器	测量和监控与行为有关的碳排放,帮助具有环保意识的旅行者和组织做出污染较小的选择
社区信息学	促进社区参与的计算机应用程序(例如网络、电子邮件公告栏),通过赋权和增强社区认同来发展社会资本
计算机模拟	使用 IT 模拟实际设置,可以帮助人们在目的地通过可视化设备选择方案并参与决策
目的地管理系统	管理目的地中脆弱资源,让有知名度的中小企业来促进经济可持续性,为游客提供信息以做出更优决策
经济影响分析软件	用于跟踪旅游支出数据和不同部门之间联系的软件,利用计算机模型计算旅游业对目的地经济的影响
环境管理系统	收集、分析和报告与废物跟踪和排放有关信息的计算机系统,使组织能够提高其环境绩效
游戏化	在非游戏环境中使用计算机游戏软件,可以促进游客与当地社区联系并鼓励他们的永续行为
地理信息系统	以三维方式存储、分析和显示地理信息的系统,对可持续监测自然资源很有价值
全球定位系统	通过卫星通信识别游客位置和地点的系统,能够跟踪或指导旅游的可持续行为
智能运输系统	集成的中央和车载计算机系统,可减少拥堵、引导交通,告知旅客公共交通并提高安全性
基于位置服务	与移动设备通信并提供位置相关信息的计算机系统,可以提高当地景点的知名度并提供地图和指导

续表

IT 应用	可持续旅游中的用途
虚拟旅游	复杂的多感官系统,使游客无需到目的地即可体验目的地及其景点,对实际目的地没有影响,有助于其可持续发展
天气和气候变化系统	用于监测天气和气候变化,可以为即将到来的灾害和天气风险做好准备

旅游业利用 IT 技术可以通过多种方式变得更具可持续性。本章的重点是旅游业如何在环境、社会、文化和经济上实现可持续旅游的目标和宗旨,以及实现这些目标所使用的技术。联合国环境规划署和世界旅游组织(UNEPWTO, 2005)设计的框架确定了 12 个旨在提高目的地可持续性的评价指标(见图 12.1)。本章的写作借鉴了这一框架,并将讨论实现框架中每个目标的 IT 应用程序。

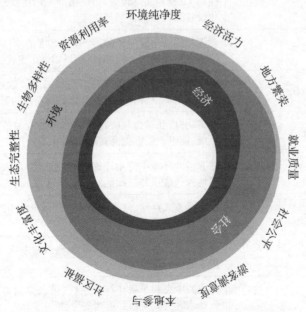

图 12.1 可持续旅游的十二个目标(UNEP, 2005)

该框架建立在当前可持续旅游思想的基础上,让读者关注技术的影响,而不是技术本身,这在本书前面以及学者们(Ali & Frew, 2012)的书中都有详细的描述。

在旅游业对环境影响可持续性（environmental sustainability）领域，资源利用率、环境纯净度、生物多样性和生态完整性是最重要的目标。在旅游业对社会文化影响可持续性（socio-cultural sustainability）领域，社会公平、本地参与、社区福祉和文化丰富度是首要目标。在旅游业对经济影响可持续性（economic sustainability）领域，经济活力、地方繁荣、就业质量和游客满意度是最重要的。下面将对其进行逐一讨论。

12.1 环境可持续与IT

本节重点介绍如何利用IT提高环境资源利用效率并引导旅行者更加负责任地旅行。本节内容包括气候变化和碳补偿计划的相关问题，并探讨技术如何有助于大自然和文化旅游目的地环境的纯净度和生态完整性。同时，讨论在旅游背景下技术如何对生物多样性作出贡献，以及如何通过用虚拟体验完全替代旅行来将环境影响降至零。

12.1.1 资源利用率

联合国环境规划署提到，资源利用率（resource efficiency）最大程度地减少了在旅游设施和服务的开发和运营中对稀缺和不可再生资源的使用（UNEP，2005）。旅游业中最受争议的两种不可再生资源是化石燃料和水。智能计算机系统可以监控和限制他们在旅游开发中的使用情况，并引导游客调整他们的活动，从而进一步节约资源。不同类型的旅游不同程度地使用这些资源，其中大众旅游和豪华旅游消耗最多。为了更好地保护这些资源，使资源可以更长久地使用，需要严格管理资源使用情况并遏制消耗这些资源的活动。

关于旅游业使用化石燃料的争论大多集中在运输部门，特别是航空部门。一项分析估计，旅游业约占全球温室气体排放量的8%（Lenzen et al.，2018）。同一项研究表明，整个旅游业供应链的直接和间接排放来自四个主要的子行业。造成旅游业碳排放的主要因素是：其他交通运输（19.7%）、道路（13.6%）、航空（12.4%）和商品/购物（12.0%）。随着化石燃料的枯竭，燃料使用者在广泛地寻找可以替代燃料的产品。航空公司越来越多地使用计算机技术来帮助减少燃油消耗，从而减少碳排放（请参阅下面的行业洞察)。

当前通过 IT 技术来减少燃料的应用可分为三类:
- 计算机系统通常以最小化的燃料消耗来自动地选择飞行线路。系统选择最短和天气干扰最少的线路;
- 通过计算机系统管理,可以避免因登机口还未准备好,导致飞机在机场上空盘旋的现象(请参见第 7 章),系统通过管理目的地机场的交通,使航班不会延迟降落;
- 飞机着陆时优先使用连续下降的操作,这样在降落时消耗的燃料更少(Negroni,2009)。

计算机设计技术通过使用新材料使飞机变得更轻,从而最大程度地减少燃油消耗(波音,2013)。波音 787 梦想客机就是这些技术成果应用的一个很好例子。由于使用了更轻的复合材料、先进的发动机和机翼设计,该型号飞机是波音公司最省油的客机。波音公司的所有生产基地均已通过 ISO14001 认证,该公司一直在努力减少能源、水和有害物质的使用。通过使用 IT 系统对飞机组件规格进行精确地测试和制造,从而减少了对许多小部件的需求。

飞行客舱上的新技术加上更好的空地一体化和新的空中交通管制(air traffic control,ATC)程序,有效地改善了飞机飞行路线和到达的时间。如果每次飞行减少一分钟,那么每年可以减少 480 万吨的二氧化碳排放量。

波音公司的目标是到 2016 年回收 90% 至 95% 的退役飞机,IT 系统在改进回收流程和帮助公司追踪部件和材料方面发挥着重要作用。未来,飞机不使用化石燃料进行飞行将成为可能吗?

行业洞察:混合动力飞机

航空旅行对世界碳排放量远远高于预期,这给以化石燃料为能源动力的航空工具带来了新的压力。迄今为止,电力驱动的飞机已经面世,在 2015 年飞越英吉利海峡,另一架是太阳能飞机,2016 年在全球范围内飞行。但它们都是一次性的测试飞机。

2022 年,世界上第一架混合动力飞机将开始商业飞行。该飞机被称为 Zunum Aero,由波音公司的风险投资部门和 Jet Blue Technology

> Ventures 提供支持的 JetSuite 交付。首批是仅提供可容纳 12 位乘客的私人包机服务,随后将在美国加利福尼亚州和内华达州之间提供公共包机服务。该航班不仅可以显著地降低成本,而且会更加安静,进而降低噪声污染。
>
> 这架混合动力飞机的一个设计方案是由机翼上的电池组提供动力,同时还携带少量燃料。另一款飞机是全电动飞机,该飞机在后机身增加了一个电池组。这架飞机的航程是 700 英里,最大巡航速度为每小时 340 英里,可以在 2 200 英尺的跑道上起飞。全电动飞机预计可节约 80% 的燃料成本,将对环境的改善有着十分显著的影响。
>
> (来源:Etherington,2017)

国家和国际机构也在为减少航空飞行中化石燃料的使用作贡献。例如,由美国联邦航空管理局资助的研究项目"绿色天空倡议 2"于 2011 年启动(FAA,2013)。"绿色天空"使用机载计算机评估导航程序,提高空中交通管理效率。先进的导航系统由 GPS 技术支持,该技术可以使飞机精准地在跑道上降落。这样,飞机起降效率变得更高,燃料使用得更少并减少了尾气排放和噪声污染。如第 8 章所述,智能交通系统通过引导车辆选择耗油量最小的行驶线路,将化石燃料的消耗降至最低。

住宿业也是能源、食品和水资源的主要消耗行业。第 9 章介绍了酒店常用的减少能源消耗的计算机系统类型。随着气候变化对天气和降雨模式的影响,水资源未来可能变得更加稀缺。监测和控制水资源的使用对于环境可持续发展至关重要。在一些目的地,尤其是在居民与游客争夺水资源的地方,游客在酒店中消耗的水很多。特别是在豪华酒店中,普通客人的耗水量远远高于居民。如高尔夫球场、动物园、公园和饭店等其他旅游景点也会消耗大量的水。许多住宿供应商使用系统来监测和跟踪用水情况并引导使用者节约用水。旅游设施的可持续认证经常审查其用水和保护情况。有些住宿供应商会在房间和走廊中安装传感器,感应到用户在不需要或者不在房间时,会自动关闭照明、加热和制冷功能来减少能耗。

12.1.2 环境纯净度和生态完整性

许多旅游业都依赖于原始的环境:水(湖泊、海洋和河流)、空气和土地资源(森林、公园、动物栖息地、海滩、荒野)。环境纯净度(environmental purity)对于生态旅游、自然旅游、健康旅游和冒险旅游特别重要。因此,必须尽量减少空气、水和土地污染,减少浪费行为。生态完整性是一个相关概念,指的是城乡景观的原貌和视觉质量。本节将研究 IT 如何能够帮助保持环境的纯净和增强旅游景观。

目的地管理系统(destination management systems,DMS)包含有环境敏感的旅游资源数据,可以帮助管理这些资源的使用。通过 DMS(步道、露营地、海滩和水路)线上统计环境相关资源,可以控制这些资源的使用。在预先确定的承载能力水平的基础上,这种控制减小了由大量游客造成的损害。作为 DMS 一部分的 GIS 应用程序可以帮助自然资源管理、土地使用和乡村旅游经济发展(Savitsky et al., 1999)。在一项针对旅游信息方面的研究中,35%的受访者认为在旅行中使用这些技术对目的地的可持续发展至关重要(Scott & Frew, 2013)。游客管理技术通过监测可以减少游客拥挤和交通拥堵并确保游客不损害文化和环境资源,进而提高旅游景点的可持续发展(请参阅第 10 章)。

IT 技术会更方便地引导游客在不破坏环境的情况下旅行。基于位置服务(location-based services)的功能可以通过定位游客所在的位置,将有关资源的数据信息连接到游客的手持便携式设备上,通过网络的形式向游客提供相关资源的详情介绍和有关旅行的建议,进而实现资源保护。移动应用程序可以获取有关旅游环境的大量信息,当移动应用程序与基于位置的服务、GIS 系统和 GPS 技术连接时,可以引导游客游览景点。例如,游客在国家公园使用移动应用程序时,程序根据用户所在位置,可能会警告游客远离野生动植物的饲养和繁殖场所,或者推荐游客前往参观稀有植物开花的场所。有些系统不会针对某一具体的目的地,使用范围更为全球性,包括天气与气候变化、碳补偿计划和全球生物多样性等方面内容。表 12.2 描述了可以用来帮助游客保持环境纯净的应用程序。

表 12.2　有关环保的移动应用程序

名称	研发者	目的
碳排放计算器	联合国环境管理小组批准的国际民航组织	计算航空旅行中的二氧化碳排放量

续　表

名称	研发者	目的
环境新闻网	新奥集团	提供有关环境问题的全球视角
气候路径	新创基金、新风险基金	了解气候变化的实时交互模拟器
我的地球	皮特里有限责任公司	教导节约环境和资源的方法
现在的地球	美国宇航局	用彩色地图显示的海平面上升、水、温度等卫星数据
offCents	奥芬斯公司	提供实时跟踪和计算运输中的碳排放量

有环保意识的游客利用这些技术能更好地选择目的地和旅行计划。他们也可以在旅行中用来决定游览的线路、景点和活动，减少出行带来的环境污染。旅游过程中使用的应用程序包括地图、驾驶指南、活动信息、景点、餐厅、天气和旅游咨询，都会影响目的地的可持续发展(Scott & Frew, 2013)。通过研究这些应用程序如何改变旅行者的行为，可以使游客行为对环境的发展更具可持续性(Miller et al., 2010)。

回收、垃圾管理系统和减少各类型污染都会影响环境的纯净。旅游业会产生噪声污染、空气污染、水污染和土壤污染。这些污染物不仅影响自然资源的长期可持续发展，还影响旅游景点的短期视觉、听觉和嗅觉的舒适度。IT系统可以监测空气、水质和噪声水平，也可以在废物循环利用过程中去除污染物。澳大利亚的大堡礁就是利用IT技术保护海洋环境纯净的典范。法律要求在大堡礁海洋公园内的岛屿上经营的度假村必须在废水和污水排放海洋环境之前对其进行处理。这就需要高科技的监控系统和IT系统来管理污水处理厂，通过定期采样并使用专门的实验室设备分析和记录污染物来监控水质。这些系统还用于向大堡礁海岸公园管理局和其他相关部门报告水质指标。邮轮航运业也用类似的系统控制对海洋环境的污染。

生态完整性(physical integrity)与目的地的地方感有关。理想情况下，目的地独特的文化、历史和自然资源能够营造出强烈的地方感。例如，由当地天然材料建成的建筑物比由混凝土建成的建筑物更能营造出一种地方感。美国国家公园管理局认为有七个方面能构成旅游场所和设施完整性，包括位置、设计、布置、材料、工艺、感觉和联想(NPS, 2013)。理想情况下，所有这些都充满了地方感。工程师和建筑师使用计算机辅助设计系

(Computer-aided design，CAD)设计建筑物、火车站、机场或任何物理结构。工程师和建筑师使用 CAD 系统可以从任何角度看到他们的设计效果，并看到某一个方面的变化对整个设计的影响。使用 CAD 系统设计新的目的地设施时，可以促进设计师的创新想法从而展现目的地的地方感。

旅游组织使用环境管理系统(environmental management systems，EMS)，可以更好地观察和管理游客在游览过程中的足迹。越来越多有环保意识的游客期望旅游设施实行环境管理，加上相关政府对生态认证的要求，促使越来越多旅游企业使用 EMS。EMS 是"使组织能够减少对环境的影响并提高其运营效率的一套程序和实践"(UNWTO，2013)。国际标准组织(ISO)针对环境管理体系设有一个特殊的分类，称为 ISO14001。认证体系通常以这一标准为基础。计算机技术可以监控和管理资源有效利用的情况，包括水(低冲水马桶、低流量淋浴喷头)、能源(太阳能发电机、节能灯泡等)、各种污染(噪声、空气和视觉污染)、废弃物的回收及管理。

12.1.3 生物多样性

生物多样性(biodiversity)丰富的地区自然会吸引游客。人们喜欢在生物的栖息地观赏特殊的动物和植物。旅游业管理不当或游客的不当行为可能会对动植物造成严重损害。本节将研究 IT 如何协助旅游业对目的地的生物多样性作出积极贡献。

携带手持设备旅行并对物种和环境感兴趣的游客可以改善目的地生物多样性。他们可以成为公民科学家(citizen scientists)，在旅行过程中通过数字设备监测动物和其他环境现象。他们在科学家的指导下工作，获得保护生物多样性的重要数据，同时增加了他们在旅行中的乐趣。收集的数据成为大型数据库的一部分，该数据库实时跟踪有关目的地中生物多样性。这是在可持续发展背景下使用大数据的范例。

将旅游业、科学研究、环境保护和计算机结合起来可以被称为"旅游科学"。这需要环境专家对旅游目的地和游客进行周密的规划。地球观察研究所是旅游科学家(tourism scientist)推荐的一个非营利性组织，它致力于让世界各地的人们参与科学研究和教育，来促进人们对可持续环境的理解和行动(EarthWatch，2013)。地球观察研究所招募志愿者(游客)协助科学家识别植物和动物物种。自愿追踪物种虽然已经不是什么新鲜事情，但是这一过程最近几年才通过智能手机应用程序和免费的开源软件实现了数字化。此类应用程序的一个示例是 Cyber Tracker，其用于跟踪栖息地中的动物物种。Cyber Tracker 是一个非营利组织，它通过监测环境来预测和防止由于污染、气候变化、栖息地破坏和生物多样性丧失而对动物物种造成的负面影响。Cyber Tracker 通过卫星将用户和主机连接起来。智能手机用户将他们的调查的结果上传到云端，然后对汇总数据进行分析，来实现全球生态系统的实时可视化(Silvertown，2009)。要了解 Cyber Tracker 在非洲萨法里是如何使用的，可以观看相关视频，它还展示了 Cyber Tracker 如何坚持追踪动物的古老技能。

Cyber Tracker 可用于许多类型的位置中。图 12.2 所示为 2008 年，国际保护组织开展的一项研究项目中，一个社区成员在非洲南部卡拉哈里沙漠西部卡拉加迪走廊使用的一种跟踪设备。

图 12.2　用 Cyber Tracker 的土著人

公民和游客科学项目在旅游业中的应用已经存在，但尚未广泛应用。厄瓜多尔的加拉帕戈斯群岛正在利用游客来监测环境和动物并加强环境管理(Galapagos Conservancy，2013)。加勒比利用旅游科学家来监测珊瑚礁的状况来帮助牙买加制定保护珊瑚礁的政策。地球观察研究所通过招募潜水员作为志愿者，对珊瑚礁的数据进行收集(Crabbe，2012)。

无人驾驶飞机(也称为无人机)可以进行环境监控。他们通过拍摄航空照片或视频，来帮助环保人士统计鲸鱼、海狸或其他物种(Puttock et al.，

2015)。无人机可以帮助考古学家来查看遗产旅游地的内部情况(请参阅本章末尾的案例研究),或者可以让他们了解活动和节日。这不仅可以使用户乐在其中,还可以提高安全性。因此,无人机旅游(drone tourism)日益受到关注。它不仅可以让用户在家里看到远处的东西,还可以捕捉到以前看不到的景色和景点独特的地方。一些旅游规划者准备在世界著名景点使用无人机来缓解交通拥堵。

在为目的地社区和野生动植物作出有意义的贡献中,志愿者自然而然成为参与这些项目的一部分。研究表明,通过与野生动物的互动,志愿者比普通游客获得了"更真实的体验"(Weiler & Richins, 1995)。一项对秘鲁东南部的志愿者游客监测鹦鹉和金刚鹦鹉的研究表明,旅游志愿者、保护生物学、技术和生态旅游完美地结合在一起,并互惠互利(Brightsmith et al., 2008)。游客返回目的地后会看到他们努力的结果,所以这些项目可以作为旅游目的地重复探访的一个基础研究。

12.1.4 虚拟替代旅行体验

游客待在家里就可以利用虚拟技术体验目的地,在避免对目的地造成环境破坏的同时,还能体验到旅游带来的益处。虚拟行程可以用多种方式代替(或部分代替)实际行程。最简单的方法是利用互联网的视听资源,360度查看地标、古迹、酒店目的地。

这些网站的例子有很多。比如,一个名为"360城市"(360cities, 2013)的网站,平台有着世界上许多有趣的城市、博物馆和景点的全景照片和视频。这些高分辨率的虚拟现实照片可提供360度的功能视图。谷歌地球和谷歌街景也提供了虚拟体验目的地内容,包括大堡礁(Great Barrier reef)等水下景点。谷歌与英国国家信托基金会(National Trust)和欧洲的联合国教科文组织遗产(UNESCO Heritage Sites)合作,允许用户虚拟地参观城堡、乡间别墅和其他景点。谷歌俄罗斯和俄罗斯铁路公司制作了一个跨西伯利亚铁路的虚拟体验,沿途有城市观光、巴拉莱卡音乐和列夫·托尔斯泰的《战争与和平》等读物。旅行中介机构(http://www.virtualtravelevents.com/)为商务旅行者提供了一个代替线下会议的线上视频会议。即便是探亲访友的旅行,有时也可以通过Skype、Facetime、微信或Whats App之类的技术链接来代替。

如上所述,仅仅在网上查看目的地并不足以代替旅行。虚拟现实(VR)

(图 12.3)是多媒体领域的终极产品,它可以使用户体验到与旅游体验相关的声音、运动甚至气味,提供了增强和取代旅游体验的可能性(Cheong,1995)。虚拟现实是由计算机生成的虚拟世界,人们可以在其中体验虚拟场景并与他们互动(VR,2013)。虚拟现实世界模仿真实世界的目的地体验,对旅游业可持续发展产生了积极的影响。

图 12.3　虚拟现实设备(来源:Borrego et al.,2016)

　　虚拟现实技术可以让旅行者"体验"一次沉浸式的旅游,将旅行者包围在不同虚拟现实中,对其进行多个感官输入。愿意投资该技术的旅游零售商可以让他们的客户"尝试"一次度假体验,例如漂流、穿越印度的多彩市场或其他丰富的虚拟世界。游客可以在度假之前进行体验,进而帮助游客做出购买出游产品的决策。

　　很难说虚拟现实未来将在多大程度上取代旅游业,但随着地球资源的枯竭,旅行成本越来越高,安全和安保问题持续的存在,虚拟现实提供了可行的替代方案。它消除了长途飞行的必要、货币兑换和语言的不便以及暴露在陌生和潜在危险环境的可能性。它对可持续发展的贡献在于减少碳排放和对自然环境形成的破坏风险。虚拟现实可能永远无法完全模拟旅游体验,但将来的一小部分旅行可能会被替代。虚拟现实在主题公园中用于短暂的娱乐体验以及单一目的地旅行,例如参观特定的博物馆或纪念碑,比复杂的旅行适用性更广。增强现实(AR)在前面的章节中已有介绍。它与可持续性的相关性不如 VR。然而,AR 的解释和信息提供特征会以更可持续的方式影响游客的行为和选择。

12.2 社会文化可持续与IT

IT在社会文化方面的应用包括帮助为目的地提供社会公平和社区健康,促进当地对旅游业的控制和提高目的地社会文化丰富性。

12.2.1 社会公平与社区福祉

如何提高旅游目的地的社会公平(social equity)和社区福祉(community well-being)? IT技术的主要贡献在于,它可使社区民主化和平等化,使所有居民和企业平等地使用技术。以前,这些福利只提供给大型国际公司。人们通过使用互联网能够享用到知识和教育,了解旅游市场信息和目的地管理系统。之前,网络无法连接到偏远的目的地。现在,电信供应商可以将网络安装到最偏远的农村。这被称为最后一公里连接(last-mile connectivity),本地居民能够公平地体验IT很重要。手持设备价格的不断下降也让更多的人可以使用技术。

弱势居民群体可能会有信息不对称(information asymmetry)的困扰,这使人们经常无法共享旅游业收益。获得IT的方式和相关技术的培训打破了这一难题。例如,数字鸿沟数据是一家为世界各地提供数据服务的组织,具有一定的社会影响(Digital Divide Data, 2013)。该公司招募了一批当代年轻人并对他们进行例如数据输入、报纸和档案电子化等相关内容的培训;这一做法不仅仅对社会和旅游业产生积极的影响,也使中小型旅游企业(SME)可以从具有这些技能的员工中受益。下面的"研究见解"讨论了IT如何实现旅游扶贫。

研究见解:旅游扶贫和IT系统

在贫困地区,并非所有运营商都可以使用互联网,这使得他们的竞争力降低。这项研究以柬埔寨暹粒市为旅游目的地进行考察,每年有数百万的国际游客前往柬埔寨参观历史悠久的联合国教科文组织世界遗产——安可佛寺建筑群。这是亚洲增长最快的旅游目的地之一,由八至十三世纪的古庙宇组成。尽管游客数量很多（每年近 500 万游客）且酒店数量也显著增长，但柬埔寨的贫困水平最为严重，达 31.1%。

研究人员调查了互联网对当地小型旅游供应商的影响。通过对被调查者的个人访谈，研究者发现这些企业在运营过程中很少使用互联网。这使得他们与大型供应商竞争时，在许多方面大大降低了竞争力，包括进入国外市场和转移国际资金。

暹粒市的宾馆、纪念品销售商、餐馆老板和其他微型旅游供应商指出，他们缺乏信息和通信技术（ICT）知识和外语技能，是他们无法将 ICT 纳入业务的两个原因。研究人员还发现，由于 ICT 运营的复杂性使得 ICT 普及率不高，人们认为 ICT 对于小型企业而言不仅不是必需，并且使设计网站的成本很高。这些因素使小型运营商在与大型运营商竞争中处于劣势，因为大型运营商往往具有便捷的互联网和 IT 系统。

大型运营商和本地小型运营商之间的这种信息不对称可能造成竞争力螺旋式下降，最终导致更多的贫困。贫困社区通过获得 IT 系统，进而获得技术支撑，可以扭转这一恶性循环。那些处于旅游价值链末端或"最后一公里"的人迫切需要信息基础设施以便在旅游业中受益。

为了改善这种状况，研究人员建议发展区域性的在线业务，将互联网提供给较贫困地区。他们还建议当地运营商参与该平台的设计和开发。这将有助于交流、交易、信息传播，并成为消除技术文盲的开放式教育资源。他们进一步建议，将设计出的网址链接到柬埔寨暹粒的网站，以平等地吸引他们的竞争对手。提高运营商的信息化技能也是至关重要的，作者不仅呼吁数字教育和在线互联网平台，还呼吁"减贫政策，以促进更公平地分配旅游业所提供的利益"。当务之急是，在贫困的旅游目的地，当地小型经营者必须获得技术和知识的帮助，以便他们可以分享旅游为目的地带来收益的成功经验。

Grunfeld, H., Mao, N., De Lacy, T. and Houghton, J. (2012) ICT, Tourism and poverty reduction: a case study in the Siem Reap Angkor region. *Proceedings of the first Asian Conference on Information Systems*, pp. 216–221.

IT 技术也可以通过吸引那些希望提高居民（特别是穷人、弱势群体、残疾人、社会或地理位置边缘化的人)幸福感的游客,来促进社会公平。当游客与当地社区接触,在当地住宿并购买当地制作的纪念品时,就有更大的机会改善社会公平和社区福祉。IT还可以对旅游志愿行为、以社区为基础的本地游和旅游扶贫(pro-poor tourism)的发展进行加强。

一股被称为社会企业(social enterprises)的新浪潮正在建设可持续社区和实现联合国可持续发展目标。在旅游业中,它们为社区带来了更多的平等和福利,许多互联网平台均支持这类旅游业。研究者们(Sheldon & Daniele,2016)在最近一本有关社会企业家精神和旅游业的哲学与实践的书中,对这一现象的许多方面进行了调查,特别适合旅游业和酒店业。专家们(Phi et al.,2016)建议增强对跨部门知识动态的理解,可以加强旅游业和社会企业的创业,IT是实现这一目标的重要组成部分。

热衷于改变世界的社会企业家(social entrepreneurs)都有着相似的特征,如有激情、敢于冒险和富有创造性。当他们的创造性思想被投资机构看中时,他们之间可以实现很多交易。英国社交企业是有IT技术支持的社交型互联网企业,它为社会企业起步和成长提供了很多工具和信息(SocialFirms InfoMine,2013)。一个叫做"酒店和旅游业社会企业家"的线上论坛也提供了一个平台,酒店业和旅游业的企业家可以在这个平台上学习好的方法、进行知识分享。

Ashoka是最大的社会企业家组织之一,该组织有效地利用互联网技术来完成其改变世界的使命。它的网站提供有关项目的信息,其中有100多个与旅游相关。网站还可以通过博客和电子杂志进行交流。Ashoka Hub是一个IT平台,将社会企业家与资源、社区中的人们以及在该地区工作的其他社会企业家联系起来。社会企业家也可以利用众包(crowdsourcing)和众筹资金(crowd funding)的方式来实现自己的目标。Ashoka还设计了一个名为@Skillshare的技能共享平台,以帮助人们找到具有专项技能的人,可以和他们一起工作(Ashoka,2013)。在旅游业中公平地获得资金也是社区福利的重要组成部分。IT技术可以通过提供有关如何获得小额信贷以及如何在网络上利用众筹的信息来协助有抱负的小型企业。此外,旅游运营商现在也提供了小额信贷旅游,方便游客有机会了解小额资金如何帮助减贫。

社会公平的另一个方面是为残障旅客提供充分的信息和便利,使他们在选择旅行时能够方便地出行。对于旅游供应商来说,必须考虑如何在网站上显示有关残障设施的信息。研究者(Darcy,2011)发现,残障旅客通常无法充分获得有关旅游设施的信息。残障旅客特别重视该设施的文字材料、平面图和照片。特别是视力受损的旅行者,在网上搜索和预订旅行产品时会遇到困难。学者们(Han & Mills,2007)就如何使视障人士更容易使用旅游网站提出了一些建议。

西班牙巴伦西亚生物力学研究所开发了一种创新的在线工具,可帮助旅游业管理人员确定其设施是否适合残疾游客使用(Biomechancial Institute of Valencia,2013)。另一个改善意大利旅游设施无障碍性的发展项目是"全民村"。它使用iPad技术生成关于特定旅游设施的多媒体数据(照片、电影、矢量图等)云存储,然后参照无障碍标准对数据进行分析,并生成有关如何为身心障碍旅客改善设施的报告(Village for All,2013)。对于希望欣赏音乐的聋哑旅行者来说,一种新的声音衬衫已经面世,它可以将声音转换为身体不同部位的振动。

IT技术还可以协助报告编写和记录侵犯人权(human rights)的行为。如果旅游者在参观中遇到违规行为,他们能够采取相关措施。从大型摄像机、便携式摄像机到智能手机的音频和视频记录的发展,以及通过网络快速发送图片和视频的能力,使旅游者成为现场记者。一个名为目击者(witness)的组织利用居民或游客制作的视频来揭露侵犯人权的行为。例如,如果游客在目的地目睹了童工,他们可以使用智能手机拍摄视频并将其上传到见证网站。一旦上传了网站,就可以开始对事件进行调查。尼泊尔使用了另一个互动网站,目的是报告与旅游业有关的侵犯人权行为,来提高对性犯罪的认识;该网站鼓励受害人进行在线联系,从而揭露其罪行(Brown,1999)。

"旅游关注"是一个支持文明旅游的非营利性组织,通过其网站开展各种宣传活动和反应相关问题,比如旅游业水资源使用的情况和目的地居民为旅游业发展而流离失所的问题,以促进旅游业发展的公平性。(Tourism Concern,2013)。

12.2.2 本地参与

为了实现可持续发展,旅游业的发展需要受到当地利益集团的支持。这就要求地方社区与其他利益相关方一起参与旅游业的规划、决策和未来发展,并赋予其权力。利益相关者(stakeholder engagement)的参与被认为是可持续旅游业规划的关键(Murphy,1988;Goeldner & Ritchie,2006)。

这必须涉及所有受旅游业发展影响的人，包括社区及其居民、地方政府、活动组织、旅馆、交通、非政府组织和游客本身。IT 在这些问题上的应用被研究者（Gurstein，2000）称为社区信息学（community informatics）。

由于时间和地点的限制，有时利益相关者前往现场参与旅游规划制定和决策有些困难。许多目的地较为偏远，主要利益相关者可能无法亲自出席规划会议，不会在计划制定过程中到达目的地。互联网可以解决这一问题。城镇会议通过互联网或 Skype 与无法参加会议的人员进行远程接入。利益相关者通过小型计算机、手持发射器或智能手机接入会议并发表意见。

IT 还可以打破旅游业利益相关者之间的协作障碍。例如，利益相关者基于场景设计（scenario-based design）对目的地进行创新构想，能够更好地产生新的想法（McCabe et al.，2012）。德国莱比锡市为设想新的电子服务，将利益相关者召集在一起，突出了可持续城市目的地合作的必要性（Paskaleva & Megliola，2010）。这一事件表明了与所有利益相关者合作开发的电子平台，可以增加当地遗产信息的获取，改善旅游体验，促进可持续的城市旅游。

下面的"行业洞察"描述了将旅游业视为由 IT 网络构成的生态系统的必要性。它由一个名为"负责任旅游"的可持续旅游教育平台的创始人编写，并综合了本节中与目的地可持续性有关的一些想法。

12.2.3 东道社区的文化丰富性

游客旅行去体验目的地独特的文化和遗产时，必须尊重历史遗产、地方传统文化和当地社区的独特性。互联网可以通过多种渠道进行传播、展示和阐释景点文化（Pechlaner & Osti，2001）。

特别是，学者（Buhalis，2002）提出，互联网可以通过以下方式帮助旅游业实现这些目标：
- 更好地了解风俗和传统，以造福游客和接待社区；
- 提高文化资源的知名度，特别是新的或小的文化资源；
- 监控旅游业对文化资源和游客流量管理策略的影响。

目的地将文化产品和服务纳入 DMS，可以使其有更加鲜明的目的地形象。例如，在奥地利蒂罗尔州，DMS 网站的一部分包含文化和生活方式信息；夏威夷的网站上有许多文化内容和社区活动。文化遗产旅游业经营者与旅游管理局之间需要进行密切和认真的合作，才能将目的地的文化产品和服务纳入 DMS 中（Pechlaner & Osti，2001）。

行业洞察：负责任旅行

各种旅游业的互联网应用都是根据独立行业（例如住宿、交通、活动、景点、食品和饮料店）及其职能（营销、运营、客户服务、研究和规划）等相关具体需求而单独开发的。相互竞争而不合作一直是不同行业主要的发展方式。这样发展的结果是产业集体不仅应对外部或内部变化的手段有限，而且阻碍了创新的快速发展。

负责任旅游的创始人安娜·波洛克（Anna Pollock）表示，一旦我们改变对旅游业"运作方式"的理解，互联网将会更迅速、更广泛地应用于可持续旅游业的发展。波洛克认为，将旅游业视为一个商业生态系统、有机网络或由许多嵌入的生物圈并由生物圈支持的组织和相互依存的主体（例如，访客、主人、中介和社区）组成的复杂适应系统，会更有帮助。旅游业与各种IT关联的硬件和软件构成了该系统的神经网络。生命系统在不断变化并在变化的状态下运行，其成员——组织因子（人类、动物、植物）——对彼此的行为以及它们所处的更大系统（环境、经济、社会和政治）做出反应。它们的出现是对一系列有利条件的响应，其目标是在保持内部平衡（在成员代理人之间）和外部平衡的同时，发展成更高的稳定秩序状态。信息交换对任何生命系统都至关重要，而智能系统则利用信息交换更好预测变化、抵御冲击并创造价值。

创建一个智慧目的地在技术上至少需要以下七个因素结合在一起：处理能力的提高；小型化和"物联网"；在移动中连接代理的能力（移动性）；技术的普遍性；系统彼此沟通的能力（开放系统）；云存储和"永远在线"计算以及消费者创造和接收内容的愿望。难点已不再是技术方面，而是需要改变旅游接待者的心态。智慧目的地的成功取决于集体进化的神经网络，使信息得以收集和共享。负责任旅行旨在创建多个、小型且高度协作的学习社区，这些社区的主人有意识地联合起来创建一个高度动态、智能的整体。每个社区将确定自己的问题、挑战和机遇，并根据时间、地点、文化和环境确定适当的行动重点。社区主体可以使用协作软件平台和数据管理协议来收集和共享有关客户、环境影响（废物产生、资源使用）、成本、市场机会、趋势、拥挤区域、交叉销售机会和目的地状况的信息。

克罗地亚世界遗产网站主要展示该国如何利用 IT 建设其遗产旅游。克罗地亚网站提供了文化景点和设施的互动演示。这也是一个将利益相关者联系在一起的平台,从而共同努力实现遗产旅游业的持续增长。遗产目的地的另一种选择是与联合国教科文组织世界遗产地合作,与其他景点建立集群,并利用互联网对游客进行遗址的宣传(Hawkins,2004)。

先进的 IT 可以保护文化遗产旅游资源免受火灾等环境危害。韩国的一座寺庙已经成功地对传感器网络系统进行了测试(Joo et al.,2009)。

导游是文化旅游的另一个重要组成部分。旅客可以使用连接了 GIS 系统的手持设备访问多媒体,他们可以在任何文化遗产景点访问位置信息,数字导游系统可代替人工导游。手持设备的质量和容量决定了这类指南的有效性(O'Grady & O'Hare,2002)。

土著社区(indigenous communities)的文化底蕴深厚但是使用互联网技术的能力很差,所以保护他们的文化尤为重要。一项对澳大利亚土著社区在线技术的研究指出,有限的技术、高昂的成本和实际使用的障碍使土著社区难以有效使用在线技术(Pramod & Carson,2002)。在 12 个土著旅游网站中,他们将"内容"问题和"传递"问题确定为持续存在的挑战。内容问题是指在线内容的准确性和真实性,传递问题是指可供他们使用的基础设施和在线平台。文物和手工艺品往往是土著社区的重要组成部分。互联网可以为艺术家提供更广的市场和更多的收入。如果土著人使用网络并接受相关培训,他们便可以从旅游业中获得更多受益(Harris et al.,2007)。

目的地文化和历史信息的数字化越来越普遍。博物馆应用计算机技术可以使社区有关的文化、遗产和历史信息表现得栩栩如生。文化遗产的数字解读是一个不断发展的领域,它有多种类型的信息系统,例如记录乡村、少数民族和土著居民的历史、故事和家谱(Rahaman & Tan,2009)。再例如,使用技术记录南非罗布本岛上与纳尔逊·曼德拉一起被监禁的前囚犯的故事。尽管有些人欢迎技术的出现,但另一些人担心技术最终可能会破坏社区中个人获得社会资本(social capital)的机制(Ross,2005)。

12.3 经济可持续与 IT

联合国环境规划署和世界旅游组织提到,可持续旅游的经济目标是经济可行性、当地繁荣、就业质量和游客满足(UNEPWTO,2005)。本节将探讨 IT 如何影响这些因素,使目的地在经济上更具可持续性。本书前面已经介绍了 IT 对游客满意度的影响,因此本章将不再讨论。

IT 可以通过促进创新并提供进入新市场的渠道来提高旅游企业的经济效率。具有较大资本、专业知识和更广泛产品分布的大型旅游公司,往往比小型公司更愿意使用信息系统(Buhalis,2003,p.140)。但中小型企业往往在旅游公司中占很大比例,它们通常都属于当地企业,可以为目的地的可持续发展作出更大贡献。本节探讨 IT 如何帮助中小旅游型企业实现企业利益。

12.3.1 经济活力和地方繁荣

一个拥有更多本地企业的目的地可能会更具可持续性,因为可以最大限度地减少经济漏损并加强经济联系。世界各地的大多数旅游公司都是雇员少于 250 人的中小型企业(SME)。雇员少于 10 人的公司被称为微型企业,拥有 11—50 人的公司被称为小型企业,拥有 51—250 人的公司被称为中型企业(Buhalis,2003)。许多餐馆、小型酒店和旅馆、地面交通服务、景点和娱乐运营商都属于中小企业范畴。互联网可以通过支持旅游中小型企业,来帮助增强目的地的经济可行性。

IT 技术可以通过以下方式影响小型企业和本地企业家的发展:
- 金融资本(financial capital):通过与贷款机构(例如小额信贷银行和机构)进行在线交流;
- 人力资本(human capital):通过远程学习和认证所需的流程,增加对新技能的知识;
- 自然资本(natural capital):提供在线访问政府政策的机会;
- 社会资本(social capital):培养直属社区以外的人脉关系;
- 有形资本(physical capital):通过游说提供基础设施,包括数据和电信基础设施(Nadkani,2008)。

这五种类型的资本有助于通过电子网络提高中小型本地旅游企业的电子化程度,从而在地方层面在公司之间建立更多的联系。这将支持他们在 B2B 商业、B2C 商业和集体营销计划中的行为,进一步减少地方所需的进口货物数量并创造进口替代品,以此增加经济乘数。电子商务可以通过解构旅游价值链,使收入更逼近实体供应商。

中小企业数字化面临着许多挑战。第一,中小企业可能很难找到投资来运营IT。第二,由于缺乏时间和熟练的技术人员,学习如何使用技术也可能是一个困扰。研究表明,提高中小型企业管理人员对网络技术的了解和熟练程度尤其重要。第三,乡村和偏远地区的中小型旅游企业可能缺乏金融和技术基础设施,所以在处理线上支付(特别是国际客户的在线支付)时,存在一定的困难。第四,许多非英语国家的中小型旅游企业在编程语言方面存在问题。通常,计算机软件不是用当地语言编写的,服务器也可能不识别英语。非英语国家的中小企业可以采用一些技术来解决这种多语言问题,进而访问互联网(Ho,2002)。

许多因素影响中小型企业使用IT。如图12.4所述,它们可以分为推动和拉动两个因素。

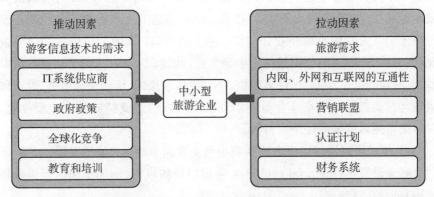

图12.4 决定中小型企业使用IT的推动和拉动因素(改编自Buhalis,2003,p.143,经版权所有人Pearson Education许可)

拉动因素(pull factors)与中小型企业在接受新技术时可以享受的机会有关。包括游客的额外需求、增加与内网和外网系统的连接机会、通过财团或营销联盟与其他行业互相合作沟通的能力、认证提供的好处以及采用某些财务系统。相反,推动因素(push factors)与不使用技术的威胁有关。其中一些是懂技术的游客的新需求,影响中小企业运营的新政府政策,IT供应商向他们推荐的技术革新,全球市场竞争、战略合作伙伴使用IT的影响或旅游业员工的教育和培训的新水平。

联合国贸易和发展会议(UNCTAD)提出了一项关于IT促进全球可持续旅游业的著名倡议。这项名为"电子旅游"的倡议,通过使用IT协助发展中国家的旅游企业进入旅游市场。这项以需求为导向的倡议侧重于开发和实施基于IT的工具,通过加强地方在全球市场上的机构和人员能力,以及促进地方参与控制和帮助社区开发国际市场。数字鸿沟(digital divide)描述了发达国家、发展中国家和小岛屿国家之间,在技术基础设施方面的差距和在旅游业之间的差距是相同的。与国际游客建立联系非常必要,它激励一个地区学习更多的技术。随着发展中国家技术水平的提高,有时它们会"跨越式"(leapfrog)地采用技术。当发展中国家在传统计算机系统上"跨越"并采用更多现代技术时,就会发生跨越式发展(Hashim et al.,2014)。

为目的地创建在线平台可以使中小型企业更具知名度。Destinet是根据欧洲环境署的一项倡议创建的,欧洲获取可持续旅游信息的唯一门户(ECOTRANS,2013)。它提供了有关可持续发展、旅游产品信息、旅游知识资源以及中小企业的交流平台。该网站上的信息经过了质量评估和精心筛选,内容包括地图,新闻公告,相关主题的链接、认证、景点和旅游经营者的信息。

最近,旅游业共享、合作经济的增长对一些目的地的可持续性产生了积极影响(Dredge & Gyimóthy,2017)。共享经济的概念源于非货币化的共享和赠予,爱彼迎和优步通过数字媒介进行的货币化交易被认为是共享经济在旅游业中的巨大成功。共享经济以其真实的形式,真正地共享旅游资源(自行车、房间等),并增加了目的地的可持续性。欧洲第一个共享城市——阿姆斯特丹——是一个实现共享经济理念的典范。在阿姆斯特丹,当你到达后,作为一个旅游者,你可以共享或租用任何你需要的资源。这是阿姆斯特丹采取的一项能够最大限度地减少目的地资源消耗的举措。值得注意的是,例如,爱彼迎和优步的推出可能会对目的地产生一些负面的社会经济影响。(1)随着越来越多的房屋进入度假租赁市场,当地人的房地产市场价格可能变得过高。(2)乘坐优步的游客安全可能会受到损害。

旅游业机构使用的供应链也会影响目的地的可持续性,必须谨慎管理(Ali & Frew,2012)。可持续供应链管理(sustainable supply chain management)中有许多阶段必须注意,如,可持续产品或服务的设计;从坚持可持续做法的供应商那里进行可持续采购;可持续生产;产品或服务的可持续分配(Sigala,2008)。

目的地应确保供应链成员实践环境和社会可持续性(social sustainability)传播的积极影响。例如,一家绿色酒店可能只希望与经认证具有可持续性的供应公司(食品供应商、洗衣店、家具制造商)进行贸易。另一个例子是"旅游运营商倡议"(TOI),这是由旅游运营商组成的财团,可确保其供应商采用可持续性的管理方式(Tour Operators Initiative,2013)。他们的网站提供了有关可持续性供应链管理最佳做法的信息,以及有关如何将可持续性标准纳入供应商合同的建议。此外,建议旅行社在其财务程序中应用可持续原则,制定对环境和文化影响最小的旅行,选择将可持续做法纳入其业务的供应商,并使用当地导游。

12.3.2 就业质量和能力建设

一个可持续的目的地需要高素质的员工,这些员工需要高水平薪水、工作满意度、培训、工作条件和晋升机会。旅游就业也必须在年龄、性别、种族和其他方面一视同仁。IT部门在改善就业、教育和培训以及总体能力建设方面有很大贡献。吸引最聪明、最优秀的学生参加旅游研究是提高旅游质量的重要途径。这些学生往往精通技术,并希望在可以进一步发展其IT技能的公司工作。

在线学习计划可以提高员工在旅游业中的素质和满意度。管理者和员工都可以从许多学校、学院和大学提供的在线课程中学习。大规模在线公开课程(massive open online courses,MOOCS)的发展为有互联网的地方提供了教育机会。这些课程是免费的,对任何想学习的人开放。

以旅游和酒店业为重点的课程数量不断增加,在国际IT和旅游联合会上可以找到一份完整的清单。发展中经济体的可持续旅游业利用这些技术提升社区和员工的能力具有巨大的潜力。

许多其他的可持续旅游组织也提供了在线学习平台。下面重点对三个组织进行简要概述。第一个是发展迅猛的可持续旅游教育网络(BEST教育网络)。国际旅游教育工作者小组设计了与可持续旅游业各个方面相关的模块,这些课程模块可以在线发布或在书籍和期刊中发布。在可持续旅游中提供在线学习的第二个平台是国际生态旅游协会(TIES)。TIES在其网站上提供了一个"旅游与社区发展"的网络研讨会模块。网络研讨会的主题是建立牢固的合作伙伴关系和活跃的供应链,发展当地福祉。它还提供面对面的研讨会和可持续旅游管理证书(International Ecotourism Society,2013)。第三个提供在线培训机会的平台是热带雨林联盟(Rainforest Alliance,2013)。他们的课程主要针对旅游专业人士,为旅行社、酒店、餐厅和运输公司提供特殊的课程和认证规划。

本章小结

旅游目的地和旅游企业变得更加可持续的前提，需要具有不断的接受教育、加强监督和增强协作的能力。本章阐述了一些用于环境、文化和经济可持续性的技术，以及在寻求可持续性过程中围绕这些技术的实施问题。为了使目的地朝着更加可持续的方向发展，需要建立协作网络、建立社会资本和环境的完整性。本章介绍了技术的许多应用，包括互联网、手持设备、全球定位系统、地理信息系统、基于位置的服务和环境管理系统，以及如何利用这些技术来提高目的地的可持续性。有些技术可以教育游客并帮助他们做出更可持续和负责任的选择，这对于减少旅游业的负面影响也很重要。毫无疑问，随着系统变得更加智能化和经济实惠化，未来将有更多创造性的方法将 IT 技术用于实现可持续发展目标。

关键术语

增强现实 augmented reality，生物多样性 biodiversity，碳计算器 carbon calculator，公民科学家 citizen scientists，社区信息学 community informatics，社区福祉 community well-being，计算机辅助设计 computer aided design(CAD)，计算机模拟 computer simulation，众筹 crowd funding，众包 crowdsourcing，文化和遗产 culture and heritage，网络跟踪 cyber tracking，目的地管理系统 destination management system(DMS)，数字鸿沟 digital divide，无人机旅游 drone tourism，经济影响分析软件 economic impact analysis software，经济可持续性 economic sustainability，环境管理系统 environmental management system(EMS)，环境纯净 environmental purity，环境可持续性 environmental sustainability，游戏化 gamification，地理信息系统 geographic information system(GIS)，全球定位系统 global positioning system(GPS)，人权 human rights，土著社区 indigenous communities，信息不对称 information asymmetry，智能交通系统 intelligent transport system(ITS)，最后一公里连接 last-mile connectivity，跨越式技术 leapfrog technology，地方增权 local empowerment，基于位置的服务 location-based service(LBS)，大规模在线公开课程 Massive Open Online

Course(MOOC),生态完整性 physical integrity,旅游扶贫 pro-poor tourism,拉动因素 pull factors,推动因素 push factors,资源效率 resource efficiency,场景设计 scenario-based design,中小企业 small and medium-sized enterprise(SME),社会资本 social capital,社会企业 social enterprise,社会企业家 social entrepreneurs,社会公平 social equity,社会可持续性 social sustainability,社会文化可持续性 socio-cultural sustainability,利益相关者参与 stakeholder engagement,可持续发展 sustainable development,可持续供应链管理 sustainable supply chain management,可持续旅游 sustainable tourism,旅游科学家 tourism scientists,虚拟现实 virtual reality,虚拟旅游 virtual tourism,旅游志愿者 voluntourist,天气和气候变化系统 weather and climate change system。

1. 游客成为目的地的公民科学家需要什么样的数字基础设施?
2. 中小型企业在数字时代可持续利用技术方面面临哪些特殊需求和挑战?
3. 如何为旅游目的地的土著社区提供 IT 支持?列举有关技术如何改善土著社区福祉的示例。
4. 确定使用基于位置服务的特定旅游目的地或保护区。这些服务如何改善目的地的可持续性?
5. 寻找以目的地环境完整性为重点的目的地管理系统。描述这些功能及其可能的影响。

ICONEM 公司

世界文化遗产因为有着人类丰富的文化底蕴,正日益成为游客观光游览的重点。然而,它们却在许多方面受到威胁。大规模的旅游业使它们加速衰退,气候变化破坏了它们的结构,在一些地区,武装冲突也在摧毁它们。现如今,对他们的保护比以往任何时候都更加重要——不仅对于当今的旅游业来说,对于子孙后代也是如此。

现在的技术可以帮助保存和记录这些宝贵的资源。ICONEM是一家总部位于法国的公司,它正在利用无人机大规模的扫描和3D视频逼真的质量,制作世界文化遗产珍贵的数字复制品。这些技术创造了世界历史遗址的数字复制品,将其记录下来以供子孙后代使用,并倡导全社会对其进行保存和欣赏。他们与联合国教科文组织、各国政府、地方当局、巴黎卢浮宫等博物馆以及各种信托机构合作,创建3D模型、进行博物馆展览和开展这一技术领域的培训。

ICONEM公司在伊拉克、阿富汗和叙利亚做了很多工作,用数字的方式记录了因遭受战争和疏忽而面临危险的文化遗址。尤其是在叙利亚,他们制作了非常著名且文化价值极高的巴尔米拉遗址及其博物馆的数字复制品,遗憾的是,这座遗址被摧毁了。无人机扫描的数据也可以用来提供发生抢劫地点的信息。ICONEM公司将这些数据与艺术品市场中出现的物品信息进行比对分析,从而帮助政府识别抢劫者并遏制这种行为。以下网址可以查看古代建筑和文物的各种3D模型:https://sketchfab.com/iconem/models。有关他们在叙利亚的站点的数字化重建视频,请访问:http://youtu.be/x0p7iVvdAHY/。

诸如此类以各种形式利用IT的力量,保护、保存和重建宝贵的文化旅游资源,值得所有旅游规划者关注。

研究问题

1. 观看上面提到的YouTube视频,描述一个你熟悉的可以从这项技术中获益的历史或自然旅游景点。解释原因。

2. 无人机技术和3D视频还能通过哪些方式增强旅游业的可持续性?

第 13 章　IT 与旅游业的未来

- 确定会影响旅游业未来的关键技术；
- 了解各种 IT 的发展与游客和旅游业之间的关系；
- 理解并预测技术如何影响旅游业的战略、运营和结构变化。

引言

自 20 多年前互联网被商业化以来，社会和旅游业的本质在很多方面发生了变化。如前几章所述，社会技术系统内部和系统之间存在着重要的相互作用，这些系统中的行动者相互影响，导致了系统本身结构的变化。正如我们所了解到的，已经有很多研究试图在旅游活动和旅游业中了解 IT。随着科技的不断进步，本书最后讨论未来影响游客使用 IT 的因素，以及这些因素是如何影响新技术和行业发展的。

世界经历了重大的社会、经济和环境的变革，许多变革使旅游业发生了转变。本章中没有详细讨论这些事件，而是简要地介绍了它们在塑造旅游业基础系统方面的重要作用。可以说，最重要的是中国在世界经济和政治体系中领导地位的崛起。随着中国、俄罗斯、印度和巴西（BRIC）的发展壮大，韩国、印度尼西亚和委内瑞拉也重塑了世界旅游的空间格局。

在全球人口和经济发生剧变的同时，世界也受到了恐怖主义战争的打击。全世界对恐怖主义的反应是强烈的,许多政府通过了新的法律来打击恐怖主义。尤其是德国颁布的两项法律,一项法律限制资助恐怖组织,而另一项法律批准各个组织收集相关情报。美国成立了国土安全部,《美国爱国者法案》为打击恐怖主义提供了额外的权力。全世界立即对这一"新"威胁做出反应,因此,大多数国家对旅游业所寻求的"开放领空"设置了新的障碍。这些发展也对旅行组织使用的安全和治安系统产生了影响。

社会、经济和政治结构的变化是沿着地理边界进行的,而且与代际有关。婴儿潮一代出生的群体已经开始退休,年轻一代则关注市场的调整。"婴儿潮一代"建立了大型游轮和退休社区。然而,随着经济压力的增加,许多老一辈人还没有退休,而许多年轻一代人也不希望生活在工作主导的世界。研究表明,由于计算机技术对科技和经济的影响,"Y 一代"游客的价值观、态度和行为与前几代人截然不同(Benckendorff et al., 2010)。由于年轻一代对更个性化、更真实的体验更感兴趣,所以旅行的性质与前几代人有很大的不同。

全世界民粹主义的兴起和后真相时代的到来,都在质疑技术在提供信息方面的作用。在传统新闻媒体、社交媒体或假新闻网站上发现的"虚假新闻"正在引起公众的不信任、冲突以及对新闻真实性的偏离。Facebook、谷歌和其他平台正在采取打击虚假信息的措施。现今,模拟人类声音和图像已经成为可能,这意味着,从根本上来说没有什么可以被认为是真实的。虽然这严重违反了公众的信任,但其涉足的领域比旅游业大得多。尽管如此,我们的行业也不能避免其影响,应该建议游客们提防并检查信息来源的准确性。

另一项变化是欧盟的《通用数据保护条例》(GDPR),它需要游客同意其收集数据并存储在与旅行相关的数据库中。客人可随时撤销此协议,并有权访问其个人数据和了解处理个人信息的方式。这使得真正需要提供更多个性服务和游客数据隐私之间的关系更为紧张。

欧盟及其共同货币是一个重要的金融背景;大萧条和许多国家的金融结构调整是另一项背景。环境变化是一种更为重要和持久的变革力量。尽管有些人对人类引起气候变化的现实表示怀疑,但许多旅游组织认识到,必须遵循可持续旅游的基本原则。这些重要的社会、政治和环境事件对世界产生了持久的影响,从而重塑了旅游业的性质以及旅游同 IT 的关系。

13.1 技术使用的良性循环

图 13.1 技术使用在旅游中的良性循环

技术使用的良性循环(virtuous cycle of technology use)可以被描述为技术开发和再开发的过程(见图 13.1)。该框架基于许多概念基础,包括系统理论和结构理论,其中游客群体是与技术系统和行业互动的开放系统,从而导致持续发展(Giddens, 1976)。这一过程的另一个概念基础是第 2 章中讨论的创新理论的传播,该理论解释了新思想和技术在整个社会传播的方式及原因(Rogers, 1962)。影响新技术传播的四个主要因素是:创新、交流、时间和社会制度。一旦创新被广泛采用并达到临界量,其将具有自我可持续性。采用者可以用五个类别来描述,即创新者、早期采用者、早期大众、晚期大众和落后者。

创新的扩散在不同的文化和领域中以不同的方式表现出来,采用者的类型和创新决策过程具有高度的主观能动性。因此,良性循环由三组"参与者"组成,他们构成了用于日常体验的技术发展中的反馈循环。这种利用"溢出"来进行旅行规划的过程,使游客能够应用新的渠道,转而对他们的体验进行评估。然后,评估过程的结果要么加强,要么减少这项技术在未来旅行中的用途。

如图 13.1 所示,三个重要的驱动因素直接影响了旅行规划行为的循环演变。重要的是,对于很多人来说,互联网是外部存储器,包含了大量的信息。谷歌和其他搜索引擎之类的工具提供了对这一海量信息的即时访问,因此,个人在日常生活中越来越依赖它。在旅游业中,景点门户网站和在线分销渠道提供了用于促销和与交易相关的信息。近年来,社交媒体的巨大增长改变了在线交流的方式和旅游域的构成(Gretzel & Yoo, 2008; Xiang & Gretzel, 2010)。事实上,如前几章所述,与旅游相关的社交媒体已经影响了旅游信息的搜索和共享行为,并因此调整了游客对旅游产品和旅游景点的感知和互动方式(Tussyadiah & Fesenmaier, 2009; Sigala et al., 2012)。最后,移动计算的最新发展,特别是智能手机及其旅游应用程序的出现,解决了游客对信息和通信的情景需求,并在旅游决策中变得越来越重要、有效(Wang et al.，2012)。

13.2 旅游 IT 的发展趋势

变革的力量(技术、社会、经济和环境)从根本上改变了游客体验的方式和目的地市场营销的方式,转而影响旅游业的发展和衡量其成功与否。这种重建在很多方面得到证明,最引人关注的是格雷泽尔(Gretzel,2010)的一篇文章,其使用了网络的概念作为隐喻来描述从根本上改变旅行体验的各种系统。研究者们(MacKay & Vogt,2012)认为,在我们的行为方式、技术使用和旅行体验方面存在着巨大的溢出效应(spillover effect),这一效应将我们的日常生活联系在一起。这两篇文章是必要的阅读材料,因为它们清楚地解释了新的旅游行为模式、新的产品设计模式、新的研究和评估模式,进而建立了旅游体验新范式。

现今的旅行与 20 世纪 60 年代中期开始的大众旅游大不相同。实际上,旅行的变化应证了研究者们(Gretzel et al.，2000)提出的"变化阶段"模型。特别是,技术使用的前两个阶段会扩大活动范围,但不一定会改变特性。只有在第三个阶段,我们才能看到旅行特性的真正结构变化。最近由研究者(Turkle,2011)撰写的一本书反映了这些观点(Gretzel,2010;MacKay & Vogt,2012),即他们认为现在旅游行为中存在着重要的结构性变化:游客倾向于将日常生活延伸到旅游中;更多地参与到旅游体验的共同创造和管理中,并与他人分享;在寻求真实体验的过程中更加专注和富有创造力。更多旅游共同创造(co-creation)体验的研究(Correia et al.，2017)出现。现今的游客似乎也能更好地适应当地的环境,通过使用移动技术来支持他们对当地、人员和过程的理解。

这些新概念表明了重塑旅游业的许多条件。首先,今天的游客并不能简单地看作是技术使用者,而应将其看作技术支持网络(technology-supported networks)中的积极合作伙伴,网络由本书中讨论的众多信息空间组成,这些信息空间支持游客的信息活动。因此,互联网不再是一个单一的电子商务平台;相反,其提供了无数的网络和平台来争夺游客的注意力和消费能力。

其次,技术支持的网络是基于社会和社区的。事实上,从互联网成为公共和商业基础设施的那一刻起,旅游信息就一直存在;游客聚集在虚拟场所分享旅行经验。Web 2.0以及支持用户生成内容的工具和平台的爆炸式增长,进一步为与旅游相关的社交互动提供了网络,并以网络为媒介在同行游客和消费者之间创建、传播和分享口碑。因此,旅游营销已经转向参与和成为在线对话的一部分。

最后,对许多人来说,手机远不止是一种通讯工具或日常生活的配件,其已经成为生活甚至人生不可分割的一部分。同样,这些设备加强并鼓励人们参与移动社交网络。因此,社交网络和信息的使用已经成为移动互联网的主要组成部分之一。

以下十个趋势为IT在旅行业中的未来提供了一些见解。第一个趋势着重于人工智能的发展和计算机创新设计的持续重要性;接下来的四个趋势着重于游客对各种发展的反应;而最后五个趋势与分析、机电、材料技术、连通以及融合等更广泛的技术发展有关。

13.2.1 趋势一:无处不在的人工智能

许多未来主义者得出结论,在IT真正使社会从其力量中受益之前,还有许多工作要做。在《未完成的革命》中,作者得出的结论是,"计算机的真正效用和信息革命的真正价值仍在前方"。他进一步写道,"在过去的20年里,社会已经进化到适应计算机和……生产率的提高更像是炒作而非现实"(Dertouzos, 2001, p. 6)。他认为,只有当计算机技术变得更加以人为中心时,即当技术适应人类的需求和生活方式时,才能实现真正的利益。他表明信息设备(专注于特定任务并通过互联网或无线技术连接的计算机系统)是无处不在的以人为中心的人工智能基础。

看起来新兴技术正变得足够强大,可以在人类经验的框架内增强个人能力,而不是围绕计算机设计师的需求定义人类行为。主流旅游技术的示例包括:提供旅游推荐系统的网站和应用程序、虚拟现实、谷歌地图和谷歌街景等,以及三星智能手表、谷歌眼镜、耐克运动腕带(Nike Fuelband)和奥力克滑雪护目镜(Oakley Ski Goggles)等可穿戴式计算机。语音识别和语义搜索功能的进步也使人类能够以更自然的方式与机器进行交互。

许多与旅游相关的网站都提供了一些基本的推荐系统,包括 ski-europe.com、travelocity.com 和 TIScover.com。这些系统的设计目的是帮助游客,同时也为了吸引游客,引导他们去参观新的和不同的地方。如前所述,虚拟现实和增强现实使游客能够在出行前获得各种旅行体验。这项技术正在与博物馆和景点内的导游结合,以提供更丰富的体验。从本质上说,这些辅助手段可以解释任何事物——从博物馆或美术馆到城市或地区。此外,如第8章所述,GPS支持的旅行导航系统更充分地集成到汽车中,更值得注意的是,可穿戴设备,如运动设备和护目镜,可帮助滑雪者在斜坡上导航。考虑到这些新系统,很容易想象新的环境感知系统在共享和创建虚拟和真实体验时,与他人的积极互动。

展望未来,许多未来学家已经推测了一个被称为奇点(the singularity)的事件。在第1章中,我们介绍了摩尔定律——计算机中晶体管和集成电路的数量大约每两年翻一番的预测。到目前为止,情况一直如此,虽然计算机功能的增长可能正在放缓,但计算机仍将变得越来越快,功能越来越强大。技术奇点是人工智能超越人类智能的要点(Kurzweil,2005)。摩尔定律的推断表明,奇点在2017年至2112年间发生的概率为80%(Armstrong,2012)。当人类不再是地球上最聪明的物种时会发生什么?来自IT、哲学、心理学和社会学等多个领域的学者都在思考奇点的含义,但目前还不清楚这种变化对人类是有益还是有害。一种观点认为,人类将利用这些技术作为工具来提高自己的能力,最终人类和机器之间不会有区别(Kurzweil,2005)。虽然这是一个假设的场景,但通过使用移动技术和增强现实技术,人类和人工智能的混合(hybridization)已经开始出现。毫无疑问,随着计算能力和智能化的不断增强,考虑它对旅游体验的意义将变得越来越重要。

13.2.2 趋势二:信息碎片化

游客使用互联网的方式越来越分散,导致传统主要旅游产品领域的竞争进一步加剧。这一趋势表明,餐饮、购物和票务服务等次要产品的增长,为企业提供了开发新产品组合以获得市场份额的机会。这种趋势对景点的影响尤其大。有一种风险是,随着景点网站的减少,目的地管理组织(DMO)的重要性将继续降低,而且一旦选择了景点,游客进一步查找特定景点信息的可能性将降低(见研究见解)。这是由于旅行分销系统及其他渠道(如在线旅行社和社交媒体)和移动互联网接入的增长造成的信息碎片化。由于以下各项的发展,目的地正在丧失与游客有效沟通的能力:

- 各种在线系统(如GDS和CRS)控制着大部分的酒店、航空公司、游轮和活动市场;

- 谷歌和 Kayak 等搜索引擎增加了其在在线搜索市场中的影响力；
- 旅游社区网站和其他形式的用户生成内容（如猫途鹰、Facebook、Instagram）越来越受欢迎，因为游客可以克服营销人员试图影响其旅游决策的干扰。

像目的地管理机构这样的组织必须通过提供更具相关性和更具竞争力的服务，或将其重点转移到支持其他直接与访问者联系的组织来重建其在线身份。信息的碎片化也为其他组织创造了机会，帮助游客找到更多相关信息。

13.2.3 趋势三：数字弹性

正如我们已讨论的内容，一个重要的增长趋势是从静态和僵化的旅行计划转变为动态和不断发展的旅行计划。也就是说，传统的观点认为，信息搜索将确定问题的最佳解决方案，而该解决方案受游客、时间和财务约束等因素的限制。然而，由于移动技术的普及和对世界的接触，旅行计划变得更加开放、流动和分散。这种数字弹性（digital elasticity）消除了工作和娱乐之间的界限，意味着游客在探索不同的地方时仍然与日常生活保持电子联系(Pearce, 2011)。移动技术使组织能够将发布、实时通信、广播和小范围播放融合在一起。此外，技术的进步正日益产生"混合体验"，将虚拟内容、社交空间与物理世界结合起来。

互联网的特殊之处在于，消费者和企业都可以与媒体互动，向媒体提供内容，进行一对一或一对多的交流，与其他媒体相比，互联网更直接地控制了他们的交流方式。使用这些能力可以与客户建立更深入的关系，并使商品和服务更加个性化。此外，值得注意的是，在线视频在旅游规划中的作用越来越大，表明游客从这些线下渠道寻求产品建议，这可能会创造一种"精品"购物体验。

13.2.4 趋势四：用技术讲故事

游客将越来越多地从体验的角度来评价产品，而不是从价格和可用性等客观方面来评价产品。旅游组织应关注使产品消费最具吸引力的体验，即五官感觉(Schmitt, 1999)。有效的体验营销是体现感官和情感的，其将消费视为一种整体体验，并承认消费者既可以是理性的，也可以是感性的，或者两者兼而有之。传统营销基于消费者行为、产品特征和利益，而体验营销则是基于对消费者体验的理解、个性化的需求和激发创造性体验的能力。

游客会期望广告和体验既有娱乐性、刺激性又提供信息。重要的是,品牌不再仅仅被视为标识,而是通过唤起感官、情感、创意和与生活方式相关的联想,成为体验的源泉。因此,讲故事(storytelling)的重点模糊了景点、广告、购买和使用(景点的活动)之间的边界,因为其将景点和旅行体验融合在一起。事实上,遵循先前的趋势,游客很快就能创造出无缝的"故事",使他们像在博物馆或美术馆中一样解读并体验这些地方。

13.2.5 趋势五:技术武装下的智慧游客

IT 使游客能够控制共同创建和品牌塑造的过程。有能力的游客在做出消费决策时是独立的,他们喜欢与不同社区的成员分享他们的旅行经历。重要的是,时间和信任的日益匮乏将意味着数字游客将更加依赖电子口碑和志同道合者的专业意见。

智慧旅游社区是品牌社区或共同利益社区,可以想象,涉及有限责任,并专注于特定的消费习惯。聪明的游客会根据个人相关性浏览信息,忽略不相关的广告。因此,他们更加关注那些征求消费者许可并与消费者建立长期关系的组织。作为回报,用技术武装自己的智慧游客期待高度个性化的服务。当这些游客达到心理平衡的精神状态,注意力就会达到顶峰,并且重点会转移到整体旅行体验上。

13.2.6 趋势六:大数据和分析

新的经济和政治环境迫使旅游组织审查其核心职能,并考虑根据新的业绩指标分配预算的替代战略。基于"直觉"的旧策略已经被基于测量和基准的各种新范式所取代。通过标杆管理评估目的地竞争力、组织结构和服务质量一直很重要。

国际目的地营销协会(DMAI)、加拿大旅游局(现称为加拿大旅游委员会)、澳大利亚旅游局、欧洲旅游委员会和欧洲城市营销(ECM)等主要旅游组织,正在制定支持景点评估所需的指导方针和工具。例如,国际目的地营销协会制定了一系列措施来评估(和测试)组织内系列活动的绩效。加拿大旅游局为加拿大旅游业提供尖端工具,支持知识创造,包括在线图书馆和互动工具,以获取在线营销数据,并促进全国各地旅游公司/组织之间的联系。同样,澳大利亚旅游局开发了一个工具箱,使目的地能够研究和评估其营销战略。

现在各种各样的系统都在收集数据,例如游客如何看待他们的酒店住宿、他们在哪里吃饭以及他们参观的地方。事实上,欧洲的主导城市,如阿姆斯特丹和巴塞罗那,现在是 IBM 努力创建智慧城市的一部分,在这些城市中,他们积极地营销并管理到达他们城市的游客。旅行通过旅途中众多的"接触点"创造了大量的数据,游客在产品搜索、评论、购买以及与家人和朋友分享体验的基础上留下"踪迹"。游客周围的网络包含了获取和生成大量消费者数据的系统。

这些收集和分析大量大数据(big data)的新功能正引领非常复杂的营销和管理系统的发展。例如,目的地和旅游组织现在通过在社交媒体搜索查询,监测消费者对其产品和品牌的看法,来从事品牌和声誉管理。点击量数据可用于预测目的地的游客数量,甚至酒店收入;收集、分析和翻译游客的推文;收集地理位置数据来确定目的地内的流动模式、偏好和忠诚度水平。因此,支持各种度量(以谷歌分析为代表)的新系统,使旅游组织能够更好地了解游客居住地和生活方式、用于计划旅行的信息,以及游客在旅行前、中、后与谁分享他们的体验。

这些业务分析应用程序通过增强客户智能、改进业务流程以及最终制定新战略应对日益激烈的竞争环境,来支持这一新范式。我们展望未来,最重要的趋势之一是旅游业将使用这些数据来设计极其个性化的体验。此外,它会开始开发更多以游客为中心的客户管理(CRM)程序,从本质上来说,这实现了利用互联网和相关 IT 来实现游客梦想的愿景。

13.2.7 趋势七:智能机器

环境智能和人工智能的发展趋势与机电工程中并行硬件的开发密切相关。在这本书中,我们介绍了机器人在旅游业中的几个应用,从电子汽车和无人驾驶汽车到行李处理机器人。机器人技术的扩展是利用机电一体化技术创造出机械、电子和计算相结合的混合系统。创造难忘旅游体验所需的许多工作都可以自动化。未来无人驾驶汽车对旅游业的影响将是巨大的。虽然法律问题仍在研究中,但游客很可能会急切地使用无人驾驶汽车,特别是在不熟悉的目的地,这样他们就可以更轻松地导航旅程。虽然旅游始终是一个以人为本的行业,但人工智能和机电一体化(mechatronics)的进一步发展,将在酒店、景点、机场和其他旅游环境中产生新的后台和前台应用。

我们已经开始看到在机场、旅馆和景点中使用生物识别技术。想象一下在一家酒店，智能机器人可为客人办理入住，并负责大部分的清洁和行李处理工作。这一愿景与入住 Yotel 酒店的经历相差不远。

13.2.8　趋势八：材料技术

技术创造在旅游业中应用新的材料。尤其是纳米技术（nanotechnology）领域的进步将产生更强、更轻、应用范围更广的新材料。新材料[如石墨烯（graphene）]重量轻、柔韧、耐用，可用于移动显示屏、电路、太阳能电池、储能器、飞机机身和地面运输应用的开发。这些材料进一步支持移动设备的小型化，从而提高了便携性，或者说，有更多的空间容纳功能。它们还将使能源的收集和存储效率更高，为可持续的旅游业创造未来。另一个应用是智能曲面的契机，其可以改变颜色以符合客户的偏好。未来可能会改变酒店房间墙壁和家具的颜色，为客人提供个性化的体验。一些纳米技术非常小，可以用来覆盖各种物体和表面，使它们能够与智能设备交互，从而进一步实现技术和"物联网"的普遍性。

13.2.9　趋势九：开放系统

智能系统的一个主要限制是，旅游业不同组织创造的各种技术和系统无法相互"对话"。不同的系统是不兼容的，因为它们使用不同的语言或架构。然而，有一种趋势是开放系统（open systems），使互用性、便携性和开放软件标准成为可能。开放系统和标准是释放大数据巨大潜力和简化旅游业中使用的许多信息密集型流程的关键。从国际航空运输协会（IATA）的新分销能力（NDC）等工作中可以看到这一趋势。开放系统的趋势会促进目前不相交互的各种信息系统之间的跨平台兼容性、开源访问和互用性。游客们会期望这些系统能够自动交换数据，而无需人工干预。正如书中前文所讨论的，随着加密货币的普及，区块链技术的引入将使数字交易更加安全、可信，从而影响未来的旅游业。

研究见解：旅游和酒店业中消费者对机器人的评价

许多人已经预见到人工智能和机器人技术的使用将极大地改变旅游业和酒店业。所预想的变化不仅出现在后台的生产流程中，还出现在客户服务领域。机器人是一种智能的物理设备,具有移动能力和执行各种任务的感观能力。研究者们(Stanislov et al.,2017)详细列出了当前机器人在旅游业和酒店业中的应用。该列表包括酒店、餐厅、会议和活动、主题公园和游乐园、汽车租赁、机场、旅行社、旅游信息中心、博物馆和画廊等子领域中的大量应用程序。

该研究见解基于学者们(Tussyadiah & Park,2018)的研究,重点关注服务环境中人机交互的重要问题。

顾客喜欢服务型机器人吗?他们愿意使用这些机器人吗?他们如何与服务型机器人互动?具体地说,其试图了解消费者对酒店服务机器人的评价,并确定消费者对不同类型机器人的反应是否不同。这项研究使用了两种不同类型的机器人:前台接待机器人和客房服务机器人。

这项研究表明,人类天生就容易被具有面孔和类似人类行为的机器人所吸引。该研究强调了拟人化(类似人类的品质)在机器人设计中的重要性。顾客的注意力也会被机器人显示的文字所吸引。通过使用情感跟踪设备,研究人员注意到顾客在与机器人互动时体验到了一些积极的情感唤起。此外,研究还发现,如果消费者认为机器人除了具有人类特征外,还具有智能性和安全性,那么他们更有可能喜欢与机器人互动。

这项研究深入了解了顾客如何评价服务型机器人,这也是在酒店或其他旅游相关组织考虑引入机器人之前,一个非常重要的问题。其结果也为酒店业未来服务型机器人的成功设计提供了方向。

Tussyadiah, I. P. and Park, S. (2018). Consumer evaluation of hotel service robots. In: Stangl, B. and Pesonen, J. (eds) *Information and Communication Technologies in Tourism 2018*. Springer, pp. 308-320. DOI: 10.1007/978-3-319-72923-7_24

13.2.10 趋势十:融合

我们已经看到技术融合(convergence)如何导致智能手机等设备的出现,这些设备将大量精力集中在微型手持计算机上。这种融合趋势与本章的许多其他趋势相关,包括人工智能、智能机器、开放系统和材料技术。新的技术进步不断地嵌入设备中,以增加设备的普遍性、功能性和感知能力。

尽管游客可能会继续使用各种技术，但他们将越来越期望互用性，以使这些设备能应用于一系列任务。技术融合将支持越来越多的功能，包括通信、信息访问、采购、票务、入场和物理访问、导航、身份验证以及安全和治安。

本章小结

旅游业通过采用一种新的范式来应对各种变化力量，这种范式包含了由游客共同创造引发的创新。这一"问题"曾经被视为无法管控，而现在业界领导者通过广泛使用 CRM 程序、社交媒体/用户生成的媒体、视频、博客和推特以及客户驱动的创新（CDI）来创建新的旅游产品，并越来越多认识到这一战略的"聪明"之处。科技的进步正在创造新材料，使机器和日常用品变得"智能"。朝着开放系统的方向发展会使所有这些技术相互作用，从而为旅行过程提供新的机会。所有这些发展正在融合，进而创造一个大胆的新世界，这个世界可能比互联网和社交媒体的发展更具颠覆性。过去 20 年的革命似乎已经深入人心，现在的技术发展为游客和业界提供了实现几年前想象的未来手段。

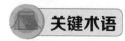

关键术语

大数据 big data，共创 co-creation，融合 convergence，数字弹性 digital elasticity，石墨烯 graphene，混合 hybridization，机电一体化 mechatronics，纳米技术 nanotechnology，开放系统 open systems，溢出效应 spillover effect，讲故事 storytelling，技术支持网络 technology-supported networks，奇点 the singularity，技术使用的良性循环 virtuous cycle of technology use。

问题讨论

1. 在我们面临下一个十年时，社会变革的关键力量是什么？它们与旅游业及其使用 IT 有何关系？

2. 什么是良性循环？构成良性循环的"参与者"是什么？在促进游客使用互联网的过程中，他们如何相互联系？每个参与者的行动有何不同？这与旅游业使用互联网有何关系？最后，这两个作用因素如何影响技术公司开发的产品？

3. 我们在上文谈到了会塑造旅游业的未来十大趋势。这些是短期趋势还是长期趋势？哪个更重要？详细讨论这些趋势如何影响游客和旅游业。

4. IT 在塑造游客未来使用互联网的方式中发挥什么作用？旅游组织如何适应这些变化？

5. 我们简要讨论了技术奇点的概念。请自行研究，了解关于这个想法的更多内容。这对旅行甚至对人类有什么影响？

6. 你认为"虚假新闻"对旅游业是否有危害？如有，解释为什么以及可以采取什么措施减轻这些危险。

参考文献

360cities (2013) Available at: http://www.360cities.net/(accessed 9 June 2018).

Advanced Human Technologies (2013) Strategic social media framework. Available at: http://ahtgroup.com/services/social-media-strategies (accessed 13 June 2018).

Aguiléra, A., Guillot, C. and Rallet, A. (2012) Mobile ICTs and physical mobility: review and research agenda. *Transportation Research Part A: Policy and Practice* 46 (4), 664–672. DOI: http://dx.doi.org/10.1016/j.tra.2012.01.005

Air Transport Action Group (2016) Aviation: benefits without borders. Available at: http://aviation-benefits.org/(accessed 16 June 2018).

Ajzen, I. (1991) The theory of planned behavior. *Organizational Behavior and Human Decision Processes*, 50(2), 179–211.

Alfaro, I., Nardon, M., Pianesi, F., Stock, O. and Zancanaro, M. (2004) Using cinematic techniques on mobile devices for cultural tourism. *Information Technology and Tourism* 7(2), 61–71.

Alford, P. (2006) Global distribution systems. *Travel and Tourism Analyst* 7, 1–46.

Ali, A. and Frew, A. J. (2012) *Information and Communication Technologies for Sustainable Tourism*. Routledge, Abingdon, UK.

Amadeus (2012) *Reinventing the Airport Ecosystem: A New Airline Industry Report*. Amadeus, Erding, Germany.

Anckar, B. and Walden, P. (2001) Self-booking of high- and low-complexity travel products: exploratory findings. *Information Technology and Tourism* 4(3/4), 151–165.

Anckar, B. and Walden, P. (2001) Self-booking of high- and low-complexity travel products: exploratory findings. *Information Technology and Tourism* 4(3/4), 151–165.

Anderson, V. and Johnson, L. (1997) Systems Thinking Basics: From Concepts to Causal Loops. Pegasus, Cambridge, Massachusetts.

Arina, T. (2009) digital ecosystems. Available at: https://www.slideshare.net/infe/digita l-eco systems presentation-913157 (accessed 15 June 2018).

Arlt, W. G. (2006) Not very willkommen: the internet as a marketing tool for attracting German-speaking tourists to non-European destinations. *Information Technology and Tourism* 8(3/4),227–238. DOI: 10.3727/109830506778690803

Armstrong, L., Holme, C., Kasinath, G., Sehovic, A., Vadera, Y., LeCoultre, G. and John, B. (2008) *An Investigation into the Incorporation of Leading Edge Mobile Technologies in the Recreational and Adventure Tourism Industries.* CRC for Sustainable Tourism, Gold Coast, Australia.

Armstrong, S. (2012) *How we're predicting AI.* Available at: http://fora.tv/2012/10/14/Stuart_Armstrong_How_Were_Predicting_AI/(accessed 9 June 2018).

Ashoka (2013) Available at: http://www.ashoka.org/(accessed 9 June 2018).

Athey, S. (2011) Use of the world wide web by the Portuguese accommodation industry. *Information Technology and Tourism* 13(3), 191–204. DOI: 10.3727/109830512x13283928066832

Au, N. and Ekiz, E. H. (2009) Issues and opportunities of Internet hotel marketing in developing countries. *Journal of Travel and Tourism Marketing* 26(3), 225–243. DOI: 10.1080/10548400902925106

Au, N. and Hobson, J. S. P. (1997) Gambling on the Internet: a threat to tourism? *Journal of Travel Research* 35(4),77–81.

Babcock, C. (2011) Four companies getting real results from cloud computing. *Information Week*, 15 January.

Bader, A., Baldauf, M., Leinert, S., Fleck, M. and Liebrich, A. (2012) *Mobile Tourism Services and Technology Acceptance in a Mature Domestic Tourism Market: The Case of Switzerland.* Springer-Verlag, Vienna.

Bagozzi, R. P. (2007) The legacy of the technology acceptance model and a proposal for a paradigm shift. *Journal of the Association for Information Systems* 8(4),3.

Baloglu, S. and Pekcan, Y. A. (2006) The website design and Internet site marketing practices of upscale and luxury hotels in Turkey. *Tourism Management* 27(1),171–176. DOI: 10.1016/j.tourman.2004.07.003

Barnes, B. (2010) Disney tackles major theme park problem: lines. New York Times, 27 December. Available at: http://www.nytimes.com/2010/12/28/business/media/28disney.html?_r=0/(ac-cessed 20 June 2018).

Bean, L. A. and Hott, D. D. (2005) wiki: a speedy new tool to manage projects. *Journal of Corporate Accounting and Finance* 16(5),3–8.

Belch, G. E., Belch, M. A., Kerr, G. F. and Powell, I. (2003) *Advertising and Promotion: An Integrated Marketing Communications Perspective*, 6th edn. McGraw-Hill, Boston, Massachusetts.

Beldona, S. (2005) Cohort analysis of online travel information search behavior: 1995–2000. *Journal of Travel Research* 44(2),135–142. DOI: 10.1177/0047287505278995

Beldona, S. and Cai, L. A. (2006) An exploratory evaluation of rural tourism websites.

Journal of Convention and Event Tourism 8(1),69 – 80.

Beldona, S. and Cobanoglu, C. (2007) Importance-performance analysis of guest technologies in the lodging industry. *Cornell Hotel and Restaurant Administration Quarterly* 48(3),299 – 312. DOI: 10.1177/0010880407304023

Belobaba, P., Odoni, A. R. and Barnhart, C. (2009), The Global Airline Industry. Wiley, Chichester, UK.

Benchmarking CVB website performance: spatial and structural patterns. *Tourism Management* 31(5),611 – 620.

Benckendorff, P. (2006) An exploratory analysis of traveller preferences for airline website content. *Information Technology and Tourism* 8(3/4),149 – 159. DOI: 10.3727/109830506778690867

Benckendorff, P. (2006) *Attractions Megatrends*. Butterworth Heinemann, Oxford, UK.

Benckendorff, P. and Black, N. L. (2000) Destination marketing on the Internet: a case study of Australian regional tourism authorities. *Journal of Tourism Studies* 11(1), 11 – 21.

Benckendorff, P., Moscardo, G. and Murphy, L. (2005) High tech versus high touch: visitor responses to the use of technology in tourist attractions. *Tourism Recreation Research* 30(3),37 – 47.

Benckendorff, P., Moscardo, G. and Pendergast, D. (eds) (2010) *Tourism and Generation Y*. CAB International, Wallingford, UK.

Benckendorff, P. J., Moscardo, G. and Pendergast, D. (2010) *Tourism and Generation Y*. CAB International Wallingford, UK.

Bennett, M. (1999) The role of technology. In: Leask, A. and Yeoman, I. (eds) *Heritage Visitor Attractions: An Operations Management Perspective*. Cassell, London.

Berelowitz, S. (2018) Important mobile bookings stats for hotels in 2018. Available at: http://www.traveltripper.com/(accessed 14 June 2018).

Berne, C., Garcia-Gonzalez, M. and Mugica, J. (2012) How ICT shifts the power balance of tourism distribution channels. *Tourism Management* 33(1),205 – 214. DOI: 10.1016/j.tourman.2011.02.004

Bhatia, M. J. S. (1988) An economic analysis of optimal adoption of aircraft technology in theCanadian airline industry: the case of wide-body jet aircraft. *Dissertation Abstracts International*, A(*Humanities and Social Sciences*) 48(9),2400.

Bhattacherjee, A. and Sanford, C. (2006) Influence processes for information technology acceptance: an elaboration likelihood model. *MIS Quarterly* 805 – 825.

Bilgihan, A., Karadag, E., Cobanoglu, C. and Okumus, F. (2013) Biometric technology applications and trends in hotels. Hospitality Review 31(2),1 – 24.

Biomechancial Institute of Valencia (2013) Available at: http://turacces.ibv.org/

(accessed 9 June 2018).

Blackman, D., Kennedy, M. and Ritchie, B. (2011) Knowledge management: the missing link in DMO crisis management? *Current Issues in Tourism* 14(4), 337-354. DOI: 10.1080/13683500.2010.489637

Boeing (2013) 2014 Environment Report. Available at: http://www.boeing.com/aboutus/environment/(accessed 9 June 2018).

Boland, P. and Johnson, C. (1996) Archaeology as computer visualization: virtual tours of Dudley Castle c. 1550. *British Museum Occasional Papers* 114, 227-233.

Bond, S. C., Brothers, G. L. and Casey, J. F. (1996) Application of the Internet as a tool for enhancing resident involvement for sustainable rural tourism development. In: *Proceedings of Travel and Tourism Research Association 27th Annual Conference*. Travel and Tourism Research Association, Whitehall, Michigan.

Bonn, M. A., Furr, H. L. and Hausman, A. (2000) Employing internet technology to investigate and purchase travel services: a comparison of X'ers, boomers, and mature market segments. *Tourism Analysis* 5(2/4), 137-143.

Booth, C. (2016) AI is checking into your hotel. Available at: http://www.hospitalitynet.org/opinion/4078762.html (accessed 14 June 2018).

Borrego, A., Latorre, J., Llorens, R., Alcañiz, M. and Noé, E. (2016) Feasibility of a walking virtual reality system for rehabilitation: objective and subjective parameters. *Journal of Neuroengineering and Rehabilitation* 13(1), 68.

Bosangit, C., Dulnuan, J. and Mena, M. (2012) Using travel blogs to examine the postconsumption behavior of tourists. *Journal of Vacation Marketing* 18(3), 207-219. DOI: 10.1177/1356766712449367

Bowden, J. L. (2007) The rise of the ICT-dependent home-based travel agents: mass tourism to mass travel entrepreneurship. *Information Technology and Tourism* 9(2), 79-97. DOI: 10.3727/109830507781367375

Boyd, D. M. and Ellison, N. B. (2007) Social network sites: definition, history, and scholarship. *Journal of Computer-Mediated Communication* 13(1), 210-230. DOI: 10.1111/j.1083-6101.2007.00393.x

Braun, P. (2004) Regional tourism networks: the nexus between ICT diffusion and change in Australia. *Information Technology and Tourism* 6(4), 231-243.

Bray, J. (2002) Virtual tutoring in hospitality — a "learnt system" of professional practice. *International Journal of Contemporary Hospitality Management* 14(1), 21-27. DOI: 10.1108/09596110210415088

Brightsmith, D., Stronza, J. A. and Holle, K. (2008) Ecotourism, conservation biology and volunteer tourism: a mutually beneficial triumvirate. *Biological Conservation* 141(11), 2832-2842.

Brown, A., Kappes, J. and Marks, J. (2013) Mitigating theme park crowding with incentives and information on mobile devices. *Journal of Travel Research* 52(4), 426-

436.

Brown, H. (1999) Sex crimes and tourism in Nepal. *International Journal of Contemporary Hospitality Management* 11 (2/3), 107-110. DOI: 10.1108/09596119910250986

Brown, S. A. and Venkatesh, V. (2005) Model of adoption of technology in households: a baseline model test and extension incorporating household life cycle. *MIS Quarterly* 29(3), 399-426.

Brynjolfsson, E. (1993) The productivity paradox of information technology. *Communications of the ACM*, 36(12), 66-77.

Buhalis, D. (1993) RICIRMS as a strategic tool for small and medium tourism enterprises. *Tourism Management* 14(5), 366-378. DOI: 10.1016/0261-5177(93)90005-6

Buhalis, D. (2002) Introduction. Special issue on Information Communication Technologies: Tourism Culture and Art. *Journal of Information Technology and Tourism* 4(2), 75-76.

Buhalis, D. (2003) *eTourism: Information Technology for Strategic Tourism Management*. Prentice-Hall, Harlow, UK.

Buhalis, D. (2003) *eTourism: Information Technology for Strategic Tourism Management*. Prentice-Hall, Harlow, UK.

Buhalis, D. and Amaranggana, A. (2015) Smart tourism destinations enhancing tourism experience through personalisation of services. *Information and Communication Technologies in Tourism* 2015, 377-389.

Buhalis, D. and Foerste, M. (2015) SoCoMo marketing for travel and tourism: empowering co-creation of value. *Journal of Destination Marketing and Management* 4(3), 151-161.

Buhalis, D. and Law, R. (2008) Progress in information technology and tourism management: 20 years on and 10 years after the Internet — the state of eTourism research. *Tourism Management* 29(4), 609-623.

Buhalis, D. and Law, R. (2008) Progress in information technology and tourism management: 20 years on and 10 years after the Internet — the state of eTourism research. *Tourism Management* 29(4), 609-623.

Buhalis, D. and Laws, E. (2001) Tourism Distribution Channels: Practices, Issues and Transformations. Continuum, London.

Campbell, T. (2009) Learning cities: knowledge, capacity and competitiveness. *Habitat International* 33(2), 195-201.

Cao, L., Luo, J., Gallagher, A., Jin, X., Han, J. and Huang, T. S. (2010) *A worldwide tourism recommendation system based on geotagged web photos*. Paper presented at the 2010 IEEE International Conference on Acoustics, Speech and Signal Processing (ICASSP), Dallas, Texas, USA.

Carroll, B. and Siguaw, J. (2003) The evolution of electronic distribution: effects on hotels and intermediaries. *Cornell Hotel and Restaurant Administration Quarterly* 44(4), 38 - 50. DOI: 10.1016/s0010 - 8804(03)90257 - 6

Carroll, B. and Siguaw, J. (2003) The evolution of electronic distribution: effects on hotels and intermediaries. *Cornell Hotel and Restaurant Administration Quarterly* 44(4), 38 - 50. DOI: 10.1016/s0010 - 8804(03)90257 - 6

Cash, J. I., McFarlan, F. W., McKenney, J. L. and Applegate, L. M. (1992) *Corporate Information Systems Management: Text and Cases*. Irwin, Boston, Massachusetts.

Cleveland, H. (1985) *The Knowledge Executive: Leadership in an Information Society*. Truman Talley Books, New York.

Castells, M. (2011) The Rise of the Network Society: *The Information Age: Economy, Society, and Culture*(Vol. 1). John Wiley and Sons, Hoboken, New Jersey.

Cavazza, F. (2012) Social Media Landscape 2012. Available at: http://www.fredcavazza.net/2012/02/22/social-media-landscape-2012/(accessed 13 June 2018).

Chan, E. (2004) An analysis of the gap in the perceptions of hotel marketing managers and business travelers regarding information technology facilities in hotel guestrooms in Hong Kong. *Tourism Review International* 8(1), 17 - 31. DOI: 10.3727/154427204774809538

Chan, S. and Law, R. (2006) Automatic website evaluations: the case of hotels in Hong Kong. *Information Technology and Tourism* 8(3/4), 255 - 269. DOI: 10.3727/109830506778690858

Chathoth, P. K. (2007) The impact of information technology on hotel operations, service management and transaction costs: a conceptual framework for full-service hotel firms. *International Journal of Hospitality Management* 26(2), 395 - 408. DOI: 10.1016/j.ijhm.2006.03.004

Cheong, R. (1995) The virtual threat to travel and tourism. *Tourism Management* 16(6), 417 - 422.

Cheung, M. Y., Luo, C., Sia, C. L. and Chen, H. (2009) Credibility of electronic word-of-mouth: informational and normative determinants of on-line consumer recommendations. *International Journal of Electronic Commerce* 13(4), 9 - 38.

Choi, S. J., Lehto, X. Y. and Morrison, A. M. (2007) Destination image representation on the web: content analysis of Macau travel related websites. *Tourism Management* 28(1), 118 - 129. DOI: 10.1016/j.tourman.2006.03.002

Christensen, C. M., Raynor, M. E. and McDonald, R. (2015) What is disruptive innovation? *Harvard Business Review*, 93(12), 44 - 53.

Cobanoglu, C., Berezina, K., Kasavana, M. L. and Erdem, M. (2011) The impact of technology amenities on hotel guest overall satisfaction. *Journal of Quality Assurance in Hospitality and Tourism* 12(4), 272 - 288. DOI: 10.1080/1528008x.2011.541842

Cobanoglu, C., Dede, P. and Poorani, A. (2006) An analysis of skills and competencies of full service hotel technology managers. *Journal of Teaching in Travel and Tourism* 6(4),19-35.

Connolly, D. J. and Olsen, M. D. (2001) An environmental assessment of how technology is reshaping the hospitality industry. *Tourism and Hospitality Research*, 3(1),73-93.

Copeland, D. and McKenney, J. L. (1988) Airline reservation systems: lessons from history. MIS Quarterly, September, 353-370.

Correia, A., Kozak, M., Gnoth, J. and Fyall, A. (2017) *Co-Creation and Well-being in Tourism*. Tourism on the Verge Series. Springer, Switzerland.

Crabbe, J. (2012) From citizen science to policy development on the coral reefs of Jamaica. *International Journal of Zoology* 2012,102350.

Criteo (2018) Travel Flash Report-Winter 2018. Available at https://www.slideshare.net/CriteoReports/the-criteo-travel-flash-report-winter-2018 (accessed 23 July 2018).

Cruise Lines International Association (2013) *2013 North America Cruise Industry Update*. CLIA, Washington DC. Available at: https://cruising.org/docs/market-research/cruiseindustryupdate-2013final.pdf (accessed 23 July 2018).

D'Ambra, J. and Mistilis, N. (2004) Information resource use and uncertainty reduction at visitor information centres. In: Frew, A. (ed.) *Information and Communication Technologies in Tourism 2004*. Springer-Verlag, Vienna.

D'Ambra, J. and Mistilis, N. (2010) Assessing the e-capability of visitor information centers. *Journal of Travel Research* 49(2),206-215.

Daintith, J. (2012) *A Dictionary of Physics*. Oxford University Press, Oxford, UK.

Darcy, S. (2011) Developing sustainable approaches to accessible accommodation information provision: a foundation for strategic knowledge management. *Tourism Recreation Research* 36(2),141-157.

Davidson, A. P. and Yu, Y. M. (2004) The Internet and the occidental tourist: an analysis of Taiwan's tourism websites from the perspective of western tourists. *Information Technology and Tourism* 7(2),91-102.

Davis, F. D. (1989) Perceived usefulness, perceived ease of use, and user acceptance of information technology. *MIS Quarterly*, 13(3),319-340.

de Souza e Silva, A. (2006) From cyber to hybrid mobile technologies as interfaces of hybrid spaces. *Space and Culture* 9(3),261-278.

Del Chiappa, G. (2013) Internet versus travel agencies: the perception of different groups of italian online buyers. *Journal of Vacation Marketing* 19(1),55-66.

Dellarocas, C. (2003) The digitization of word of mouth: promise and challenges of online feedback mechanisms. Management Science 49(10),1407-1424.

Dertouzos, M. L. (2001) *The Unfinished Revolution*. HarperCollins Publishers, New York.

Deterding, S., Dixon, D., Khaled, R. and Nacke, L. (2011) *From game design elements to gamefulness: defining gamification*. Paper presented at the Proceedings of the 15th International Academic MindTrek Conference: Envisioning Future Media Environments, 28–30 September 2011, Tampere, Finland.

Dichter, E. (1966) How word-of-mouth advertising works. Harvard Business Review 44(6),147–160.

Dickinger, A. and Bauernfeind, U. (2009) An analysis of corporate e-mail communication as part of airlines' service recovery strategy. *Journal of Travel and Tourism Marketing* 26(2),156–168. DOI: 10.1080/10548400902864651

Dickinson, J. E., Ghali, K., Cherrett, T., Speed, C., Davies, N. and Norgate, S. (2014) Tourism and the smartphone app: capabilities, emerging practice and scope in the travel domain. *Current Issues in Tourism* 17(1),84–101.

Digital Divide Data (2013) Available at: http://www.digitaldividedata.org/(accessed 9 June 2018).

Dinhopl, A., and Gretzel, U. (2016) Conceptualizing tourist videography. *Information Technology and Tourism* 15(4),395–410.

Dolnicar, S. and Laesser, C. (2007) Travel agency marketing strategy: insights from Switzerland. *Journal of Travel Research* 46(2),133–146.

Douglas, A. and Mills, J. E. (2004) Staying afloat in the tropics: applying a structural equation model approach to evaluating national tourism organization websites in the Caribbean. *Journal of Travel and Tourism Marketing* 17(2/3), 269–293. DOI: 10.1300/J073v17n02_20

Dredge, D. and Gyimóthy, S. (2017) *Collaborative Economy and Tourism: Perspectives, Politics, Policies and Prospects*. Springer, Switzerland.

Drucker, P. (1990) *Managing the Non-Profit Organization*. HarperCollins, New York.

Dube, L., Bel, J. le and Sears, D. (2003) From customer value to engineering pleasurable experiences in real life and online. *Cornell Hotel and Restaurant Administration Quarterly* 44(5/6),124–130. DOI: 10.1016/s0010-8804(03)90116-9

Dutta, S. and Bilbao-Osorio, B. (2012) *The Global Information Technology Report 2012: Living in a Hyperconnected World*. World Economic Forum and INSEAD, Geneva, Switzerland.

EarthWatch (2013) Available at: http://www.earthwatch.org/(accessed 9 June 2018).

ECOTRANS (2013) Available at: http://destinet.eu/market-place/(accessed 9 June 2018).

Edwards, D. and Griffin, T. (2013) Understanding tourists' spatial behaviour: GPS tracking as an aid to sustainable destination management. *Journal of Sustainable Tourism* 21(4),580–595.

English, I. (2010) Making an entry. *Australasian Leisure Management* (78),36,38–

39.

ERTICO (2018) Homepage. Available at: http://www.ertico.com/(accessed 15 June 2018).

Essawy, M. (2006) Testing the usability of hotel websites: the springboard for customer relationship building. *Information Technology and Tourism* 8(1), 47–70. DOI: 10.3727/109830506778193878

Estevao, J. V., Carneiro, M. J. and Teixeira, L. (2011) The role of DMS in reshaping tourism destinations: an analysis of the Portuguese case. *Information Technology and Tourism* 13(3), 161–176. DOI: 10.3727/109830512x13283928066751

Etherington, D. (2017) How Zunum Aero's hybrid-electric planes aim to transform flight starting in 2022. Available at: https://techcrunch.com/2017/10/05/how-zunum-aeros-hybrid-electric-planesaim-to-transform-flight-starting-in-2022/(accessed 14 June 2018).

European Telecommunications Standards Institute (2012) Intelligent transport systems. Available at: http://www.etsi.org/technologies-clusters/technologies/automotive-intelligent-transport (accessed 20 June 2018).

Fagan, M. H., Neill, S. and Wooldridge, B. R. (2003) An empirical investigation into the relationship between computer self-efficacy, anxiety, experience, support and usage. *Journal of Computer Information Systems*, 44(2), 95.

Federal Aviation Administration (2013) Greener skies over Seattle=greener skies over the USA. NextGen Performance Snapshots. Available at: http://www.faa.gov/nextgen/snapshots/stories/?slide=6 (accessed 28 August 2018).

Fesenmaier, D. R. and Xiang, Z. (eds) (2016) *Design Science in Tourism: Foundations of Destination Management*. Springer, Cham, Switzerland.

Fesenmaier, D. R., Leppers, A. W. and O'Leary, J. T. (1999) Developing a knowledge-based tourism marketing information system. *Information Technology and Tourism* 2(1), 31–44.

Filieri, R. and McLeay, F. (2014) E-WOM and accommodation: an analysis of the factors that influence travelers' adoption of information from online reviews. *Journal of Travel Research* 53(1), 44–57. DOI: 10.1177/0047287513481274

Fishbein, M. and Ajzen, I. (1975) *Belief, Attitude, Intention, and Behavior: An Introduction to Theory and Research*. Addison-Wesley, Reading, Massachusetts.

Fisher, G. and Beatson, A. (2002) The impact of culture on self-service on technology adoption in the hotel industry. *International Journal of Hospitality and Tourism Administration* 3(3), 59–77. DOI: 10.1300/J149v03n03_06

Flight Centre Travel Group (2018) Flight Centre Travel Group. Available at: http://www.fctgl.com (accessed 2 June 2018).

Fotis, J., Buhalis, D. and Rossides, N. (2012) Social media use and impact during the holiday travel planning process. In: Fuchs, M., Ricci, F. and Cantoni, L. (eds) *Information and Communication Technologies in Tourism* 2012. Springer-Verlag,

Vienna, pp. 13-24.

Frith, J. (2013) Turning life into a game: Foursquare, gamification, and personal mobility. *Mobile Media and Communication* 1(2), 248-262.

Fuchs, M., Hopken, W. and Rasinger, J. (2011) Behavioral intention to use mobile information services in tourism: the case of the tourist guide dolomitisuperski. mobi. *Information Technology and Tourism* 13 (4), 285-307. DOI: 10.3727/109830512x13364362859858

Fuchs, M., Hopken, W., Foger, A. and Kunz, M. (2010) E-business readiness, intensity, and impact: an Austrian destination management organization study. *Journal of Travel Research* 49(2), 165-178.

Fuchs, M., Scholochov, C. and Hopken, W. (2009) E-business adoption, use, and value creation: an Austrian hotel study. *Information Technology and Tourism* 11(4), 267-284.

Galapagos Conservancy (2013) Available at: https://www.galapagos.org/(accessed 9 June 2018).

Garrigos-Simon, F. J., Palacios-Marques, D. and Narangajavana, Y. (2008) Improving the perceptions of hotel managers. *Annals of Tourism Research* 35(2), 359-380. DOI: 10.1016/j.annals.2007.08.002

Gee, C. Y., Makens, J. C. and Choy, D. J. L. (1994) *The Travel Industry*, 2nd edn. Van Nostrand Reinhold, New York.

Geels, F. W. (2002) Technological transitions as evolutionary reconfiguration processes: a multi-level perspective and a case-study. *Research Policy* 31(8), 1257-1274.

Gertner, R. K., Berger, K. and Gertner, D. (2006) Country-dot-com: marketing and branding destinations online. *Journal of Travel and Tourism Marketing* 21(2/3), 105-116.

Giddens, A. (1976) *New Rules of Sociological Method: A Positive Critique of Interpretive Sociologies*. Hutchinson, London.

Godwin, N. (1987) Complete Guide to Travel Agency Automation, 2nd edn. Delmar Publishing, New York.

Goeldner, C. R. and Ritchie, J. R. B. (2006) *Tourism: Principles, Practices, Philosophies*. Wiley, Hoboken, New Jersey.

Govers, R. and Go, F. M. (2004) Projected destination image online: website content analysis of pictures and text. *Information Technology and Tourism* 7(2), 73-89.

Green, N. (2002) On the move: technology, mobility, and the mediation of social time and space. *The Information Society* 18(4), 281-292.

Green, N. (2002) On the move: technology, mobility, and the mediation of social time and space. *The Information Society* 18(4), 281-292.

Gretzel, U. (2006) Narrative design for travel recommender systems. In: Fesenmaier, D. R., Werthner, H. and Weaer, K. W. (eds) *Destination Recommendation Systems:*

Behavioral Foundations and Applications. CAB International, Wallingford, UK.

Gretzel, U. (2010) Travel in the network: redirected gazes, ubiquitous connections and new frontiers. In: Levina, M. and Kien, G. (eds) *Post-global Network and Everyday Life*. Peter Lang, New York, pp. 41–58.

Gretzel, U. and Fesenmaier, D. R. (2004) Implementing a knowledge-based tourism marketing information system: the Illinois Tourism Network. *Information Technology and Tourism* 6(4), 245–255.

Gretzel, U. and Yoo, K. H. (2008) Use and impact of online travel reviews. *Information and Communication Technologies in Tourism* 2008(1), 35–46.

Gretzel, U., Fesenmaier, D. R. and O'Leary, J. T. (2006) The transformation of consumer behaviour. In: Buhalis, D. and Costa, C. (eds) *Tourism Business Frontiers*. Elsevier, Burlington, Massachusetts, pp. 9–18.

Gretzel, U., Fesenmaier, D. R. and O'Leary, J. T. (2006) The transformation of consumer behaviour. In: Buhalis, D. and Costa, C. (eds) *Tourism Business Frontiers*. Elsevier, Burlington, Massachusetts, pp. 9–18.

Gretzel, U., Fesenmaier, D. R., Formica, S. and O'Leary, J. T. (2006) Searching for the future: challenges faced by destination marketing organizations. *Journal of Travel Research* 45(2), 116–126.

Gretzel, U., Sigala, M., Xiang, Z. and Koo, C. (2015) Smart tourism: foundations and developments. *Electronic Markets* 25(3), 179–188.

Gretzel, U., Yuan, Y. L. and Fesenmaier, D. R. (2000) Preparing for the new economy: advertising strategies and change in destination marketing organizations. *Journal of Travel Research* 39(2), 146–156.

Gretzel, U., Yuan, Y. L. and Fesenmaier, D. R. (2000) Preparing for the new economy: advertising strategies and change in destination marketing organizations. *Journal of Travel Research* 39(2), 146–156.

Gronroos, C. (2012) Conceptualising value co-creation: a journey to the 1970s and back to the future. *Journal of Marketing Management* 28(13–14), 1520–1534.

Gruber, G. (2011) Designing a successful mobile strategy for travel: tnooz.com. Available at: http://www.tnooz.com/article/part-two-of-three-designing-a-successful-mobile-strategy-for-travel/ (accessed 17 June 2018).

Grunfeld, H., Mao, N., De Lacy, T. and Houghton, J. (2012) ICT, tourism and poverty reduction: a case study in the Siem Reap Angkor region. *Proceedings of the First Asian Conference on Information Systems*, Siem Reap, Cambodia, pp. 216–221.

Gurstein, M. (2000) *Community Informatics: Enabling Communities with Information and Communications Technologies*. Idea Group, Hershey, Pennsylvania.

Hackbarth, G., Grover, V. and Yi, M. Y. (2003) Computer playfulness and anxiety: positive and negative mediators of the system experience effect on perceived ease of use. *Information and Management* 40(3), 221–232.

Hallin, C. A. and Marnburg, E. (2008) Knowledge management in the hospitality industry: a review of empirical research. *Tourism Management* 29(2), 366-381. DOI: 10.1016/j.tourman.2007.02.019

Ham, S., Kim, W. G. and Jeong, S. W. (2005) Effect of information technology on performance in upscale hotels. *International Journal of Hospitality Management* 24 (2), 281-294. DOI: 10.1016/j.ijhm.2004.06.010

Han, J. H. and Mills, J. E. (2007) Are travel websites meeting the needs of the visually impaired? *Information Technology and Tourism* 9 (2), 99-113. DOI: 10.3727/109830507781367401

Harcar, T. and Yucelt, U. (2012) American consumer's attitudes towards different airline companies channels: a comparison of transaction methods. PASOS: *Revista de Turismoy Patrimonio Cultural* 10(2), 59-68.

Harris, R. W., Vogel, D. and Bestle, L. H. (2007) E-community-based tourism for Asia's indigenous people. In: Dysin, H. A. G. (ed.) *Information Technology and Indigenous People*. Idea Group, Hershey, Pennsylvania.

Harrison, C., Eckman, B., Hamilton, R., Hartswick, P., Kalagnanam, J., Paraszczak, J. and Williams, P. (2010) Foundations for smarter cities. *IBM Journal of Research and Development* 54(4), 1-16.

Hashim, N. H., Murphy, J., Doina, O. and O'Connor, P. (2014) Bandwagon and leapfrog effects in Internet implementation. *International Journal of Hospitality Management* 37, 91-98.

Hashim, N. H., Murphy, J., Doina, O. and O'Connor, P. (2014) Bandwagon and leapfrog effects in Internet implementation. *International Journal of Hospitality Management* 37, 91-98.

Hashim, N. H., Scaglione, M. and Murphy, J. (2012) Modelling and comparing Malaysian hotel website diffusion. In: Fuchs, M., Ricci, F. and Cantoni, L (eds) *Information and Communication Technologies in Tourism* 2012. Springer, Vienna.

Hawkins, D. E. (2004) Sustainable tourism competitiveness clusters: application to World Heritage Sites network development in Indonesia. *Asia Pacific Journal of Tourism Research* 9, 293-307.

Hennig-Thurau, T., Gwinner, K. P., Walsh, G. and Gremler, D. D. (2004) Electronic word-of-mouth via consumer-opinion platforms: What motivates consumers to articulate themselves on the internet? *Journal of Interactive Marketing* 18(1), 38-52.

Hens, M. (2017) What percentage of hotel bookings are made online? Quora. Available at: https://www.statisticbrain.com/internet-travel-hotel-booking-statistics/ (accessed 14 June 2018).

Hertog, P. den, Gallouj, F. and Segers, J. (2011) Measuring innovation in a "low-tech" service industry: the case of the Dutch hospitality industry. *Service Industries Journal* 31(9/10), 1429-1449. DOI: 10.1080/02642060903576084

Hills, J. R. and Cairncross, G. (2011) Small accommodation providers and UGC web sites: perceptions and practices. *International Journal of Contemporary Hospitality Management* 23(1), 26–43. DOI: 10.1108/09596111111101652

Ho, C. and Liu, Y. (2005) An exploratory investigation of web-based tourist information search behavior. *Asia Pacific Journal of Tourism Research* 10(4), 351–360. DOI: 10.1080/10941660500363645

Ho, C. I., Lin, M. H. and Chen, H. M. (2012) Web users' behavioural patterns of tourism information search: from online to offline. *Tourism Management* 33(6), 1468–1482. DOI: 10.1016/j.tourman.2012.01.016

Ho, J. K. (2002) Multilingual e-business in a global economy: case of SME in the lodging industry. *Information Technology and Tourism* 5(1), 3–11.

Howe, J. (2006) The rise of crowdsourcing. *Wired Magazine* 14(6), 1–4.

Hwang, Y. H. (2010) A theory of unplanned travel decisions: implications for modeling on-the-go travelers. *Information Technology and Tourism* 12(3), 283–296. DOI: 10.3727/109830511x12978702284516

Hyde, K. F. (2008) Information processing and touring planning theory. *Annals of Tourism Research* 35(3), 712–731. DOI: 10.1016/j.annals.2008.05.001

Hyun, M. Y., Lee, S. and Hu, C. (2009) Mobile-mediated virtual experience in tourism: concept, typology and applications. *Journal of Vacation Marketing* 15(2), 149–164.

Iansiti, M. and Lakhani, K. R. (2017) The truth about blockchain. *Harvard Business Review*, 95(1), 118–127.

Iansiti, M. and Levien, R. (2004) Strategy as ecology. *Harvard Business Review*, 82(3), 68–81.

Igbaria, M. and Parasuraman, S. (1989) A path analytic study of individual characteristics, computer anxiety and attitudes toward microcomputers. *Journal of Management* 15(3), 373–388.

Intelligent Transportation Society of America (2014) Intelligent transportation systems. Available at: http://www.itsa.org/ (accessed 15 June 2018).

International Air Transport Association (2018) Available at: http://www.iata.org/ (accessed 14 June 2018).

International Ecotourism Society (2013) Available at: http://www.ecotourism.org/ (accessed 9 June 2018).

Ip, C., Leung, R. and Law, R. (2011) Progress and development of information and communication technologies in hospitality. *International Journal of Contemporary Hospitality Management* 23(4), 533–551. DOI: 10.1108/09596111111130029

Jacob, M. and Groizard, J. L. (2007) Technology transfer and multinationals: the case of Balearic hotel chains' investments in two developing economies. *Tourism Management* 28(4), 976–992. DOI: 10.1016/j.tourman.2006.08.013

Jacobsen, J. K. S. and Munar, A. M. (2012) Tourist information search and destination choice in a digital age. *Tourism Management Perspectives* 1(0), 39–47. DOI: 10.1016/j.tmp.2011.12.005

Jang, S. C. (2004) The past, present and future research of online information search. *Journal of Travel and Tourism Marketing* 17(2/3), 41–47. DOI: 10.1300/J073v17n02_04

Jansson, A. (2007) A sense of tourism: new media and the dialectic of encapsulation/decapsulation. *Tourist Studies* 7(1), 5–24.

Jeong, M., Oh, H. and Gregoire, M. (2003) Conceptualizing web site quality and its consequences in the lodging industry. *International Journal of Hospitality Management* 22(2), 161–175. DOI: 10.1016/s0278-4319(03)00016-1

Jervell, E. E. (2014) For this author, 10,000 wikipedia articles is a good day's work. New York Times, 13 July. Available at: https://www.wsj.com/articles/for-this-author-10-000-wikipedia-articles-is-agood-days-work-1405305001 (accessed 23 July 2018).

Jones, P. (2006) Flight-catering. In: Becker, H. and Grothues, U. (eds) *Catering-Management: Portrait einer Wachstumsbranche in Theorie und Praxis*. Behr's Verlag, Hamburg, Germany, pp. 39–55.

Joo, J., Yim, J. and Lee, C. (2009) Protecting cultural heritage tourism sites with the ubiquitous sensor network. *Journal of Sustainable Tourism* 17(3), 397–406.

Jordan, J. M. (2012) *Information, Technology and Innovation: Resources for Growth in a Connected World*. John Wiley and Sons, New York.

Kandampully, J., Bilgihan, A. and Zhang, T. (2016) Developing a people-technology hybrids model to unleash innovation and creativity: the new hospitality frontier. *Journal of Hospitality and Tourism Management*, 29, 154–164.

Kang, M. and Gretzel, U. (2012) Perceptions of museum podcast tours: effects of consumer innovativeness, Internet familiarity and podcasting affinity on performance expectancies. *Tourism Management Perspectives* 4, 155–163.

Kang, M. and Gretzel, U. (2012a) Effects of podcast tours on tourist experiences in a national park. *Tourism Management* 33(2), 440–455.

Kang, M. and Gretzel, U. (2012b) Perceptions of museum podcast tours: effects of consumer inno-vativeness, Internet familiarity and podcasting affinity on performance expectancies. *Tourism Management Perspectives* 4, 155–163.

Kapiki, S. (2010) Energy management in hospitality: a study of Thessaloniki hotels. *Economics and Organization of Future Enterprises* 1, 78–97.

Kaplan, A. M. (2012) If you love something, let it go mobile: mobile marketing and mobile social media 4x4. *Business Horizons* 55(2), 129–139.

Kaplan, A. M. and Haenlein, M. (2010) Users of the world, unite! The challenges and opportunities of Social Media. *Business Horizons* 53(1), 59–68.

Karadag, E. and Dumanoglu, S. (2009) The productivity and competency of information technology in upscale hotels: the perception of hotel managers in Turkey. *International Journal of Contemporary Hospitality Management* 21(4), 479-490. DOI: 10.1108/09596110910955712

Kasavana, M. L. and Cahill, J. J. (2011) *Managing Computers in the Hospitality Industry*, 6th edn. Educational Institute of the American Hotel and Lodging Association, Lansing, Michigan.

Kietzmann, J. H., Hermkens, K., McCarthy, I. P. and Silvestre, B. S. (2011) Social media? Get serious! Understanding the functional building blocks of social media. *Business Horizons* 54(3), 241-251.

Kim, D. Y., Lehto, X. Y. and Morrison, A. M. (2007) Gender differences in online travel information search: implications for marketing communications on the internet. *Tourism Management* 28(2), 423-433. DOI: 10.1016/j.tourman.2006.04.001

Kim, D. Y., Park, J. and Morrison, A. M. (2008) A model of traveller acceptance of mobile technology. *International Journal of Tourism Research* 10(5), 393-407.

Kim, H., Xiang, Z. and Fesenmaier, D. R. (2015) Use of the internet for trip planning: a generational analysis. *Journal of Travel and Tourism Marketing* 32(3), 276-289.

Kim, H. J. and Fesenmaier, D. R. (2008) Persuasive design of destination web sites: an analysis of first impression. *Journal of Travel Research* 47(1), 3-13. DOI: 10.1177/0047287507312405

Klein, S. (2002) Web impact on the distribution structure for flight tickets. In: Wöber, K. W., Frew, A. J. and Hitz, M. (eds) *Information and communication technologies in tourism 2002*. Proceedings of the International Conference in Innsbruck, Austria, 2002. Springer Computer Science, New York, pp. 219-228.

Koo, B. W., Mantin, B. and O'Connor, P. (2011) Online distribution of airline tickets: Should airlines adopt a single or a multi-channel approach? *Tourism Management* 32(1), 69-74. DOI: 10.1016/j.tourman.2009.11.008

Kracht, J. and Wang, Y. (2010) Examining the tourism distribution channel: evolution and transformation. *International Journal of Contemporary Hospitality Management* 22(5), 736-757.

Kurzweil, R. (2005) *The Singularity Is Near: When Humans Transcend Biology*. Viking, New York.

Lange-Faria, W. and Elliot, S. (2012) Understanding the role of social media in destination marketing. *Tourismos: An International Multidisciplinary Journal of Tourism* 7(1), 193-211.

Lansing, J. B. and Kish, L. (1957) Family life cycle as an independent variable. *American Sociological Review* 22(5), 512-519.

Law, R. and Giri, J. (2005) A study of hotel information technology applications. *International Journal of Contemporary Hospitality Management* 17(2), 170-180.

DOI: 10. 1108/09596110510582369

Lee, D. H. (2010) digital cameras, personal photography and the reconfiguration of spatial experiences. *The Information Society* 26(4), 266 – 275.

Lee, W. J. and Gretzel, U. (2012) Designing persuasive destination websites: a mental imagery processing perspective. *Tourism Management* 33(5), 1270 – 1280. DOI: 10. 1016/j. tourman. 2011. 10. 012

Lenzen, M., Sun, Y. Y., Faturay, F., Ting, Y. P., Geschke, A. and Malik, A. (2018) The carbon footprint of global tourism. *Nature Climate Change* 8, 522 – 528. DOI: 10. 1038/s41558 – 018 – 0141 – x

Leonidis A., Korozi, M., Margetis, G. and Stephanidis, C. (2013) An intelligent hotel room. In: *Proceedings of International Joint Conference on Ambient Intelligence*, pp 241 – 246. Springer International Publishing, Switzerland. DOI: 10. 1007/978 – 3 – 319 – 03647 – 2_19

Leung, R. and Law, R. (2012) Hotel information exposure in cyberspace: the case of Hong Kong. In: Fuchs, M., Ricci, F. and Cantoni, L (eds) *Information and Communication Technologies in Tourism* 2012. Springer, Vienna.

Lexhagen, M. (2004) The importance of value-added services to support the customer search and purchase process on travel websites. *Information Technology and Tourism* 7 (2), 119 – 135.

Li, K. W. and Law, R. (2007) A novel English/Chinese information retrieval approach in hotel website searching. *Tourism Management* 28(3), 777 – 787. DOI: 10. 1016/j. tourman. 2006. 05. 017

Li, X. and Wang, Y. (2011) Measuring the effectiveness of US official state tourism websites. *Journal of Vacation Marketing* 17(4), 287 – 302.

Li, X. and Wang, Y. C. (2010) Evaluating the effectiveness of destination marketing organisations' websites: evidence from China. *International Journal of Tourism Research* 12(5), 536 – 549.

Lim, Y., Chung, Y. and Weaver, P. A. (2012) The impact of social media on destination branding: consumer-generated videos versus destination marketer-generated videos. *Journal of Vacation Marketing* 18(3), 197 – 206. DOI: 10. 1177/1356766712449366

Linaza, M. T., Marimon, D., Carrasco, P., Alvarez, R., Montesa, J., Aguilar, S. R. and Diez, G. (2012) Evaluation of mobile augmented reality applications for tourism destinations. *Proceedings of Information and Communication Technologies in Tourism*, ENTER 2012. Springer-Verlag, Vienna, pp. 260 – 271.

Line, T., Jain, J. and Lyons, G. (2011) The role of ICTs in everyday mobile lives. *Journal of Transport Geography* 19(6), 1490 – 1499. DOI: 10. 1016/j. jtrangeo. 2010. 07. 002

Litvin, S. W., Goldsmith, R. E. and Pan, B. (2008) Electronic word-of-mouth in hospitality and tourism management. *Tourism Management* 29(3), 458 – 468.

Litvin, S. W., Goldsmith, R. E. and Pan, B. (2008) Electronic word-of-mouth in hospitality and tourism management. *Tourism Management* 29(3), 458 – 468. DOI: 10.1016/j.tourman.2007.05.011

Lo, S. T., McKercher, B., Lo, A., Cheung, C. and Law, R. (2011) Tourism and online photography. *Tourism Management* 32(4), 725 – 731. DOI: 10.1016/j.tourman.2010.06.001

Lopez de Avila, A. (2015) Smart destinations: XXI century tourism. Presented at the ENTER2015 Conference on Information and Communication Technologies in Tourism, Lugano, Switzerland, February 4 – 6.

Loten, A. (2017) digital business, software drive it spending growth. *Wall Street Journal*.

Luo, M., Feng, R. M. and Cai, L. A. (2004) Information search behavior and tourist characteristics: the internet vis-a-vis other information sources. *Journal of Travel and Tourism Marketing* 17(2/3), 15 – 25. DOI: 10.1300/J073v17n02_02

Luo, M., Remus, W. and Sheldon, P. J. (2007) Technology acceptance of the Lonely Planet website: an exploratory study. *Information Technology and Tourism* 9(2), 67 – 78. DOI: 10.3727/109830 507781367429

MacKay, K. and Vogt, C. (2012) Information technology in everyday and vacation contexts. *Annals of Tourism Research* 39(3), 1380 – 1401. DOI: 10.1016/j.annals.2012.02.001

MacKay, K. and Vogt, C. (2012) Information technology in everyday and vacation contexts. *Annals of Tourism Research* 39(3), 1380 – 1401. DOI: 10.1016/j.annals.2012.02.001

Majchrzak, A., Wagner, C. and Yates, D. (2006) Corporate wiki users: results of a survey. Paper presented at the Proceedings of the 2006 International Symposium on wiki, wikiym'06, 21 – 23 August 2006, Odense, Denmark.

Manes, G. (2003) The tetherless tourist: ambient intelligence in travel and tourism. *Information Technology and Tourism* 5(4), 211 – 220. DOI: 10.3727/109830503108751144

Mannheim, K. (1952) The problem of generations. In: Mannheim, K. (ed.) *Essays on the Sociology of Knowledge*. Routledge and Kegan Paul, London, pp. 276 – 322.

Marchiori E. and Cantoni L. (2011) The online reputation construct: Does it matter for the tourism domain? A literature review on destinations' online reputation. *Journal of Information Technology and Tourism* 13(3), 139 – 159.

Marchiori, E. and Cantoni, L. (2017) Evaluating destination communications on the internet. In: Xiang, Z. and Fesenmaier, D. (eds) *Analytics in Smart Tourism Design. Tourism on the Verge*. Springer, Cham, Switzerland.

Marr, B. (2016) How big data and analytics are changing hotels and the hospitality industry. Forbes. Available at: https://www.forbes.com/sites/bernardmarr/2016/

01/26/how-big-data-and-analytics-changing-hotels-and-the-hospitality-industry/#18a993d1c223 (accessed 23 July 2018).

Matzler, K., Pechlaner, H., Abfalter, D. and Wolf, M. (2005) Determinants of response to customer e-mail enquiries to hotels: evidence from Austria. *Tourism Management* 26(2), 249–259. DOI: 10.1016/j.tourman.2003.10.001

May, K. (2012) How a tourism board made its visitor centre look and feel like an Apple Store. *tnooz.com*. Available at: http://www.tnooz.com/article/how-a-tourism-board-made-its-visitor-centre-look-and-feel-like-an-apple-store/ (accessed 16 June 2018).

McCabe, S., Sharples, M. and Foster, C. (2012) Stakeholder engagement in the design of scenarios of technology-enhanced tourism services. *Tourism Management Perspectives* 4(0), 36–44. DOI: http://dx.doi.org/10.1016/j.tmp.2012.04.007

McGrath, G. M. and Kuzic, J. (2009) Enhancing the Australian regional racing experience for tourists: a betting aid for novice punters. *Information Technology and Tourism* 11(4), 303–318.

McKercher, B. (1998) The effect of market access on destination choice. *Journal of Travel Research* 37, 39–47.

McKercher, B., Shoval, N., Ng, E. and Birenboim, A. (2012) First and repeat visitor behavior: GPS tracking and GIS analysis in Hong Kong. *Tourism Geographies: An International Journal of Tourism Space, Place and Environment* 14(1), 147–161.

Miller, B. (2004) Building e-loyalty of lodging brands: avoiding brand erosion. *Journal of Travel and Tourism Marketing* 17(2/3), 133–142. DOI: 10.1300/J073v17n02_11

Miller, G. and Twining-Ward, L. (2005) *Monitoring for a Sustainable Tourism Transition: the Challenge of Developing and Using Indicators*. CAB International, Wallingford, UK.

Miller, G., Rathouse, K., Scarles, C., Holmes, K. and Tribe, J. (2010) Public understanding of sustainable tourism. *Annals of Tourism Research* 37(3), 627–645.

Milman, A. and Kaak, K. (2013) Theme parks revenue management. In: Legohérel, P., Poutier, E. and Fyall, A. (eds) *Revenue Management for Hospitality and Tourism. Goodfellow*, Oxford, UK, pp. 143–156.

Mirski, P. J. and Abfalter, D. (2004) Knowledge enhancement on site-guests' attitudes towards m-learning. In: Frew. A. J. (ed.) *Information and Communication Technologies in Tourism 2004*. Proceedings of the International Conference in Cairo, Egypt, 2004, pp. 592–600.

Mistilis, N. and Sheldon, P. (2006) Knowledge management for tourism crises and disasters. *Tourism Review International* 10(1), 39–46.

Mittal, V., Huppertz, J. W. and Khare, A. (2008) Customer complaining: the role of tie strength and information control. *Journal of Retailing* 84(2), 195–204.

Modsching, M., Kramer, R., Hagen, K. T. and Gretzel, U. (2008) Using location-based tracking data to analyze the movements of city tourists. *Information Technology and Tourism* 10(1),31-42. DOI:10.3727/109830508785059011

Modsching, M., Kramer, R., Ten Hagen, K. and Gretzel, U. (2007) *Effectiveness of mobile recommender systems for tourist destinations: a user evaluation*. Paper presented at the Intelligent Data Acquisition and Advanced Computing Systems: Technology and Applications, Dortmund, Germany.

Modsching, M., Kramer, R., ten Hagen, K. and Gretzel, U. (2008) Using location-based tracking data to analyze the movements of city tourists. *Information Technology and Tourism* 10(1),31-42. DOI:10.3727/109830508785059011

Molz, J. G. (2012) *Travel Connections: Tourism, Technology, and Togetherness in a Mobile World*. Routledge, New York.

Morosan, C. (2012) Theoretical and empirical considerations of guests' perceptions of biometric systems in hotels: extending the technology acceptance model. *Journal of Hospitality and Tourism Research* 36(1),52-84. DOI:10.1177/1096348010380601

Morrison, A. M. (2010) Hospitality and Travel Marketing. Delmar Cengage Learning, Clifton Park, New York.

Moscardo, G. (1999) *Making Visitors Mindful: Principles for Creating Quality Sustainable Visitor Experiences through Effective Communication*. Sagamore Publishing, Champaign, Illinois.

Murphy, H. C. (2004) The diversity of diffusion of information and communication technologies in the hospitality sector-building a contemporaneous model. *Information and Communication Technologies in Tourism* 11,513-524.

Murphy, P. (1988) *Tourism: A Community Approach*. Methuen, New York.

Nabi, R. L. and Hendriks, A. (2003) The persuasive effect of host and audience reaction shots in television talk shows. *Journal of Communication* 53(3),527-543.

Nadkani, S. (2008) Defining the ICT4D Plus pro-poor tourism convergence: synergies for natural allies in the global war on poverty. *Electronic Journal of Information Systems in Developing Countries* 33(5),1-17.

Naisbitt, J. (1982) *Megatrends: Ten New Directions Transforming Our Lives*. Warner, New York.

National Park Service (2013) Available at: http://www.nps.gov/(accessed 9 June 2018).

Nazer, Z. (2013) Qatar invests MYM70 billion to pave the way to world beating transportation. ITS International. Available at: http://www.itsinternational.com/ (accessed 15 June 2018).

Ndou, V. and Petti, C. (2007) DMS business models design and destination configurations: choice and implementation issues. *Information Technology and Tourism* 9(1),3-14. DOI:10.3727/109830507779637602

Negroni, C. (2009) Altering planes, and the way they fly, to save fuel. *New York Times* 29 April.

Neuhofer, B. (2016) Value co-creation and co-destruction in connected tourist experiences. In: Inversini, A. and Schegg R. (eds) *Information and Communication Technologies in Tourism*. Springer, Vienna.

Neuhofer, B., Buhalis, D. and Ladkin, A. (2012) Conceptualising technology enhanced destination experiences. *Journal of Destination Marketing and Management* 1, 36–46. DOI: http://dx.doi.org/10.1016/j.jdmm.2012.08.001

Neuhofer, B., Buhalis, D. and Ladkin, A. (2014) A typology of technology-enhanced tourism experi-ences. *International Journal of Tourism Research* 16(4), 340–350. DOI: 10.1002/jtr.1958

Neuhofer, B., Buhalis, D. and Ladkin, A. (2015) Technology as a catalyst of change: enablers and bar-riers of the tourist experience and their consequences. In: Tussyadiah, I. and Inversini, A. (eds) *Information and Communication Technologies in Tourism*. Springer, Vienna.

New York Times (2017) What it takes to be human. Available at: https://paidpost.nytimes.com/ubs/what-it-takes-to-be-human.html (accessed 28 August 2018).

Nielsen, J. (1997) How users read on the web. Available at: http://www.nngroup.com/articles/how-users-read-on-the-web/ (accessed 4 January 2014).

Nielsen, J. (2000) *Designing Web Usability: The Practice of Simplicity*. New Riders Publishing, Indianapolis, Indiana.

Noble, S.M. and Schewe, C.D. (2003) Cohort segmentation: an exploration of its validity. *Journal of Business Research* 56(12), 979–987.

Nonaka, I. and Takeuchi, H. (1995) *The Knowledge-Creating Company*. Oxford University Press, New York.

O'Connor, P. (2004) Conflicting viewpoints on web design. *Journal of Travel and Tourism Marketing* 17(2/3), 225–230. DOI: 10.1300/J073v17n02_17

O'Connor, P. (2007) Online consumer privacy: an analysis of hotel company behavior. *Cornell Hotel and Restaurant Administration Quarterly* 48(2), 183–200. DOI: 10.1177/0010880407299541

O'Connor, P. (2010) Managing a hotel's image on TripAdvisor. *Journal of Hospitality Marketing and Management* 19(7), 754–772.

O'Connor, P. (2011) Assessing the global e-readiness of hotel chain websites. *Information Technology and Tourism* 13(4), 365–376. DOI: 10.3727/109830512x13364362859984

O'Connor, P. and Frew, A.J. (2002) The future of hotel electronic distribution: expert and industry perspectives. *Cornell Hotel and Restaurant Administration Quarterly* 43(3), 33–45. DOI: 10.1016/s0010-8804(02)80016-7

O'Connor, P. and Murphy, J. (2008) Hotel yield management practices across multiple electronic distribution channels. *Information Technology and Tourism* 10(2), 161–172. DOI: 10.3727/109830508784913103

O'Grady, M. J. and O'Hare, G. M. P. (2002) Accessing cultural tourist information via a context-sensitive tourist guide. *Information Technology and Tourism* 5(1),35-47.

O'Neill, S. (2013) In a Q and A, Tourism Australia reveals the secrets of its Facebook dominance. Tnooz. Available at: http://www.tnooz.com/article/in-a-qa-tourism-australia-reveals-the-secrets-of-itsfacebook-dominance/(accessed 13 June 2018).

O'Neill, S. (2013) SilverRail's strategy for European rail ticketing. Available at: http://www.tnooz.com/(accessed 15 June 2018).

O'Shea, M. and Alonso, A. D. (2011) Opportunity or obstacle? A preliminary study of professional sport organisations in the age of social media. *International Journal of Sport Management and Marketing* 10 (3/4), 196-212. DOI: 10.1504/ijsmm.2011.044790

Okazaki, S. and Hirose, M. (2009) Does gender affect media choice in travel information search? On the use of mobile Internet. *Tourism Management* 30(6),794-804. DOI: 10.1016/j.tourman.2008.12.012

Okazaki, S. and Hirose, M. (2009) Does gender affect media choice in travel information search? On the use of mobile Internet. *Tourism Management* 30(6),794-804. DOI: 10.1016/j.tourman.2008.12.012 0004209527.

Ong, B. S. (2012) The perceived influence of user reviews in the hospitality industry. *Journal of Hospitality Marketing and Management* 21(5),463-485. DOI: 10.1080/19368623.2012.626743

Oyewole, P., Sankaran, M. and Choudhury, P. (2008) Information communication technology and the marketing of airline services in Malaysia: a survey of market participants in the airline industry. *Services Marketing Quarterly* 29(4),85-103.

Paganelli, F. and Giuli, D. (2008) Context-aware information services to support tourist communities. *Information Technology and Tourism* 10(4),313-327. DOI: 10.3727/109830508788403150

Pan, B. and Fesenmaier, D. (2000) A typology of tourism-related websites: its theoretical background and implications. *Information Technology and Tourism* 3(3/4),155-166.

Pan, B. and Fesenmaier, D. R. (2006) Online information search: vacation planning process. *Annals of Tourism Research* 33(3),809-832. DOI: 10.1016/j.annals.2006.03.006

Pan, B. and Fesenmaier, D. R. (2006) Online information search: vacation planning process. *Annals of Tourism Research* 33(3),809-832. DOI: 10.1016/j.annals.2006.03.006

Pan, B., Xiang, Z., Law, R. and Fesenmaier, D. R. (2011) The dynamics of search engine marketing for tourist destinations. *Journal of Travel Research*, 50(4),365-377.

Pang, B. and Lee, L. (2008) Opinion mining and sentiment analysis. *Foundations and*

Trends in Information Retrieval 2(1-2),1-135.

Papathanassis, A. and Brejla, P. (2011) Tourism extranet acceptance in the cruise distribution chain: the role of context, usability, and appearance. *Information Technology and Tourism* 13(2),105-117. DOI: 10.3727/109830512x13258778487399

Paris, C. M., Berger, E. A., Rubin, S. and Casson, M. (2014) Disconnected and unplugged: experiences of technology induced anxieties and tensions while traveling. *Information and Communication Technologies in Tourism* 2015,803-816. DOI: 10.1007/978-3-319-14343-9_58

Park, Y. A. and Gretzel, U. (2007) Success factors for destination marketing web sites: a qualitative meta-analysis. *Journal of Travel Research* 46(1),46-63. DOI: 10.1177/0047287507302381

Park, Y. A. and Gretzel, U. (2007) Success factors for destination marketing websites: a qualitative metaanalysis. *Journal of Travel Research* 46(1),46-63. DOI: 10.1177/0047287507302381

Paskaleva, K. and Megliola, M. (2010) Innovative technologies for advanced urban tourism e-services. *Information Technology and Tourism* 12(3),269-282. DOI: 10.3727/109830511x12978702284471

Pearce, D. (1992) Tourist Organizations. Addision-Wesley Longman, Harlow, UK.

Pearce, D. G. and Schott, C. (2005) Tourism distribution channels: the visitors' perspective. *Journal of Travel Research* 44(1),50-63.

Pearce, D. G., Tan, R. and Schott, C. (2004) Tourism distribution channels in Wellington, New Zealand. *International Journal of Tourism Research* 6(6),397-410.

Pearce, P. L. (1989) Towards the better management of tourist queues. *Tourism Management* 10(4),279-284.

Pearce, P. L. (2004) The functions and planning of visitor centres in regional tourism. *The Journal of Tourism Studies* 15(1),8-16.

Pearce, P. L. (2011) *Tourist Behaviour and the Contemporary World*, Vol.51. Channel View Publications, Clevedon, UK.

Pearce, P. L. (2011) *Tourist Behaviour and the Contemporary World*, Vol.51. Channel View Publications, Clevedon, UK.

Pearce, P. L. (2011) *Tourist Behaviour and the Contemporary World*. Aspects of Tourism, Vol.51. Channel View Publications, Clevedon, UK.

Pearce, P. L. and Gretzel, U. (2012) Tourism in technology dead zones: documenting experiential dimensions. *International Journal of Tourism Sciences* 12(2),1-20.

Pechlaner, H. and Abfalter, D. (2005) Cultural tourism packages: the role of smart cards in the Alps. In: Marianna, S. and David, L. (eds) *International Cultural Tourism*. Butterworth-Heinemann, Oxford, UK, pp.40-50.

Pechlaner, H. and Osti, L. (2001) Reengineering the role of culture in tourism's value chain and the challenges for destination management systems — the case of Tyrol. In:

Information and Communication Technologies in Tourism 2001: *Proceedings of the International Conference in Montreal*, Canada, 2001, pp. 294 - 302.

Pellegrino, G. (2009) Technology and mobilities. *Soziale Technik* 2, 10 - 12.

Perez, C. (2002) *Technological Revolutions and Financial Capital: The Dynamics of Bubbles and Golden Ages*. Elgar, Cheltenham, UK.

Perkins, E. (2012) Airlines fight with distribution systems. Chicago Tribune. Available at: http://articles.chicagotribune.com/2012-10-10/travel/sns-travel-ed-perkins-airlines-fight-with-distributionsystems-20121010 _ 1 _ gds-first-airline-fare-packages/ (accessed 13 November 2013).

Pesonen, J. and Horster, E. (2012) Near field communication technology in tourism. *Tourism Management Perspectives* 4(0), 11 - 18. DOI: 10.1016/j.tmp.2012.04.001

Petty, R. E. and Cacioppo, J. T. (1986) The elaboration likelihood model of persuasion. In: *Communication and Persuasion*. Springer, New York, pp. 1 - 24.

Phi, G. T., Whitford, M. and Dredge, D. (2016) Knowledge dynamics in the tourism-social entrepreneur ship nexus. In: Sheldon, P. and Daniele, R. (eds) *Social Entrepreneurship and Tourism: Philosophy and Practice*. Springer, Vienna.

Pilepic, L. and Simunic, M. (2009) Applying information technology to business decision-making in the hotel enterprises. *Economska Misao i Praksa* 18(2), 411 - 428.

Pine, B. J. and Gilmore, J. H. (1999) *The Experience Economy: Work is Theatre and Every Business a Stage*. Harvard Business School Press, Boston, Massachusetts.

Pine, B. J. and Gilmore, J. H. (1999) *The Experience Economy: Work is Theatre and Every Business a Stage*. Harvard Business School Press, Boston, Massachusetts.

Plaza, B. (2011) Google Analytics for measuring website performance. *Tourism Management* 32(3), 477 - 481.

Poon, A. (1993) *Tourism, Technology and Competitive Strategies*. CAB International, Wallingford, UK.

Popescu, A. and Grefenstette, G. (2009) Deducing trip related information from Flickr. Paper presented at the Proceedings of the 18th International Conference on the World Wide Web, 20 - 24 April 2009, Madrid, Spain.

Prahalad, C. K. and Ramaswamy, V. (2004) Co-creation experiences: the next practice in value creation. *Journal of Interactive Marketing* 18(3), 5 - 14.

Prahalad, C. K. and Ramaswamy, V. (2004) Co-creation experiences: the next practice in value creation. *Journal of Interactive Marketing* 18(3), 5 - 14.

Pramod, S. and Carson, D. (2002) Online opportunities and challenges for indigenous cultural tourism in Australia. *Information Technology and Tourism* 4(2), 77 - 90.

Puttock, A. K., Cunliffe, A. M., anderson, K. and Brazier, R. E. (2015) Aerial photography collected with multirotor drone reveals impact of Eurasian beaver reintroduction on ecosystem structure. *Journal of Unmanned Vehicle Systems* 3(3), 123 - 130.

Quinby, D. and Hoffman, C. (2009) The Role and Value of the Global Distribution Systems in Travel Distribution. PhoCusWright, Sherman, Connecticut.

Racherla, P., Hu, C. and Hyun, Y. H. (2008) Exploring the role of innovative technologies in building a knowledge-based destination. *Current Issues in Tourism* 11(5), 407–428. DOI: 10.1080/13683500802316022

Rahaman, H. and Tan, B. (2009) Interpreting digital heritage: a conceptual model with end-user's perspective. *International Journal of Architectural Computing* 1(9), 99–113.

Rainforest Alliance (2013) Available at: http://www.rainforest-alliance.org/tourism/training/ (accessed 9 June 2018).

Reid, L. J. and Crompton, S. (1993) Communicating tourism supplier services: building repeat visitor relationship. *Journal of Travel and Tourism Marketing* 2(2–3).

Reino, S. and Hay, B. (2011) The use of YouTube as a tourism marketing tool. Paper presented at the Proceedings of the 42nd Annual Travel and Tourism Research Association Conference, London, Ontario, Canada.

Reino, S., Mitsche, N. and Frew, A. J. (2007) The contribution of technology-based heritage interpreta-tion to the visitor satisfaction in museums. In: Sigala, M., Mich, L. and Murphy, J. (eds) *Information and Communication Technologies in Tourism 2007*. Springer, Vienna, pp. 341–352.

Ricci, F. (2010) Mobile recommender systems. *Information Technology and Tourism* 12(3), 205–231. DOI: 10.3727/109830511x12978702284390

Richards, G. and Wilson, J. (2006) Developing creativity in tourist experiences: a solution to the serial reproduction of culture? *Tourism Management* 27(6), 1209–1223. DOI: 10.1016/j.tourman.2005.06.002

Richins, M. L. (1983) Negative word-of-mouth by dissatisfied consumers: a pilot study. *The Journal of Marketing* 47(1), 68–78.

Riebeck, M., Stark, A., Modsching, M. and Kawalek, J. (2008) Studying the user acceptance of a mobile information system for tourists in the field. *Information Technology and Tourism* 10(3), 189–199. DOI: 10.3727/109830508787157308

Ritchie, B. W. (2004) Chaos, crises and disasters: a strategic approach to crisis management in the tourism industry. *Tourism Management* 25(6), 669–683.

Rodríguez, B., Molina, J., Pérez, F. and Caballero, R. (2012) Interactive design of personalised tourism routes. *Tourism Management* 33(4), 926–940. DOI: 10.1016/j.tourman.2011.09.014

Rogers, E. M. (1962) Diffusion of Innovations. Free Press of Glencoe, New York.

Rogers, E. M. (1962) *Diffusion of Innovations*. Free Press of Glencoe, New York.

Rosenbaum, M. and Wong, I. (2015) If you install it, will they use it? Understanding why hospitality customers take "technological pauses" from self-service technology. *Journal of Business Research* 68, 1862–1868.

Ross, G. F. (2005) Cyber-tourism and social capital: ethics, trust and sociability. *Tourism Recreation Research* 30(3), 87–95.

Ruhanen, L. (2008) Progressing the sustainability debate: a knowledge management approach to sustain able tourism planning. *Current Issues in Tourism* 11(5), 429–455. DOI: 10.1080/13683500802316030

Sabre Holdings (2014) Sabre-technology that makes travel better. Available at: http://www.sabre.com/(accessed 13 November 2013).

Savitsky, B., Allen, J. and Backman, K. F. (1999) The role of geographic information systems (GIS) in tourism planning and rural economic development. *Tourism Analysis* 4(3/4), 187–199.

Sayles, C. I. (1963) New York Hilton's data-processing system. *Cornell Hotel and Restaurant Quarterly* 8(3), 41.

Schegg, R., Murphy, J. and Leuenberger, R. (2003) Five-star treatment? E-mail customer service by international luxury hotels. *Information Technology and Tourism* 6(2), 99–112. DOI: 10.3727/109830503773048219

Schertler, W. (1994) Tourism 2000: an information business. *Paper presented at the Proceedings of the International Conference on Information and Communication Technologies in Tourism*, Vienna.

Schlatter, B. E. and Hurd, A. R. (2005) Geocaching: 21st-century hide-and-seek. *Journal of Physical Education, Recreation and Dance* 76(7), 28–32.

Schmallegger, D. and Carson, D. (2008) Blogs in tourism: changing approaches to information exchange. *Journal of Vacation Marketing* 14(2), 99–110.

Schmidt, S., Serra Cantallops, A. and Santos, C. P. dos (2008) The characteristics of hotel websites and their implications for website effectiveness. *International Journal of Hospitality Management* 27(4), 504–516. DOI: 10.1016/j.ijhm.2007.08.002

Schmitt, H. B. (1999) *Experiential Marketing*. The Free Press, New York.

Schumpeter, J. A. (1934) *The Theory of Economic Development: An Inquiry into Profits, Capital, Credit, Interest, and the Business Cycle*. Harvard University Press, Cambridge, Massachusetts.

Schwabe, G. and Prestipino, M. (2005) How tourism communities can change travel information quality. Paper presented at the 13th European Conference on Information Systems (ECIS) 2005, Regensburg, Germany.

Schwartzman, E. (1995) digital worlds. *Leisure Management* 15(6), 43–47.

Scott, M. M. and Frew, A. J. (2013) Exploring the role of in-trip applications for sustainable tourism: expert perspectives. In: Cantoni and Zheng (eds) *Information and Communication Technologies in Tourism: Proceedings of the International Conference in Innsbruck*, Austria, January 22–25. Springer, Heidelberg, Germany, pp. 36–46.

Seattle Municipal Archives (2008) Telephone operators, 1952. Available at: http://en.wikipedia.org/wiki/File:Telephone_operators,_1952.jpg/(accessed on 9 June 2018).

Shaheen, S. and Guzman, S. (2011) Worldwide bikesharing. *Access* 39,6. Available at: https://cloudfront. escholarship. org/dist/prd/content/qt6f16b7sv/qt6f16b7sv. pdf (accessed 20 June 2018).

Sharma, P. and Nugent, D. (2006) Mobile technologies and tourism. In: Unhelkar, B. (ed.) *Handbook of Research in Mobile Business: Technical, Methodological and Social Perspectives*, Vol. 1. Idea Reference Group, Hershey, Pennsylvania.

Sharpley, R. (2000) Tourism and sustainable development: exploring the theoretical divide. *Journal of Sustainable Tourism* 8(1),1–19.

Sheldon, P. (1993) Destination information systems. *Annals of Tourism Research* 20(4),633–649.

Sheldon, P. and Daniele, R. (2016) *Social Entrepreneurship and Tourism: Philosophy and Practice*. Springer, Vienna.

Sheller, M. (2011) Mobility. *Sociopedia. isa*. Available at: http://www. sagepub. net/isa/resources/pdf/mobility. pdf (accessed 15 August 2018).

Sheller, M. and Urry, J. (2006) The new mobilities paradigm. *Environment and Planning A* 38(2),207–226.

Shoval, N. and Isaacson, M. (2007) Tracking tourists in the digital age. *Annals of Tourism Research* 34(1),141–159. DOI: 10. 1016/j. annals. 2006. 07. 007

Siegel, D. S. (1996) *Creating Killer Websites: The Art of Third-generation Site Design*. Hayden Books, Indianapolis, Indiana.

Sigala, M. (2001) Modelling e-marketing strategies: Internet presence and exploitation of Greek hotels. *Journal of Travel and Tourism Marketing* 11(2/3),83–103. DOI: 10. 1300/J073v11n02_05

Sigala, M. (2005) Integrating customer relationship management in hotel operations: managerial and operational implications. *International Journal of Hospitality Management* 24(3),391–413.

Sigala, M. (2006) E-procurement diffusion in the supply chain of foodservice operators: an exploratory study in Greece. *Information Technology and Tourism* 8(2),79–90. DOI: 10. 3727/109830506778001438

Sigala, M. (2007) Web 2. 0 in the tourism industry: a new tourism generation and new e-business models. Available at: http://www. iet. unipi. it/m. cimino/web20/paper1. pdf (accessed 15 June 2018).

Sigala, M. (2008) A supply chain management approach for investigating the role of tour operators on sustainable tourism: the case of TUI. *Journal of Cleaner Production* 16(15),1589–1599.

Sigala, M. , Christou, E. and Gretzel, U. (2012) *Social Media in Travel, Tourism and Hospitality: Theory, Practice and Cases*. Ashgate Publishing, Farnham, UK.

Sigala, M. , Lockwood, A. and Jones, P. (2001) Strategic implementation and it: gaining competitive advantage from the hotel reservations process. *International*

Journal of Contemporary Hospitality Management 13(7), 364–371. DOI: 10.1108/09596110110403956

Siguaw, J. A., Enz, C. A. and Namasivayam, K. (2000) Adoption of information technology in U.S. hotels: strategically driven objectives. *Journal of Travel Research* 39(2), 192–201.

Silvertown, J. (2009) A new dawn for citizen science. *Trends in Ecology and Evolution* 24(9), 467–471.

Singhal, A. (2012) Introducing the Knowledge Graph: things, not strings. Available at: http://go ogleblog.blogspot.com.au/2012/05/introducing-knowledge-graph-things-not.html/(accessed 15 June 2018).

Sismanidou, A., Palacios, M. and Tafur, J. (2009) Progress in airline distribution systems: the threat of new entrants to incumbent players. *Journal of Industrial Engineering and Management* 2(1), 251–272.

SITA (2016) *Airport IT Trends Survey* 2016. Sita, Geneva, Switzerland.

SITA (2017) 2017 *Baggage Report*. SITA, Geneva, Switzerland.

SITA (2018) Home | SITA. Available at: http://www.sita.aero/(accessed 14 June 2018).

Snepenger, D. J. (1987) Segmenting the vacation market by novelty-seeking role. *Journal of Travel Research* 26(2), 8–14.

So, S. I. and Morrison, A. M. (2003) Destination marketing organizations' web site users and nonusers: a comparison of actual visits and revisit intentions. *Information Technology and Tourism* 6(2), 129–139. DOI: 10.3727/109830503773048237

Social Firms UK (2013) Available at: http://www.socialfirmsinfomine.org.uk/ (accessed 9 June 2018).

Sorensen, J. (2012) *Profit from Innovation: Benefits of Ancillary Revenue Reach all over the World*. Ideaworks, Shorewood, Wisconsin.

Spindler, A. de, Norrie, M. C. and Grossniklaus, M. (2008) Recommendation based on opportunistic information sharing between tourists. *Information Technology and Tourism* 10(4), 297–311. DOI: 10.3727/109830508788403178

Stanislov, I., Webster, C. and Berezina, K. (2017) Adoption of robots and service automation by tourism and hospitality companies. *Revista Turismo and Desenvolvimento* 27/28, 1501–1517.

Steffes, E. M. and Burgee, L. E. (2009) Social ties and online word of mouth. *Internet Research* 19(1), 42–59.

Stepchenkova, S., Tang, L. A., Jang, S. C., Kirilenko, A. P. and Morrison, A. M. (2010)

Stipanuk, D. M. (1993) Tourism and technology: interactions and implications. *Tourism Management* 14(4), 267–278. DOI: http://dx.doi.org/10.1016/0261-5177(93)90061-O

Sugimoto, K. (2011) Analysis of scenic perception and its spatial tendency: using digital cameras, GPS loggers, and GIS. *Procedia-Social and Behavioral Sciences* 21(0),43 – 52. DOI: 10.1016/j.sbspro.2011.07.010

Sun, S., Law, R., Luk, C. and Fong, L. (2017) Channels for searching hotel and travel information. In: Schegg, R. and Stangl, B. (eds) *Information and Communication Technologies in Tourism* 2017. Springer, Cham, Switzerland.

Sussman, S. W. and Schneier Siegal, W. (2003) Informational influence in organizations: an integrated approach to knowledge adoption. *Information Systems Research* 14(1), 47 – 65.

Tan, E., Meng-Yoke, F., Schubert, G., Dion, H. L. and Theng, Y. L. (2009) TILES: classifying contextual information for mobile tourism applications. *Aslib Proceedings: New Information Perspectives* 61(6),565 – 586.

Tanford, S., Baloglu, S. and Erdem, M. (2012) Travel packaging on the Internet: the impact of pricing information and perceived value on consumer choice. *Journal of Travel Research* 51(1),68 – 80. DOI: 10.1177/0047287510394194

Tansley, A. G. (1935) The use and abuse of vegetational concepts and terms. *Ecology* 16 (3),284 – 307.

Tarkovskiy, O. (2013) General Gartner Research's Hype Cycle Diagram. Available at: http://en.wikipedia.org/wiki/File: Hype-Cycle-General.png (accessed 13 June 2018).

Tenner, E. (1997) Why Things Bite Back: Technology and the Revenge of Unintended Consequences. Vintage Books, New York.

Thelwall, M. (2009) Homophily in myspace. *Journal of the American Society for Information Science and Technology* 60(2),219 – 231.

Tientrakool, P., Ho, Y. C. and Maxemchuk, F. (2011) Highway capacity benefits from using vehicle to vehicle communication and sensors for collision avoidance. Paper presented at the Proceedings of Vehicular Technology Conference CAIEEE, San Franscisco, California.

Tour Operators Initiative (2013) Sustainable tourism: the tour operators' contribution. Available at: http://apps.unep.org/redirect.php?file=/publications/pmtdocuments/-Sustainable%20Tourism_%20The%20Tour%20Operator%27s%20Contribution-2003647.pdf (accessed 9 June 2018).

Tourism Concern (2013) Available at: http://www.tourismconcern.org.uk/ (accessed 9 June 2018).

Turkle, S. (2011) Alone Together: *Why We Expect More from Technology and Less from Each Other*. Basic Books, New York.

Tussyadiah, I. P. (2014) Toward a theoretical foundation for experience design in tourism. *Journal of Travel Research* 53(5),543 – 564.

Tussyadiah, I. P. and Fesenmaier, D. R. (2009) Mediating tourist experiences: access to places via shared videos. *Annals of Tourism Research* 36(1),24 – 40.

Tussyadiah, I. P. and Fesenmaier, D. R. (2009) Mediating tourist experiences: access to places via shared videos. *Annals of Tourism Research* 36(1), 24–40.

Tussyadiah, I. P. and Park, S. (2018) Consumer evaluation of hotel service robots. In: Stangl, B. and Pesonen, J. (eds) *Information and Communication Technologies in Tourism 2018*. Springer, Cham, Switzerland, pp. 308–320. DOI: 10.1007/978-3-319-72923-7_24

Tussyadiah, I. P. and Zach, F. J. (2012) The role of geo-based technology in place experiences. *Annals of Tourism Research* 39(2), 780–800. DOI: 10.1016/j.annals.2011.10.003

United Nations Environment Programme (UNEP) and World Tourism Organization (2005) *Making Tourism More Sustainable: A Guide for Policy Makers*. UN, Paris.

United Nations World Tourism Organization (2016) Why tourism? Available at: http://www2.unwto.org/en/content/why-tourism/ (accessed 8 June 2018).

United Nations World Tourism Organization (2017) UNWTO *Tourism Highlights* 2017 Edition. UNWTO, Madrid, Spain.

United Nations World Tourism Organization (UNWTO) (2013) Why tourism? Available at: http://www2.unwto.org/en/content/why-tourism/ (accessed 9 June 2018).

United Nations World Tourism Organization (UNWTO) (2015) United Nations declares 2017 as the International Year of Sustainable Tourism for Development. Available at: http://media.unwto.org/press-release/2015-12-07/united-nations-declares-2017-international-year-sustainable-tourism-develop (accessed 9 June 2018).

Uriely, N. (2005) The tourist experience: conceptual developments. Annals of *Tourism Research* 32(1), 199–216.

Urry, J. (2002) Mobility and proximity. *Sociology* 36(2), 255–274.

US Government (2013) GPS.gov. Available at: http://www.gps.gov/ (accessed 17 June 2018).

Valacich, J. and Schneider, C. (2014) Information Systems Today: Managing in a digital World. Pearson Education, New Jersey.

Valacich, J. S. and Schneider, C. (2014) *Information Systems Today*, 6th edn. Prentice-Hall, Englewood Cliffs, New Jersey.

van der Meulen, R. (2017) Gartner says 8.4 billion connected "things" will be in use in 2017, up 31 percent from 2016. Gartner Newsroom.

van der Speck, S. (2008) Spatial metro: tracking pedestrians in historic city centers. In: Shaick, J. and van der Speck, S. (eds) Urbanism on Track: *Application of Tracking Technologies in Urbanism*. IOS Press, Delft University, Amsterdam.

Van Deursen, A. J., Bolle, C. L., Hegner, S. M. and Kommers, P. A. (2015) Modeling habitual and addictive smartphone behavior: the role of smartphone usage types, emotional intelligence, social stress, self-regulation, age, and gender. *Computers in Human Behavior* 45, 411–420.

Vela, D. (2012) A quick way to generate new business: think QR Codes. Available at: http://www. eyefortravel. com/mobile-and-technology/quick-way-generate-new-business-think-qr-codes/(accessed 17 June 2018).

Vician, C. and Davis, L. (2003) Investigating computer anxiety and communication apprehension as performance antecedents in a computing-intensive learning environment. *Journal of Computer Information Systems* 43(2), 51–57.

Vikas, S. (2011) Leveraging technology to provide cost effective communication and it solutions for the global air transport industry: the case of SITA. *Journal of Hospitality Application and Research* 6(2), 56–72.

Village for All (2013) Available at: http://www. v4ainside. com/(accessed 13 November 2013).

Virtual Reality (2013) Available at: http://www. vrs. org. uk/(accessed 9 June 2018).

Vogt, C. A. and Fesenmaier, D. R. (1998) Expanding the functional information search model. *Annals of Tourism Research*, 25(3), 551–578.

Volo, S. (2007) Communicating tourism crises through destination websites. *Journal of Travel and Tourism Marketing* 23(2/4), 83–93.

Vu, H. Q., Li, G., Law, R. and Zhang, Y. (2017) Travel diaries analysis by sequential rule mining. *Journal of Travel Research* 57 (3), 399–413. DOI: 10.1177/0047287517692446

Wan, C. S., Tsaur, S. H., Chiu, Y. L. and Chiou, W. B. (2007) Is the advertising effect of virtual experience always better or contingent on different travel destinations? *Information Technology and Tourism* 9 (1), 45–54. DOI: 10.3727/109830507779637611

Wang, D. and Xiang, Z. (2012) The new landscape of travel: a comprehensive analysis of smartphone apps. In: Fuchs, M., Ricci, F. and Cantoni, L. (eds) *Information and Communication Technologies in Tourism 2012*. Springer, New York, pp. 308–319.

Wang, D., Li, X. R. and Li, Y. (2013) China's "smart tourism destination" initiative: a taste of the servicedominant logic. *Journal of Destination Marketing and Management* 2(2), 59–61.

Wang, D., Park, S. and Fesenmaier, D. R. (2012) The role of smartphones in mediating the touristic experience. *Journal of Travel Research* 51(4), 371–387.

Wang, D., Park, S. and Fesenmaier, D. R. (2012) The role of smartphones in mediating the touristic experience. *Journal of Travel Research* 51(4), 371–387.

Wang, D., Xiang, Z. and Fesenmaier, D. R. (2016) Smartphone use in everyday life and travel. *Journal of Travel Research* 55(1), 52–63.

WCED (1987) *Our Common Future*. Oxford University Press, Oxford, UK.

Weaver, D. B. (2012) Organic, incremental and induced paths to sustainable mass tourism convergence. *Tourism Management* 33(5), 1030–1037. DOI: 10.1016/j.tourman.2011.08.011

Weber, M. (1995) Changes in the leisure travel market result in new requirements for tour operator systems. In: Schertler, W. , Schmidt, S. , Tjoa, A. M. and Werthner, H. (eds) Information and Communication Technologies in Tourism. Springer-Verlag, Innsbruck, Austria, pp. 95–102.

Weiler, B. and Richins, H. (1995) Extreme, extravagant and elite: a profile of ecotourists on EarthWatch expeditions. *Tourism Recreation Research* 20(1).

Werthner, H. and Klein, S. (1999) *Information Technology and Tourism: A Challenging Relationship.* Springer-Verlag, Vienna, Austria.

Westbrook, R. A. (1987) Product/consumption-based affective responses and postpurchase processes. *Journal of Marketing Research* 24(3), 258–270.

Wheeler, B. C. (2002) NEBIC: a dynamic capabilities theory for assessing net-enablement. *Information Systems Research* 13(2), 125–146.

Wilfong, J. D. (2006) Computer anxiety and anger: the impact of computer use, computer experience, and self-efficacy beliefs. *Computers in Human Behavior* 22(6), 1001–1011.

Winding Tree (2018) A practical application of blockchain for the travel industry. Available at: http://windingtree. com/(accessed 2 June 2018).

Wöber, K. W. (1994) Strategic planning tools inside the marketing-information-system in use by the Austrian National Tourist Office. In: Schertler, W. , Schmid, B. , Tjoa, A. M. and Werthner, H. (eds) *Information and Communications Technologies in Tourism. Proceedings of the International Conference in Innsbruck*, Austria, 1994. Springer, Vienna, pp. 201–208.

Wöber, K. W. (2003) Information supply in tourism management by marketing decision support systems. *Tourism Management* 24(3), 241–255. DOI: http://dx. doi. org/10. 1016/S0261–5177(02)00071–7

Wöber, K. W. (2006) Domain specific search engines. In: Fesenmaier, D. R. , Wöber, K. and Werthner, H. (eds) Destination Recommendation Systems: Behavioural Foundations and Applications. CAB International, Wallingford, UK.

Wong, J. and Law, R. (2005) Analysing the intention to purchase on hotel websites: a study of travellers to Hong Kong. *International Journal of Hospitality Management* 24(3), 311–329. DOI: 10. 1016/j. ijhm. 2004. 08. 002

World Bank (2018) Case study: Zurich, Switzerland. Toolkit on intelligent transport systems for urban transport. Available at: https://www. ssatp. org/sites/ssatp/files/publications/Toolkits/ITS％ 20Toolkit％ 20content/case-studies/zurich-switzerland. html (accessed 20 June 2018).

World Economic Forum (Producer) (2007) digital Ecosystem Convergence between it, Telecoms, Media and Entertainment: Scenarios to 2015. Available at: http://www. weforum. org/reports/digital-ecosystem-convergence-between-it-telecoms-media-and-entertainment-scenarios-2015/(accessed 13 June 2018).

Xiang, Z. (2018) From digitization to the age of acceleration: on information technology and tourism. *Tourism Management Perspectives* 25,147 – 150. Available at: https://doi.org/10.1016/j.tmp.2017.11.023 (accessed 24 August 2018).

Xiang, Z. and Gretzel, U. (2010) Role of social media in online travel information search. *Tourism Management* 31(2),179 – 188. DOI: 10.1016/j.tourman.2009.02.016

Xiang, Z. and Gretzel, U. (2010) Role of social media in online travel information search. *Tourism Management* 31(2),179 – 188. DOI: 10.1016/j.tourman.2009.02.016

Xiang, Z. and Gretzel, U. (2010) Role of social media in online travel information search. *Tourism Management* 31(2),179 – 188. DOI: 10.1016/j.tourman.2009.02.016

Xiang, Z., Gretzel, U. and Fesenmaier, D. R. (2009) Semantic representation of tourism on the internet. *Journal of Travel Research* 47(4),440 – 45

Xiang, Z., Schwartz, Z., Gerdes Jr, J. H. and Uysal, M. (2015) What can big data and text analytics tell us about hotel guest experience and satisfaction? *International Journal of Hospitality Management* 44,120 – 130.

Xiang, Z., Wang, D., O'Leary, J. T. and Fesenmaier, D. R. (2015) Adapting to the internet: trends in travelers' use of the web for trip planning. *Journal of Travel Research*, 54(4),511 – 527.

Xiang, Z., Wöber, K. and Fesenmaier, D. R. (2008) Representation of the online tourism domain in search engines. *Journal of Travel Research* 47(2),137 – 150.

Xie, F. P. and Lew, A. (2008) Podcasting and tourism: an exploratory study of types, approaches, and content. *Journal of Information Technology and Tourism* 10(2), 173 – 180.

Yang, J. Y. and Liu, A. (2003) Frequent flyer program: a case study of China airline's marketing initiative-Dynasty Flyer Program. *Tourism Management* 24(5),587 – 595. DOI: 10.1016/s0261-5177(03)00007-4

Yoo, K. H. and Gretzel, U. (2008) What motivates consumers to write online travel reviews? *Information Technology and Tourism* 10(4), 283 – 295. DOI: 10.3727/109830508788403114

Yoo, K. H. and Gretzel, U. (2008) What motivates consumers to write online travel reviews? *Information Technology and Tourism* 10(4), 283 – 295. DOI: 10.3727/109830508788403114

Yoo, K. H. and Gretzel, U. (2009) Comparison of deceptive and truthful travel reviews. *Information and Communication Technologies in Tourism* 2009,37 – 47.

Yovcheva, Z., Buhalis, D. and Gatzidis, C. (2012) Smartphone augmented reality applications for tourism. *e-Review of Tourism Research* (eRTR) 10(2),63 – 66.

Yuan, Y. L., Gretzel, U. and Fesenmaier, D. R. (2003) Internet technology use by American convention and visitors bureaus. *Journal of Travel Research* 41(3),240 – 255.

Yuan, Y. L., Gretzel, U. and Fesenmaier, D. R. (2006) The role of information technology use in American convention and visitors bureaus. *Tourism Management* 27 (2),326 - 341. DOI: 10. 1016/j. tourman. 2004. 12. 001

Zach, F. , Xiang, Z. and Fesenmaier, D. (2007) An assessment of innovation in web marketing: investigating American convention and visitors bureaux. *ENTER* 16(1), 365 - 376.

Zhang, Z. Q. , Ye, Q. , Law, R. and Li, Y. J. (2010) The impact of e-word-of-mouth on the online popularity of restaurants: a comparison of consumer reviews and editor reviews. *International Journal of Hospitality Management* 29(4),694 - 700. DOI: 10. 1016/j. ijhm. 2010. 02. 002

Zichermann, G. and Cunningham, C. (2011) *Gamification by Design: Implementing Game Mechanics in Web and Mobile Apps*. O'Reilly Media, Inc. , Sebastapol, California.

Zografakis, N. , Gillas, K. , Pollaki, A. , Profylienou, M. , Bounialetou, F. and Tsagarakis, K. P. (2011) Assessment of practices and technologies of energy saving and renewable energy sources in hotels in Crete. *Renewable Energy* 36(5),1323 - 1328. DOI: 10. 1016/j. renene. 2010. 10. 015

后记

科学技术作为第一生产力,驱动着世界各国经济与社会的深刻变革。IT的到来,更是颠覆了人们对技术改变历史的强度认知,它以无处不在的形式,形塑着经济生产方式和社会生活场景。作为当今世界发展最为迅猛的产业之一——旅游业,首当其冲受到了IT的全面影响,旅游产业数字生态系统正在悄然形成,这对旅游从业人员的IT学习能力提出了极大的挑战。

在我国,大多数高等院校的旅游管理学科以管理学、地理学、历史学等社会人文科学为依托,课程设计中鲜有提及旅游IT的专业课程,即便有些高校开设相关课程,然所用教材良莠不齐,多数是借用计算机科学或者信息论的理论开展旅游信息科学的教学工作,对旅游IT发展进行全面介绍的教材少之甚少。

2018年,教育部高教司将新文科列入"四新"建设之内,新课程、新教材成为亟需解决的问题。山西大学旅游管理系立足于复合型人才培养方向,适应新文科建设需求,秉持"中西会通"原则,放眼国际学术前沿,诚邀旅游IT泰斗级学者——美国国家旅游电子商务实验室主任丹尼尔·R.费森梅尔(Daniel R. Fesenmaier,*Tourism Information Technology* 第一版教材作者)教授和美国弗吉尼亚理工大学潘普林商学院酒店管理系向征(*Tourism Information Technology* 第二、三版作者)副教授来我校进行学术交流,并就 *Tourism Information Technology* 教材翻译事宜与我系教师进行商讨,给予了积极反馈和宝贵意见。各章的译者如下:

序:郭晋媛;

前　言:李燕燕;

第1章:郭晋媛;

第2章:孟　波;

第 3 章：郑　婉，刘改芳；

第 4 章：安微娜；

第 5 章：李燕燕；

第 6 章：孟　波；

第 7 章：王　涛，刘改芳；

第 8 章：王勇鹏，李燕燕；

第 9 章：巫　敬；

第 10 章：李亚茹，刘改芳；

第 11 章：李金昕，姚昕懿，刘改芳；

第 12 章：杨成林，刘改芳；

第 13 章：李燕燕；

本书译著过程大致是这样的：2018 年 10 月，刘改芳教授组织山西省旅游大数据联合实验室老师及研究生，对 *Tourism Information Technology*（第二版）进行分章翻译与定时集中讨论学习，为翻译工作打下了坚实基础。2019 年 9 月，丹尼尔·R. 费森梅尔教授和向征副教授在山西大学举办旅游信息科学系列讲座并就译著事宜进行了协商沟通。2019 年 11 月 1 日，经与原著版权方协商，刘改芳教授牵头组织实验室成员正式启动 *Tourism Information Technology*（第三版）的译著工作。2020 年 2 月底，译著初稿完成，并由向征副教授与刘改芳教授进行两次通稿校对。2020 年 12 月，根据校稿意见以及第三版英文书稿，各章节负责人进行第二次修改工作。2021 年 11 月，根据出版反馈意见，由李燕燕、王岩、郭文英对书稿进行通篇校对。2022 年 2 月，译著定稿交于出版社付梓。

本书有助于学生全面系统了解旅游 IT，对学生建立旅游信息思维体系，打牢知识塔基，增强文理"融通性"意识发挥积极作用。但随着 IT 在旅游业中的应用日益广泛，难免有未纳入的新兴技术领域，此译著作为国内第一部较为全面介绍旅游 IT 的教材，当是抛砖引玉，期待更多学者加入此列。同时，参与译著的老师和学生较多，多人执笔进行翻译，语言功底深浅不一，风格不尽一致，这些问题在统稿过程中只能部分地进行解决，切盼读者批评指正。

最后，特别感谢丹尼尔·R. 费森梅尔教授和向征副教授的充分信任和耐心指教，感谢山西省文化和旅游厅与山西大学共建山西省旅游大数据联合实验室，迫使我们思考旅游信息人才的培养问题，更要感谢实验室各位老师和同学的辛苦付出,以及复旦大学出版社总编王卫东老师和编辑黄丹老师的辛勤工作。期待此书可以为正在旅游信息实践中摸索的从业人员和寻找旅游信息教学资料学习的师生提供及时有效的帮助。

山西大学旅游管理系　刘改芳

2022年2月22日

图书在版编目(CIP)数据

旅游信息技术:第三版/(澳)彼埃尔·本肯多夫,(美)向征,(美)保琳·谢尔顿著;刘改芳等译.
—上海:复旦大学出版社,2022.8
书名原文:Tourism Information Technology, Third Edition
ISBN 978-7-309-16278-3

Ⅰ.①旅… Ⅱ.①彼… ②向… ③保… ④刘… Ⅲ.①旅游业-信息学-研究 Ⅳ.①F590

中国版本图书馆 CIP 数据核字(2022)第 117563 号

Tourism Information Technology, Third Edition / Pierre J. Benckendorff, Zheng Xiang, Pauline J. Sheldon / ISBN 9781786393432
First Published in English by CAB International in the year 2019.
This edition published by arrangement with CAB International.

上海市版权局著作权合同登记号:图字 09-2021-0318

旅游信息技术(第三版)
(澳)彼埃尔·本肯多夫 (美)向征 (美)保琳·谢尔顿 著
刘改芳 等 译
责任编辑/黄 丹

复旦大学出版社有限公司出版发行
上海市国权路 579 号 邮编:200433
网址:fupnet@fudanpress.com http://www.fudanpress.com
门市零售:86-21-65102580 团体订购:86-21-65104505
出版部电话:86-21-65642845
上海华业装潢印刷厂有限公司

开本 787×960 1/16 印张 25 字数 409 千
2022 年 8 月第 1 版
2022 年 8 月第 1 版第 1 次印刷

ISBN 978-7-309-16278-3/F·2897
定价:65.00 元

如有印装质量问题,请向复旦大学出版社有限公司出版部调换。
版权所有 侵权必究